孙中山基金会丛书

孙中山基金会学术研究与文化交流委员会主办

孙中山研究

第八辑

林家有　主编

中华书局

图书在版编目(CIP)数据

孙中山研究.第八辑/林家有主编. —北京:中华书局,2020.11
ISBN 978-7-101-14873-2

Ⅰ.孙… Ⅱ.林… Ⅲ.孙中山(1866~1925)-人物研究-文集
Ⅳ.K827＝6

中国版本图书馆 CIP 数据核字(2020)第 210495 号

书　　名	孙中山研究　第八辑
主　　编	林家有
副 主 编	王　杰　赵立彬
责任编辑	欧阳红
出版发行	中华书局
	(北京市丰台区太平桥西里 38 号　100073)
	http://www.zhbc.com.cn
	E-mail:zhbc@zhbc.com.cn
印　　刷	北京市白帆印务有限公司
版　　次	2020 年 11 月北京第 1 版
	2020 年 11 月北京第 1 次印刷
规　　格	开本/787×1092 毫米　1/16
	印张 17½　插页 2　字数 280 千字
印　　数	1-600 册
国际书号	ISBN 978-7-101-14873-2
定　　价	69.00 元

《孙中山研究》

顾　　　问：石安海

总 编 辑：汤炳权

副总编辑：吕伟雄　罗国华　李　萍　赵立彬

　　　　　蔡高声　陆国良

编　　　委：（按姓氏笔划排序）

　　　　　王　杰　李振武　宋德华　张　磊

　　　　　张宪文　张晓辉　林家有　赵春晨

　　　　　胡　波　姜义华　倪俊明　黄明同

　　　　　萧润君　章开沅

主　　　编：林家有

副 主 编：王　杰　赵立彬

主 办 者：孙中山基金会

地　　　址：广东省广州市天河北路 618 号

邮政编码：510630

电子邮箱：sunyatsen@163.com

电话号码：86-20-38800430

目　录

1

论孙中山与陈独秀的人际关系

林家有

孙中山与陈独秀，一个是中国国民党的创始人，一个曾是中国共产党早期的领导。从政治上看，孙中山与陈独秀都算是知名的政治人物。从人际关系看，他俩虽一度共同建立国共第一次合作，然而由于他俩的政治立场、思想和品德的不同，以及对事业的追求和理想的差异，他们俩人的结局也完全不一样。

关于孙中山与陈独秀之间的人际关系，从前研究者不多，将他俩的政治、思想和理想、信念、品格的不同做比较研究，说明他俩的不同人生结局，对于学术和今人做事、做人，以及对理想、信念的态度和使命的担当都有重要的启示和意义。

（一）

孙中山 1866 年 11 月 12 日出生于广东省香山县（今中山市），陈独秀 1878 年 10 月 8 日出生于安徽省怀宁县（今安庆市）。孙中山比陈独秀大 12 岁。孙中山出身于贫苦农民家庭，由于家境贫困，从小就没有受到很好的教育，10 岁时才入村塾读书，课余还跟随家人参加各种劳动。陈独秀出生于官僚地主家庭，"习儒业十二世"，号称"义门陈氏"，当时人称陈独秀家庭为"安庆望族"[1]。陈独秀 6 岁就随祖父陈章旭读书。陈氏家谱称陈独秀祖父"精明强干，迥不犹人；上恢光绪，下启后昆。"由于陈独秀的祖父思想守旧，脾气古怪，对幼年时的陈独秀颇有影响，但他祖父对陈独秀要求严格，并寄予很大期望，希望他成才，出人头地。

青年时的陈独秀曾在乡下参加科举县考，成为青年秀才，也曾到南京参加举人考试。1901 年，22 岁的陈独秀则放弃科举升迁，东渡日本留学，在东京高等师范学校就读，但他只待半年即回国，表明此时的陈独秀对自己的未来并没有一个专一

---

[1] 王光远编：《陈独秀年谱》，重庆出版社 1987 年版，第 1 页。

的想法。值得注意的是，陈独秀回国后即与安庆武备学堂的柏文蔚，安徽大学堂的郑赞丞、葛渭仲、何春台等人组织"青春励志学社"，进行反清活动，被清政府追捕。1902 年秋天，陈独秀又重返日本东京高等师范学校复学。陈独秀与张继、冯自由、苏曼殊等中国留日学生二十多人在日本组织"中国青年会"，以"民族主义为宗旨，以破坏主义为目的"，青年会是一个反清的革命团体，陈独秀是该团体的成员，陈独秀也自然成为反清份子。1903 年 4 月，陈独秀在日本参加留学生组织的拒俄义勇队，声援国内学生反对俄国强占我国东北的斗争，日本政府应清政府的要求将陈独秀遣返回国。陈独秀回安庆继续从事反清活动，并在报刊发表反清和揭露列强瓜分中国的文章。1904 年 11 月，蔡元培等人在上海将暗杀团改组为光复会，陈独秀也加入光复会成为反清的激进分子。

1905 年 8 月，孙中山、黄兴等在日本东京组织中国同盟会。孙中山任同盟会总理，他指派吴旸谷回安徽组织同盟会安徽分会。是年冬，吴回南京与岳王会领导人柏文蔚、倪映典、胡淮栋等召开会议，介绍他们加入了同盟会，但没有材料证明陈独秀也加入同盟会。1906 年夏，陈独秀又去日本东京入正则英语学校，后转入早稻田大学学英语，他同章士钊、苏曼殊同住日本东京神田区猿乐町二丁目番地清寿馆①。至今未见陈独秀与同住日本东京的孙中山、黄兴有何来往。这些都说明当时陈独秀政治未定型，思想不成熟，行动也常游移不定。孙中山对陈独秀也不以为然，更没有材料证明孙中山对陈独秀的关注。可见，孙中山对陈独秀也没有特别的重视。据水如编《陈独秀书信集》，陈独秀 1910 年至 1942 年与别人的来往书信 353 篇②，没有一篇是陈独秀给孙中山的信函，也没有发现从 1910 年至 1925 年孙中山逝世的 15 年间，孙中山有给陈独秀的来往函电。可见，从私人关系看，孙中山与陈独秀没有太多的交往。

1913 年 3 月 20 日，国民党代理理事长宋教仁在上海沪宁火车站遇刺，送医院二天后，因伤势过重逝世。3 月 23 日，孙中山离日本长崎回国，3 月 27 日孙中山抵上海，当晚便在黄兴寓所开会，孙中山指出：袁世凯排除异己，是杀害宋教仁的主犯，非用武力解决不可③。7 月 12 日，李烈钧在江西举兵讨袁，"二次革命"爆发。柏文蔚奉命出任皖督讨袁，陈独秀也追随柏文蔚任都督府秘书长。不久，柏文

---

① 以上陈独秀在中国同盟会成立前后的经历，可参阅王光远编：《陈独秀年谱》，第 6—15 页。
② 水如编：《陈独秀书信集》，新华出版社 1987 年版。
③ 《中华民国史资料丛稿·孙中山年谱》，中华书局 1980 年版，第 161 页。尚小明在《宋案重审》（社会科学文献出版社 2018 年版）一书中说，袁世凯未曾指使洪述祖刺宋，不是刺宋的决策者，只是纵容者、庇护者。然而"刺宋案"的发生，表明袁世凯要把国民党清除消灭。孙中山、黄兴把刺宋的矛头对准袁世凯既合情也合理。

蔚部下胡万泰叛变，率兵攻打都督府，柏文蔚被迫离皖。8月，陈独秀到芜湖，和师长袁永生在一起，指责当地驻军龚振鹏按兵不动，结果遭龚逮捕，龚起草出布告要枪决陈独秀，后经当地知名人士刘叔雅、范鸿倔、张子刚等人极力营救，柏文蔚也亲临芜湖活动，陈独秀才得幸免。此后，陈独秀潜往上海①。可见，陈独秀不仅支持和参与孙中山发动的讨袁"二次革命"，还差点奉献了生命。然而，陈独秀毕竟不是孙中山的坚定的革命追随者，1914年初，陈独秀又出国到了日本，在江户协助章士钊创办《甲寅杂志》。7月8日，孙中山在日本东京筑地精养轩成立中华革命党，孙中山就任总理。孙中山在成立大会上演说，指出："我们同志目下虽流亡于日本，但思慕母国之念一时也未离开脑际，将来如何使我民国得屹立于世界，此乃与诸君共谋之大事。"他希望"吾等同志发挥爱国之心，舍弃私心私利，专心为国为民谋取福利"②。但当时在日本的陈独秀不参加中华革命党，而与黄兴、章士钊等人在日本组织"欧事研究会"，与孙中山组织的中华革命党分庭抗礼。11月10日，陈独秀在《甲寅杂志》发表《爱国心与自觉心》一文。他提出救国之道应是"自今日始，外不举债，内不摸金，上下相和，岁计倍益。年减外债若干，期以十稔，务使不为财政之累。然后十年教养，廿年治军，四十年之后，敌国外患，庶几可宁"③。此时陈独秀对国情的看法与孙中山成立中华革命党发动讨伐袁世凯的主旨不同，他不强调讨袁，他的重点主张是在培养国民的爱国心，待将来实现救国救亡的目的。1916年10月1日，陈独秀在《我之爱国主义》文中，他又说："今日之中国，外迫于强敌，内逼于独夫（兹之所谓独夫者，非但专制君主及总统；凡国中之逞权而不恤舆论之执政，皆然），非吾人困苦艰难，要求热血烈士为国献身之时代乎？然自我观，中国之危，固以迫于独夫与强敌，而所以迫于独夫强敌者，乃民族之公德私德之堕落有以召之耳。即今不为拔本塞源之计，虽有少数难能可贵之爱国烈士，非徒无救于国之亡，行见吾种之灭也。"④ 陈独秀是说，今之亡国者是强敌，是独夫，欲徒根本救亡不能只靠几个英勇献身的烈士，是需要国民性质行为之改善，培养公德和私德心。他强调说："我之爱国主义，不在为国捐躯，而在笃行自好之上，为国家惜名誉，为国家弭乱源，为国家增实力。"为国捐躯之烈士，我们应该向他们学习，应该崇拜，但此种爱国行为，"乃一时的而非持续的，乃治

---

① 王光远编：《陈独秀年谱》，第21页。
② 陈锡祺主编：《孙中山年谱长编》上册，中华书局1991年版，第891—892页。
③ 陈独秀：《爱国心与自觉心》，《甲寅杂志》第1卷第4号，1914年11月10日。
④ 陈独秀：《我之爱国主义》，《独秀文存》，安徽人民出版社1987年版，第60页。

标的而非治本的"①。陈独秀强调，救亡之根本在国民之德、智、力以相角，兴亡之数不在战争，而在为国家增实力，在国民民德、民智、民力的提高，尤其是要提高青年的爱国心和觉悟，才是治本的爱国主义。这明显地是对孙中山当时发动讨袁战争的一种蔑视与冷淡反应。

1915年夏，陈独秀由日本回国到上海，帮助汪孟邹把《中国白话报》改刊为《通俗杂志》。9月15日，陈独秀在上海创办《青年杂志》，第2卷改名为《新青年》。在创刊号上，陈独秀写了《青年杂志社告》，指出"国势凌夷，道衰学弊，后来责任端在青年"，"求志以平易之文，说高深之理"。在《答王庸工》的信中，陈独秀批判了筹安会鼓吹君主立宪的种种谬论，并宣称本志的职责，在"改造青年之思想，辅导青年之修善"，"批评时政，非其旨也"②。

1916年1月，袁世凯公开称帝，复辟君主制度。孙中山正忙于发动中华革命党在全国各地讨袁护国。各省讨袁，纷纷宣布独立。5月9日，孙中山在上海发表第二次讨袁宣言，强调"文虽蛰居海外，而忧国之志未尝少衰"，此次讨袁斗争"不徒以去袁为毕事"，"袁氏破坏民国，自破坏约法始；义军维持民国，固当自维持约法始"，"袁氏未去，当与国民共任讨贼之事；袁氏既去，当与国民共荷监督之责，决不肯使谋危民国者复生于国内"③。

上述可见，陈独秀有反清的思想和行动，但他不参加孙中山组织和领导的反清政治团体，陈独秀对孙中山领导的南京临时政府也不言可否，但对袁世凯主持的北京政府则有不满和批评。陈独秀认为，中国是一个有几千年历史的封建君主专制的国家，不批判旧的传统儒家文化，不打倒孔家店及其愚弄国人的孔教偶像，国家由谁领导都不会好。所以，陈独秀把希望寄托在青年一代，他企图通过传播世界的新思想，启导青年觉醒，用他们的智慧和力量去创建一个青春的中国，中国才会有美好的未来。陈独秀与孙中山对当时国情的看法不一，基本上是各说各的话，各做各的事。他们没有合力救国的主张，也没有共同斗争的行动。陈独秀的文斗弥补了辛亥革命的不足，但它战胜不了武人干政的实力。孙中山的武斗，因为缺乏一支忠于民国的党军，虽然利用南方军阀武力集团的势力去反对北洋系统的武力，但因地方军阀势力各自谋其利，形成不了团结斗争的态势，护国、护法斗争也是以失败告终。孙中山和陈独秀都有独特的个性，孙中山听不进陈独秀关于当时形势的各种议

---

① 陈独秀：《我之爱国主义》，《独秀文存》，第61页。
② 参见王光远编：《陈独秀年谱》，第24—25页。
③ 《讨袁宣言》，《孙中山全集》第3卷，中华书局2006年版，第283—285页。

论，更不会听陈独秀的劝告重新反省以往的救国斗争，寻求新的救国道路。陈独秀则有文化人的痴狂，他不仅能说会写，也敢于得罪人，所以他瞧不起孙中山，更不认为孙中山的思想和行为具有超前性和启导性。所以，陈独秀属于独往独行的文化狂人。就孙中山与陈独秀在清末民初的思想去诠释，他俩都具有探索救国救民的勇气，但两人的关系则属于一般。孙中山与陈独秀各说各的话，各走各的路，但结果都不理想。陈独秀指责孙中山发动的护法运动"是一班没有饭吃的无聊政客在那里造谣生事，和人民生活、政治理想都无关系，不过是各派的政客拥着各派的军人争权夺利，好像狗争骨头一般罢了"，"他们的争夺是狗的运动，新文化运动是人的运动，我们只应该拿人的运动来轰散那狗的运动，不应该抛弃我们人的运动去加入他们狗的运动！"① 这种骂人的话出自陈独秀的口，很难让人相信他是一个文化人，也正因为这样，孙中山对于陈独秀这一批文化人掀起的新文化运动，也装着不知道，他们发表的文章，发出的惊人议论，孙中山也视而不见，从未有何反应。这是一种很不正常的现象。

（二）

1917年1月11日，北京大学校长蔡元培，经沈尹默、汤尔和等人介绍，聘请陈独秀为北京大学文科学长。蔡元培在给当时教育部的呈文中，称赞陈独秀"品学兼优，堪称斯位"。1月15日，经教育部批准，陈独秀在北京大学正式就职，《新青年》杂志编辑部也迁来北京北池子箭杆胡同9号陈独秀家中②。这样，陈独秀便与李大钊同在北京大学任教。陈独秀给胡适去函，请他回国到北京大学兼任哲学或文学教授，并请他为《新青年》杂志投稿。4月9日，胡适在美国纽约给陈独秀回信，但这封信只见讨论文学改良（也称文学革命）的问题，对于陈独秀请他到北京大学任教不置可否，但9月10日，胡适终于回国任北京大学教授。由蔡元培、李大钊、陈独秀、胡适和鲁迅等人掀起批判儒家的"三纲"及封建伦理道德，反对将孔教列为国教，提倡改造国民性，提倡文学革命将古时的文言文改为白话文，提倡新文化，批判旧文化等为中心内容的新文化运动，终于进入高潮。然而，这场所谓的文化运动没有领导者，也没有什么政治团体在指挥，它纯是以知识分子为核心，高举科学和民主大旗，掀起批判旧文化，提倡新文化，反对民族主义，主张世界主义，呼唤青春中国之诞生。这场所谓的新文化运动，在中国思想界、文化界的影响相当

---

① 陈独秀：《新文化运动是什么？》，《新青年》第7卷第5号，1920年4月1日。
② 王光远编：《陈独秀年谱》，第35页。

重大，但也因此带动士大夫、知识分子对为维护国粹和全盘西化文化走向的争论，中国文化应该如何发展，文人学者在争论，一般国民则满头雾水，不知所云。国民在文化的前路踟蹰，则影响了中国的文化建设，阻碍了中国社会的进步。

由于孙中山与陈独秀等人的立场不同，救国的行动也不一。孙中山对陈独秀等人的新文化运动，既不批评也不指责，你喜欢怎么说就怎么说，你爱怎么干就怎么干。他坚持既定方针，发动武装斗争，维护共和以及中华民国的"临时约法"。陈独秀则反对孙中山的武装护法，他坚持批判旧传统，讨伐旧制度，审视旧社会，批判旧道德和国民性，高举民主与科学大旗，再造中国的社会①。

陈独秀在新文化运动中的作用，欧阳哲生教授将其归纳为四点：一、塑造"新青年"人格，明确将新文化运动的重心指向青年，是新文化运动与青年的命运紧密结合在一起。二、反对康有为将孔教定为国教，并编入宪法的建议，认定孔教不适宜现代生活，孔教与宪法精神不符，将孔教排除在现代公共道德生活、政治生活之外。三、倡导树立革命的思想，在道德、文学、政治各个领域开展革命，推动中国从传统到现代的转型。四、有意识地将新文化运动引向法、俄型的革命道路，为马克思主义的传播开辟道路②。丁守和先生在《民主科学在中国的命运》书中说，新文化运动是新的启蒙运动，它不是偶然产生的，而是与孙中山领导的辛亥革命有密切关系。孙中山确立的共和国，以民主、国民、共和、自由命名的政党相继成立，以"民权"、"民视"、"民声"为名的报刊纷纷涌现，总统、国会、议员也相继产生。但袁世凯掌控民国政权后，所谓"宪法"、"国会"、"政党"、"内阁"，不过是军阀、官僚、政客手中的玩物和他们争权夺利的工具。袁世凯公然解散国会，废除"临时约法"，取消南京临时政府颁布的各种法令，恢复学校"祀孔读经"，在思想文化领域掀起尊孔复古的逆说。所有这些，都是企图消除辛亥革命的影响③。可见，民初中国的乱象，不是辛亥革命的结果，而是以袁世凯为代表的军阀、官僚和政客等野心家为了自己的权益，消除辛亥革命的影响所实行的各种错误政策和反对民主的行动造成的。所以，陈独秀等文化人掀起的新文化运动和孙中山等革命党人发动的讨袁护国和反对北洋军阀的护法运动，都是反对封建复辟、维护共和民主的爱国运动。它的重要影响和深远历史意义，不仅是促进了人民的觉醒，更重要的是表明中国的未来必须同时进行政治、文化和社会、经济的全面建设，清除军阀、官

---

① 参见刘永谋、王兴彬：《警醒中国人——走近陈独秀》，中国社会出版社 2005 年版。
② 欧阳哲生：《论陈独秀对新文化运动的思想贡献》，《五四运动的历史诠释》，北京大学出版社 2012 年版，第 158 页。
③ 丁守和：《民主科学在中国的命运》，中华书局 1994 年版，第 58—59 页。

僚、政客只为争取私利的内斗，树立正确的理想和世界观、人生观、价值观，团结起来为建造一个新中国而奋斗，中国才有美好的未来。然而，很可惜的是陈独秀等人的新文化运动与孙中山为代表的革命党人发动的护国、护法运动，不能相互支持，未能形成文武两条战线的合力革命，所以，文人斗不过武人，武斗又缺乏文化运动的支持，武斗只是革命党人利用一部分军阀反对另一部分军阀的斗争，只有革命党人和南北军阀在斗，没有人民参与，结果都不成功。孙中山后来虽认识到南北军阀都是"一丘之貉"，他们都是大小野心家，但一时又无法找到新的依靠，只能坐下来，著书立说，寄希望于青年传承他的建国理想和精神。而陈独秀也因为对中国传统文化否定太过，也因此得罪了许多士大夫和文化人，加上他口不遮掩，清高的文化人也不买他的账，尽管陈独秀说得很多，但真正听他说教的人也不多。

1917 年 7 月，孙中山鉴于护法运动难以立足上海，与章炳麟、唐绍仪、程璧光及海陆各军军官在他的上海寓所会商，决定赴广州建设临时政府，公推临时总统，进行护法运动，讨伐叛逆。9 月 10 日，孙中山在广州建立中华民国海陆军大元帅府，自任大元帅，开展第一次护法运动。由于西南军阀各自为私，抢夺和架空孙中山的权力，致使第一次护法运动无法进行，孙中山只好离穗重返上海，完成编著《建国方略》。《建国方略》由《孙文学说》、《实业计划》和《民权初步》三种著作汇编而成，原书还计划将《国家建设》编入，但因故未能写就，故《国家建设》没有收入《建国方略》一书。孙中山编汇《建国方略》一书的目的，是将他的"心理建设"、"物质建设"、"社会建设"和"国家建设"作为文化精神遗产留给国人，期盼后人完成他建设中国的伟大理想，实现中华民族的团结统一，建设一个独立、民主、富强的中国和文明、进步、和谐的现代化的社会。《建国方略》由上海民智书局 1921 年 10 月出中文版。1922 年春，民智书局又出版了孙中山的校勘本，广为扩散。与此同时，陈独秀也把几年来所写的几十篇文章编成《独秀文存》，由上海亚东图书馆于 1922 年 8 月出版。陈独秀在"自序"中说："我这几十篇文章，不但不是文学的作品，而且没有什么有系统的论证，不过直述我的种种直觉罢了；但都是我的直觉，把我自己心里要说的话痛痛快快的说将出来，不曾抄袭人家的说话，也没有无病而呻的说话，在这一点，或者有出版的价值。"《独秀文存》原版为三卷，分四册出版，安徽人民出版社1987 年 12 月再版时，改为三卷合订本，60 万字，比孙中山不足 30 万字的《建国方略》，刚好两倍以上篇幅。

孙中山的《建国方略》和陈独秀的《独秀文存》是同时出版的两部书。《建国方略》是为了国家建设提出的设想和计划，以及总结孙爱国、革命和建设国家的经验教训，告诉国人"有志者事竟成"。在书中孙中山就事论事，没有指责别人，也没有批评别人的不是，只是就自己在革命过程中的经验、教训和对建设国家的理想、信念、实践方法，以及在建设国家过程中应该重视的问题，做了论述和总结。这填补了近代以来爱国知识分子没有编撰建设国家著作的空白。孙中山的《建国方略》是一部具有创新性、启导性的哲学、政治学、经济学的重要著作，具有重大的历史意义和时代价值。而《独秀文存》，正如陈独秀自己所说，没有系统性，只是就当时自己对社会存在的各种所谓问题，把自己心里要说的话通过自己的手和笔"痛痛快快"地写了出来。文如其人，《独秀文存》的文章对民初中国的政治、思想、社会和文化发表各种不同论旨，批评、指责别人的文字占大部分，而应如何建设国家的意见则比较少。

综观孙中山与陈独秀在"五四运动"前后所关注的问题，孙中山的重点是希望通过《建国方略》一书的出版，激励国人按他的设想进行国家建设、社会建设、精神文明建设和物质文明建设。他明知没有能力实现他的宏伟建设国家的蓝图，但他留下他的思想、主张和建设的方案、方法，鼓励国民下定决心为实现国家的独立、民主和富强努力奋斗。

反观陈独秀的《独秀文存》，正如他在《今日中国之政治问题》文中所说：谈政治的人只有三种人，一种是做官的，一种是官场以外他种职业的人，一种是修学的青年。"我现在所谈的政治，不是普通的政治问题，更不是行政问题，乃是关系国家民族根本存亡的政治根本问题"，因此，"第一当排除武力政治"，"第二当抛弃从一党势力统一国家的思想"，"第三当决定守旧或革新的国是"。总之，"无论北洋派也好，西南派也好，都要劝告他们把这有用的武力，用着对外，不许用着对内"。否则无论是北洋武人执政，或西南武人执政，终究是"秀才遇见兵，有理说不清"。所以，陈独秀强调"我始终主张北洋、国民党、进步三党平分政权的办法"，组织政府内阁①。这是陈独秀 1918 年 7 月写的文章，表明他不赞成 1917 年孙中山南下广州组织护法军政府，联合西南各派武力集团反对北洋派武力，捍卫中华民国南京临时政府制订的"临时约法"和政治制度。陈独秀的政治主张是南北武力集团、国民党、进步党各党派联合执政，停止内战，一致对外。陈独秀的主张有点想当然，所以没有得到哪党哪派和南北武力集团的呼应，袁世凯死后，黎元洪继任中华民国总统，黎氏反对孙中山邀请他到广州共建民国新政府的主张，他继续推行袁世凯与孙中山斗争的政策，在这种情况下孙中山坚持捍卫共和、维护约法，打倒南北大小野心家，重新建立国民党，发动国民革命统一中国，便有了合理性。1919 年 4 月，

---

① 《今日中国之政治问题》，《独秀文存》，第 150—153 页。

陈独秀在一篇一百多字的小文中，指出广州的护法议员是"套狗索"，是"为了每月三百大洋，居然摇尾伸头套了非法内阁的'套狗索'。这种轻骨头，比三钱灯草灰还轻"。陈独秀骂这些旧国会议员南下广州护法是拿人民的血汗钱，被人利用过来做这项不经济的行为，是比漆比墨还黑的"黑骨头"①。对于孙中山和广州新国会议员的裁兵废督主张，陈独秀也发了一通批评议论，说广州新国会议员的所谓裁兵废督，也只不过是空言的议案，"实际上都不是他们能解决得了的"，"若想真和平，非多数国民出来，用那最不和平的手段，将那顾全饭碗阻碍和平的武人议员、政客扫荡一空不可"②。

关于文化运动与社会运动，陈独秀说：文化运动就是文学、美术、音乐、哲学、科学这类事，而社会问题则是妇女问题、劳动问题、人口问题这类事，两类事是不同的，可是又有人把政治、实业、交通，都拉到文化里面，甚至有人连军事也拉进去，那么文化运动"便成了武化运动了，岂非怪之又怪吗?"③陈独秀是说，自1915年以来，"不过极少数的人在那里摇旗呐喊，想造成文化运动底空气罢了，实际的文化运动还不及九牛之一毛"④。这倒是直话直说。细看1915年以来，陈独秀等人的所谓文化运动，除了办《新青年》、《每周评论》等报刊发表一些批判儒学、孔教、孔学和旧道德的文章，论述传统的中国文化与西方文化的差异，以及在政治上极力批判无政府主义、武化主义之外，他们的文化运动没有触及社会和国家建设、国民的生计等重大问题。

孙中山不仅是在进行所谓的"武化运动"，也讲文化问题，而且将文化的建设与政治、经济和社会的建设融汇进来。孙中山说，讲文化问题首先要将中国当今文化与外国的文化区分开来，不能一概否定一种文化，或一概肯定一种文化，凡是文化都有好的和不好的，将好的优秀的文化吸收和融汇，创建中华的新文化才是中国文化建设的正确方向。他说，我们不能一味学欧洲的文化，盲目地鼓吹"全盘西化"，让中国人失去文化的自信，否定我国五千多年创造的优秀文明。如果一班文人在那里舞文弄墨将中华文化说得一无是处，则造成中国"百事不如人"，如果这样中国人就失去民族的精神，也就失去了前进的方向和动力。孙中山强调，欧洲近百年的文化是"科学的文化，是注重功利的文化。这种文化应用到人类社会，只是物质文明，只有飞机炸弹，只有洋枪洋炮，是一种武力的文化。欧洲人利用这种武

---

① 《护法？丑！套狗索！》，《独秀文存》，第515页。
② 《南北代表有什么用处？》，《独秀文存》，第514页。
③ 《文化运动与社会运动》，《独秀文存》，第608—609页。
④ 《文化运动与社会运动》，《独秀文存》，第610页。

力的文化来压迫我们亚洲，所以我们亚洲便不能进步"。① 孙中山说，欧洲的文化
实质是"霸道的文化"，我们亚洲有一种仁义道德的"王道文化"，这种文化好过霸
道的文化②。但是，仁义道德的文化，中国人至今都不是常讲的。所谓仁义道德，
就是忠孝、仁爱、信义、和平。这些固有的东西，如果是好的，"当然要保存，不
好的才可以放弃"③。而陈独秀在《调和论与旧道德》一文中，对孙中山关于仁义
道德的看法，发表不同的看法。陈独秀指出，有人说"物质的科学是新的好，西洋
的好，道德是旧的好，中国的好"，道德问题不只限于西洋、东洋，它是一种普通
的现象，"近几百年，西洋物质的科学进步很快，而道德的进步却跟他不上，这不
是因为西洋人只重科学不重道德，乃因为道德是人类本能和情感上的作用，不能像
知识那样容易进步"。"我们希望道德革新，正是因为中国和西洋的旧道德观念都不
彻底，不但不彻底，而且有助长人类本能上不道德的黑暗方面。""我们主张的新道
德，正是要彻底发达人类本能上光明方面，彻底消灭本能上黑暗方面，来救济全社
会悲惨不安的状态，旧道德是我们不能满足的了。所以若说道德是旧的好，是中国
固有的好，简直是梦话。"批评所谓物质应当开新，道德上应当复旧的观点，他认
为这是"抱薪救火，扬汤止沸"④。

　　孙中山与陈独秀文化思想的异同，早在1992年，我就发表过文章，通过对孙
中山与陈独秀文化思想的探讨，找出他们之间思想的歧异，从而就孙中山对新文化
运动不以为然，寻求一个正确的答案⑤。孙中山对陈独秀等人发动的新文化运动，
既不支持也不反对，这是一个成熟的政治家对于不同人的不同文化观抱持容忍和宽
宏的正确态度。可是，当时陈独秀毕竟年轻，他对孙中山不尊敬，而且在文字上不
指名地批评孙中山的护法运动，以及对孙中山关于道德问题的看法有较多的批评。
当时孙中山与陈独秀同住在上海和广州，但他们也不往来，这也是陈独秀作为一个
清高的不同政见人士往往自觉或不自觉的采取小视或忽视别人的举动。正因为如
此，陈独秀也受到革命党人和南北武人的蔑视，他们也自觉或不自觉地忽视和藐视
陈独秀。

---

① 《对神户商业会议所写团体的演说》，《孙中山全集》第11卷，中华书局2006年版，第405页。
② 《对神户商业会议所写团体的演说》，《孙中山全集》第11卷，第407页。
③ 《三民主义·民族主义第六讲》，《孙中山全集》第9卷，中华书局2006年版，第243页。
④ 《调和论与旧道德》，《独秀文存》，第563—566页。
⑤ 参见林家有：《关于孙中山对新文化运动态度的探讨——兼论孙中山与陈独秀文化思想的异同》，中
山大学《孙中山研究论丛》第9集（1992年）；又见林家有：《孙中山振兴中华思想研究》，广东人民出版社
1996年版，第432—475页。

（三）

1919 年，世界和中国发生了三件大事。一是第一次世界大战结束，帝国主义的分赃和会 1 月 18 日在法国巴黎举行；二是苏俄列宁领导的第三国际（即共产国际）在莫斯科组建；三是中国的"五四运动"在北京爆发。6 月以后，全国各地的工人罢工、商人罢市、学校罢课，要求北京政府拒绝在巴黎和会和约上签字。孙中山也拒绝广州军政府指派代表出席巴黎和会，并拒绝国会议员焦易堂等邀请他担任在广州发起成立"世界和平共进会"的理事长。

"五四运动"是自辛亥革命、新文化运动以来，国民的觉醒，以及民族意识增强而爆发的反帝爱国运动。"五四运动"不仅区分了中国的新旧民主革命，也为中国共产党的成立，为中国未来的反帝反封建民主革命开启了一条团结奋斗的新道路。"五四运动"在中国近代史上的意义和作用是不能否定的。

"五四运动"期间，孙中山在上海。5 月 6 日，他指示上海《民国日报》主编邵力子要大力宣传北京学生的爱国反帝运动。该报便及时报道了北京学生游行示威爱国反帝的情况。邵力子还及时向孙中山报告北京政府镇压"学生运动"和逮捕示威游行学生的情况。孙中山号召上海要立即组织发动复旦大学等校的学生起来声援北京学生的爱国运动。随后上海也掀起学生示威，反对日本帝国主义和北京政府镇压游行示威学生运动的高潮。5 月 26 日，孙中山约请上海学生联合会主席、新加坡归国华侨学生何葆仁到上海西藏路老金龙茶馆会面。孙中山赞扬上海学生的爱国反帝行动，他说："爱国运动"很好，并建议他们要组织上海各大、中学校学生在上海学联统一组织下到上海附近的城镇、乡村集会演讲、散发传单，唤起民众一致行动。6 月 2 日，孙中山再次约何葆仁、朱仲华到莫利爱路他的住所会面。当时上海租界不允许学生游行，孙中山便聘请几位英籍和法籍的律师，准备为上海学生进入租界游行示威如若被捕进行辩护。当时上海学生几次冲击租界，都同孙中山的极力支持分不开①。6 月 16 日，全国学生联合会在上海成立，孙中山应邀为学生联合会演讲，鼓励学生发动上海商人罢市，工人罢工响应北京学生的反帝爱国行动。6 月中旬，有人听说陈独秀在北京被捕，请孙中山发电营救，但孙中山婉拒，可见孙中山支持和声援北京学生的爱国运动，但没有跟陈独秀有直接联系。8 月上旬，徐世昌、段祺瑞派许世英去上海与孙中山谈陈独秀、胡适被捕一事。其实胡适并没有被捕，所谓胡适被捕只是误传，孙中山对许世英说："独秀我没见过，适之身体薄

---

① 俞云波：《孙中山先生与上海五四运动》，《团结报》1988 年 5 月 3 日。

弱点，你们做得好事，很足以使国民相信我反对你们是不错的证据。但是，你们也不敢把来杀死。身体不好的，或许弄出点病来，只是他们这些人，死了一个，就会增加五十、一百个。你们尽做着吧！"许世英听了孙中山这番话，口口声声说："不该，不该，我就打电报去。"没有几天，就听到陈独秀出狱的消息。陈独秀6月11日被捕，8月底保释出狱，当时很多人都"很赞成，孙先生的话谈得好"①。这是"五四运动"后，孙中山第一次谈到陈独秀。但孙中山也说，他与陈独秀从未见过面。

1919年9月9日，孙中山复电广州军政府政务会议，表示在此之前粤军总司令陈炯明已由福建返广东。8月12日，粤军开始返粤。10月28日粤军已赶跑桂系军阀克复广州。11月1日，陈炯明抵达广州。有人说，11月1日，孙中山委任陈炯明联合邀请陈独秀出任广东政府教育委员会委员长兼预科大学校长②。但至今我们不仅没有发现孙中山与陈炯明邀请陈独秀的文献，就连陈炯明的邀请函也没有发现。当时孙中山还在上海，而孙中山委任陈炯明为广东省省长是在11月10日，陈炯明未任广东省长前也无权邀请陈独秀出任广东教育委员会委员长。所以，陈炯明邀请陈独秀出任广东教育委员会委员长如果是真实的，时间也应在11月10日以后，不可能在此之前。

据记载，12月16日，陈独秀向陈炯明提出三个条件：一、教育独立，不受行政干涉；二、以广东全省收入的十分之一拨作教育经费；三、行政措施与教育所提倡的学说作同一趋势。陈炯明表示同意，陈独秀遂由上海动身去广州③。陈独秀到广州之前的11月28日，孙中山也由上海经香港到广州重组中华民国政府。孙中山说此次军府回粤，他坚决辞退广州军政府总裁一职，并声明军政府从8月7日以后发出的文电署有孙文名者，"概不负责任"④。10月8日，孙中山在上海青年会举行的武昌起义八周年纪念会上，发表演说："中国国家腐败到这点，是不是革命的罪恶？不是的。"他指出改革中国第一步的方法"只有革命"，清廷退位后，革命党人"相率下野，将政权交与官僚，八年来造成官僚与武人政治的原因，就在这一点"⑤。10月10日，孙中山将中华革命党改组为中国国民党，并规定"本党以巩固共和，实行三民主义为宗旨"，改变1912年国民党只为民生主义奋斗的宗旨，改变

---

① 《胡适来往书信选》上册，第77页，参见陈锡祺主编：《孙中山年谱长编》下册，中华书局1991年版，第1196页。

② 王光远编：《陈独秀年谱》，第98页。

③ 王光选编：《陈独秀年谱》，第102页。

④ 《孙先生与军府往返电》，上海《民国日报》1919年9月10日。

⑤ 《在上海青年会的演说》，《孙中山全集》第5卷，中华书局2006年版，第125页。

国民党只作为参政党不革命的弊端。11 月 18 日，孙中山又指出，根本解决中国问题的办法是"南北国会一概不要它，同时号召把那些腐败官僚、跋扈武人、作恶政客完完全全扫干净"，"重新创造一个国民所有的新中国"，① 中国的政局纷乱的现象才能解决。

由上述可见，在"五四运动"以后，孙中山仍然坚持重新革命，以革命的武力打倒反革命的武力，维护和共，建设中国的初心。

1920 年 11 月 25 日，孙中山应粤军许崇智的请求，偕伍廷芳、唐绍仪等离上海经香港，28 日重返广州重组中华民国陆海军军政府。在当晚广东省署举行的欢迎宴会上，孙中山发表演说，他指出："吾国必须统一，惟以民治为统一方法"，"武力不过辅助民治之不及，非不得已，不宜轻用。"② 在军政府 1921 年元旦庆祝大会上演说，又称"此次军府回粤，其责任固在继续护法，但余观察现在大势，护法断断不能解决根本问题"，"因为护法不过矫正北政府之非法行为，即达目的，于中华民国亦无若何裨益。况护法乃国内一部分问题，对内仍承认北京政府为中央政府，对外亦不发生国际上地位之效力"，所以，"广东此时实有建立正式政府之必要"③。1921 年 4 月 7 日，国会非常会议参众两院联合在广州举行会议，通过《中华民国政府组织大纲》，选举孙中山为中华民国非常大总统。孙中山于 5 月 5 日宣誓就职，随即下令讨伐陆荣廷等桂系军阀，并准备集聚粤、滇、黔、赣各路地方各军北伐，统一中国。

此时，陈独秀则在广州到处演讲，首要内容是讲要改革旧的教育，确立新的教育，建设法治社会，不要专门再造成个人的伟大。此外是讲关于社会主义，强调要废除资本主义私有和生产过剩，他说："资本制度一天不倒，各资本主义制度的国家保护商业的军备扩张也一天不能停止。"④ 陈独秀还在《广东群报》、《新青年》等刊物发表文章，鼓吹新文化和民众运动，建立政治大团体代替一个个小团体，提倡建立共产党的组织，发动工农大众，开创中国未来的新局面。

孙中山和陈独秀都是思想家，也是中国国民党和中国共产党的创造者之一，但孙中山对西方的资产阶级民主政治了解较多，对英、法、德、美、日等国家的政治制度的利弊都有研究，而陈独秀对于马克思主义的了解也不多，研究也远不如李大钊和杨匏安，他对于苏俄的社会主义制度也知之甚少，所以对于政治智慧和管理国

---

① 《在上海寰球中国学生会的演说》，《孙中山全集》第 5 卷，第 148 页。
② 《本社专电》，上海《民国日报》1920 年 12 月 1 日。
③ 《孙总裁元旦日之演辞》，上海《民国日报》1921 年 1 月 11 日。
④ 陈独秀：《社会主义批评》，《新青年》第 9 卷第 3 号，1921 年 7 月 1 日。

家和人民的政策与办法，孙中山比陈独秀都要强得多。陈独秀本是文化人，但当他由热心文化教育转向热心政治，虽是广东教育委员会的委员长，但他在广州对于教育并不感兴趣，他除了宣传社会主义革命，组织共产党小组之外，对于孙中山的北伐主张则不闻不问。由于孙中山与陈独秀的政治主张不同，两人的关系也貌合神离。孙中山、陈独秀都按自己的既定方针各行其是，谁对谁都不妥协，尤其是当孙中山下令讨伐桂系军阀陆荣廷，遭陈炯明反对出兵和提供粮饷时，陈独秀则处于骑虎难下的境地。陈独秀是陈炯明作为广东省长管治下的广东教育委员会委员长，他不听陈炯明的指挥不行，不听中华民国广州非常大总统孙中山的指挥也不行。

　　陈独秀利用其在广东主持教育工作的机遇，在广州开展的政治活动，也遭到各界人士的攻击，一批旅居上海的广东守旧人士，以"广肇公所"名义，发出通电指示"陈独秀惑世诱民，凶于兵祸，独夫不去，四维不张"，要求广东政府把陈独秀驱逐出粤。陈独秀便以治胃病为名，请假回上海做组建共产党的工作。1921年10月，陈独秀辞去广东省教育委员会委员长等职务。广东省长陈炯明是野心家，他想以广东作为发迹的基地，发展自己的派系势力，当南粤王。他反对孙中山在广东建立中华民国政府，更反对孙中山当选非常大总统，并提倡"联省自治"，扩大他的势力与孙中山北伐统一中国的主张抗衡。面对孙中山与陈炯明之间的矛盾，陈独秀很为难，他再在广东也不可能有何作为，所以他选择一走了之，这是高明的选择。

　　1922年7月16日至23日，陈独秀在上海主持召开中国共产党第二次代表大会，陈独秀、张国焘、李达、蔡和森、王尽美、谭平山等12位代表出席，代表全党195名党员。共产党的"二大宣言"明确指出，当时中国革命的性质是民主主义革命，革命的对象是帝国主义和封建军阀，革命的动力是工人、农民和小资产阶级，民族资产阶级也是革命的力量之一，革命的策略是组织各阶级的联合战线，革命的目标和任务是打倒军阀，推翻帝国主义的压迫，实现中华民族的独立和中国的统一，革命的新前途是由民主主义向社会主义转变①。中共"二大"还通过《中国共产党加入第三国际决议案》，大会确认中国共产党是共产国际的一个支部。早在一年前，中国共产党成立时，陈独秀没有参加，但党的纲领规定，中国共产党不同其他党派建立关系。1921年6月初，共产国际派马林来中国帮助中国共产党成立外，还在12月23日到桂林拜访孙中山。马林向孙中山建议，改组国民党，联合社

----

　　① 参见中共中央党史研究室：《中国共产党历史》第1卷，中共党史出版社2011年版，第79—80页。

会各阶层，尤其是工农群众，创办军事学校，建立革命武装，并要同中国共产党合作①。孙中山表示愿意与苏俄建立联系，对于中国共产党，孙中山只允许进行共产主义宣传，没有答应与共产党合作。1922 年 4 月 6 日，陈独秀给共产国际远东局的吴廷康（又称魏金斯基）写信，对马林建议中国共产党员和社会主义青年团员加入中国国民党的提议持反对意见，指斥孙中山的国民党在广东以外各省人民看来，仍然是一个争权夺利的政党。共产党员加入国民党，则在社会上，尤其在青年中造成信仰全失。陈独秀还认为，广东的实力派是陈炯明，他名为国民党党员，实则反对孙中山，"我们倘加入国民党，立即受陈派之敌视，在广东不能活动"。并指出孙中山对于我们新加入国民党的分子，"绝对不能容纳其意见及假以权柄"②。5 月 23 日，陈独秀在陈公博陪同下，去广东惠州访问了陈炯明。6 月 16 日陈炯明的部下在广州发动兵变，炮轰孙中山的总统府和孙中山住所观音山（即越秀山）粤秀楼，妄图将孙中山赶出广州。陈炯明叛变，反对孙中山与维护孙中山的革命派成为当时两派斗争的重点。孙中山为了镇压陈炯明叛军，在共产党人的支持下，他也下定决心联俄、联共，在平定陈炯明叛军后，发动国民革命与封建军阀较量，实现国家的统一。

由上述可见，在中共"三大"召开前，陈独秀反对共产党员以个人身份加入国民党，实现国共合作的主张。1922 年 4 月 27 日，孙中山在广州接见青年共产国际代表达林和张太雷等人时，他们与孙中山谈到中共愿意参加国民党，但必须作为一个独立的政党加入国民党，加入国民党后仍要保持政治与组织上的独立为条件。孙中山表示愿意联合共产党，合力革命，但他反对平等、平行党与党的合作。6 月 16 日，陈炯明叛变后，8 月 14 日孙中山到了上海。李大钊也由北京赶赴上海，多次与孙中山谈"振兴国民党以振兴中国问题"，李大钊决定参加国民党，以实际行动支持孙中山。陈独秀领导的共产党也严肃处分了支持陈炯明的中共广东区委负责人陈公博、谭植棠、谭平山等人。中国共产党的理论刊物《向导》周刊，也不断发表文章批判陈炯明的叛变行为，希望孙中山依靠民众，继续革命。与此同时，共产国际也通过各种途径，采取多种方式给孙中山以支持和帮助。1922 年 8 月 25 日，马林在上海会见孙中山。马林告知孙中山，共产国际领导已通知他同意共产党人以个人身份参加中国国民党，同时马林也建议孙中山改组国民党，孙中山接受了马林的建议。8 月 27 日，孙中山给苏俄来华的代表越飞写信，指出："我要感谢贵国政府

---

① 黄修荣：《国共关系七十年纪实》，重庆出版社 1994 年版，第 3—4 页。
② 黄修荣：《国共关系七十年纪实》，第 8—9 页。

派您这样一位享有盛誉的国务活动家来我国。"他告诉越飞，"北京政府是某些列强的代理人"，而"陈炯明是个坏人"，"日本想要在北满取代俄国，正如它在日俄战争后在南满取代了你们一样"，"至于蒙古，我完全相信贵国政府的诚意。我接受莫斯科无意使这一地区脱离中华民国政治制度的保证"①。根据马林的建议，中国共产党又于8月29—30日在杭州西湖召开会议，传达共产国际要求共产党员以个人资格加入国民党的指示。经过讨论，中国共产党接受共产国际的要求和指示。陈独秀作为共产党的负责人，只能执行共产国际的指示。会后，陈独秀、李大钊和马林又分别拜会了孙中山。不久，李大钊首先加入国民党，陈独秀、张国焘、蔡和森、张太雷等人也由张继介绍，孙中山亲自主盟，以个人身份加入国民党。可见，陈独秀等人参加国民党是执行共产国际的指示，而孙中山联俄、联共则是由于陈炯明叛变造成的艰难局势，以及马林、越飞等共产国际和苏俄代表，表示继续支持和援助国民党坚持反帝反封建军阀的结果。

1923年1月1日，孙中山在上海发表中国国民党宣言，宣布建国主张。宣言指出："今日革命则立于民众之地位，而为之向导，所关切者民众之利害，所发抒者民众之情感"。"革命事业由民众发之，亦由民众成之。"今后依三民（主义），五权（宪法）之原则，制定"对国家建设计划及现所采用之政策"②。1月18日，陈独秀也在《向导》周报第16期发表《革命与反革命》一文，指出陈炯明逐放后做出许多残民媚外的行为，完全证明他是一个反革命的军阀。但7月13日，陈独秀又在《向导》周报第31、32期合刊上发表《北京政变与孙曹携手说》一文，指出如"国民党若真与曹锟携手，那真是自杀了，我们始终不信有此怪事"。同时，陈独秀又支持商人运动。同一天，当张太雷与马林和少数中共党员商谈共产党员加入国民党的情况向陈独秀报告时，陈独秀又"颇为生气"③。后来，陈独秀、蔡和森同孙中山商谈，孙中山说他"不会同曹锟联合，也不想按照各方面的建议把国会召至广州"。但孙中山强调："必须建立一支自己的革命力量。"孙中山也指出，他不反对党员以个人身份支持商人的行动，但他不会也不能支持商人的行动。陈独秀问孙中山，建立一支自己的革命力量有何想法时，孙中山说："党只有在危急关头才应该出面。必须以广东省为基地，在西南地区建立起一支革命的军事力量，在西北

① 中共中央党史研究室第一研究部编：《联共（布）、共产国际与中国国民革命运动》（1920—1925），北京图书馆出版社1997年版，第109—111页。

② 《中国国民党宣言》，上海《民国日报》增刊1923年1月1日；也可参见陈锡祺主编：《孙中山年谱长编》下册，第1541页。

③ 张国焘：《我的回忆》第1册，东方出版社1991年版，第240页。

或东北也必须这样做。"① 7 月 18 日，孙中山又在广州接见马林时说："像陈独秀那样在他的周报（指《向导》周报）上批评国民党的事再也不许发生。如果他的批评里有支持一个比国民党更好的第三党的语气，我一定开除他。如果我能自由地把共产党人开除出国民党，我就可以不接受财政援助。"马林为陈独秀辩解，说《向导》周报"有几篇批评国民党消极被动的文章出自我的手笔，但援助问题与共产党人能否留在国民党内毫无关系"②。11 月 27 日，陈独秀在《向导》周报第 47 期发表《陈炯明与政局》一文，指出陈炯明是曹锟的爪牙，受曹锟指使反孙中山。说明这时的陈独秀尽量与陈炯明划清界限，消除孙中山对陈独秀的疑虑。

1923 年 12 月 3 日，国民党员邓泽如、林直勉、黄心持等十一人向孙中山上书抨击陈独秀等共产党人的密函。邓泽如等人在给孙中山的密函中说，"国民党政组，其动机虽出自我总理（按，中国国民党的总理孙中山）之乾纲独断，惟组织法及党章、党纲等草案，实多出自俄人鲍罗廷之指挥"，但其实"全为陈独秀之共产党所议定"。孙中山批示，国民党党章、党纲等草案"为我请鲍君所起草，我加审定，原为英文，廖仲恺译之为汉文。陈独秀并未闻其事，切不可疑神疑鬼"。邓泽如等在密函中又说："此回改组，陈独秀因粤人对伊感情太坏，乃避去而以其党徒谭平山出任其事，陈独秀则在暗中牵线，内里隐阴谋。"孙中山又批示："俄国革命之所以成功，我革命之所以不成功，则各党员至今仍不明三民主义之过也。质而言之，民生主义与共产主义实无别也。""此次俄人与我联络，非陈独秀之意也，乃俄国自动也。"总之，邓泽如等人在密函中，大肆攻击和诬蔑陈独秀利用国民党改组达到控制国民党的计谋，孙中山对此说了实话，从而击破了邓泽如等人破坏国民党改组，反对国共合作的企图③。

由此可见，孙中山与陈独秀作为第一次合作时期国共两党的领导人，国民党要改组并与共产党合作自然成为各界人士议论的焦点，而孙中山与陈独秀能否正确地认识和处理国共两党的不同意见和各种杂音，便成为当时国共两党能否合作的关键。孙中山在苏俄和共产国际的帮助下，坚持改组国民党，挫败国民党右派的种种阻挠和破坏，顺利地与共产党合作，以及推行联俄和扶助农工的政策，加速了国民革命的进程，表明孙中山具有超人的智慧和在关键时期具有处理关键问题的魄力。

---

① 《与陈独秀蔡和森的谈话》，林家有编：《孙中山全集续编》第 3 卷，中华书局 2017 年版，第 434—435 页。

② 《与马林的谈话》，林家有编：《孙中山全集续编》第 3 卷，第 438—439 页。

③ 《孙中山批邓泽如等抨击中国共产党密函》，林家有、周兴樑编：《孙中山全集续编》第 4 卷，中华书局 2017 年版，第 2—6 页。

1923 年 2 月 21 日，孙中山由上海重返广州，但他不再继任中华民国非常大总统，而是恢复军政府，任陆海军大元帅。陈独秀也在 2 月 26 日赶赴广州，并在 2 月 27 日出版的《向导》周报第 20 期发表《统一的国民运动》一文，强调"要打倒军阀"，并指出："散漫的各个争斗是不济事的。"他说："能够打倒军阀，只有统一的国民运动。"由此可见，到这个时候，孙中山与陈独秀对当时中国政局的看法才基本一致。6 月 1 日，孙中山便任命陈独秀、谭平山、马超俊为广州陆海军大元帅府大本营宣传委员会委员，并推陈独秀任委员长。6 月 8 日，孙中山发布大元帅指令第 240 号，正式任命陈独秀为大元帅府宣传委员会委员长。6 月 12 日至 20 日，中国共产党第三次全国代表大会在广州召开。张国焘说，在中共"三大"讨论共产党员参加国民党进行国民革命的纷争中，陈独秀觉得苦恼左右为难。后陈独秀采取李大钊在西湖会议时的调和立场[1]。陈独秀从现实的观点出发，认为职工运动经过"二七"罢工的失败，一时不易复振，因而国民革命应由力量雄厚的资产阶级来领导，工人阶级只是其中的左翼。陈独秀不愿违反共产国际的训令，他也支持瞿秋白关于中国革命是以资产阶级反对封建主义为主要内容的说法。但他又觉得国民革命与国民党不能混为一谈。他认为，多数共产党人参加国民党工作后，将引起两党间许多纠纷为忧，因而他主张接受共产国际的训令[2]。陈独秀向中共"三大"作中共委员会工作报告，并通过了《关于国民运动及国民党问题的决议案》，大会决定共产党员和社会主义青年团员以个人身份加入国民党，改组国民党为民主革命同盟，同时保持共产党在组织上和政治上的独立性。陈独秀被中共"三大"选为中共中央执行委员会委员长。中共"三大"为共产党与国民党第一次合作创造了条件，使国民党"一大"的召开成为可能，陈独秀在中共"三大"中的历史作用应当肯定。

1924 年 1 月 20—30 日，在孙中山主持下，中国国民党第一次全国代表大会在广州召开。陈独秀被孙中山指定为国民党"一大"的代表，但陈独秀没有出席会议。为什么？过去没有人研究，也没有一个明确的说法。其实，陈独秀不参加国民党"一大"是经过思考作出的一个高明的决定，因为国民党右派攻击陈独秀参加国民党是为了个人权益。孙中山是中国国民党当然的总理，如果陈独秀一定要一个什么职务，他只能是副总理之类的头衔，但国民党是不设副总理职务的，国民党"一大"不可能破例，从选举的结果看，因为陈独秀不出席会议连个执行委员、监察委员都不是，什么副总理更无从谈起。此外，中共"三大"决定共产党人以个人身份

① 张国焘：《我的回忆》第 1 册，第 291 页。
② 张国焘：《我的回忆》第 1 册，第 292 页。

参加国民党，但仍要保持政治上和组织上的独立，所以陈独秀仍要担任中共中央委员长职务。1922 年 8 月，共产国际指示中共中央机关要由上海迁往广州，但只一个月，陈独秀便将中共中央的机关和《向导》周报便迁回上海。为了守护中共中央的独立性，陈独秀既不便参加国民党"一大"，也不能在国民党机关任职。这就表明，国民党"一大"的召开，孙中山宣布国民党改组，实行国共首次合作，但不是两个党的合并。这一方面揭露了国民党右派制造的孙中山允许共产党人加入国民党是为了"溶共"的谎言，也是陈独秀对共产国际只支持国民党、不重视共产党自身建设行为主张的否定。8 月 27 日，陈独秀在《向导》周报第 80 期又发表《国民党与中国革命》、《亡党》二文，指出国民党不能只在口头上讲三民主义，而应在行动上为工农利益奋斗。陈独秀多次指出孙中山为西南军阀所玩弄，批评孙中山只是个人在领导革命。

孙中山作为政治家具有应对形势的实用主义本性，他认定了的事就"吾志所向"勇往直前，这是他的优点，但也是他的缺点。陈独秀是文化人，也是喜欢议论政治的学者，但他不是高明的政治家，胡适说陈独秀"口直心快"。陈独秀还发表大量文章和短评，批评这个，指责那个，得罪了不少人，加上他一度与陈炯明之间关系较好，对于孙中山反对陈炯明的斗争，既发表文章批评陈炯明，也批评国民党，指责孙中山利用军阀反军阀，决不能实现国民革命的目标。陈独秀的言行很难得到拥护孙中山一派国民党人的认可。

孙中山晚年肯定宣传工作的重要性，他说文化人的笔比武人的枪还重要，但他仍然坚持武装斗争解决中国南北分裂问题，因此他建立黄埔军校，组建国民党领导的军队，所以国民党右派攻击孙中山"左倾"，而陈独秀由于共产国际反对他建立革命武装，进行反对国民党右派和封建军阀的斗争，因此共产党一些人批评陈独秀"右倾"，葬送了人民革命的前途。应该如何正确地评定孙中山与陈独秀对 20 世纪 20 年代中国革命斗争的理论、思想和行为的是非正误，是一道说不清议还乱的难题。

在 19 世纪末 20 年代初的中国，孙中山和陈独秀都是颇有影响的政治人物，但因为孙中山与陈独秀对解决当时中国问题混乱政局的思想和主张不同，尽管他们两个人努力实现了国共两党的第一次合作，但因为陈独秀不尊重孙中山的领导地位，也不认同孙中山的革命学说，加上陈独秀具有清高的傲气，在孙中山生前就对孙中山有不少批评和异议。孙中山逝世后，陈独秀在 3 月 14 日，在《向导》周刊第 106 期上发表《悼孙中山先生》一文，还批评国民党和孙中山，他公开主张失去了领袖的国民党要扩大党内民主，实行委员制领导，他说："伟大的集合体指导革命，比伟大的个人指导革命更有力量。"其实是在批评孙中山个人领导国民党。戴季陶、蒋介石、汪精卫等人反共清党，陈独秀又骂孙中山"瞎了眼用错人"。在帝国主义支持中国封建军阀打内战时，陈独秀又主张向国民党右派妥协。这样一个缺乏信仰、理想和坚持马克思主义核心价值观的陈独秀，他的一生只能是一个由喜剧开始而以悲剧告终的人物。

中国共产党的总书记习近平在2016年纪念孙中山150周年诞辰大会上说："孙中山是伟大的民族英雄，伟大的爱国者和中国伟大的民主革命先驱。"孙中山是爱国而起革命，因为他革命反对清政府而受清政府作为国事犯通缉流亡在外，但他不断奋斗。他领导辛亥革命党推翻了清政府，结束了中国的封建君主专制，开辟了一个历史的新纪元。民国成立后，袁世凯及其他封建残余，又欲在中国复辟封建君主制度，孙中山又坚持领导革命的团体和人士进行护国、护法的斗争，又遭北洋政府通缉流亡海外，但他并不因此而放弃他的理想和信念，而是坚持斗争，把他的一切都贡献给国家、民族和人民。正因为他爱国情深，他逝世后，全国人民都一直缅怀他、纪念他、敬仰他，这在世界历史人物中都是很少见的。而陈独秀虽然在新文化运动和"五四运动"中起过积极的作用，但共产党成立初期，由于受共产国际和苏俄共产党的挟制和指使，在共产国际派来中国的代表鲍罗廷等人的指导下，早期的共产党无力独行，陈独秀对于共产国际和俄国共产党在中国的政策和主张虽也有抗争，但也很无奈①。正如瞿秋白所指出：陈独秀事无大小都亲自参加和主持，1927年初陈独秀的政治主张，已逐渐暴露机会主义的实质，一般党员对他已失掉了信仰②。当时的形势发展对于陈独秀这种既激进又保守的二元性格的人物，他当然难于承受来自各方的攻击。所以，孙中山与陈独秀的人生结局完全不同。

孙中山虽然只活了59岁，但他一生忠于他的信仰，为实现他的奋斗目标，不屈服、不妥协，对他压迫越甚，他反抗越激烈；作为一位政治家，孙中山的个性很鲜明，他对他的信仰、理想的追求是始终坚持不动摇。陈独秀"个性也倔强"，但作为政治家缺乏始终如一的理想和目标。所以，他先后被国民党、共产党开除党籍，又由于他参加托洛茨基党派被共产国际执行委员会废除他的职务。他作为一名书生或学者，在生前也没有哪一个出版社敢为他出一本他的所谓学术著作③。由于陈独秀缺乏政治家的坚定性和灵活性，他的优点和缺点都是外露的，像他这种性格

---

① 卢毅：《陈独秀、共产国际与大革命的失败》，《红广角——党史与文献研究》2018年第3期。
② 瞿秋白：《多余的话》，《旧籍新刊》，岳麓书社2000年版，第322—323页。
③ 朱洪：《陈独秀的最后岁月》，东方出版社2011年版，第1页。

的人并不适宜担任政治家的角色，但历史却把他推上了政治舞台的重要岗位①。这是陈独秀对历史的选择，也是历史对他的嘲弄。所以，铭记历史，正确地理解孙中山与陈独秀一生的正误和应吸取的教训，对于今人坚定理想信仰，不忘使命为国家、民族和人民做贡献仍然具有重要的启迪和意义。

（作者单位：中山大学孙中山研究所）

---

① 任建树：《陈独秀传——从秀才到总书记》上册，上海人民出版社1989年版，第4页。

晚清西方媒体与孙中山
——以《纽约时报》、《泰晤士报》为例

戴鞍钢

新中国成立以来，孙中山研究成果丰硕，令人欣喜。从孙中山研究再出发即进一步推进和深化的角度思考，在新资料尤其是西方媒体有关孙中山的报道和评述等方面仍可重视并加强收集、整理和利用。本文以晚清时段的《纽约时报》、《泰晤士报》为例，略作探讨①。

一、孙中山伦敦遇险及《纽约时报》相关报道

孙中山艰苦卓绝的革命生涯中，1896年伦敦遇险是最惊心动魄的一幕②。

1894年6月，孙中山满怀期望去天津上书李鸿章，要求推行社会改革，以求国家摆脱贫弱进而民富国强，却遭冷遇。他愤然转赴檀香山，在当地华侨中宣传他的救国主张，并于同年11月24日成立了中国第一个资产阶级革命团体——兴中会，发出了"振兴中华"的呐喊。次年，孙中山成立香港兴中会，并前往广州组织反清武装起义。因事泄夭折，孙中山遭清朝政府通缉，被迫流亡海外。

1896年9月下旬，孙中山到达伦敦，次日上午即去拜访他在香港学医时的英国老师康德黎夫妇。后又去访晤了也曾在香港西医书院任职的英国老师孟生。此后

---

① 本文引用的《纽约时报》、《泰晤士报》文字，分别见郑曦原编，李方惠、胡书源、郑曦原译：《帝国的回忆：〈纽约时报〉晚清观察记（1854—1911）》，当代中国出版社2018年版；郑曦原编，蒋书婉、刘知海、李方惠译：《共和十年：〈纽约时报〉民初观察记（1911—1921）》，当代中国出版社2018年版；《泰晤士报》著，方激编译：《帝国的回忆：〈泰晤士报〉晚清改革观察记》，重庆出版社2014年版。

② 查阅新近出版的迄今为止对孙中山史事著录最详细的由桑兵主编的《孙中山史事编年》（中华书局2017年版）有关内容，如1896年孙中山伦敦遇险及1900年新加坡所谓"刺康案"，尚未及《纽约时报》、《泰晤士报》的相关史料。

几天，孙中山都上街观光，了解英国的风土人情。他并不知道，自己已陷于危险境地，一张黑网正悄无声息地向他撒来。时任清朝政府驻英公使龚照瑗随员的吴宗濂记述，1896 年 9 月 25 日，龚照瑗接到驻美公使杨儒的来函，告知朝廷通缉的"要犯"孙文已于 9 月 23 日由纽约前往英国，将于利物浦上岸。龚照瑗当即派参赞马格里与英国外交部联系，希望能援照香港及缅甸案例请英国代为缉拿孙中山，被英国外交部婉拒，"该部答称'二约只能行于香港及缅甸，而不能施之他处，设竟代拿，必为刑司驳诘'云云"。龚照瑗无奈，只得雇请私人侦探窥探孙中山的行踪。吴宗濂描述："英既不能代拿，敝处遂雇包探前赴梨花埔（即利物浦——引者）密尾行踪。该犯（诬指孙中山，下同——引者）于八月二十四日（即 9 月 30 日——引者）登岸，即日乘火车至伦敦，剪发洋装，偕行有二西人与之稔熟。伦敦则有二西医，一名坎特立（即康德黎——引者），一名门森（即孟生——引者），曾住香港，与该犯交最厚，前该犯由粤垣逃至香港，即潜匿坎特立之宅也。"[①]

孙中山的行踪，全被人暗中监视，如受雇于清驻英公使馆的英国私人侦探 10 月 1 日报告：孙中山"已于昨日中午 12 时在利物浦王子码头上岸"；"他坐的二等舱，上岸的时候，他带了一件行李，上火车站的公共汽车，到利物浦密德兰车站，坐下午 2 点 50 分的快车上伦敦。但是他没有赶上火车。等到下午 4 点 45 分方才动身，于晚间 9 点 50 分到伦敦圣班克拉司车站。于是他从行李房里取出行李，雇了 12616 号马车到斯屈朗赫胥旅馆"[②]。孙中山危在旦夕！

1896 年 10 月 11 日上午 10 时半，孙中山走出旅馆，准备去康德黎家。这天正是星期日，旅馆附近较清静，行人稀疏。他顺着街道朝前走着，当他拐过一个路口时，一个中国人从身后赶来，用英语与他搭话。听说孙中山家住广东，那人又自称是同乡。孙中山未起疑，两人边走边谈。刚走出不远，又围上来两个人，也说自己是广东人。他们簇拥着孙中山朝前走着，而先到的那人则悄悄离去。

当走到一座楼房前面时，没等孙中山反应过来，就被左右两人推拥进去，随即大门就被紧紧关上。孙中山追忆："当前门匆促关上，并随即上了闩时，我大为惊讶，突然我脑中一闪，这房子一定就是中国公使馆。房子里有几个穿官员制服的中国人，同时房子又那么宽敞，这足以说明问题。"[③] 孙中山正要发问，只见那两人已换了一副脸色，他们强行将孙中山关进了楼上的一个小间。原来，这里是清朝驻英使馆，孙中山被诱捕了！

---

① 吴宗濂：《随轺笔记》，岳麓书社 2016 年版，第 214、215 页。

② 桑兵主编：《孙中山史事编年》第 1 卷，中华书局 2017 年版，第 127 页。

③ 孙中山著，庾燕卿等译注：《伦敦蒙难记》，中国社会科学出版社 2011 年版，第 29 页。

　　孙中山入网后，清朝政府驻英使馆以 7000 英镑租了一艘英国轮船，准备把他装在一个大木箱里，秘密押送回国。清驻英官员洋洋得意地对孙中山宣称："我们并不打算按正式手续引渡你……一切准备停当，轮船已经预订好，你会从这里被押上船同时会堵塞住你的嘴，所以不会受到骚扰，并且你会被安置在船上十分严密的地方。在香港港口外有炮舰等着你，你被换到舰艇上后直接驶向广州，在那里，你将受到审讯并会被处决。"① 孙中山的生命，岌岌可危！

　　孙中山遭囚禁后，就想方设法寻找脱险的途径。他被关押的小间，窗户装有铁栅，门外加锁，又有专人日夜看守，单靠他自己显然无法脱身，唯一的办法是让友人尽快知道他现在的下落，设法营救。他几次将密信揉成一团用力扔出窗外，盼望有人拾起后帮他送出去，但每次都被看守发现。随即，窗户也被封闭。孙中山忆述："他们用螺丝钉钉死了我的窗户，我和外面联系的唯一途径也没有了。"② 孙中山这时犹如一头误入陷阱的雄狮，心情异常烦躁。他很清楚，一旦自己被送回国内，必定会遭清朝政府杀害。对死亡，孙中山并不畏惧，他担忧的是所从事的救国大业。他苦苦思索着脱险的途径。终于，他想出了一个有可能获得成功的办法。

　　10 月 16 日，一位名叫科尔的英国工役走进小间清扫，孙中山以恳切的心情，向他低声简述了自己的经历和将要面临的厄运，请求他帮助搭救自己。柯尔答应考虑后再答复。孙中山的话打动了柯尔，他去找使馆的另一位英国女工商量。庆幸的是，那位女工也很同情孙中山的遭遇，认为柯尔应该伸出手去相救。

　　10 月 18 日，也就是孙中山被囚禁的第八天，科尔像往常一样走进孙中山的小间。临出门时，悄悄地把孙中山交给他的一张纸条揣进了衣兜。当天，科尔就把它送到了康德黎的手里。在他之前，那位英国女工已在 17 日晚上，将孙中山被关押的消息告诉了康德黎。康德黎闻讯后，当天晚上就去找了孟生，一起商量如何搭救。次日，又接到柯尔送出的孙中山的亲笔求援信，两人即四出活动，设法营救。

　　康德黎和孟生先去了英国外交部，要求政府干预这桩公然违反英国法律及外交惯例的绑架案。他们又去了伦敦各报馆，请求舆论伸张正义。为了提防清朝驻英使馆秘密遣送孙中山回国，他们又出钱雇了两名私家侦探，在使馆门前日夜监视。他们还向清朝政府驻英使馆当面交涉，要求立即释放孙中山。清朝使馆却装聋作哑，矢口否认。于是，康德黎和孟生再次呼吁舆论的干预。

　　清朝使馆公然在伦敦街头将人非法绑架的行为，令英国朝野震惊。10 月 22

---

① 孙中山著，庾燕卿等译注：《伦敦蒙难记》，第 39 页。
② 孙中山著，庾燕卿等译注：《伦敦蒙难记》，第 44 页。

日，英国政府照会清驻英公使馆释放孙中山；当天晚上，伦敦《环球报》以"可惊可叹之新闻"、"革命家被诱于伦敦"、"公使馆之拘囚"等为标题，报道了清朝驻英使馆绑架事件，并于次日重新刊发此一事件的新闻报道。孙中山遭绑架的消息传出之后，英国舆论哗然，清朝使馆门前聚集了数百人，声援被囚禁的中国人。在各方面的巨大压力下，清朝使馆理屈词穷，无计可施，被迫同意释放孙中山。10月23日下午，孙中山终于获救。当他走出清朝使馆时，受到许多在门口围观的英国公众的热情问候。孙中山敏锐地意识到，应该抓住这次事件，扩大他革命主张的宣传和影响。

回到旅馆，孙中山顾不上休息，就向接踵而至的各路记者发表谈话，揭露清朝政府驻英使馆将他野蛮绑架和关押的经过，严厉抨击这种卑劣的行径。吴宗濂气急败坏地描述，孙中山脱险后，"致函日报，遍谢英廷、英报、英民，文过饰非，倾动众听"[①]。连续几天，伦敦各报仍以较多篇幅报道了这次绑架事件的来龙去脉，继续引起各界广泛注意。此外，美国、澳大利亚、日本、新加坡、香港等地多家报刊，以及上海的《万国公报》、《时务报》、《申报》等，也分别转载刊发了有关报道和评论。

上述国家和地区的一些公众，也从这些报道里第一次读到孙中山的名字，知晓他所从事的反清革命活动。孙中山的政治影响大为扩大。1896年12月3日，香港《德臣西报》载文指出："可以有把握地说，他（孙中山）是个非凡的人，对于中国千百万人民毋庸置疑的悲惨处境，有着极为开明的看法"；"在他沉着的外表下，藏着一个迟早必然会在中国起巨大影响的人格。"就此而言，这次伦敦遇险的结局，对孙中山来说可谓"因祸得福"；而清朝政府则把自己推到了众人所指的狼狈境地，客观上扩大了孙中山革命主张的国际影响，真是"搬起石头砸自己的脚"。

1896年10月23日即孙中山伦敦脱险的当天，美国《纽约时报》就以"孙逸仙博士被清国驻英使馆绑架"为题，刊载10月22日来自伦敦的电讯，报道了孙中山遇险的经过：

> 《环球电讯报》今天下午发表的一篇文章引起此间人士的极大震惊。文章说，苏格兰警场的侦探应英国外交部的要求，在过去数天里一直监视着大清国驻英公使馆。现已查明有两名大清帝国的外交官秘密逮捕和绑架了一名华籍医生，据悉这位名叫孙逸仙的医生是香港人，当他于10月17日经过清国驻英公

---

① 吴宗濂：《随轺笔记》，第226页。

使馆时突然遭到逮捕，然后一直被扣押在公使馆中。

据《环球电讯报》透露，一个以推翻满清王朝统治为目的的革命团体（兴中会）于1895年11月出现，他们计划以夺取广东的胜利为肇端而展开全国性的起义。为此，革命者从香港发出400只平底小渔船赴广东准备发动革命。但这个秘密计划很快被泄露，清国当局立即逮捕并处决了15名首要分子，余党则设法逃脱。其中发动革命的领袖孙逸仙医生逃亡美国，并经美国抵达英格兰，之后就一直留在伦敦活动。

孙医生的英国朋友告诉《环球电讯报》，清国使馆已备好一艘海轮，计划尽快地把他押送回国。而英国当局目前尚无法从清国使馆中营救出这位医生，因为国际法有外交机构不受侵犯的规定。

清国使馆的英籍职员马格里先生证实了有关孙先生被扣押的报道，但否认绑架的说法。马格里先生说孙逸仙先前曾不止一次自愿进入过清国使馆，他实际上是使馆报请清廷批准后被逮捕的，而不是所谓的"被绑架"。

据消息灵通人士指出，孙先生受过高等教育，他自己声称是出生在香港的英国公民。然而，他的英国公民身份显然令人怀疑。有消息说，孙先生实际上于10月11日就遭逮捕。目前他的朋友们非常担心孙先生在清国使馆关押期间会遭清廷毒杀。另有消息说，他来英格兰之前曾在华盛顿待过一段时间，他在那里就被大清国的特务人员紧紧盯上了[1]。

为了进一步揭露清朝政府的丑恶面目，扩大反清革命的影响，争取各国民众的同情和支持，孙中山脱险不久，就用英文撰写了《伦敦被难记》在英国出版，以后又被译成俄、日、中等国文字，在海内外流传。孙中山的英名和他的革命事业，因此也被更多的人所了解，得到人们的尊敬。1897年初，他在与该书俄译者的谈话时，明确指出："目前中国的制度以及现今的政府绝不可能有什么改善，也决不会搞什么改革，只能加以推翻，无法进行改良。"[2] 他充满信心地预言，革命必将成功，因为它代表了时代的要求，中国的"全体人民正准备着要迎接一个变革，有大多数的诚实的人们，准备着而且决心要进入公共民主的生活"[3]。

---

① 郑曦原编，李方惠、胡书源、郑曦原译：《帝国的回忆：〈纽约时报〉晚清观察记（1854—1911）》，当代中国出版社2018年版，第317页。

② 《与〈伦敦被难记〉俄译者等的谈话》，《孙中山全集》第1卷，中华书局1981年版，第86页。

③ 《中国的现在和未来——革新党呼吁英国保持善意的中立》，《孙中山全集》第1卷，第86、106页。

孙中山脱险后,《纽约时报》于1897年3月23日以"为新中国而呐喊的孙逸仙博士"为题,发表评论并引述孙中山伦敦脱险后对清朝政府"极端暴政"的猛烈抨击:

> 孙逸仙博士,前不久因大清国驻伦敦公使下令而在伦敦大街上遭逮捕,他被捕后囚禁在这个公使馆顶楼上的一个房间已好一段时间了。刽子手们试图将他押送回国,但是机会到来时他们却明显地放弃了迅速回国的打算。
>
> 关于孙逸仙先生的罪名,自然是从他在英国的演讲中得出的,他对他的国家那个奇怪的体制说了许多尖刻的话,他无法找到确切的名称,只能称之为满清当局。孙先生说,在中国的古老时代,人们对公众事务还有说话的权利,因此国家才有了相当的繁荣和富足。那时,皇冠并不是世袭制的,而常常从不称职的王子手上转交给并不是皇室成员的杰出人士。接下来的若干个朝代,民主被看做是荒谬的和无用处的,这样就阻碍了社会的进步。然而,也只是到1644年满清夺取了皇家政权之后,才开始了极端暴政的时代。然后,对诸如地理学、法律、历史和科学的学习和研究被全面禁止了,学生们被限定获得仅仅比会话术好不了多少的知识。现在对权力的批评就是极大的叛逆罪。国家的税收则是委托给这样的人,即只要他能够上交给政府预期的数额,他就可以尽情地压榨人民并随意享有更多的财富。
>
> 孙先生展示了他作为一个东方人的才能,他通过唤起英国公众的同情而使他的政见能传播开来,以便能够从新的鞑靼部落手中拯救中国,而时下沙俄正在恐吓这些鞑靼们,要取道西伯利亚全面进犯他的这个不幸的国家。这样一些发自内心的真诚呐喊,至少让这个流放国外的清国人的部分听众们不会过分地去追究他。[①]

《纽约时报》的上述报道和评述,无疑及时地扩大了孙中山革命主张在海外的政治影响。

二、武昌起义后《纽约时报》、《泰晤士报》有关孙中山的评述

正是基于对孙中山早期反清革命活动和政治主张的密切关注,武昌起义爆发后

---

① 郑曦原编,李方惠、胡书源、郑曦原译:《帝国的回忆:〈纽约时报〉晚清观察记(1854—1911)》,第318页。

的 1911 年 10 月 14 日，《纽约时报》就有长达数千字的及时报道和评述①。其"题记"指出："旨在推翻满清帝国统治的宏大计划已悄悄进行了多年。人民起义和军队倒戈的条件已经成熟，孙中山给英、美银行家的信透露了他寻求革命资金的细节，孙对世界发表声明。另，清国银行家提供担保。十成清国军队中有五成已反正，共和政体是革命党的政治目标；军政府短暂执政之后将进行全民选举，产生一位总统；孙中山在争取获得总统的位置，他可能已经筹集到发动全国起义的足够的资金；目前革命军正节节取得胜利。"②次日即 1911 年 10 月 15 日，《纽约时报》以"没有龙的新国旗——民生主义的旗帜在革命军中迎风飘扬"为题报道：孙中山先生的追随者称，中国四亿两千六百万人民中，大多数都支持革命③。1911 年 10 月 29 日、1912 年 1 月 3 日和 1 月 6 日，《纽约时报》分别以"中国将有伟大的未来"、"孙中山当选民国临时大总统"、"南京举行临时大总统就职典礼"和"孙中山大总统发表对外宣言"为题，作了专题报导和评述④。同年 1 月 14 日，该报又以"英国雇员回忆孙中山伦敦蒙难记"为题，追述了 1897 年孙中山伦敦遇险的经历⑤。同年 1 月 23 日，《纽约时报》报道孙中山接受美联社采访时强调，面对错综复杂的政治形势："我一直以来都坚信这次革命运动是正义的，它必将成功。"⑥

又如 1900 年 7 月义和团运动高潮时，孙中山曾赴新加坡谋求与康有为会面，磋商联手开展救国事宜。此前的 6 月 29 日，先期抵达新加坡的日本友人宫崎寅藏、清藤幸七郎等已往访邱菽园，求见康有为，欲劝说其与孙中山合作。康有为风闻宫崎等人系刺客，拒绝面晤，派人赠金百圆，为宫崎所拒。宫崎等一面等候孙中山到来决定进取方针，一面于 7 月 5 日致书康有为，驳斥"刺客"之诬。信为新加坡警察所截，认为语含胁迫之意，宫崎、清藤两人被捕，人称"新加坡刺康案"⑦。7 月 9 日孙中山抵达新加坡，立即着手营救宫崎等人。7 月 10 日他在面见新加坡英国殖

---

① 郑曦原编，李方惠、胡书源、郑曦原译：《帝国的回忆：〈纽约时报〉晚清观察记（1854—1911）》，第 337—348 页。

② 郑曦原编，李方惠、胡书源、郑曦原译：《帝国的回忆：〈纽约时报〉晚清观察记（1854—1911）》，第 337—338 页。

③ 郑曦原编，蒋书婉、刘知海、李方惠译：《共和十年：〈纽约时报〉民初观察记（1911—1921）》，当代中国出版社 2018 年版，第 3 页。

④ 郑曦原编，蒋书婉、刘知海、李方惠译：《共和十年：〈纽约时报〉民初观察记（1911—1921）》，第 6—15、28—31 页。

⑤ 郑曦原编，蒋书婉、刘知海、李方惠译：《共和十年：〈纽约时报〉民初观察记（1911—1921）》，第 31—33 页。

⑥ 郑曦原编，蒋书婉、刘知海、李方惠译：《共和十年：〈纽约时报〉民初观察记（1911—1921）》，第 42 页。

⑦ 陈锡祺主编：《孙中山年谱长编上册》，中华书局 1991 年版，第 216、217 页。

民政府官员时，明确陈述了此行的打算："我想要会见康有为，就当前中国的问题征询他的意见，并向他提出我的劝告。"并坦言两人存在的分歧："不错，我志在驱逐满洲人，而他支持年青的皇帝。我希望与他磋商，为我们在共同战线上的联合行动作出安排。"但表示康有为的举动，令他很失望："我相信一部分民众肯定会起来，那是不可避免的。我们打算推翻北京政府。我们要在华南建立一个独立政府。我们的行动不会引起大乱；而没有这个行动，中国将无法改造。南方数省人民已经组织好了，目前的平静主要是由于我们没有采取行动。我想，大概除了康党以外，都能够结成一体。"① 7 月 12 日，宫崎等人出狱并与孙中山一起离开新加坡去香港。经历此事后，孙中山与康有为的关系完全破裂②。

武昌起义爆发后的 1911 年 10 月 16 日，英国《泰晤士报》以"孙文与康有为在新加坡的一幕"为题，披露了其中的相关内情：

　　星期日，亚历山大·瑞天咸爵士（时任新加坡英国殖民政府总督——引者）收到有关孙文在新加坡出现的消息。孙文以日本人的身份旅行来此，并想要面见康有为。孙文说，自他在伦敦遇难，即被清廷特务绑架并被扣留在清驻英使馆之后，他就一直滞留在日本国。当被问起，不会害怕在清国旅行吗？他回答："不怕。我已经掌握了日本语，能以流利的日本语畅行无阻。"事实上，他确实说得一口完美的日本话。

　　当被问及他为何想要见康有为时，他回答，自己是中国革命运动的领袖。他的政党很强大，尽管规模尚不如康党。他希望能与康党结盟。他补充道，如果他们能合力出击，其力量将是不可抗拒的，并且将最终取得成功，目前，他已拥有了足够的资金。孙文解释道，日本国那些将个人利润中的大部分用来致力于本国发展、壮大的媒老板们，都在身后支持着他。

　　有人告诉他，新加坡政府不容许个人进行任何秘密图谋的活动，并且不允准他会见康有为。孙文听闻后说，"你们已经抓了三个我的人，并从他们身上搜走了大笔的钱"。辅政司遂威胁要将他递解出境，并且劝告他说，既然任务已告失败，他最好搭乘当日的蒸汽船，尽快离开新加坡。孙的那三位助手应该也会同船离境，那些从他们身上没收的金钱也已如数交还。

　　四人均乘蒸汽船前往香港。亚历山大·瑞天咸爵士随后给亨利·布雷克爵

---

① 《与思韦顿汉等的谈话》，《孙中山全集》第 1 卷，第 195、196 页。
② 陈锡祺主编：《孙中山年谱长编上册》，第 218、219 页。

士发去电报，称他们已登船离开①。

应该说，上述从"他者"的角度所作的即时或事后报导和评述，细节生动具体又较为客观，拓展了我们的研究视野和资料来源，也有助于成果丰硕、起点很高的孙中山研究的继续推进和深化。近日读到新出版的《西洋镜：海外史料看李鸿章》，其中就有与孙中山早期经历密切相关的夏威夷与中国来往的史料，1881 年 9 月 10 日美国《太平洋商业广告报》载："夏威夷的卡拉考瓦国王经日本来到了上海，受到了清朝方面的热烈欢迎。国王随后去了天津。李鸿章已经在那里等待他的到来……在晚宴上，李鸿章先为卡拉考瓦国王的健康祝酒，接着转达了清朝皇帝的感谢，感谢夏威夷政府对清朝人的友好和公正。夏威夷国王对李鸿章的祝酒非常重视。他的国家有大量的清朝移民。就这一方面，以及相关的其他事务上，卡拉考瓦国王做了一番自由发言。他对当前的情形并不抱有负面的看法。双边条约为其国家的制糖产业找到了美国的巨大市场，有助于增强国力、巩固他的统治。所以他希望可以有更多的清朝劳工前来，以确保移民数量。"② 如果说海外报刊资料的收集尚且有难度，那么近代在华外文报刊相关资料的编研则可考虑先着手，在这方面已有可资借鉴的成果，如温州市档案局（馆）译编的《〈北华捷报〉温州史料编译（1876—1895 年）》和《〈北华捷报〉温州史料编译（1896—1915 年）》，共 87.1 万字，均由社会科学文献出版社 2018 年出版。

（作者单位：复旦大学历史学系）

---

① 《泰晤士报》著，方激编译：《帝国的回忆：〈泰晤士报〉晚清改革观察记》，重庆出版社 2014 年版，第 373 页。
② 赵省伟主编，许媚媚等译：《西洋镜：海外史料看李鸿章》，广东人民出版社 2019 年版，第 22 页。

论晚年孙中山与中国共产党
"民族建国"构想的分歧

郑大华

长期以来，学术界在谈到晚年孙中山与中国共产党的关系时，往往强调的是二者之间的团结和合作，如孙中山在苏俄和中国共产党的帮助下对国民党进行改造，实行联俄、联共、扶助农工的三大政策，召开国民党第一次全国代表大会，重新解释三民主义，实现国共第一次合作，共同领导国民革命，等等，而很少提到二者之间的思想分歧，就是提到也是轻描淡写，一笔带过。然而实际上，晚年孙中山与中国共产党既有团结和合作，也有矛盾和分歧，尽管团结和合作是二者关系的主要方面，矛盾和分歧是二者关系的次要方面，但矛盾和分歧的存在则是客观事实，我们不能回避也不应回避，而应实事求是地分析其产生矛盾和分歧的原因、表现及其影响，给予客观公正的评价。基于以上认识，本文不揣冒昧，拟对晚年孙中山与中国共产党"民族建国"构想的分歧作探讨，不当之处，欢迎广大专家读者批评指正。

（一）

众所周知，自秦始皇统一后，中国在绝大多数的时期内是作为一个统一的国家而存在，但在辛亥革命之前，中国是一个传统的"王朝国家"，而非近代的"民族国家"①。中国近代的"民族国家"的建构过程启始于 20 世纪初的辛亥革命时期。除清王朝外，当时活跃于中国政治舞台上的主要有两大政治派别，这就是以孙中山为代表的革命派和以梁启超为代表的立宪派，受 20 世纪初传入的西方民族主义的影响，这两大政治派别的最终目的都是要建立一个近代的"民族国家"，从而实现

---

① 关于传统的"王朝国家"与近代的"民族国家"的区别，参见李宏图：《西欧近代民族主义思潮研究——从启蒙运动到拿破仑时代》，上海社会科学院出版社 1997 年，第 256—258 页。

国家富强和民族复兴，但在如何建立和建立一个什么样的近代的"民族国家"问题上两派又存在着明显的分歧，革命派主张"排满"和建立民主共和制的单一的汉民族国家，而立宪派则主张"合满"和建立君主立宪制的包括满族在内的多民族国家，双方为此而展开过激烈的论战和斗争，结果是建立一个独立、民主和统一的多民族的共和国成了革命派和立宪派的基本共识。1912 年 1 月 1 日中华民国的成立，是中国近代民族国家初步建立的重要标志①。但不久，袁世凯篡夺了革命果实，中华民国所确立的近代民主制度成了一块有名无实的空头招牌，广大人民并没有像《中华民国临时约法》所规定的那样实现人人平等，民族压迫和民族歧视的现象依然存在，帝国主义对中华民族的压迫和掠夺依然存在。近代的民族国家并没有在中国真正建立起来。

辛亥革命失败后，中国人民继续为建立一个近代的民族国家而奋斗。孙中山在吸取辛亥革命以及后来的护国战争、护法运动相继失败教训的基础上，并借鉴美国的建国经验，于 1920 年前后提出了建立"大中华民族主义"的"民族国家"的构想，用他的话说，就是"拿汉族来做个中心，使之（指满、蒙、回、藏等其他民族——引者）同化于我，并且为其他民族加入我们组织建国底机会。仿美利坚民族底规模，将汉族改为中华民族，组成一个完全底民族国家"②。

我们前面已经提到，辛亥革命时期的革命派主张排满和建立民主共和制的单一的汉民族国家，而这一主张的最早提出者便是孙中山。早在 1894 年 11 月，他在檀香山组织革命小团体兴中会时，就提出了"驱逐鞑虏，恢复中华，创立合众国"的主张。1905 年中国同盟会成立，"驱逐鞑虏，恢复中华，创立民国"和"平均地权"一起，又成了同盟的"十六字"革命纲领。辛亥革命爆发后，孙中山和他领导的革命派则放弃了早先提出的"驱逐鞑虏"、建立单一的汉民族国家的主张，而接受了立宪派的"合满"建议，主张建立一个独立、民主和统一的多民族国家。1912 年 1 月 1 日，孙中山在《临时大总统就职宣言书》中向海内外明确宣布："国家之本，在于人民。合汉、满、蒙、回、藏诸地为一国，即合汉、满、蒙、回、藏诸族为一人。是曰民族之统一。武汉首义，十数行省先后独立。所谓独立，对于清廷为脱离，对于各省为联合，蒙古、西藏意亦同此。行动既一，决无歧趋，枢机成于中央，斯经纬周于四至。是曰领土之统一。"此后不久颁布的《中华民国临时约法》，进一步将建立一个独立、民主和统一的多民族国家以国家根本大法的形式确

---

① 参见郑大华：《辛亥革命与中国近代民族国家的初步建立》，《教学与研究》2011 年第 9 期。

② 《在中国国民党本部特设驻粤办事处的演说》，《孙中山全集》第 5 卷版，中华书局 1985 年，第474 页。

定了下来。

这里有一个问题必须辨明：即辛亥革命爆发后孙中山是否接受了"五族共和"的主张？绝大多数学者持的是肯定态度，但也有个别学者认为，"就孙中山个人的民族主义思想来说，则他从来也没有认同过'五族共和'"[①]。在我看来，说孙中山"从来没有认同过'五族共和'"，这话有些绝对。这涉及如何理解"五族共和"的涵义问题。所谓"五族共和"，意指汉、满、蒙、回、藏这五个民族共同建立一个民主共和的国家，从而实现孙中山在《临时大总统就职宣言书》中所强调的"民族之统一"和"领土之统一"。就此而言，尽管孙中山只是1912年在北京、张家口、太原等地会见满、蒙、藏、回等少数民族代表时提到"五族共和"，而在其他场合则很少使用，但这并不能说明他"从来没有认同过'五族共和'"，只要我们认真翻阅下《孙中山全集》第二卷就会发现，民国初年他在很多场合都强调过汉、满、蒙、回、藏这五个民族之统一和团结对于中华民国的重要意义。当然这只是问题的一方面，问题的另一方面，我们也要承认，孙中山对"五族共和"的认同是受形势所迫而做出的政治妥协，并非他的主动选择。因为自1905年后，他虽然在一系列演讲和文章中，旗帜鲜明地反对笼统的排满主义，尤其反对少数革命党人所鼓吹的狭隘的民族复仇思想，但他从来没有放弃过建立单一的汉民族国家的主张。比如，1906年他《在东京〈民报〉创刊周年庆祝大会的演说》中既明确指出，民族主义只反对少数害汉族的满洲贵族，对于广大普通满洲人决无反对之理，并斥责那种认为"民族革命是要尽灭满洲民族"的主张是"大错"，同时又再三申明，"不许那不同族人的来夺我民族的政权。因为我汉人有政权才是有国，假如政权被不同族的人所把持，那就虽是有国，却已经不是我汉人的国了"，所以我们要进行民族革命，要恢复汉族政权，建立单一的汉民族国家[②]。就是到了辛亥革命前夜，他在美国旧金山的一次演说中还强调："今日欲保身家性命，非实行革命，废灭鞑虏清朝，光复我中华祖国，建立一汉人民族的国家不可也。"[③]

尽管孙中山从来没有放弃过建立单一的汉民族国家的主张，然而当他1911年底，亦就是辛亥革命爆发近两个月后回到国内时，"五族共和"亦即建立一个民主共和的多民族国家，已成为包括黄兴、宋教仁、章太炎等同盟会重要干部在内的革

① 林齐模：《从汉族国家到中华民族国家——孙中山民族建国思想的发展》，《云南社会科学》2008年第6期。

② 《在东京〈民报〉创刊周年度祝大会的演说》，《孙中山全集》第1卷，中华书局1981年版，第325、324页。

③ 《在旧金山丽婵戏院的演说》，《孙中山全集》第1卷，第441页。

命派、立宪派和反正的汉族官僚的普遍共识，成了南方革命政权的建国方针，与此同时，除了蒙古一些王公贵族以革命党排满为借口宣布蒙古脱离中国而独立外，西藏、新疆一些民族分裂势力也在帝国主义的策动下蠢蠢欲动，企图分裂中国。面对如此局势，孙中山没有别的道路可以选择，他只能妥协，接受"五族共和"，否则，他不仅会成为"孤家寡人"，失去革命派中绝大多数人的支持，而且还可能因他坚持建立单一的汉民族国家而导致南方革命政权的分裂，乃至革命的失败，甚至引起各民族间的相互仇杀和国家的分崩离析。也正因为他是不得已接受"五族共和"的，所以同一天（1912年1月1日），他在《临时大总统就职宣言书》中向海内外明确宣布中华民国是一个独立、民主和统一的多民族国家，又在《通告海陆军将士文》里称满族为"逆胡"，说什么"自逆胡猾夏，盗据神州，奴使吾民"，希望广大海陆军将士，"皆深明乎民族、民种之大义"，"脱离满清之羁绁，以趋光复之旗下者"，发扬"汉民族的精神"，为"有造于汉族"而战①。此后，他又多次否决过以象征"五族共和"的五色旗为中华民国国旗的提议。1912年2月12日，经过南北和谈，清帝宣布退位。同月15日，即将解除临时总统职位的孙中山亲率临时政府各部总长和右督尉以上将校参谒明孝陵，他在《祭明太祖文》文中将清帝的退位、中华民国的建立与朱元璋推翻蒙古族的元朝、建立汉民族的明朝相提并论，认为辛亥革命的成功，"实维我高皇帝光复大义，有以牖启后人，成兹鸿业"②。通读祭文，字里行间所流露出的是他念念不忘"驱逐鞑虏、恢复中华"，建立单一的汉民族国家的"民族建国"构想。

正因为孙中山接受"五族共和"是不得已而为之的政治妥协，并非他的主动选择，因而到了1920年前后，他在反思辛亥革命以及护国战争、护国运动相继失败的原因时，对"五族共和"的建国主张提出了尖锐的批评，指责一些"无知妄作者，于革命成功之初，创为汉、满、蒙、回、藏五族共和之说"，其结果"清帝之专制"虽然被推翻了，"而清朝武人之专制难以灭绝也"，从而导致了建立近代的"民族国家"的失败③。我曾在《论晚年孙中山"中华民族"观的演变及其影响》一文中对孙中山批评"五族共和"的理由作过分析，认为除了他讲中国不止汉、满、蒙、回、藏这五个民族，因而"五族共和"无法涵盖中国所有民族这一理由能成立外，其他理由都似是而非，甚至牵强附会，根本不能成立④。

---

① 《通告海陆军将士文》，《孙中山全集》第2卷，中华书局1982年版，第3、4页。

② 《祭明太祖文》，《孙中山全集》第2卷，第95页。

③ 《三民主义》，《孙中山全集》第5卷，第187页。

④ 参见郑大华：《论晚年孙中山"中华民族"观的演变及其影响》，《民族研究》2014年第2期。

为什么孙中山这时候要以似是而非、甚至牵强附会的理由来批评"五族共和"呢？其目的究竟是什么？我认为孙中山批评"五族共和"的目的，是要提出他的建立"大中华民族主义"的"民族国家"构想。俗语说"不破不立"，批评"五族共和"是孙中山的破，而提出建立"大中华民族主义"的"民族国家"构想则是他的立。

（二）

中华民族形成很早，但"中华民族"这一概念最早是梁启超于 1902 年提出和使用的。继梁启超之后，在清末使用"中华民族"的还有杨度和章太炎①。孙中山在清末没有使用过"中华民族"，他使用得较多的是意指汉族的"中华"（如"驱逐鞑虏，恢复中华"）。孙中山第一使用"中华民族"在概念是在 1912 年 1 月 5 日他以中华民国临时大总统名义发布的《对外宣言书》："今幸义旗轩举，大局垂定，吾中华民国全体，用敢以推翻满清专制政府、建设共和民国，布告于我诸友邦……盖吾中华民族和平守法，根于天性，非出于自卫之不得已，决不肯轻启战争。"② 就目前发现的资料来看，这也是中国的官方文件对"中华民族"这一概念的第一次使用。但在民初，孙中山并没有经常使用"中华民族"，他使用得较多的是"五族"或"五族共和"。孙中山经常使用"中华民族"这一概念是在 1919 年之后，也就是他生命的晚年③。1919 年之后孙中山之所以会经常使用"中华民族"这一概念，分析起来，大概有以下方面的原因。

第一，"中华民族"这一概念这时开始流行起来，已为越来越多人所使用。我们前面已经提到，在清末，只有梁启超、杨度和章太炎等少数几个人使用"中华民族"，而且章太炎还是在批评杨度的文章中，为了批评杨度对"中华民族"一词的使用而使用"中华民族"一词的。但进入民国以后，尤其是到了 1919 年前后，"中华民族"的使用开始增多起来，除了政界和学界的人纷纷使用外，还有"中华民族大同会"之类以"中华民族"为名称的社会团体的成立，甚至"中华民族"写进了中、小学历史教材。如 1912 年商务印书馆出版的《共和国历史教科书》在讲到民国统一时写道："我中华民族本部多汉人，苗、瑶各土司杂居其间。西北各地，则为满、蒙、回、藏诸民族所居，同在一国之中，休戚相关，谊属兄弟。"④ 进入民

---

① 参见郑大华：《中国近代民族主义与中华民族自我意识的觉醒》，《民族研究》2013 年第 3 期。
② 《对外宣言书》，《孙中山全集》第 2 卷，第 8 页。
③ 参见郑大华：《论晚年孙中山"中华民族"观的演变及其影响》，《民族研究》2014 年第 2 期。
④ 《共和国历史教科书》，商务印书馆 1912 年版。

国以后，尤其是 1919 年前后，"中华民族"的使用之所以增多起来，一个重要原因就是中华民国的成立对人们思想观念的影响，这正如常燕生后来在《中华民族小史》一书中所指出的那样："民族之名多因时代递嬗，因时制宜，无一定之专称。非若国家之名用于外交上，须有一定之名称也。中国自昔为大一统之国，只有朝代之名，尚无国名。至清室推翻，始有中华民国之名出现。国名既无一定，民族之名更不统一。或曰夏，或曰华夏，或曰汉人，或曰唐人。然夏、汉、唐皆朝代之名，非民族之名，惟'中华'二字，既为今日民国命名所采用，且其涵义广大，较之其他名义之偏而不全者最为适当，故本书采用焉……惟今日普通习惯，以汉族与其他满蒙诸族土名并列，苟仅以汉族代表其他诸族，易滋误会，且汉本朝代之名，用之民族，亦未妥洽，不若'中华民族'之名为无弊也。"[①]

第二，人们开始以"中华民族"指称中国境内的其他民族或各民族。如前所述，在清末，无论梁启超，还是杨度和章太炎，都是在汉族的涵义上使用"中华民族"这一概念的，换言之，"中华民族"只是"汉族"的别称。比如梁启超在《历史上中国民族之观察》一文中曾说"悍然下一断案曰：今日之中华民族，即普通俗称所谓汉族者"[②]，它是"我中国主族，即所谓炎黄遗胄"[③]。梁启超的这一"断案"说明，他对以"中华民族"来指称"汉族"这一用法有相当的理论自觉。进入民国后，虽然大多数人仍然是在"汉族"的涵义上使用"中华民族"这一概念，但也有人以"中华民族"来指称中国境内的其他民族或各民族。比如，1913 年 1 月，西部内蒙古乌兰察布盟和伊克昭盟蒙古族各王公在呼和浩特集会上制订的《西盟王公会议条件大纲》，就称蒙古族"同系中华民族"，自应"赞助共和"，反对分裂，"维持"中华民国的统一[④]。这是中国少数民族第一次采用政治文告的形式，公开承认自己是"中华民族"的一部分。1914 年 4 月，一位署名"光升"的作者在《中华杂志》创刊号上发表《论中国之国民性》，依据他对西方近代"民族"概念的理解，认为与其"合满、汉、蒙、回、藏之民谓之五族"，还不如仿照"大日尔曼主义"、"大斯拉夫主义"的叫法，"谓之大中华民族可也"[⑤]。三年后（1917 年 2 月 19 日），李大钊在《甲寅》日刊上发表《新中华民族主义》一文，又提出了"新中华民族"和"新中华民族主义"的概念。他在文中写道：汉、满、蒙、回、藏之五族的称

---

① 常乃德（常燕生）：《中华民族小史》，爱文书局 1928 年，第 4—5 页。

② 《历史上中国民族之观察》，《饮冰室合集》（八）专集之四十一，中华书局 1989 年影印，第 2 页。

③ 《历史上中国民族之观察》，《饮冰室合集》（八）专集之四十一，第 1 页。

④ 《西盟会议始末记》，《民国经世文编》第 18 册，第 15—16 页。

⑤ 光升：《论中国之国民性》，《中华杂志》创刊号，1914 年 4 月 16 日。

谓,是辛亥革命特定时期的产物,现今五族的文化早已渐趋于一致,而又共同生活在统一的民国之下,所谓汉、满、蒙、回、藏之五族以及其他苗族、瑶族都已成为"历史上残留之名辞",没有再保留的必要,所有五族和其他各族都应统称为"中华民族"。与此相适应,今后民国的政教典刑,也应以新民族精神的建立为宗旨,统一民族思想,这也就是所谓的"新中华民族主义"①。显而易见,李大钊在这里所讲的"新中华民族"和"新中华民族主义",已不是"汉族",而是中国境内各民族的统称。

进入民国后,尤其是1919年前后,使用"中华民族"的增多,就不能不对孙中山产生影响,因为孙中山是一个与时俱进的人,大家都开始使用"中华民族"了,他自然也会经常使用。而"大中华民族"或"新中华民族主义"的提出,则与他提出的建立"大中华民族主义"的"民族国家"构想有某些相通之处,换言之,为他提出"大中华民族"和"大中华民族主义"提供了某种思想借鉴。尤其重要的是,孙中山这时经常使用"中华民族",与他提出"大中华民族主义"的"民族建国"的构想是相联系的。

如前所述,孙中山"大中华民族主义"的"民族建国"的构想,是在借鉴美国的建国经验的基础上提出来的。在孙中山看来,"在今日号称世界最强、最富底民族国家"的美国,"为世界中民族最多底集合体",有黑种人的民族、白种人的民族,总共不下数百种,仅就白种人的民族而言,就有"英国人,荷兰人、德国人、法国人,参加入他底组织中。美国全部人口一万万,德国人种在美国的约有二千万,实占他底人口总数五分之一;其他英、荷、法各种人在美国的数也不少"。但美国为什么不称英、荷、法、德、美,而称美利坚呢?"要知美利坚底新民族,乃合英、荷、法、德种人同化于美而成底名词,亦适成其为美利坚民族,为美利坚民族,乃有今日光华灿烂底美国"。他称美国的这种以美国原有民族为基础同化其他不同民族为一个新民族的民族主义为"积极底民族主义"。据此他认为,中国要改变长期落后的局面,建立近代的"民族国家",实现国家富强和民族复兴,就应该像美国那样,实行"积极底民族主义",也就是"今日我们讲民族主义,不能笼统讲五族,应该讲汉族底民族主义"。所谓"汉族底民族主义",即以汉族为中心,同化满、蒙、回、藏等其他民族而为一新的"大中华民族",并在此基础上"组成一个完全底民族国家"②,从而完成近代的"民族建国"的任务。孙中山要人们相信,

①　李大钊:《新中华民族主义》,《甲寅》(日刊)1917年2月19日。
②　《在中国国民党本部特设驻粤办事处的演说》,《孙中山全集》第5卷,第474页。

只要我们实行"积极底民族主义"，中国就一定能"驾欧美而上之"，成为世界上最发达富强的近代的"民族国家"。1923年初，他在《三民主义》一文中写道："夫汉族光复，满清倾覆，不过只达到民族主义之一消极目的而已，从此当努力猛进，以达民族主义之积极目的也。积极目的为何？即汉族当牺牲其血统、历史与夫自尊自大之名称，而与满、蒙、回、藏之人民相见于诚，合为一炉而冶之，以成一中华民族之新主义，如美利坚之合黑白数十种之人民，而治成一世界之冠之美利坚民族主义，斯为积极之目的也。五族云乎哉。夫以世界最古、最大、最富于同化力之民族，加以世界之新主义，而为积极之行动，以发扬光大中华民族，吾决不久必能驾美迭欧而为世界之冠，此固理有当然，势所必至也。国人其无馁！"[①]

　　以上是孙中山于1920年前后提出的"大中华民族主义"的"民族建国"构想。这一构想实际上是对他辛亥革命时期提出的建立单一的汉民族国家的继承和发展。从继承方面来看，他主张的也是一个民族建立一个国家，只是辛亥革命时期建立国家的民族是汉民族，而现在建立国家的民族是"大中华民族"；就发展而言，中华民国的建立，已使"五族共和"深入人心，不仅汉族，包括满、蒙、回、藏在内的其他民族也大多认同和接受了"五族共和"，孙中山于是与时俱进，提出了"大中华民族"这一概念。尽管借用孙中山自己的话说，它是由"汉族"改称而来，但这由"汉族"改称而来的"大中华民族"既不是纯粹的汉族，也不是汉族之外的满、蒙、回、藏等民族，而是以汉族为中心、同化了满、蒙、回、藏等民族后而形成的一个新的民族。孙中山就曾明确指出："吾国今日既曰五族共和矣；然曰五族，固显然犹有一界限在也。欲泯此界限，以发扬光大之，使成为世界上有能力、有声誉之民族，则莫如举汉、满等名称尽废之，努力于文化及精神的调洽，建设一大中华民族。"[②]

　　孙中山在借鉴美国建国的基础上，提出"大中华民主义"的"民族建国"构想，希望中国也像美国那样，以主体民族汉族为中心、为主体，同化满、蒙、回、藏等其他民族，而形成一个新的"大中华民族"，进而建立一个"大中华民族主义"的"民族国家"，以完成辛亥革命未能完成的近代的"民族建国"任务，实现国家的富强和民族的复兴。应该说孙中山的这一愿望是美好的，其构想也是有价值的，至少它提供了一种既不同于"驱逐鞑虏，恢复中华"，也有别于"五族共和"的"民族建国"构想，尤其是"大中华民族"概念的提出，在"中华民族"概念的提

---

　　① 《三民主义》，《孙中山全集》第5卷，第187—188页。

　　② 《〈国民党恳亲大会纪念册〉序》，陈旭麓、郝盛潮主编、王耿雄等编：《孙中山集外集》，上海人民出版社1990年版，第29页。

出和发展史上有其重要意义。因为晚清时期,"中华民族"只是"汉族"的别称。进入民国之后,大多数人仍然是在"汉族"的意义使用"中华民族"这一概念的,在当时真正指称中国所有民族、从而具有现代"中华民族"涵义的是李大钊的"新中华民族"① 和孙中山的"大中华民族"的概念。这是孙中山的"大中华民族主义"的"民族建国"构想值得肯定的地方。当然,我们在肯定他的"大中华民族主义"的"民族建国"构想的同时也应看到,孙中山提出的"大中华民族",是以汉族为中心,通过同化满、蒙、回、藏等其他民族而形成的。孙中山就曾多次强调以汉族为中心同化其他民族的重要性。比如,1921 年 3 月 6 日,他在《中国国民党本部特设驻粤办事处的演说》中指出:"将来无论何种民族参加于我中国,务令同化于我汉族。"② 1921 年 12 月 10 日,他《在桂林对滇赣粤军的演说》中又强调,要"发扬光大民族主义,而使藏、蒙、回、满,同化于我汉族,建设一最大之民族国家者,是在汉人之自决。"③ 这种以汉族为中心同化其他民族的民族观,本质上是一种扩大化了的大汉族主义的民族观,通过同化所形成的"大中华民族",并不是汉、满、蒙、回、藏等各民族平等交往、自然融合的结果,而是汉族对满、蒙、回、藏等其他民族同化的结果。既然孙中山的"大中华民族"是以汉族为中心,通过同化藏、蒙、回、满等其他民族而形成的,是一种扩大化了的大汉族主义的民族观,那么他据此而提出的"大中华民族主义"的"民族建国"构想,也是一种扩大化了的大汉族主义的"民族建国"构想,如果真正像孙中山所构想的那样建立起"大中华民族主义"的"民族国家",汉、满、蒙、回、藏等各民族是不可能有平等地位可言的,占主导和中心地位的一定是汉族,而藏、蒙、回、满等其他民族则处于被汉族所同化的地位,并最终将失去其民族特征,成为汉族的一部分。也正因为如此,中国共产党对"大中华民族主义"的"民族建国"构想持的是批判的态度。1925 年 1 月,中国共产党第四次全国代表大会通过的《对于民族革命运动之决议案》指出:"资产阶级的民族运动,包含着两个意义:一是反抗帝国主义的他民族侵略自己的民族,一是以对外拥护民族利益的名义压迫本国无产阶级,并且以拥护自己民族光荣的名义压迫较弱小的民族,例如土耳其以大土耳其主义压迫其境内各小民族,中国以大中华民族的口号同化蒙、藏等藩属;前者固含有世界革命性,后

---

① 参见郑大华:《论"中华民族复兴"思想在五四时期的发展》,《安徽史学》2015 年第 2 期。
② 《在中国国民党本部特设驻粤办事处的演说》,《孙中山全集》第 5 卷,第 475 页。
③ 《在桂林对滇赣粤军的演说》,《孙中山全集》第 6 卷,中华书局 1985 年版,第 24 页。

者乃是世界革命运动中之反动行为。"① 说它"反动"也许有些上纲上线，但它绝不是一种正确的、符合中国国情的近代的"民族建国"构想。

（三）

孙中山提出"大中华民族主义"的"民族建国"构想是在 1920 年前后。当时，除孙中山提出的"大中华民族主义"的"民族建国"构想外，还有一种主张较为流行，这就是"联省自治"。它包含两层意思：一是容许各省区自治，由各省区自己制定省宪，依照省宪自组省政府，统治本省区；二是由各省区选派代表，组织联省会议，制定联省宪法，建立联邦制国家。

"联省自治"的提出，是清末民初特定历史条件下的产物。自甲午战争以后，延续了两千多年的以君主专制为特征的"大一统"中央集权制度的弊端日益暴露无遗，人们在思考中国未来的政治制度的构建时，受美国、瑞士等联邦制国家的影响，联邦主义开始受到关注。武昌起义后，山东在宣布独立之前各界联合会曾向巡抚孙宝琦提出八项要求，请孙氏代奏朝廷，其中之一便是要求"宪法须注明中国为联邦国体"。实际上，武昌起义后宣布独立的各省大多是以完全自治的状态而活跃于民初政治舞台上的。后来，虽因袁世凯的上台和实行具有个人独裁性质的中央集权制，各省的自治状态被取消，但实行联邦制的呼声并没有消失。待到袁世凯称帝败亡之后，一些原来主张中央集权制的人这时也开始在反思民初以来政治动乱不休之原因的基础上，转而认同和提倡联邦制。到了 1919 年，梁启超则第一次明确提出了"联省自治"的主张。他在《改造》发刊词中写道："一、同人确信旧式的代议政治，不宜于中国，故主张国民总须在法律上取得最后之自决权。二、同人确信国家之组织，全以地方为基础，故主张中央权限，当减到对外维持统一之必要点为止。三、同人确信地方自治，当由自动，故主张各省区乃至各县各市，皆宜自动地制定根本法而自守之，国家须加以承认。"梁启超提出的这一主张首先得到了湖南督军谭延闿、赵恒惕的响应。1920 年 7 月 22 日，谭延闿发表"还政于民"、"湘人自治"的通电，表示要"顺应民情"，实行民治，"采民选省长制，以维湘局"。同年 11 月，取代谭延闿主政湖南的赵恒惕继续推行"自治"和"制宪"活动，并发表"联省自治"通电，派人到四川等地联络。1922 年 1 月公布了《湖南省宪法》，力图在北京政府和广州国民政府之外，再建一个全国性的联省自治政府。谭延闿、

---

① 《中国共产党第四次全国代表大会对于民族革命运动之决议案》，中共中央统战部编：《民族问题文献汇编》，中共中央党校出版社 1991 年版，第 32 页。

赵恒惕提出的"省自治"和"联省自治"先后得到四川、云南、贵州、广东、广西、浙江和奉天等省区地方军阀的响应。与此同时，胡适、章太炎、张东荪等一些知识精英对"联省自治"的建国方案持的也是积极支持的态度，一些地方还成立了诸如"各省区自治联合会"，"自治运动同志会"，"旅沪各省区自治联合会"等社会团体，以推动"联省自治"运动的开展。

辛亥革命时期，孙中山是主张采纳美国的联邦制的。武昌起义爆发后，孙中山在途经法国回国、与《巴黎日报》记者的谈话时讲到，中国地理上分为二十二行省，外加蒙古、西藏和新疆"三大属地"，面积要比全欧洲还大。各省的气候不同，人民的习性也因此而有差异，"似此情势，于政治上万不宜于中央集权，倘用北美联邦制度实最相宜"。每省对于内政各有其完全自由，各负其整理统御之责；但于各省之上建设一中央政府，专管军事、外交、财政，如此就能做到"气息自联贯"①。孙中山主导制定的《中华民国临时政府组织大纲》就是以美国的联邦制为蓝本的，但二次革命的失败和护国运动、护法运动的相继受挫，使孙中山逐渐放弃了他早先主张的联邦制，转而主张中央集权制。因此，当"联省自治"的建国方案提出并成为一种政治运动时，他明确表示反对，认为"今之行联省自治者，其所谓一省之督军、总司令、省长等，果有以异于一国之皇帝、总统乎……中央政府以约法为装饰品……省政府则亦以省宪为装饰品，利于己者，从而舞弄之；不利于己者，则从而践踏之……今之主张联省自治者，知有一省，不知有邻省，亦不知有国"，其结果，是"分一大国为数十小国而已"②。1922 年 8 月 23 日，他在复湖南督军赵恒惕的信中更是一针见血地指出，赵恒惕们搞所谓"联省自治"，是"假联省自治之名，成串盗分赃之实"③。不久，孙中山又在《发扬民治说帖》中抨击"联省自治"的实质，"不过分中央政府之权于地方政府，并非分政府之权于人民"。因此，"欲民治之实现，不几南辕而北辙哉"④。

与孙中山一样，新成立的中国共产党也是"联省自治"的反对者。1922 年 7 月召开的中国共产党第二次全国代表大会通过的《宣言》就一针见血地指出，"联省自治"不仅实质上是"一派军阀假联省自治的名义实行割据"，以"延长武人政治的命运"，而且就现实来看，当时包括东北三省在内的中国"本部各省经济上绝无根本的不同"，不存在采用"联邦制"的任何理由，加上十年来"一切政权业已

---

① 《与巴黎〈巴黎日报〉记者的谈话》，《孙中山全集》第 1 卷，第 561—562 页。
② 《中华民国建设之基础》，陈旭麓、郝盛潮主编、王耿雄等编：《孙中山集外集》，第 34 页。
③ 《复赵恒惕》，《孙中山全集》第 6 卷，第 536 页。
④ 《发扬民治说帖》，陈旭麓、郝盛潮主编、王耿雄等编：《孙中山集外集》，第 37 页。

完全分于各省武人之手，若再主张分权，只有省称为国，督军称为王了。所以联邦的原则在中国本部各省是不能采用的"①。

新成立的中国共产党不仅反对"联省自治"，也反对一部分军阀所提出的"武力统一"，认为"武力统一"是"他派军阀假统一的名义压迫南方的民主革命和蒙古的自治，以增长自己的权威"，和"联省自治"一样，"武力统一"的中央集权制在当时的中国也是行不通的。因为"蒙古、西藏、新疆"这些地方，"不独在历史上为异种民族久远聚居的区域，而且在经济上与中国本部各省根本不同"，中国本部各省的经济"已由小农业、手工业渐进于资本主义生产制的幼稚时代"，而"蒙古、西藏、新疆"这些地方"还处在游牧的原始状态之中"。如果"以这些不同的经济生活的异种民族，而强其统一于中国本部还不能统一的武人政治之下，结果只有扩大军阀的地盘，阻碍蒙古等民族自决自治的进步，并且于本部人民没有丝毫利益。"所以，中国共产党号召中国人民，既要反对"割据式的联省自治"，也要反对"大一统的武力统一"②。

在明确反对"联省自治"和"武力统一"的同时，中国共产党第二次全国代表大会通过的《关于国际帝国主义与中国和中国共产党的决议案》以及《大会宣言》提出了自己的"民族建国"构想："（一）消除内乱，打倒军阀，建设国内和平；（二）推翻帝国主义的压迫，达到中华民族完全独立；（三）统一中国本部（东三省在内）为真正共和国；（四）蒙古、西藏、回疆三部实行自治，成为民主自治邦；（五）用自由联邦制，统一中国本部、蒙古、西藏、回疆，建立中华联邦共和国。"③ 就中国共产党提出的这一建国构想来看，它既不同于"联省自治"式的联邦制，也有别于大一统的中央集权的单一制，而是介于中央集权的单一制和联邦制之间，即在包括东三省在内的"中国本部"，"推翻一切军阀"，实行中央集权的单一制，"建立一个真正民主共和国"；"同时依经济不同的原则，一方面免除军阀势力的膨胀，一方面又因尊重边疆人民的自主，促成蒙古、西藏、回疆三自治邦"；然后在此基础上，用"自由联邦制"将实行中央集权的单一制的"中国本部"和实行自治的"蒙古、西藏、回疆三自治邦"统一起来，建立中华联邦共和国，以实现"真正民主主义的统一"④。

中国共产党所提出的"建立中华联邦共和国"的"民族建国"构想，显然是受

---

① 《中国共产党第二次全国代表大会宣言》，中共中央统战部编：《民族问题文献汇编》，第17页。
② 《中国共产党第二次全国代表大会宣言》，中共中央统战部编：《民族问题文献汇编》，第17页。
③ 《中国共产党第二次全国代表大会宣言》，中共中央统战部编：《民族问题文献汇编》，第18页。
④ 《中国共产党第二次全国代表大会宣言》，中共中央统战部编：《民族问题文献汇编》，第17页。

到了十月革命后列宁根据民族自决权而在俄国实行的联邦制的影响。1917 年"十月革命"前，列宁是联邦制的反对者。1913 年，他在《关于民族问题的批评意见》中强调："马克思主义者是坚决反对联邦制和分权制的，原因很简单，因为资本主义为了本身的发展要求有一个尽可能大尽可能集中的国家……只要各个不同的民族组成统一的国家，马克思主义者就决不主张任何联邦制原则，也不主张任何分权制。中央集权制的大国是从中世纪的分散状态走向将来全世界社会主义统一的一个巨大的历史步骤。"① 但十月革命后国内外形势的急剧变化，尤其是沙皇统治时期的民族压迫政策所导致的被压迫民族乘沙皇统治土崩瓦解之机而掀起的民族独立运动的高涨和各民族共和国的成立，使他改变了原来的设想，认为"在真正的民主制度下，尤其是在苏维埃国家制度下，联邦制往往只是达到真正的民主集中制的过渡性步骤"，"是把俄国各民族最牢固地联合成一个统一的、民主的和集中的苏维埃国家的最可靠的步骤"②，并根据民族自决权提出了各民族共和国按"平等"、"自愿"和"自由"的原则组成一个统一的联邦制国家的主张。1918 年 1 月，列宁在《被剥削劳动人民权利宣言》中宣布："俄罗斯苏维埃共和国是建立在自由民族的自由联邦基础上的各苏维埃民族共和国联邦。"③ 同年 7 月，列宁建立联邦制国家的思想正式载入俄罗斯苏维埃联邦社会主义共和国的宪法。1922 年 12 月，全俄第十次苏维埃代表大会又通过了关于成立苏维埃社会主义共和国联盟的决议。

十月革命后列宁根据民族自决权而在俄国实行的联邦制送到了中国，并为中国共产党所接受。中国共产党成立后第二年即加入共产国际并接受其领导，而共产国际从一开始就向各国共产党介绍俄国革命经验，推荐十月革命后列宁根据民族自决权而在俄国实行的联邦制。1920 年 7 月 19 日至 8 月 7 日在莫斯科召开的共产国际二大通过的、根据列宁《民族和殖民地问题提纲初稿》而形成的《关于民族与殖民地问题的决议》指出："联邦制是各民族劳动人民走向完全统一的过渡形式。联邦制已在实践中表现了其合理性：在俄罗斯苏维埃联邦社会主义共和国同其他苏维埃共和国（过去的匈牙利苏维埃共和国，芬兰苏维埃共和国，拉脱维亚苏维埃共和国，现在的阿塞拜疆苏维埃共和国和乌克兰苏维埃共和国）的关系中是这样，在俄罗斯苏维埃联邦社会主义共和国内部，同从前既没有国家生存权，又没有自治权的

---

① 列宁：《关于民族问题的批评意见》，中国社会科学院民族研究所编：《列宁论民族问题》上册，民族出版社 1987 年版，第 247 页。

② 列宁：《苏维埃政权的当前任务》，《列宁论民族问题和民族殖民地问题》，人民出版社 1960 年版，第454 页。

③ 列宁：《被剥削劳动人民权利宣言》，中国社会科学院民族研究所编：《列宁论民族问题》下册，民族出版社 1987 年版，第 731 页。

各民族（例如，在俄罗斯苏维埃联邦社会主义共和国内，1919年建立的巴什基里亚自治共和国，和1920年建立的鞑靼自治共和国）的关系中也是这样。"因此，"共产国际在这方面的任务是，进一步发展、研究以及用经验来检查在苏维埃制度和苏维埃运动基础上所产生的这些新的联邦制。既然承认联邦制是走向完全统一的过渡形式，那就必须追求更加紧密的联邦制同盟。"① 1922年1月21日—2月2日，远东各国共产党及民族革命团体第一次代表大会在莫斯科召开，中国派出了由39人组成的代表团出席会议，其中有中共党员张国焘（团长）、瞿秋白、邓恩铭、任弼时、王尽美、高君宇，国民党员张秋白、王东平和工人代表邓培等人。会议期间，列宁抱病接见了张国焘、张秋白和邓培，并询问了国共合作的可能性，希望国共两党能实现合作。也正是在这次大会上，共产国际东方部主任萨法罗夫第一次提出了"中华联邦共和国"这一概念。他在《第三国际与远东民族问题》的报告中指出："一切中国的民主主义者必须联合为中华联邦共和国作战"，中国共产党"当前的第一件事便是把中国从外国的羁扼下解放出来，把督军推倒，土地收归国有，创立一个简单联邦式的民主主义共和国，采用一种单一的所得税。他们必须为那一面做督军们的牺牲者一面被当做炮灰的中国农民大群众建立一个联邦的统一的共和国"②。

早在中国共产党第二次全国代表大会召开之前，列宁的《民族和殖民地问题提纲》就已经被译成中文，出席远东各国共产党及民族革命团体第一次代表大会的张国焘、邓恩铭等中共党员也已经陆续回到国内，并且带回了共产国际的指示和文件，上面提到的共产国际东方部主任萨法罗夫《第三国际与远东民族问题》的报告后来就连载于中共机关刊物《向导》周报第9、10期（1922年11月8日、15日）上。这也就是说，早在中共"二大"召开之前，共产国际在联邦制上的基本立场和希望中国也实行苏俄式的联邦制、建立"中华联邦共和国"的主张已为中国共产党所了解，中共"二大"提出的"建立中华联邦共和国"的"民族建国"构想就是采纳了共产国际的主张、以苏俄的联邦制为蓝本起草的。日本学者王珂在比较了中共"二大"提出的"建立中华联邦共和国"的"民族建国"构想和十月革命后列宁根据民族自决权而在俄国实行的联邦制后得出结论：中共"二大"提出的"建立中华联邦共和国"的"民族建国"构想与1922年《俄罗斯苏维埃联邦社会主义共和国

---

① 中共中央党史研究室第一研究部编：《共产国际、联共（布）与中国革命文献资料选辑（1917—1925）》，北京图书馆出版社1997年版，第140页。

② 中共中央党史研究室第一研究部编：《共产国际、联共（布）与中国革命文献资料选辑（1917—1925）》，第282、283页。

宪法》的联邦国家体制原则上是相通的①。我认为这种相通,主要体现在二者对"平等"、"自愿"和"自由"的强调上。实际上,强调"平等"、"自愿"和"自由"的原则,也是十月革命后列宁根据民族自决权而在俄国实行的联邦制与英国、瑞士等西方一些国家实行的联邦制的根本区别所在。1923年1月,中国共产党创始人之一的李大钊发表《平民主义》一文,对苏俄的联邦制和英国、瑞士的联邦制作过一番比较:"像俄国这种联邦共和,就是一个俄国各部及各族的劳动者的自由联合。他与英国的联邦、瑞士的联邦迥然不同。俄国的联邦苏维埃共和,是由俄国各部劳农组织而成的社会共和,倘为苏维埃所联合的各部分的劳农想互相分离,无人可阻挡他们这样做法。但是英国的联邦,还是靠着强力来维持的……瑞士的联邦共和,是一个许多有"康同"(Cantona)的联合。但这种联合亦是靠兵力造成的。"② 正是接受了苏俄联邦制所强调的"平等"、"自愿"和"自由"的原则,中共"二大"所提出的"建立中华联邦共和国"的"民族建国"构想,也一再强调要"尊重边疆人民的自主",强调"中华联邦共和国"实行的是"自由联邦制"。

当然,我们在强调中共"二大"提出的"建立中华联邦共和国"的"民族建国"构想和十月革命后列宁根据民族自决权而在俄国实行的联邦制的相通或相同的同时,也要看到二者之间的差异或不同:首先,中共"二大"提出的"建立中华联邦共和国"的"民族建国"构想只主张在"蒙古、西藏、回疆三部实行自治",而包括东三省在内的"中国本部"实行的则是中央集权的单一制;第二,中共"二大"提出的"建立中华联邦共和国"的"民族建国"构想之所以主张在"蒙古、西藏、回疆三部实行自治",是因为"蒙古、西藏、回疆三部"的经济落后于"中国本部","中国本部"各省的经济"已由小农业、手工业渐进于资本主义生产制的幼稚时代",而"蒙古、西藏、新疆"这些地方"还处在游牧的原始状态之中"。除此,"蒙古、西藏、回疆三部"在历史语言等方面也与"中国本部"各省有所不同。1923年中国共产党在一份《对于目前实际问题之计划》的文件中,在谈到"蒙古问题"时就写道:"在国家组织之原则上,凡经济状况不同民族历史不同言语不同的人民,至多也只能采用自由联邦制,很难适用单一国之政制,在中国政象之事实上,我们更应该尊重民族自决的精神,不应该强制经济状况不同民族历史不同言语不同之人民和我们同受帝国主义侵略及军阀统治的痛苦,因此我们不但应该消极的承认蒙古独立,并且应该积极的帮助他们推倒王公及上层喇嘛之特权,创造他们经

---

① 见王珂:《民族与国家:中国多民族统一国家思想的系谱》,中国社会科学出版社2001年版。
② 李大钊:《平民主义》,中共中央统战部编:《民族问题文献汇编》,第56—57页。

济的及文化的基础，达到蒙古人民真正独立自治之客观的可能。"①

对于新成立的中国共产党提出的"建立中华联邦共和国"这一"民族建国"构想，从目前所发现的资料来看，孙中山没有直接论及过，但他反对任何形式的联邦制的立场则是十分明确的，态度也是非常坚决的，这其中当然也包括中国共产党提出的"建立中华联邦共和国"。1922 年 8 月 17 日，亦即中国共产党第二次全国代表大会通过《关于国际帝国主义与中国和中国共产党的决议案》以及《大会宣言》后的一个月，他在一份《宣言》中强调指出："我既反对那些热衷于把省作为地方自治单位的人，也反对那些提倡将联邦制的原则应用于各省的政府的人。我极力主张地方自治，但也极力认为，在现在条件下的中国，联邦制将起离心力的作用，它最终只能导致我国分裂成为许多小的国家，让无原则的猜忌和敌视来决定它们之间的关系。中国是一个统一的国家，这一点已牢牢地印在我国的历史意识之中，正是这种意识才使我们能作为一个国家而被保存下来，尽管它过去遇到了许多破坏的力量，而联邦制则必将削弱这种意识。"②

（四）

1923 年起，在共产国际的指导下，新成立的中国共产党开始与孙中山领导的国民党商谈两党合作的问题。1924 年 1 月，中国国民党第一次全国代表大会的召开，标志着第一次国共合作的建立。大会通过的《宣言》所提出的"民族建国"的构想是："承认中国以内各民族之自决权，于反对帝国主义及军阀之革命获得胜利以后，当组织自由统一的（各民族自由联合的）中华民国。"③

作为第一次国共合作建立的标志，学术界一般都把国民党"一大"《宣言》的发表视为国共合作的成果。但实际上，并非所有问题孙中山和国民党与中国共产党和共产国际的观点都是完全一致的。就《宣言》所提出的"民族建国"的构想而言，它更多体现的是共产国际和中国共产党的主张，而非孙中山和国民党的主张，当然在表述上共产国际和中国共产党也做了一些妥协。日本学者松元真澄在他的《中国民族政策之研究——以清末至 1945 年的"民族论"为中心》一书中就明确指出，在起草《中国国民党第一次全国代表大会宣言》的过程中，孙中山和汪精卫等国民党人与共产国际代表鲍罗廷在"自决"和"联邦制"、"自由联合"和"统一国

---

① 《中国共产党对于目前实际问题之计划》，中共中央统战部编：《民族问题文献汇编》，第 24—25 页。
② 《孙逸仙宣言》，《孙中山全集》第 6 卷，中华书局 1985 年版，第 528—529 页。
③ 《中国国民党第一次全国代表大会宣言》，《孙中山全集》第 9 卷，中华书局 1986 年版，第 119 页。

家"等概念的理解上存在着明显的分歧①。就此而言,《中国国民党第一次全国代表大会宣言》既是国共双方合作的产物,也是国共相互妥协的结果。

实际上早在 1923 年 11 月 28 日,共产国际执行委员会主席团在《关于中国民族解放运动和国民党问题的决议》中,就要求国民党"应公开提出国内各民族自决的原则,以便在反对外国帝国主义、本国封建主义和军阀制度的中国革命取得胜利以后,这个原则能体现在由以前的中华帝国各民族组成的自由的中华联邦共和国上"②。后来《中国国民党第一次全国代表大会宣言》提出的"民族建国"的构想实际上就是以该决议为蓝本拟定的。所以,时任苏联驻中国全权代表加拉罕对此十分的满意。他在致苏俄外交人民委员契切林的信中写道:"我寄给您的党的宣言、纲领和章程很有意思,它是由三部分组成的。第一部分是对以前工作的批评和对中国相互争斗的军阀集团的批评;第二部分是最重要的,这是以最概括的形式提出的国民党的原则即民族主义、民权主义和民生主义。关于民族主义一条非常有意思,那里民族主义是按照共产国际的声明的精神解释的,而且还发挥了关于民族斗争的两个方面的思想,即一方面是同压制中国民族独立的帝国主义的斗争,另一方面是通过赋予中国境内各民族以自决权的办法实现各民族的解放,而这一条还发挥了去年 11 月 28 日共产国际执委会有关决议的部分。"③ 这里提到的"去年 11 月 28 日共产国际执委会有关决议"指的就是上引 1923 年 11 月 28 日共产国际执行委员会主席团《关于中国民族解放运动和国民党问题的决议》。

对于这样一个"民族建国"的构想,孙中山是不可能完全赞同的。这涉及"民族自决权"的问题。"民族自决权"最初是由资产阶级和小资产阶级于 17、18 世纪提出的,原属资产阶级民主主义世界革命的一个要求。马克思、恩格斯从支持资产阶级民主革命和争取社会主义的利益出发,对民族自决权一向持的是赞成的态度。到了帝国主义和无产阶级革命时代,列宁更进一步把它作为无产阶级社会主义世界革命的一个武器提了出来。十月革命后,列宁的"民族自决权"思想也传到了中国。根据列宁的"民族自决权"理论,一切民族都"划分为压迫民族和被压迫民族"④,在半殖民地半封建的旧中国,包括汉族和少数民族在内的中国各民族亦即

---

① 参见〔日〕松元真澄著、鲁忠慧译:《中国民族政策之研究——以清末至 1945 年的"民族论"为中心》,民族出版社 2003 年版,第 116—119 页。

② 中共中央党史研究室第一研究部编:《共产国际、联共(布)与中国革命文献资料选辑(1917—1925)》,第 548 页。

③ 中共中央党史研究室第一研究部译:《共产国际、联共(布)与中国国民革命运动(1920—1925)》,北京图书馆出版社 1997 年版,第 412 页。

④ 列宁:《民族和殖民地问题委员会的报告》,《列宁选集》第 4 卷,人民出版社 1972 年版,第 333 页。

中华民族是帝国主义压迫的对象，是被压迫民族，而在中国各民族亦即中华民族内部，也存在着民族压迫和民族不平等。因此，在当时的中国实际上存在着两种"民族自决权"：一是中国各民族亦即中华民族对于外国帝国主义的自决，也就是中华民族的独立和解放，二是在中国各民族亦即中华民族内部处于被统治地位的"各弱小民族"对于处于统治地位的汉族的自决，也就是"各弱小民族"都有权实行自治，甚至成立"民族自治邦"。

共产国际和接受共产国际领导的中国共产党理所当然地是这两种"民族自决权"的倡导和支持者。中国共产党第二次全国代表大会所提出的"民族建国"构想就体现了这两种民族自决权。就第一层意义的民族自决权而言，提出要"推翻国际帝国主义的压迫，达到中华民族的完全独立"；从第二层意义的民族自决权来看，主张"蒙古、西藏、回疆三部实行自治，成为民主自治邦"。孙中山只认同和接受第一种民族自决权，亦即中华民族对于外国帝国主义的自决权，而对于第二种民族自决权，亦即中华民族内部处于被统治地位的各弱小民族对于处于统治地位的汉族的自决权则持的是保留和否定的意见，他只主张国内民族的平等，而不赞同各弱小民族的自决。比如，1923 年 10 月 18 日，孙中山派出的以蒋介石为团长的国民党代表团在给共产国际《关于中国国民运动和党内状况的书面报告》中就明确表示，国民党"民族主义纲领"的涵义是："所有民族一律平等，一方面，我们应该捍卫我们的独立而同外国帝国主义作斗争；另一方面，我们应该帮助弱小民族发展他们的经济和文化。"[①] 所以，我们查阅《孙中山全集》就会发现，晚年他多次发表过反对帝国主义、主张中华民族对于帝国主义自决的言论，我们之所以称他晚年尤其是 1924 年国民党第一次全国代表大会后的"三民主义"为"新三民主义"，其原因之一就是他的民族主义包含了反对帝国主义的内容，但他从来没有提到过中华民族内部"各弱小民族"对于汉族的自决权的问题。也正因为孙中山从来不提"各弱小民族"的自决权问题，共产国际和中国共产党才多次对他循循善诱，甚至表示不满，提出要求，希望他能有所表态。比如，1923 年 12 月 4 日，亦即国民党第一次全国代表大会开幕前夕，苏俄外交人民委员契切林在《致孙中山的信中》写道："我们认为国民党的根本目的在于开展中国人民的伟大的强有力运动，所以国民党首先需要的是进行最广泛的宣传和组织工作……整个中华民族一定看到国民党——这个广泛而有组织的政党同中国各个地区军事专政之间的区别。国内各民族，如蒙

① 中共中央党史研究室第一研究部译：《共产国际、联共（布）与中国国民革命运动（1920—1925）》，北京图书馆出版社 1997 年版，第 301 页。

古族、藏族以及中国西部各民族，需要清楚地知道国民党是支持他们自决权的。所以，你们不许在这些地域使用武力。这就是我在这些问题上所考虑到的一些想法。我们一定要继续交换意见和进一步讨论问题，当我们达成圆满协议时，一切事情将会进行得更好。"①从这封信中我们可以得出结论：直到国民党第一全国代表大会开幕前夕，国民党并没有明确表态支持过"国内各民族，如蒙古族、藏族以及中国西部各民族"的自决权，所以契切林要和孙中山"继续交换意见和进一步讨论问题"。另外，这封信也透露出苏俄和共产国际领导人那种盛气凌人的、大国沙文主义的态度，如信中就公开要求国民党不许在"蒙古族、藏族以及中国西部各民族"地区使用武力。这分明是干涉中国内政。也就在同月（12月），中国共产党、中国社会主义青年团中央局提出的《对于国民党全国大会意见》，对于国民党提出的"党纲草案"，表示"大致赞同"，"惟关于民族主义内容的解释"，则表示了不同的意见，认为应该写入"对外反抗侵略主义的列强加于我人之压迫，对内解除我人加于殖民地弱小民族（如蒙古西藏）之压迫"②。

也许是考虑到了孙中山和国民党没有表态支持过"国内各民族，如蒙古族、藏族以及中国西部各民族"的自决权，苏俄顾问鲍罗廷受孙中山委托在起草《中国国民党第一次全国代表大会宣言》时，对有关"民族自决权"的表述作了一些文字上的妥协。如《宣言》在解释孙中山的"民族主义"时写道："国民党之民族主义，有两方面之意义：一则中国民族自求解放；二则中国境内各民族一律平等。第一方面，国民党之民族主义，其目的在使中国民族得自由独立于世界……第二方面……国内诸民族宜可得平等之结合，国民党之民族主义所要求者即在于此。"③这里，用"境内各民族一律平等"和"国内诸民族宜可得平等之结合"代替了"国内民族的自决权"，以及中国共产党、中国社会主义青年团中央局在《对于国民党全国大会意见》中提出的"对内解除我人加于殖民地弱小民族（如蒙古西藏）之压迫"④。在表述"民族建国"的构想时，是"承认"国内民族有"民族之自决权"，而非如共产国际和中国共产党在一系列文件中所使用的"主张"、"提倡"和"支持"国内民族的"自决权"，就是"承认"也是有前提条件的，即在"中国以内"的民族自

①　中共中央党史研究室第一研究部译：《共产国际、联共（布）与中国革命文献资料选辑（1917—1925）》，第550—551页

②　《中国共产党、中国社会主义青年团中央局对于国民党全国大会意见》，中共中央统战部编：《民族问题文献汇编》，第23页。

③　《中国国民党第一次全国代表大会宣言》，《孙中山全集》第9卷，第118—119页。

④　《中国共产党、中国社会主义青年团中央局对于国民党全国大会意见》，中共中央统战部编：《民族问题文献汇编》，第23页。

决，而非脱离中国的民族分裂或独立。同时，《宣言》也没有提及中共二大所提出的"蒙古、西藏、回疆三部实行自治，成为民主自治邦"，以及在"自由联邦制"的基础上"建立中华联邦制共和国"，而是表述为"于反对帝国主义及军阀之革命获得胜利以后，当组织自由统一的（各民族自由联合的）中华民国"，以"各民族自由联合"取代了"自由联邦制"，以"中华民国"取代了"中华联邦制共和国"。1924年1月，也就是国民党"一大"开会期间，鲍罗廷在向中共党团通报有关情况时对此作了说明："我们都同意在自由的中华民国境内赋予少数民族以自决权。"但是，"'统一的'或者'自由的'中华民国的提法不完全符合共产国际关于联邦制原则的提纲。既然国民党同意少数民族自决，那么现在我就不再坚持我们的提法。随着时间的推移，国民党自己会明白这里有矛盾，不能说在统一的或自由的中华民国范围内的自决。共产党人应该揭示这个矛盾，争取在国民党的下一次代表大会上采用另一种提法"①。

尽管鲍罗廷在起草《中国国民党第一次全国代表大会宣言》时，对有关"民族自决权"的表述作了一些文字上的妥协，但仍引起了国民党内以一些元老为代表的右派的反对。据《鲍罗廷笔记》记载：1924年1月23日，亦即国民党第一次全国代表大会通过《宣言》的那一天，孙中山派了一位信差请鲍罗廷到他那儿去，他在代表大会秘书处等鲍罗廷。他的头一个问题是：取消大会《宣言》，而改用他为在全国代表大会上即将成立的全国性政府拟定的纲领（即《国民政府建国大纲》），这样"右派对这个纲领没有什么可反对的了，反之，他们会欢迎这个纲领，把它当作是摆脱在国民党宣言草案中提出的那些可恶的问题的最好途径"。孙中山的这一要求遭到了鲍罗廷的拒绝，他明确告诉孙中山，"用纲领代替宣言是不能允许的"。因为"取消宣言草案，就意味着召集全国代表大会是毫无益处的，国民党无谓的漂亮空话依旧统治着党"。为了说服孙中山，鲍罗廷"列举了各种各样的理由，经过长时间的交谈后，孙中山决定通过宣言，同时也公布政府纲领"②。

依照鲍罗廷的说法，孙中山比较固执，"要使孙中山改变主意是困难的"。为什么孙中山后来又"改变主意"同意通过国民党"一大"《宣言》呢？《鲍罗廷笔记》对此作了说明：除了鲍罗廷苦口婆心地说服外，当时发生的一件事情，是促使孙中山通过《宣言》的重要原因。在此之前，孙中山和美国大使舒尔曼有过三个多小时

---

① 中共中央党史研究室第一研究部译：《共产国际、联共（布）与中国国民革命运动（1920—1925）》，第466页。

② 中共中央党史研究室第一研究部译：《共产国际、联共（布）与中国革命文献资料选辑（1917—1925）》，第566—568页。

的谈话，但后来舒尔曼只断章取义地公布孙中山谈话中"有利于美国干涉中国事物的部分，其余均秘而不宣"。如何消除舒尔曼公布孙中山谈话的内容所产生的消极影响，是孙中山必须立即处理的棘手问题。他征求鲍罗廷的意见。鲍罗廷告诉他，保持沉默，等于承认；发表声明辟谣，就成了此地无银三百两，这两种办法都不行，唯一可行的办法，就是大会通过《宣言》，并在《宣言》通过后，孙中山随即发表反对帝国主义的演说，"这样的演说将在全世界发表，那时候美国大使舒尔曼利用孙中山的名字来为帝国主义对中国进行勒索的企图将遭到可耻的失败"。孙中山听完鲍罗廷的意见后，"点着头，还做着其他赞同的表示"[1]，于是便有了《宣言》的通过。

不管鲍罗廷的说法是否属实和正确，但在鲍罗廷做工作后孙中山让大会通过了《宣言》则是事实。孙中山虽然让大会通过了《宣言》，但他对《宣言》中有关"民族自决权"以及依据"民族自决权"而提出的"民族建国"的构想是持保留意见的。所以，在《宣言》通过后他发表的《对于中国国民党宣言旨趣之说明》的演说中，他只字未提"民族自决权"以及《宣言》依据"民族自决权"而提出的"民族建国"的构想。1月30日国民党第一次全国代表大会闭幕，他在《闭幕词》中，对于"民族自决权"以及《宣言》依据"民族自决权"而提出的"民族建国"的构想也无任何涉及。大会闭幕不久，孙中山在国立广东高等师范学校礼堂作"三民主义"的系列演讲，听讲者有国民党党员及岭南、高师等校学生三千余人。关于"一大"闭幕不久，孙中山就迫不及待地要作"三民主义"演讲的原因（实际上因列宁逝世，国民党第一次全国代表大会于1月26日、27日曾休会两天，乘此休会机会，孙中山作了"民族主义"第一讲），学术界大致有三种观点：第一，"一大"《宣言》偏离了其三民主义本义，必须通过系统演讲以便正本清源，以正视听；第二，"一大"《宣言》与三民主义基本精神一致，但具体内容未备，需要进行补充说明；第三，为了取得苏俄和共产国际以及中国共产党的帮助，同时又要安抚和团结国民党内部的右倾势力，即出于不同的政治需要而进行的平衡与调和[2]。我是倾向于第一种观点的，至少完全赞同第三种观点。以"民族主义"的演讲为例，孙中山就根本没有提及"一大"《宣言》有关"承认中国以内各民族之自决权"的内容以及依据"民族自决权"而提出的"于反对帝国主义及军阀之革命获得胜利以后，当

① 中共中央党史研究室第一研究部译：《共产国际、联共（布）与中国革命文献资料选辑（1917—1925）》，第570页。

② 孙宏云：《1924年孙中山"民族主义"讲演的文本与本意》，《政治思想史》2015年第4期，第175页。

组织自由统一的（各民族自由联合的）中华民国"这一"民族建国"的构想，他讲得最多的是如何利用中国传统的家族与家族观念和宗族与宗族观念，联合成"一个极大中华民国的国族"，然后在"国族主义"的基础上，恢复"中国固有的民族精神"，建立一个近代的"民族国家"，以实现国家的富强和民族的复兴。比如他讲道："中国国民和国家结构的关系，先有家族，再推到宗族，再然后才是国族。这种组织一级一级的放大，有条不紊，大小结构的关系当中是很实在的；如果用宗族为单位，改良当中的组织，再联合成国族，比较外国用个人为单位当然容易联络得多……譬如中国现有四百族，好像对于四百人做工夫一样。在每一姓中，用其原来宗族的组织，拿同宗的名义，先从一乡一县联络起，再扩充到一省一国，各姓便可以成一个很大的团体……到了各姓有很大的团体之后，再由有关系的各姓互相联合起来，成许多极大的团体。更令各姓的团体都知道大祸临头，死期将至，都结合起来，便可以成一个极大中华民国的国族团体。有了国族团体，还怕什么外患，还怕不能兴邦吗！"①

"国族"，这是从西方引进的一个概念。依据 1993 年版的《简明牛津英语词典》的解释："国族"为一个广义的人的聚集体，通过共同的血缘、语言或历史被紧密地联系在一起，以致形成了由某一人民组成的独特的种族，通常被组织为独立的主权国家且占据一定的领土。简言之，即建立某一国家的某一民族称之为"国族"。孙中山认为，中国自古以来，就是一个民族建立一个国家，所以中国的民族可以称之为"国族"。他在"民族主义"的演讲中再三强调："我说民族就是国族，何以在中国是适当，在外国便不适当呢？因为中国自秦汉而后，都是一个民族造成一个国家。外国有一个民族造成几个国家的，有一个国家之内有几个民族的。像英国是现在世界上顶强的国家，他们国内的民族是用白人为本位，结合棕人、黑人等民族，才成'大不列颠帝国'。所以在英国说民族就是国族，这一句话便不适当……大家都知道英国的基本民族是盎格鲁撒逊人……就是美国也有很多盎格鲁撒逊人。所以在外国便不能说民族就是国族。"② 由此可见，孙中山念念不忘的仍是他自晚清以来所主张的一个民族建立一个国家的"民族建国"构想。只是在辛亥革命时期，他主张"驱逐鞑虏，恢复中华"，建立一个民主共和制的单一汉民族的"民族国家"；1920 年前后，他主张借鉴美国的建国经验，通过汉族对满、蒙、回、藏等其他少数民族的同化，形成一个"大中华民族"，建立一个"大中华民族主义"

---

① 《民族主义·第五讲》，《孙中山全集》第 9 卷，第 238—239 页。
② 《民族主义·第一讲》，《孙中山全集》第 9 卷，第 185—186 页。

的"民族国家";在国民党"一大"闭幕后不久所作的"民族主义"的演讲中,他主张利用中国传统的家族与家族观念和宗族与宗族观念,联合成"一个极大中华民国的国族",建立一个"国族主义"的"民族国家"。说法变了,实质没变。如果说在1920年前后,他所讲的"大中华民族",是由汉族改称并以汉族为中心,通过同化藏、蒙、回、满等其他民族而形成的;那么,在"民族主义"的演讲中,他所讲的"国族",指的就是汉族。用他讲演的话说:"就中国的民族说,总数是四万万人,当中参杂的不过是几百万蒙古人,百多万满洲人,几百万西藏人,百几十万回教之突厥人。外来的总数不过一千万人。所以就大多数说,四万万中国人可以说完全是汉人。同一血统,同一言语文字,同一宗教,同一习惯,完全是一个民族。"①就此而言,孙中山在"民族主义"的演讲中所提出的建立一个"国族主义"的"民族国家"构想,和他在1920年前后提出的建立一个"大中华民族主义"的"民族国家"构想一样,体现的也是一种大汉族主义的民族观和国家观。

(五)

我们以上讨论了晚年孙中山与中国共产党"民族建国"构想的分歧:孙中山主张建立一个"大中华民族主义"或"大中华民国的国族主义"的"民族国家",而新成立的中国共产党,则受共产国际的影响和领导,主张依据"民族自决权",建立一个以十月革命后苏俄的联邦制为蓝本的"中华联邦共和国"或"自由统一的(各民族自由联合的)中华民国"。但无论是孙中山的建立一个"大中华民族主义"或"大中华民国的国族主义"的"民族国家"也好,还是中国共产党的建立一个以十月革命后苏俄的联邦制为蓝本的"中华联邦共和国"或"自由统一的(各民族自由联合的)中华民国"的也罢,都没有付诸实践,甚至没有提出一套完整而切实可行的实施方案,所以只能称之为"构想"。

中国共产党人之所以不赞成孙中山的"大中华民族主义"的"民族建国"构想,是因为孙中山的"大中华民族主义",是以汉族同化满、蒙、回、藏等其他少数民族为其前提条件的,是大汉族主义民族观和国家观的体现。孙中山之所以不赞成中国共产党的"中华联邦共和国"或"自由统一的(各民族自由联合的)中华民国"的"民族建国"构想,是因为中国共产党的"中华联邦共和国"或"自由统一的(各民族自由联合的)中华民国"的"民族建国"构想,是依据"民族自决权"提出来的,而孙中山只主张中华民族对于帝国主义的自决,不赞成"国内各弱小民

---

① 《民族主义·第一讲》,《孙中山全集》第9卷,第188页。

族"对于汉族的自决。

就对"民族自决权"的认识而言，很显然，孙中山比起刚刚成立不久、还处于幼年时期的中国共产党来说要正确和全面一些①。由于还处于幼年时期的中国共产党"对解决中国民族问题的具体历史条件还缺乏深入的了解，还不能把马克思列宁主义关于解决民族问题的原理同中国的具体历史条件正确地恰当地结合起来"②，加上共产国际的错误影响和领导，从而导致了中国共产党对于列宁有关"民族自决权"理论的教条主义理解，对于十月革命后列宁依据"民族自决权"而在俄国实行的联邦制的模仿。其实，满、蒙、回、藏等少数民族与汉族的关系并不完全是被压迫民族与压迫民族的关系，压迫满、蒙、回、藏等少数民族的不是整个汉族，而只是汉族中少数的统治者，我们应该把广大汉族民众与少数汉族统治者区别开来，不能笼统地讲汉族是压迫民族；蒙古、西藏、新疆等少数民族地区更不是中国的殖民地，而是中国不可分割的固有领土，中国政府对这些地区的管辖不能等同于英国对于印度、日本对于朝鲜的殖民统治，所以不存在"国内弱小民族"对于汉族的"自决"问题，1923 年 12 月，中国共产党、中国社会主义青年团中央局在《对于国民党全国大会意见》中提出的"对内解除我人加于殖民地弱小民族（如蒙古西藏）之压迫"的主张，在表述上是存在严重问题的，尤其是中国共产党的一些文件中，提出支持蒙古的完全自治甚至独立，这是十分错误的，既不符合中国的具体国情和历史事实，也违背了中华民族的整体利益，不利于中华民族的团结和进步。因此到了遵义会议之后，随着毛泽东在全党领导地位的确立，中国共产党开始走向成熟，开始自觉地把马克思列宁主义的普遍原理与中国革命的具体实践结合起来，便不再讲"国内各弱小民族"的"民族自决"了，而讲"民族区域自治"，讲国内各民族的团结和国家的统一对于近代的"民族国家"的建立和实现国家富强、民族复兴的重要意义③。

（作者单位：中国社会科学院近代史研究所）

---

① 关于晚年孙中山和中国共产党在"民族自决权"上的同异及其评价，我将在《论晚年孙中山与中国共产党在"民决自决权"上的同与异》一文中加以全面讨论，此不展开。

② 江平：《民族问题文献汇编·前言》，中共中央统战部：《民族问题文献汇编》，第 4 页。

③ 参见郑大华：《论杨松对民主革命时期中国共产党民族理论重要贡献》，《民族研究》2015 年第 3 期。

孙中山与三一运动

——兼论孙中山民族主义的国际性

裴京汉

(一)序言

今年是韩国"三一运动"和中国的"五四运动"的 100 周年。其爆发时间虽然相差两个月，但超越韩国史或中国史等一国史观点，将其视为东亚史乃至世界史，"三一运动"和"五四运动"都是在日本帝国主义的对外侵略过程中爆发的东亚民众的反日，就是反帝作为目标而发生的同时性事件。不仅如此，两个运动都具有"普通民众集体参与政治"的大众示威形态，因此作为政治主体的民众或市民在东亚历史上首次出现来看，通过"三一运动"和"五四运动"东亚民主主义的实质性登场也体现了。所以我们可以说，"三一运动"和"五四运动"同时体现了东亚近现代史上最大的课题，就是"反帝"和"民主"的两个目标。

关于时差为两个月的"三一运动"和"五四运动"之间的关系，韩国学界和中国学界双方此前都有很多研究[①]。韩国学界一直关注着时间上的先后关系，强调"三

[①] 韩国学界代表性的研究有郑世铉：《从学生运动看三一运动与五四运动》，《三一运动五十周年纪念论文集》，1969；闵斗基：《五四运动的历史性质》，《东洋史学研究》1970 年第 4 辑；李圣根：《韩国对中国近代爱国主义的形成所起的作用一二》，《明大论文集》第 7、8 辑，1974、1975 年；张世胤：《三一运动对中国五四运动的影响》，《殉国》1998 年第 3 期；金喜坤：《从世界史角度看三一运动与韩国临时政府之间关系》，《三一运动与1919 年的世界史意义》，东北亚历史财团 2010 年版等等。(中国学界代表性研究有张德旺：《五四运动的国际背景研究两题》《求是学刊》1992 年 5 期；崔志鹰：《朝鲜三一运动和我国五四运动的比较研究》，《史林》1995 年第 4 期；曾业英：《中国人民对三一运动的支持和声援》，《当代韩国》1998 年夏季号；辛虎雄、林能士：《略论韩国三一运动对中国五四运动的影响》，《历史教学问题》1999 年第 2 期；白基龙：《中国五四运动与韩国三一运动的比较》，硕士学位论文，湖南师范大学，2007 年；张小梅：《朝鲜三一运动与中国五四运动之比较》，硕士学位论文，延边大学，2007 年；孙科志：《近代中国人对三一运动的认识》，《东北亚文化研究》第 13 期，韩国东北亚文化学会 2007 年版；等等。)

一运动"对"五四运动"的影响，而中国学界则相对地较少强调"三一运动"对"五四运动"的影响。特别是"五四运动"，在1915年左右正式开始的所谓新文化运动的延续上，一直强调文化思想运动的层面，而"三一运动"则相对少强调文化思想运动的层面。但是最近的研究中，随着东亚视角强调将两个运动视为一个历史范围内的同一脉络的观点，逐渐出现了强调两个运动之间同步性和相同意义的研究[①]。

众所周知，孙中山的基本政治思想三民主义的第一个主张是民族主义。据悉，自鸦片战争以来沦为半殖民地的中国以恢复国家独立和自主权为首要目标的孙中山的民族主义，从大的方面来看，以"五四运动"为转折点，其内容发生了很大变化。"五四运动"以前，孙中山的民族主义从辛亥革命过程中暴露出来的满族统治中摆脱出来，形成了汉族的民族独立，具有反满民族主义性质。与此相比，在"五四运动"以后的阶段，逐渐发展成了反对一切帝国主义列强侵略的反帝民族主义。从这一点看，可以说孙中山的民族主义受到了"五四运动"的强烈影响。

另一方面，1910年因日本帝国主义的侵略而陷入亡国境地的韩国，很多独立志士们，受到1911年在中国发生的以建设共和体制为目标的辛亥革命的巨大影响，开始摸索主权恢复以后要建设的新国家。为此，不仅许多韩人志士流亡中国，许多以孙中山为首的中国革命志士和韩人志士之间的交往也全面展开，中韩之间的合作也全面出现。从这一点来看，辛亥革命不只是中国一个国家的共和革命，而是包括韩国在内的整个东亚地区的共和革命。

本文要探讨的是韩国历史上最具代表性的反日，即反帝运动的"三一运动"与孙中山的关系如何的问题。关于孙中山对韩国独立运动的支持乃至支援，虽然有不少研究，但关于孙中山对"三一运动"认识的集中研究几乎没有。究其原因，孙中山很少直接提及或评价"三一运动"。本文根据几位韩人志士的回忆资料，进行了分析孙中山对"三一运动"的立场怎样的，以及孙中山对韩国独立问题的系统性理解，将尽可能具体地追踪研究。通过这些，我们来了解中韩之间的互助关系是如何发展起来的，以及通过孙中山对"三一运动"和韩国独立运动的如何理解，试图说明孙中山民族主义思想的发展以及变化问题。

（二）民族自决主义，巴黎和会和"三一运动"的爆发

1918年10月，随着德国军部内部的抗命事件，皇帝体制崩溃，11月承认战败，拖延四年多的第一次世界大战宣告结束。随后，1919年1月18日开始，旨在结束战

---

① 金贤珠：《作为三一、五四运动的结合点的"文化运动"》，《东方学志》第182辑，2018年。

争的讲和会议在巴黎近郊的凡尔赛举行。被称为巴黎和会的该会议的主导权在于通过参加一战成为世界最强列强的美国。美国总统威尔逊（T. W. Wilson）在巴黎和会之前的1918年1月通过在国会的演说，提出了所谓"十四条原则"，其中第五条言及殖民地主权问题。威尔逊提出了承认弱小民族自决权的主张，这是第一次世界大战的解决方案之一，这也具有对抗革命俄罗斯的民族自决主张的意义[①]。

威尔逊的民族自决原则，给亚洲、非洲等其他地区的弱小民族带来了巨大希望[②]。特别是，美国反对日本在中国拥有主导权，因此美国一贯主张"门户开放主义"，对二十一条要求也持最积极的反对立场[③]。美国不仅鼓励中国参战，还积极劝说中国参加停战以后的讲和会议，最终通过巴黎和会阻止日本继承山东半岛权益的主张，让中国政府和人民拥有希望[④]。

这种情况在日本的殖民地韩国也是一样，威尔逊的民族自决主张不仅在国内，在海外的韩人志士们充分期待巴黎和会会成为民族独立主张的重要机会[⑤]。为了应对威尔逊民族自决主义主张，韩国人试图独立且派遣代表参加巴黎和会，在美国、中国、日本等国外韩人社会和韩国国内几乎同时出现了。其中最早的反应来自上海地区的韩人和旅美韩人。在这里，我们将以中国，其中以上海地区为中心展开的巴黎和会的参与尝试和其他地区独立运动之间的联系为中心进行探讨。

1918年11月，在巴黎和会召开之前，威尔逊总统的亲信克莱恩（Charles R. Crane）访问中国，根据威尔逊防止日本垄断中国权益的意图，积极劝说中国参加和会。他抵达上海是在庆祝胜利的气氛高涨的11月21日左右，随后他访问了杭州，参加了在省议会举行的欢迎会，之后11月26日返回上海。26日至28日，滞留上海的克莱恩在上海参加多场演讲会、谈话会等，行程十分紧凑。其中，27日中午在上海宁波路卡尔顿酒店咖啡厅（Carlton Cafe）举行的留美学生会、青年会（YMCA）、江苏教育会等7个团体共同主办的欢迎会兼演讲会。（28日中午二马路圣三一堂举行的感恩节礼拜兼演讲会，以及当晚举行的上海总商会的欢迎讲演会上，很多人士参与，盛况空前[⑥]。）

---

① 美国史研究会：《威尔逊的14条》，《以史料阅读的美国史》，穷理出版社2006年版，第285页。

② 全尚淑：《第一次世界大战后国际秩序的重组和民族领导人的对外认识》，《韩国政治外交史论丛》第26卷第1期，2004年，第318页。

③ Roy W. Curry，*Woodrow Wilson and Far Eastern Policy* 1918—1921，New York（Bookman Associates），1957。

④ 张德旺前揭论文，第108—109页。

⑤ 全尚淑前揭《第一次世界大战后国际秩序的重组和民族领导人的对外认识》，第320—324页。

⑥ 《克兰氏临行之纪载》，《申报》1918年11月29日"本埠新闻"。

克雷恩的几次演讲内容大同小异，首先说明了参战后美国的国际政策变化，一方面他主张革命后俄罗斯的状况虽然是新的挑战，但只是基于"物质主义"。另一方面，克雷恩认为，与终战同时举行的和平会议对中国来说是一个重要机会，他强调所有人才都要总揽，要派遣最有能力的统一代表团①。

中国人对克莱恩的访问和演讲非常关注，因此在 11 月 27 日中午举行的卡尔顿咖啡厅演讲会上，唐绍仪、朱庆兰、孙科、余日章、虞洽卿、李登辉、陈光甫等三百多名政财界人士云集了。据悉，11 月 28 日中午举行的感恩节活动暨演讲会也吸引了孙中山、唐绍仪、孔祥熙等当代中国最高政治领导人的大举参与②。

另外，28 日晚举行的由总商会主办的欢迎会也吸引了包括美国在内的各国领事和包括总商会会长刘柏森在内的中国主要工商业界人士参加③。当然，当时上海地区言论对克莱恩的这种同情报道非常频繁和积极。11 月 27 日卡尔顿咖啡厅欢迎会上，上海地区韩人社会的代表性领导人吕运亨参加了④。吕运亨通过平时持有关系的著名中国外交家王正廷的介绍会见面了克莱恩⑤，讨论了韩国代表参加巴黎和会，请愿独立的问题。当时，克莱恩表示，韩国代表团可以派遣，自己也会积极帮助，这让吕运亨充满期待⑥。吕运亨对巴黎和会和威尔逊的民族自决主义的这种期待当然和中国人的期待是一样的。

众所周知，吕运亨就是为派遣韩国代表团而组建的团体，即新韩青年党，同时由当时在天津的金奎植担任韩国代表团的代表，并派遣新韩青年党的成员们到日本

① 《柯兰博士之忠告》，上海《民国日报》1918 年 11 月 30 日。

② 郑炳俊：《三一运动的引爆剂——吕运亨给克莱恩的信件及请愿书》，《历史批评》119（2017），第226—228 页。中方报道当中，不能发现孙中山的参加事实。据中方报道，在总商会欢迎会前，克莱恩曾到孙中山家谈话。见《克兰氏临行之纪载》，《申报》1918 年 11 月 29 日。

③ 《柯兰博士之欢迎会及其名言》，上海《民国日报》1918 年 11 月 28 日。

④ 著名的留美韩人历史学者李庭植引用吕运亨的讯问记录，主张卡尔顿欢迎会由上海外交官协会和泛太平洋协会上海支部共同主办的。但对于欢迎会的举办主体，吕运亨的叙述本身就是一个错误。李庭植：《吕运亨：超越时代和思想的融合主义者》，首尔大学出版部 2008 年版，第 152—153 页。

⑤ 向吕运亨介绍克莱恩的王正廷早年留学美国，在耶鲁大学获得博士学位后回国成为外交家。他曾担任过上海 YMCA 的总干事，是一位广为人知的基督教徒。从这一点来看，与韩人教会传教士吕运亨的交往以基督教为背景的可能性较大。王正廷后来作为南方政府代表参加巴黎和会中国代表团。护法政府方面从 12月 12 日开始就决定派遣孙文、伍廷芳、汪精卫、伍朝枢为南方政府讲和会议代表，但没有得到国际承认的南方政府的派遣独立代表从一开始就是件困难的事情。（陈锡祺主编：《孙中山年谱长编》上册，中华书局1991 年版，第 1137 页；王践：《王正廷与巴黎和会》，《档案与史学》1997 年第 2 期；周建超：《顾维钧与巴黎和会》，《民国档案》1997 年第 1 期）从王正廷和吕运亨的关系来看，派遣到巴黎的韩国代表团和王正廷之间可能曾试图进行面谈或合作，但至今尚未查明。今后需要进行更详细的研究。

⑥ 吕运弘：《梦阳吕运亨》，青厦阁出版社 1967 年版，第 24—26 页。郑炳俊：前揭《三一运动的引爆剂——吕运亨给克莱恩的信件及请愿书》。

和韩国，一方面募集必要的经费，另一方面开始行动争取民众对代表团的支持[①]。新韩青年党通过克莱恩和美国驻北京大使馆向威尔逊总统提交了独立请愿书，并向巴黎和会代表金奎植和上海韩人领导人申圭植还向韩国国内和美洲、西北间岛、沿海州、日本的韩人领导人要求支持独立请愿[②]。

另外，受到美洲地区韩人派遣巴黎和会代表团的企图刺激，比其他地区最先准备独立宣言的东京的韩国留学生于 1919 年 2 月 8 日在东京的中心街神田举行了宣布独立宣言的集会。李光洙执笔的"二八独立宣言"的内容是，独立国家朝鲜不能受到日本的不正当支配，如果日本继续进行残忍的支配，即使进行血战，也只能重新获得独立[③]。

通常被称为"二八独立宣言"的该宣言成了国内随后发生的"三一独立宣言"和全国反日示威运动的直接导火线。2 月中旬，在首尔，以孙秉熙为中心的天道教领导人和以李承薰为中心的基督教领导人，以韩龙云为中心的佛教领导人联合起来开始推动独立示威运动的计划，而他们全都听到了东京留学生宣布独立，美洲地区韩人试图派遣巴黎和会代表，上海地区韩人派遣了巴黎和会代表团的消息[④]。

不仅如此，这些各地的独立运动推动势力还建立了相互联系和合作机制，寻找着一个运动的核心。首先执笔"二八独立宣言书"的李光洙在宣言发表之前躲到上海去，积极参与上海地区的独立运动。李光洙随后参加了 4 月中旬在上海成立的韩国临时政府，并担任了临时政府机关报《独立新闻》的主编和社长[⑤]。另外，为了向国际社会宣传在国内发表的《三一独立宣言》，怀揣着其笔写本于 3 月初来到上海的玄楯和崔昌植也加入了上海地区的独立运动[⑥]。就是说，随着"三一运动"前后各地独立运动领导人移到上海，上海已经开始成为韩国独立运动的桥头堡。1919 年 4 月 11 日，统合国内和海外各地的独立运动势力，大韩民国临时政府在上海成立了，正是在这一背景下发生的[⑦]。

---

① 吕运弘：《梦阳吕运亨》，第 35—37 页；李光洙：《己未年和我》，朱曜翰等编，《李光洙全集》13，三重堂 1962 年版，第 231 页。

② 郑炳俊：《1919 年，去巴黎的金奎植》，《韩国独立运动史研究》60（2017），第 109 页以下。

③ 独立有功者功勋录编撰委员会编：《二八独立运动》，国家报勋处 1991 年版，第 5—16 页。

④ SoonHyun（玄楯），*MyAutobiographybythereverendSoonHyun1878—1968：withHistoricalDocuments，PhotographsandAnalysis*，InstituteforModernKoreanStudies，YonseiUniversityPress，2003，p. 291.

⑤ 李光洙：《上海的二年》，《三千里》1932 年 1 月号，朱曜翰等编，《李光洙全集》14，三中堂 1963 年版，第 345—348 页。

⑥ SoonHyun（玄楯）前揭书，第 293—294 页。

⑦ 裴京汉：《大韩民国临时政府的成立和中国》，大韩民国临时政府成立 100 周年纪念学术大会（2019 年 4 月，上海）发表论文。

（三）孙中山支持三一运动

如前所述，与克莱恩面谈后组织新韩青年党，并派遣其代表金奎植为巴黎和会代表的吕运亨于1914年流亡中国，后在南京的金陵大学专攻英语专业后，1917年来到上海，在美国人经营的协和书局工作，还组织了上海韩人居民团进行了独立运动。1918年末，吕运亨就派遣巴黎和会代表团的问题与唐绍仪、章太炎、徐谦等人商议，当时经徐谦的介绍认识了孙中山。孙中山对吕运亨的计划表示赞同，并提出如果韩国代表去巴黎，最好与参加中国代表团的南方政府人士陈友仁、伍朝枢等合作。正如前面提到的那样，吕运亨会见克莱恩时得到了王正廷的介绍，此后王正廷代表南方政府，作为中国代表团的正式代表之一参加了巴黎和会。所以我们可以说通过孙中山的积极帮助，韩国代表团才可以与南方政府代表王正廷、陈友仁、伍朝枢等进行合作。实际上，韩国代表团和这些南方代表之间进行了怎样的合作，是今后需要查明的问题。

另外，为了向国际社会宣传"二八独立宣言"和"三一运动"，从韩国和日本来到上海的玄楯、崔昌植，以及李光洙，在"三一运动"发生三日之后，即3月4日在上海发行的中美合作英文报纸《大陆报》（China Press）上看过国内发生的全国的反日示威运动的消息，把《三一独立宣言》翻译成中文和英文，寄给正在参加巴黎和会的各国领袖。同时，他们积极开展以上海和北京为中心的各言论机构送达《独立宣言》译本等引起国际舆论的宣传活动。在此期间，为了得到代表中国的政治领袖孙中山的支持，他们访问了孙中山的邸宅。据玄楯回忆，当时孙中山谢绝与他们会面，让门人胡某（可能是胡汉民）出面转达要求事项。虽然不清楚当时孙中山谢绝会面的具体原因，但玄楯等人记得，孙中山忌惮日本人，所以不愿意亲自接见韩国革命家[1]。

他们虽然没能亲自见面孙中山，但在《大陆报》的帮助下，他们派一名英国记者到韩国进行采访，据李光洙回忆，英国记者回到上海之后曾在《大陆报》上发表了大量的报道记事。据悉，当时其英国记者得到了在韩国担任医生的加拿大籍传教士石虎弼（F. W. Schofield）博士的帮助。石虎弼也是对"三一运动"进行详细采访和报道的人物，在韩国被称赞为继在独立宣言上签字的33人之后的第34人。另外，从3月8日开始，玄楯等前往北京，以外国记者团为对象，举行了宣传"三一

---

[1]　SoonHyun 前揭书，第297页。

运动"批判日本镇压的座谈会①。

另外，当时韩国儒林代表金昌淑与孙中山见面并得到了对"三一运动"和韩国独立运动支持。金昌淑带着国内儒林向巴黎和会发来的独立请愿书，前往巴黎的途中"三一运动"后来到了上海。金昌淑于 1919 年 7 月与孙中山面谈，孙中山劝金昌淑到南方（护法）政府所在地广州与革命派人士合作。因此，金昌淑前往广州，与非常国会议员李文治、护法政府司法部次长吴山等合作，让一些韩人留学生来到广州，帮助他们。要关注的是，因为广州地区形势的变化，吴山、徐谦等人，1919年 10 月中旬来到上海，他们和临时政府要员之间建立了合作关系，在他们的协助下，临时政府代表被派往中国各地，1921 年 3 月以后，在长沙、安庆、汉口、广州等重要城市成立了以各地区革命派人士为中心的中韩连带组织，即中韩互助社的事实。接着，1921 年 5 月，以联合这些组织的形式在上海成立了中韩互助总社②。该中韩互助社是 20 年代中期以后的国民革命过程中，很多韩国青年参与中国革命并牺牲的出发点，而 1931 年以后成为中韩建立共同抗日战线的出发点。

在这样的连接线上，孙中山开始公开发表支持韩国独立的立场，主张日本对韩国统治不当的立场。例如，在"三一运动"爆发一个多月后的 4 月 5 日，孙中山在接受日本记者大江采访时强烈批评日本侵略韩国，并说："日本人非亚洲人也……日本人为欧人使用而侵略我亚西亚人者，焉得为亚细亚乎！"③另外，1920 年 1 月1 日在东京发行的《大正日日报》上刊登的《中国人的日本观》一文中称："现在日本占领朝鲜对中国人构成了巨大的威胁，因此应该撤回。"④换句话说，从"三一运动"发生的第二年初孙中山直接向日本人开始强烈批判日本的韩国支配，并主张韩国独立。当时韩国人对孙中山批评日本的韩国统治，支持韩国的独立怀有极大的关心和感动，因此在上海发行的临时政府机关报《独立新闻》和韩国国内代表性的民族纸《东亚日报》都译载了孙中山的这篇文章⑤。

（四）结语

众所周知，1921 年 9 月至 10 月期间，韩国临时政府代表申圭植访问广州护法

---

① 玄楯说，派到国内的英国人记者不是《大陆报》的记者，而是 Shanghai Gazette 的记者，而且 Shanghai Gazette 是"孙中山的机关报"。这是不正确的记录。

② 裴京汉：《朴殷植与中韩互助》，《震旦学报》130 辑，2018 年，第 202—203 页。

③ 陈锡祺主编：《孙中山年谱长编》下册，中华书局 1991 年版，第 1168 页。

④ 《支那人の日本观》，《大正日日报》（东京）1920 年 1 月 1 日。

⑤ 《孙逸仙氏的日本观》，《独立新闻》1920 年 1 月 17 日；《朝鲜问题与中国》，《东亚日报》1920 年 8月 11 日。

政府，与孙中山的会谈，是为派遣韩国代表参加华盛顿会议争取护法政府的支援。韩国临时政府代理国务总理申圭植带着自己的女婿闵弼镐于 9 月末抵达广州，10 月初与孙中山进行了会谈，11 月末返回上海①。

根据闵弼镐记录当时情况的《中韩外交史话》，10 月初与孙中山的会谈主要讨论了护法政府对韩国临时政府的支援方案，同时护法政府承认临时政府，临时政府也承认护法政府。当然，此时的相互承认并不是具有国际法约束力的正式外交承认，而是具有宣言意义程度的"实质性承认"。当时韩国临时政府未能得到正式外交承认的事实，通过到了 20 世纪 40 年代临时政府方面一直要求中国政府给予外交承认的事实可以确认。但重要的是，申圭植访问广州护法政府，与孙中山举行会谈，护法政府对临时政府的支持与支援，以及护法府与临时政府之间实质性的相互承认，都是在前面我们追踪的"三一运动"之后孙中山开始支持韩国独立以后出现的。就是说，在 1921 年 9 月阶段明确确认的孙中山对韩国临时政府的支持和支援，是从对"三一运动"的支持开始的。

一般说来，孙中山的三民主义是以"五四运动"为界，内容大变。例如，在三民主义中，第一项就是民族主义，一般认为在辛亥革命阶段的反满民族主义，到了"五四"以后，就变成以反对所有的帝国主义为核心的反帝民族主义②。

这种变化的内涵有以反日为核心的反帝运动——"五四运动"的影响，同时也有与共产国际强调的反帝运动的影响。在此过程中，孙中山对日本的立场发生了很大变化③。但是，要想从反帝的角度讨论孙中山对日态度变化，围绕在日本帝国主义侵略下沦为殖民地的韩国独立问题的立场变化也很重要，这是本文的基本关注点。就是说，正如本文所追踪到的那样，如果经过与"五四运动"同时发生的"三一运动"，孙中山对韩国独立的立场发生变化的话，那么，这种事实可以看作是自"五四运动"以后，孙中山的民族主义逐渐转变为反帝民族主义的另一个重要论据。我们应该注意到，孙中山民族主义的变化与包括韩国在内的东亚历史紧密相连的史实。

（作者单位：韩国釜山大学）

---

① 陪同申圭植的闵弼镐的回忆录《中韩外交史话》（重庆，1942 年）记述 10 月末申圭植抵达了广州。关于申圭植访问广州的日程，请参考裴京汉《孙中山与韩国》，Hanul 出版社 2007 年版，第 83—88 页。
② 杜继东：《中国大陆地区孙中山与日本关系研究回顾》，《近代史研究》2005 年第 3 期。
③ 杜继东：《中国大陆地区孙中山与日本关系研究回顾》，《近代史研究》2005 第 3 期。俞辛焞说明了这一时期日本对中国的政策变化带来孙中山对日认识的变化。俞辛焞：《孙中山与日本关系研究》，人民出版社 1996 年版，第 512—577 页。

岂无高见出武夫

——从张作霖、吴佩孚评孙文主义缺"民德"说起

李吉奎

1905 年中国同盟会成立后，它的机关刊物《民报》发表了由总理孙文署名、实际由胡汉民代笔的《发刊词》。在这篇《发刊词》中，首次提出民族、民权、民生三大主义。据冯自由说，他在随后任香港同盟会负责人并主持《中国日报》时，将这三大主义简称为"三民主义"。在此后一百多年时间里，三民主义等同于孙文主义一直作为国民党的基本理论和思想被坚持和解释，总体而言，这个理论或思想并未受到颠覆性的挑战。尽管如此，他的理论体系，在党外还是遭到质疑，甚至指出它的不完善；而指抉它的，并非专家、教授或饱学如理论界人士，竟然是被千夫所指的军阀张作霖与吴佩孚。奉张与洛吴是在何种时空环境下讲到三民主义，孙中山在获知他们的言论后又有何反应？本文即拟讨论这些问题。

（一）

1917 年孙中山第一次开展护法战争，矛头对着掌控北京政府的皖系首领段祺瑞。次年护法失败，孙回到上海。同年 10 月，段被解除国务院总理职务，不过他还掌握皖系部队。政治上失意的段氏为图再起，与奉张合作，并于 1919 年秋派许世英赴沪与孙接触，开始形成孙段张"三角反直同盟"，打击对象是直系首领曹锟、吴佩孚。在 1920 年 7 月开始的直皖战争中皖系失败后，直系军人控制了北京政府，吴佩孚盘踞洛阳，实际左右着中国政局。

1920 年 10 月，以孙中山为领袖、陈炯明为总司令的援闽粤军回师占领广州；随后，孙亦返粤，重组军政府，开展第二次护法，以曹吴为对手。孙、陈同居一城，多种矛盾共生，不可调和的歧见促成 1922 年 6 月 16 日的陈部兵变。孙在兵变后待援无望，回上海寻求出路。此前，孙、陈二人与共产国际在华人员均

有交往。兵变以后，共产国际盱衡中国大局，决定弃陈联孙，令中共之党员以个人身份加入国民党，加速国民党改组，形成孙吴（佩孚）共（共产国际、中共）三角同盟。两个"三角同盟"并存，孙游刃其间，此种情况，不可能长期维持。果然，孙吴合作（居间联络的是李大钊、张继、王法勤等人），不过四个月光景便告破局。吴共之间的合作也长不了，至1923年"二七"事件，便彻底闹翻，以血腥的方式结束。

（二）

孙吴合作破局后，孙中山曾派陈中孚赴日，与吴佩孚新聘的日本顾问冈野增次郎同至北京，1922年12月11日抵洛阳。陈被勉强接见后，转达孙意，拟邀吴赴汉口一晤，共商一切。吴表示无此兴趣，并称，孙是一个理想家。话无可谈，陈即日离开洛阳回上海复命。按理，到此为止，一切都完事了，但孙仍不死心，再派徐绍桢赴洛阳游说。1923年1月7日，徐见到吴佩孚[①]。

据冈野顾问记述，徐绍桢首先向吴佩孚表示，去年冬陈中孚来洛未得要领，故以垂老之年，代表孙先生再来请教。他接着说："中山无中国政治家惯用之权谋术数，不修饰外表，不追求财利，而有超越中国人之习性，是彼之长；至于熏染习俗而操纵群伦，吞吐清浊，以颠倒英雄，则彼无此伎俩，是其所短。此所以在第一次革命之时，屈从袁世凯之妥协政策，而不得不让出临时总统之职位。其后袁世凯称帝不成，侘傺以死，卒陷时局致难于收拾之境。中山尝私叹曰：'袁公雄才大略，国家之重镇也。使斯人真能体悟革命本旨，而不热中于帝制，依然居大总统之地位，而负国家之重任，则今日我国不致四分五裂也。'换言之，中山为一理想家而非实际家，用思想以求征服中国，或有其可能性；至于实力的征服，则不可期待于彼，此所以屡派汪兆铭、张继、陈中孚等访张作霖、段祺瑞、卢永祥，以讲求一种妥协政策之原因也。然同谋其事者，尚不限于上述数人。彼着限于实际之政府，往往权衡利害，以谋打开局面，特瞩目于夙负中原威望直隶派核心之吴将军，实非一朝一夕之故。初拟派汪兆铭、张继为接洽之使者，然彼等皆对于蕴蓄高而理智深之吴将军，预见使命之困难，而不愿来洛阳。去年虽曾派代表陈中孚有所陈述，终不得要领而归，此所以派老境无为之鄙人，重叩吴将军之门也。"

徐绍桢为孙与段张合作辩解，也猛捧吴佩孚，但吴听了并未表示高兴。对徐作

---

① 各种孙中山年谱均未记及此事。吴相湘《孙逸仙先生传》据冈野增次郎回忆，记为1923年10月2日，误。《白坚武日记》上册（杜春和、耿来金整理，江苏古籍出版社1992年版，第403页）记白氏1922年1月赴洛阳，入吴幕，逐日纪事，今据白氏日记，徐吴之会应是1923年1月7日。

为孙代表的资格，吴未必重视，但徐绍桢是军界前辈，当吴还是低级军官时，徐已是江南的镇统，所以吴对他尚表示尊重，给足面子。然而，说到孙的要求，吴便不能不有所表态，实际是作了一番修理。吴说：

"吾观孙先生过去之经历，虽可认为一伟大人物，然彼之知识与言论，与其谓为中国之固有，毋宁认为祖述泰西之为愈，彼不捃摭我国数千年来蓄聚之文物，在传统的根柢之上，施以适应时地人之建设，乃骤然揭橥三民主义而拟施于固有文化有基础之中国，其不能及时实行固宜。

"彼所理想之主义，迄于今日，尚未见有任何给与于国利民福，目前干戈之扰攘，苍生之困厄，岂非数倍于彼所视为腐烂而成为打倒对象之前清末叶政府耶？孙先生一出，精神的或实际政治的，果有何物以裨补中国乎？

"不独此也，彼急求成功，为敷衍一时计，从来不问其对手为何人，只有乞助于妥协一途；甚至联络日本，因无结果，乃转而利用俄国，不图反为俄国所利用。然其所标榜于外者，则仍为救治中国数千年之痼疾也。彼不求传统之药方，而强用辛辣强烈之俄国猛剂，其失亦甚。孙先生联结俄国共产党，冀利用其学说组织，以谋自己事功之顺利，以为到时断绝其关系，取所谓'飞鸟尽良弓藏'之态度，则可坐收其利而不至贻患后来，其纯为理想，彰彰明甚。

"夫鼓动革命风潮，一时虽不免于破坏一切传统，然苟无一贯不变之范畴及信念，则危险随处潜伏。若在有深厚传统而千古可行之不成文法之中国，强将向未腐朽之根柢而尽破坏之，则其后之建设，不特困难重重，以致发生反动，终见全体之逆转，此不能不认为当然之归结也。在此意义而言，中国真正之诞生，盖非容易之事业，前途尚属辽远。'道虚而不行，待人而行'之古语，真不诬也。"

吴佩孚进而说道："孙先生提倡之三民主义，即民族主义、民权主义、民生主义，若单以主义而论，无一而非适切之主张。三民主义，由一面观之，虽为政治之题目，然概括而言，毕竟为权利之主张，若一面念及义务附随权利之真理时，则不可不考虑及于实行义务之训练方法。若徒唱权利以饵民，而不关心于义务训练，则作为一个实际政治家，势必致使人民趋利，大局非土崩瓦解不止。"他强调指出："枭雄张作霖曾对孙先生使者汪兆铭解释三民主义之际，漫然说及应加'民德主义'，不为无见，盖民德乃指彻底之义务观念也。"

吴佩孚最后对徐绍桢说："余信政治上之要谛，在于道德，而孙先生似认政治为一种技术。不知《大学》所谓治国平天下之根源，在于诚意正心修身，示人以万姓率由之轨范，余奉此信条而不渝，故不能与孙先生共同行动。老先生虑及天下生民，而谋余与孙先生合作之盛意，余十分谅解，然吾二人在根本观念已距离甚远，故不愿从命。"①

徐绍桢代表孙中山赴洛，1923 年 1 月 6 日抵达，次日送别。接待员白坚武在日记中记下过程，未记谈话内容，不清楚他是否参与谈话。吴氏的日本顾问冈野所记，是我们唯一可资记论的材料。吴佩孚当时风头正健，所谓"八方风雨会中州"之际，国内外各种势力，无不与之交通。他生平宣示奉行"四不"主义（即不出洋、不入租界、不借外债、不蓄私财），坐言起行，确实在南北武人首领中独树标格，睥睨群雄。他在与徐绍桢谈话中对孙中山联段联张的辩白表明了态度，对孙为达到目的在国内外追求合作伙伴之举大不以为然。他认为孙中山领导革命党推倒清廷造成民国乱局。他还认为孙中山抛弃了中国固有的传统，孙并无建设事业可言，孙的主义云云者，不过是捃拾西人的陈说而已，言外之意，是不能解决中国问题的药方。更为要害的是，他引用张作霖对汪精卫的谈话，指摘孙的主义中缺少一个"民德主义"，有此一缺，其他主义都是枝节了。吴完全赞成张说。因为道不同不相为谋，合作之事，应毋庸议了。

吴佩孚秀才出身，有深厚的传统文化教养，会填词，善写梅竹。据载，其祖父是广东梅县城北大浪口人，从军后落籍山东蓬莱（情况相似淮海战役中的黄百韬）②。如果确实，"文化之乡"的基因，他原本应是读书种子，故成长后军务倥偬中，仍能在徐老先生跟前评点孙文种种，头头是道。吴的话语是对是错，这里不拟讨论，我只是想说，吴佩孚是主张"援西入儒"，"返本开新"以接续儒家道统为己任的武人，他实际向孙中山指明几个孙未必注意到的问题，如三民主义与传统文化的关系；在帝制结束、末世中固有文化与国家前途；三民主义要否改为"四民主义"；国民革命与道德振兴，等等。兹事体大，不容忽视。1923 年 1 月 26 日，《孙文越飞宣言》发表，公开了孙中山联俄外交的启动与底线。2 月 21 日，孙中山返抵广州，开始筹建第三次的广州军政府。徐绍桢是在何处向孙中山报告洛阳之行结果的，史料阙如，从时间上看，应是在上海；而如实报告，这是历代使者的规矩，徐绍桢当不会例外，合作之议无成，但吴子玉的重话却不能认真思考，去作理论补救或完善。

在徐绍桢访问吴佩孚之前，孙中山的《建国方略》各册已经出版，《民权初步》（1917 年），《实业计划》（1921 年），《孙文学说》（1919 年），这是有关社会建设、实业建设和心理建设的方略，带理想性质，当时孙中山不遑启处，指责他未能及时

---

① ［日］冈野增次郎：《吴佩孚》（1939 年东京刊），第 439—444 页，李满康译载《新中国评论》第 36 卷第 4 期。转引自吴相湘：《孙逸仙先生传》（增订本）下册，台北远东图书公司 1984 年版，第 1529—1531 页。
② 钟正君：《祖籍梅县的吴佩孚将军》，台北《梅州文献汇编》1980 年第 11 集，第 112—118 页。

实行三民主义，有欠公允。尽管梁启超们不认可孙中山是一个理论家，但他对理论问题的重视是不可否认的，而且，何者属理论家，世人并无一定的标准，如果不持偏颇态度，实在不必怀疑孙中山是一个理论家的事实。在吴佩孚指揭孙的知识与言论不过是祖述泰西，并非中国之固有以后，孙中山在同年（1923年）发表的《中国革命史》回应说："余之谋中国革命，其所持主义，有因袭吾国固有之思想者，有规抚欧洲之思想事迹者，有吾所独见而创获者。"[1] 这种回应是实事求是的，他将因袭（与今人所说的传承、继承意义相近）固有传统文化放在孙文主义学说来源的首位，也非虚言。民国建立之后，他在许多言论场合都强调重视传统文化。1921年冬在广西桂林屯师北伐，他对军人讲演，解说智、仁、勇的意思和军人的实践。他一直宣传博爱、大同、天下为公的中国固有文化的精髓。凡此，均属孙中山因袭中国传统的体现。不过，相信当孙中山在听到有关张、吴议论孙文主义缺少一个"民德主义"以及它作为"实行义务之训练方法"时，必然会考虑有以应之，至于如何于应对，则不是简单几句话可以了结的问题。

（三）

晚清时期，许多革新派思想家就关注国人道德的沉沦，思有以救之。民国肇造，有关振兴道德的论述与机构勃兴，孙中山在民元即首倡心性文明与物质文明建设，但曲高和寡，几无应者，仅成为一份历史资料。迨1916年新文化运动席卷神州大地，"打倒孔家店"成为潮流，各种主义被引进，据说是近代一次思想大解放运动（实质是一次传统文化大破坏运动）。在这种情况下，谁还能去搞道德建设？不成想，在狂飙未全落尽之际，张胡与吴秀才两个大军头，居然念叨起"民德主义"，指出此乃孙文主义之所缺，真是国之另类，振聋发聩。

在孙中山身边，能文之士甚多，亲信如胡展堂、汪精卫、廖仲恺、戴季陶等人，都背着一支如椽大笔，要他们编撰一篇《民德主义》，实在是举手之劳。问题是，这样做妥当吗？借箸代筹，至少有两点，似为难以处理。其一，三民主义自1905年形成孙派国民党主义以来，虽民元变成"一民主义"（此时孙宣称民族、民权两主义已实现，仅民生主义尚未着手）；到了民三，中华革命党又搞"二民主义"（民权、民生主义），但到1919年10月中国国民党名义正式出台，重新以三民主义相标示，三民主义又成为以孙为总理的革命党标志性的主义，若要抛弃三民主义的

---

① 此文系为《申报五十周年纪念专刊》而作（1922年2月编印），见《孙中山全集》第7卷，中华书局1985年版，第60页。

旗帜，一声令下，改为四民主义，事极简单，但对其党徒、粉丝而言，是否认同，则很难说。国民党组织原来就十分涣散，若此一变，恐怕就更加混乱了。其二，三民变四民，主义的内容增加了，也确实完善了，不过，变起突兀，没有较长时间的宣传，冷丁冒出一个民德主义，好事者若穷源索本，查到这原来是张、吴的"主义"，这下子国民党就难免颜面全失了。所以，无论如何都不能去增加一个主义。那么，如何去弥补这个缺憾？有高度政治智慧的孙先生终于找到一个办法：寓大音于无声之中。

事情还得从《孙越宣言》说起。这个宣言成为俄国人在华找合作伙伴的抓手。孙也由此宣言发表为起点，加紧"联俄容共"，以及国民党改组。1923年10月初，苏俄代表鲍罗廷抵达广州，先任组织教练员，旋任顾问。在短短三个月时间里，草拟了国民党组织法、党章、党纲和"一大"宣言。这个"一大"宣言草案，大体上是由鲍罗廷、汪精卫拟订（瞿秋白任翻译），经共产国际批准，原议程在"一大"期间的1924年1月23日下午提交大会讨论、通过。但到了23日早上，孙中山找来鲍罗廷，告诉他，要撤销这个宣言草案，不能提出来。鲍顾问闻后为惊雷劈顶，宣言若不通过，绝对无法向莫斯科交代。于是他列举种种理由，终于说服了孙，不但提交大会讨论、通过，孙还在表决之后发表了一通讲话，表示支持。但是，他在大会《闭幕词》中留下口风："政纲和主义的性质，本来是不同的。主义是永远不能更改的，政纲是随时可以修正的。"① 事实情况如此，但似话中有话。

国民党"一大"从1924年1月20日开幕，30日闭幕。为悼念列宁逝世，25日至27日休会三天。孙中山从27日开始，每周一次，在广东大学礼堂演讲三民主义，先后共讲了十六次，尚未讲完，便北上了。他为何在"一大"尚未结束即亟亟于开讲三民主义呢？笔者认为，原因很简单：他不同意"宣言"的一些主要观点，需要及时重新解释三民主义（他要讲自己积年以来思考的三民主义）。

1月23日孙中山原本要撤销"一大"宣言案，但为顾全大局，即维持"联俄"外交与顺利进行"一大"以实现国民党改组，他只能暂时舍己以从人。但他绝对不同意俄方所定的中国"半殖民地"说，坚持自己的中国属次殖民地的主张，（从《民族主义》演讲开始，迄他去世，凡是有演讲的机会，他都讲中国是列强的次殖民地）。他也不赞成俄式的"民族自决"说。总之，"一大"宣言对中

---

① 孙中山：《中国国民党第一次全国代表大会闭幕词》《孙中山全集》第9卷，中华书局1986年版，第178页。

国国情的分析、社会定性，与夫对三民主义的解说，多与孙的本意相扞格。所以在《三民主义》十六讲中，他只字不提"一大"宣言，道理就在于此。另外，还有一个重要原因，就是要趁此重要时机，在重新解释三民主义时，将有关民德主义内容，融汇进三民主义中去，其切入点，便是民族主义演讲。附带多说几句。有一种成说，认为孙中山晚年有所谓伟大的转变，其中一个体现，是将旧三民主义发展为新三民主义。这实在是误解。三民主义从提出到孙晚年，不断被解释，以适应当世之需，并无新旧之分。"一大"宣言中讲的三民主义与十六讲中的三民主义，出在同一时段，内容大异其趣，请问，何者为新，何者为旧？站在旁观者立场，我认为可以说，这时有两个三民主义版本，国民党代表大会决议本与孙中山演讲本，孙去世后，他的演讲本成了史料和读本，也实施了部分内容（如五权宪法）。

至于讲到以民族主义演讲为切入点，将"民德主义"融汇于三民主义之中，我们可以从六次演讲的文本里找到答案。孙中山并非从演讲一开始便谈固有文化（传统）与道德问题。他首先讲三民主义是救国主义，主义是一种思想，一种信仰和一种力量。他认为民族主义是国族主义，在中国是适当的，在外国便不适当。他讲到中国历史上的强大与辉煌，"万国衣冠拜冕旒"，但是现在成了列强奴役的次殖民地，连朝鲜、安南、印度这些殖民地都不如。为什么从前的地位那么高，到了现在便一落千丈呢？他认为："就是由于我们失了民族的精神，所以国家便一天退步一天。我们今天要恢复民族的地位，便先要恢复民族的精神。"[1]他进而讲到："我们想要恢复民族的精神，要有两个条件：第一个条件是要我们知道现在处于极危险的地位；第二个条件是我们既然知道了处于很危险的地位，便要善用中国固有的团体，像家族团体和宗族团体，大家联合起来，成一个大国族团体。"不仅如此，他进一步说："要维持民族和国家的长久地位，还有道德问题，有了很好的道德，国家才能长治久安。""所以穷本极源，我们现在要恢复民族的地位，除了大家联合起来做成一个国族团体以外，就要把固有的旧道德先恢复起来。有了固有的道德，然后固有的民族地位才可以图恢复。"他顺便批评了新文化运动的健将们："一般醉心新文化的人，便排斥旧道德，以为有了新文化，便可以不要旧道德。不知道我们固有的东西，如果是好的，当然是要保存，不好的才可以放弃。"[2]

---

① 《三民主义·民族主义》《孙中山全集》第 9 卷，第 242 页。

② 《三民主义·民族主义》《孙中山全集》第 9 卷，第 242、243 页。

那么，哪些是我们固有而又好的，要保存的东西呢？孙中山指出忠孝、仁爱、信义、和平，也就是"八德"，并用自己的话语详加解释，指出它是外人所无的当世价值。同时，他指出："我们旧有的道德应该恢复之外，还有固有的智能也应该恢复起来。"它也就是人生对于国家的观念，中国古时很好的政治哲学：《大学》中所说的"格物、致知、诚意、正心、修身、齐家、治国、平天下"。对于这个外国思想家们闻所未闻的优秀的政治哲学，当然要恢复、传承。不过，并非至此为止，"恢复了我们固有的道德、知识和能力，在今日之世，仍未能进中国于世界一等的地位，如我们祖宗之当时为世界之独强的。恢复我一切国粹之后，还要去学欧美之所长，然后才可以和欧美并驾齐驱"。孙中山是具世界眼光的政治家，并世诸贤无能出其右者。他反对阶级斗争说，希望通过恢复旧道德、旧传统，振兴民族，臻国家于富强之域。他引《尚书·尧典》的话："克明俊德，以亲九族；九族既睦，平章百姓；百姓昭明，协和万邦。黎民以变时雍。"当他把有关民德主义的思想悄无声息地渗透到《民族主义》演讲之后，不无得色地在《民族主义》演讲的最后表示："我们要将来能够治国平天下，便先要恢复民族主义和民族地位。用固有的道德和平做基础，去统一世界，成一个大同之治，这便是我们四万万人的大责任。诸君都是四万万人的一份子，都应该担负这个责任，便是我们民族的真精神！"①

孙中山晚年重新解释三民主义，体现了他的真实思想，无疑使他的思想发展、提升到一个新高度。评论孙的三民主义思想，应以这十六讲为准的。平实地说，他从善而行，吸纳了张作霖、吴佩孚的意见，丰富了三民主义的内容。他深知"此刻中国正是新旧潮流相冲突的时候，一般国民都无所适从"，故在自己力所能及范围内抵制新文化运动全盘否定固有传统文化、将孔学视作糟粕、要将它扔到粪坑里去的丑恶行动，提倡恢复旧道德。这种诉求，未必能引起多少人注意，更遑论实行了；但是，他以垂死之年，为了国家、民族的振兴，确实竭力而为了。有道是：

尧天舜日谁见诸，
心性浇漓众眼枯。
自从道德堕末世，
人间义利一锅糊。

① 《三民主义·民族主义》《孙中山全集》第9卷，第252、239—240、253—254页。

70

救国何尝缺主义，

救心不作定沦胥。

宜将民德补三民，

真有高见出武夫。

（二〇一九年九月廿八日）

（作者单位：中山大学历史学系）

孙中山改造国民性与提升
国民人文素质的努力

周兴樑

儒家认为人是世间万物之灵，乃最可宝贵者。孙中山承传与弘扬了这一份思想遗产：他在创建特别是建设民国之过程中，逐渐认识到实现人的现代化——改变人并造就高素质的人，是一项社会政治与心理和国家基础革新的重大工程，并强调进行国民性改造，及提升广大国民人文素质水平二者，构成了解决此项时代根本性课题的主要工作内容。为完成民主革命任务和进而建设一个驾乎欧美之上的新民国，孙不仅就改造国民性与提升国民素质水平两大问题，提出了自己的政治主张——其中不乏真知灼见，而且还在革命与施政之中，努力把这些理论广泛地付诸践行。

（一）实现人的现代化是一项国家基础革新工程

孙中山是一个"站在正面指导时代潮流的伟大历史人物"，及"全心全意地为了改造中国而耗费了毕生的精力"①之民族英雄。然而遗憾的是，这位伟大爱国者的毕生奋战却壮志未酬。他在叙及此事时自述道，余首倡以共和革命来振兴中华——"革命之初心，本以救国救种为志，欲出斯民于水火之中，而登之衽席之上也"，而结果却"反令之陷水益深，蹈火益热，与革命初衷大相违背"②；其又多次指出：革命之目的是"欲使中国为世界最强之国，最富之国，又政治最良之国"，最终建设成为一个"人民最安乐之国家"③。然而，民国成立后之事实却是事与心违——"未睹建设事业之进行，而国事则日形纠纷，人民则日增痛苦"④。孙中山

---

① 毛泽东：《纪念孙中山先生》，《人民日报》1956 年 11 月 12 日。
② 《建国方略》，《孙中山选集》，人民出版社 1981 年版，第 116 页。
③ 《孙中山年谱》，中华书局 1980 年版，第 223、234 页。
④ 《建国方略》，《孙中山选集》，第 117 页。

于痛定思痛之后，在民初政治巨变而引起思想剧变所形成的国民性改造思潮的影响下，及于认真总结 30 年革命经验教训的过程中，对民强则国强之问题有了新的深刻认识。如他一方面谈到："满清之倾覆者，此心成之也；民国之建设者，此心败之也。"由此可知民心民力对于革命及建设事业，实起着决定性的作用。据此其认定："心之为用大矣哉！夫心也者，万事之本源也"；而"国家政治者，一人群心理之现象也。是以建国之基，当发端于心理"。他还联系现实强调说：民国"政治之隆污，系乎人心之振靡"① ——其"基础之巩固，就在主义之坚定与人心之固结"，而"维持共和之力，（也）本根于心"②，因为这"国家的基础，是建筑在人民思想之上"的③。既如此，那改变人心之事，就是一项更新国家基础的重要工程。

另方面，孙中山又面对现实国情，为广大民心民力没有得到充分地发挥利用，而令我中华民国"会此时运进化之时，人文发达之际"，而未能"改造一富强之国家"一事，深感惋惜与痛心。他还进而分析原因说："其故何也？人心溃散，民力不凝结也"④；此病状是由"中国的社会思想和社会生活还没有发达，人民知识没有普及"所造成的。以上这两方的认知，成为孙重视与力图解决中国人的现代化这一时代根本课题之思想动因。

孙中山在考察国事与民情的基础上，强调指出辛亥以来"国中多故，共和政治屡受暴力摧残；虽由于武人专横，亦因国中大多数之劳动界国民不知政治之关系，放弃主人之天职，以致甘受非法之压制凌侮而吞声忍气、莫可如何"所致⑤。有鉴于此，他主张并提出，我们在大力倡导进行物质建设——振兴实业之同时，还必须把努力改造国民性，及进而提升国民的素质水平这一国家之基础工程抓紧做好。在孙中山看来，此项伟大时代工程之任务，是要促使广大国民改变他们因长期受封建专制统治，及其文化惰性影响而形成的愚陋、懦弱、散惰等习性，以及摈弃奴性、守旧、自骄、自大、苟安、内耗、拒变等落后之思想与心理；而其目的则在于使国民的思想观念、道德情操、价值取向、知识能力、人格修养和行为规范等发生变革更新，以铸造新的国民精神与国民形象，最后令全体国民彻底脱去封建王朝臣民之烙印，而变成为共和民国的一代新国民，使我中华民族跻身于世界先进民族之林。他强调指出，这事"欲图根本救治，非使国民群怀觉悟不可"⑥；而令其"觉悟"

---

① 《建国方略》，《孙中山选集》，第 117、176 页。
② 《孙中山年谱》，第 198、274 页。
③ 《在广州对国民党员的演说》，《孙中山全集》第 8 卷，中华书局 1986 年版，第 572 页。
④ 《建国方略》，《孙中山选集》，第 383 页。
⑤ 《孙中山年谱》，第 241 页。
⑥ 《孙中山年谱》，第 246 页。

之关键要诀，就是尽快地改变"中国人民知识程度之不足……且加以数千年专制之毒，深中乎人心"之现实状况，尤要去掉广大国民"向来多有不识为主人、不敢为主人、不能为主人者"之旧思想，及其生活习性方面的诸多坏习惯，进而让这些作为"一国之主，为统治权之所出"的国民，由"幼稚而强壮，（使）民权发达，则纯粹之民国可指日而待也"①。于是，孙中山再次明示：这"改造人心，除去人民的旧思想，另外换成一种新思想"之工作，是"国家的基础革新工程"②，应当把它作为施政之重要大事来抓，并想方设法努力去做好它，以期全面养成与提升广大国民之文化、政治与道德等整体的人文素质水平——尽快实现人的现代化，并进而依靠此新国民来造就新政府与新制度，及建设好新民国。

应该说，改变人的心理和形象，是一场社会政治变革。这项培育塑铸新国民以促进人的现代化之国家基础更新工程，实包含了大力改造国民性与提升国民人文素质这两个相互联系、相辅相成的子建设工程；具体而言，这两者又各自有几个方面的重要内容与工作。孙中山对它们皆提出了自己的真知灼见以饷国人：他把当时的国民程度与民初政局结合起来考察，既剖析了国民劣根性之表现，及指明其破立之法，又提出并强调了重塑新国民的具体内涵，与达此目的之办法和途径。

（二）改造国民性必须在几破几立上狠下功夫

孙中山根据中国特殊国情所积淀而成的国民心理，认为改造国民性，是精神（心理）文明建设的基础性工作。基于此认识，他在所著的《建国方略》等书及平常之演说中指出，做好改造国民性的工作，必须在以下几个破与立上着力下功夫：

第一，孙中山要求广大国民，特别是党人与志士，应实行思维方式的变革更新：破除传统的"知易行难"说，而立其本人倡行的"知难行易"观——他将此深层的心理革命列为改造国民性之首要内容。

"知易行难"是中国古代的认识论命题。如《左传·昭公十年》曰："非知之实难，将在行之。"伪《古文尚书·说命中》也谓："非知之艰，行之惟艰。"③ 这两种讲法都认为，知道一件事并不难，实行起来可就难了。孙中山毫不留情地批驳了这错误的思维定式。他首先指出此谬说流毒久长广泛且危害巨大。如其曰："夫'知之非艰，行之惟艰'一语，传之数千年，习之遍全国四万万人心理中"，"此说

---

① 《建国方略》，《孙中山选集》，第171、173、384页。

② 《在广州对国民党员的演说》，《孙中山全集》第8卷，第572页。

③ 参见《辞海》，上海辞书出版社1980年版，第1734页。

深中于学者之心理，由学者而传于群众"……遂使暮气畏难之中国（人）……易者则避而远之，而难者又趋而近之。始则欲求知而后行，及其知之不可得也，则惟有……放去一切"；"夫中国近代之积弱不振、奄奄待毙者，实为'知之非艰，行之惟艰'一说之误也。"其进而强调说明"知易行难"说对于中国革命之危害性极大：它不仅"夺吾人之志，且足以迷亿兆人之心"；如"革命党（人）之心理……被'知之非艰，行之惟艰'之说所奴"，结果大多皆"于革命宗旨、革命方略……信仰不笃、奉行不力"，而导致革命受挫失败，建设事业停顿①。接着，孙中山再一针见血地指出：这"古人之所传、今人之所信"，"久已认为天经地义而不可移"的"'知之非艰，行之惟艰'之说"，"为似是而非"的伪命题也。他在猛"破"此错误思想之同时，又注重致力于"立"——为"出国人之思想于迷津"，先后以"饮食"、"用钱"、"作文"、"建屋"等十件事，来说明人类随着社会文明的发展，其思维方式经历了"不知而行"、"行而后知"、"知而后行"三个阶段，"以证明行之非艰，而知之惟艰……而破世人之迷惑"。其还为此强调说："予之所以不惮其烦，连篇累牍以求发明'行易知难'之理者，盖以此为救中国必由之道也"；"中国事向来不之振者……则误于以知为易、以行为难也。倘能证明知非易而行非难也，使中国人无所谓而乐于行，则中国之事大有可为矣。"最后，孙中山号召并勉励全体国民，应赶紧"破此心理之大敌"，而实现思维方式——心性的变革更新："国民！国民！当急起直追，万众一心，先奠国基于方寸之地，为去旧更新之始，以成良心上之建设也！"②

第二，孙中山劝导与号召广大国民紧跟时代潮流前进，切实去掉由封建专制所造成之奴隶性，转而确立民国主人翁的主体思想。他认为这是改造国民性不可或缺之重要内容。

中国是个有着数千年悠久历史文明的农业国，自秦始皇实现统一以来，又长期是个君主专制的封建大帝国。在孙中山看来，封建"君政时代"之"国家者，亦不过是君主一人一姓之私产，非我国民所有也。故人民无国家思想，且无国民资格"③。"中国四万万之人民，由远祖初生以来，素为专制君主之奴隶"，他们"久处于专制之下，奴性已深，牢不可破"，向来就不会也不敢作主人；我们今天即使"勉强拉他来做主人翁，他到底觉得不舒服"④。更有甚者，"全国大多数（人）的

---

① 《建国方略》，《孙中山选集》，第118、159—160、116—117页。

② 《建国方略》，《孙中山选集》，第116—118、159、177页。

③ 《在芜湖各界欢迎会的演说》，《孙中山全集》第2卷，中华书局1982年版，第537页。

④ 《在上海中国国民党本部会议的演说》，《孙中山全集》第5卷，中华书局1985年版，第401页。

普通心理是：'国乱民穷，真命天子何时出现呢？'"① 这种情形表明："现在人民有一种专制积威造下来的奴隶性，实在不容易改变。"②

面对上述国史民情，孙中山一方面多次强调说：近代中国由清廷的封建君主专制，而一跃变成了共和民国，这是"中国从古没有的大变动"；我们的社会文明特别是国民之思想，也应随时代发展而进步——应明白"现在民国时代，大家都是主人翁"。他又进而指出："从前帝国时代，四万万人都是奴隶……我们革命党用革命主义把专制皇帝推翻，才把人民由奴隶的地位超度到主人翁的地位。"广大国民要珍惜这来之不易的革命成果，千万不可"有希望……把民国再变成帝国的心理"，而是应赶紧尽职"居于主人翁的地位"。因为"现在民国……是人民公有的国家"，"是人民大家作主的"；而"大总统"及"文武百官"，"实在是全国人民的公仆"③。同时，孙中山为帮助广大国民当好民国主人翁，了解革命党的三民主义，在推行《革命方略》之施政的过程中，还特别设置了"训政"时期。他在论及此问题时说："须知共和国，皇帝就是人民，以五千年 来被压作奴隶的人民，一旦抬他作起皇帝，定然是不会作的，所以我们革命党人应该……如伊尹训太甲样"，"现在没有别法，只好用些强迫的手段，迫着他来做主人，教他练习练习。这就是我用'训政'的意思"④。其又强调指出："而今皆当为民国主人"的广大国民，"实等于初生之婴儿耳，革命党者即产此婴儿之母也……训政时期者，为保养、教育此主人成年而后还之政也"；夫以中国数千年专制、退化而被征服亡国之民族，一旦革命光复，而欲成立一共和宪治之国家，舍训政一道，断无由速达也。"⑤ 孙中山还告诫与期望广大国民需认知并做到："吾等现由奴隶地位，一跃而居主人地位，实为莫大之幸福"。大家"既处于主人翁之地位，则当把从前之奴隶性质，尽数抛却"，"就应该以主人自居"；"惟既为主人翁，即应尽其应负之责任。方今民国初建，万端待理……则凡百艰难事务，吾人都负其全责"，"万不能再视国家事为分外事。能如是，则中国前途，自有莫大之希望。"⑥

第三，孙中山认识到，教育与促使广大国民改变素自尊大的封闭心态及崇洋之自卑心理，这两大弊病，让他们转而树立新的开放观念与自强意识，也是改造国民

① 《在桂林军政学七十六团体欢迎会的演说》，《孙中山全集》第6卷，中华书局1985年版，第2页。
② 《在上海中国国民党本部会议的演说》，《孙中山全集》第5卷，第401页。
③ 《在桂林军政学七十六团体欢迎会的演说》，《孙中山全集》第6卷，第1—2页。
④ 《在上海中国国民党本部会议的演说》，《孙中山全集》第5卷，第401页。
⑤ 《建国方略》，《孙中山选集》，第172—173页。
⑥ 《在芜湖各界欢迎会的演说》，《孙中山全集》第2卷，第537—538页。

性之重要内容。

孙中山先批判了国民的封闭意识和守旧拒变心态。他指出中国几千年的封建小农社会及其传统文化，再加上明清两朝廷之锁国政策，造成了我国民以崇古、守旧、短视与排外为文化特征的、根深蒂固之惰性心理——人们依恋旧的思想与制度，不愿或难以接受新思想和新事物。他在论及此国民劣根性时指出："吾国向来闭塞门户，不与外人往来。暨后中外通商，愚民又常行排外主义……惟守旧不变"①；中国人在义和运动前"守旧的时候总是反对外国，极端信仰中国要比外国好"，不信"欧美的文化是比中国进步，并且想表示中国的文化还要好过欧美"，甚至还"始终不相信外国的新式武器"；以致义和团民在反抗八国联军入侵时，"总是用大刀、肉体和联军相搏……被联军打死了几万人"，结果自己吃了大亏。② 其又谓：进入民国之后，很多国民仍有抱残守旧之劣（习）性，"以为现在共和政体，不及从前专制政体之善"③，他们"不但不知道共和的好处，反有希望真命天子出现，或者满清复辟"的心理④。孙中山还强调说：正是这些孤立自大和守旧封闭的心理惯性，阻碍了近代中国社会无法顺应世界潮流前进，成为它不能从传统农业国而迈入现代工业国的思想原因。

为了让广大国民摈弃上述的素自尊大、目无他国及守旧拒变等错误思想与心态，他劝勉与告诫国人曰：我们"必须使我们的国家对欧洲文明采取开放态度"⑤，要赶快破除自身"向（来）未知国际互助之益，故不能取人之长，以补己之短"的错误心理⑥，应转而迎接"现在各国通商"之世界潮流，"行开放门户政策，以振兴工商业"⑦。同时，他又提出，我们还应"取法西人的文明而用之"："要择地球上最文明的政治法律来救我们中国，（以）最优等的人格来待我们四万万同胞"，以使他们能在心理（精神）文明上来一番"易旧为新"。孙中山认定中国若能如此，定可"由过代之文明变而为近世的文明"⑧，而在不断开放改革的进程中走向振兴和富强。

孙中山强调中国人应摈弃另一错误心态——崇洋自卑。他又认为庚子义和团之役，是国民用"最后的自信思想和最后的自信能力去同欧美的新文化相抵抗"。自

---

① 《在上海寰球中国学生会武昌起义纪念会的演说》，《孙中山全集》第 2 卷，第 494 页。
② 《三民主义·民权主义》，《孙中山全集》第 9 卷，中华书局 1986 年版，第 315—316 页。
③ 《在神户华侨欢迎会的演说》，《孙中山全集》第 3 卷，中华书局 1984 年版，第 47 页。
④ 《在桂林军政学七十六团体欢迎会的演说》，《孙中山全集》第 6 卷，第 1 页。
⑤ 《与〈伦敦被难记〉俄译者等的谈话》，《孙中山全集》第 1 卷，中华书局 1981 年版，第 86 页。
⑥ 《建国方略》，《孙中山全集》第 6 卷，第 224 页。
⑦ 转引自黄明同：《孙中山建设哲学》，社会科学文献出版社 2006 年版，第 43 页。
⑧ 《在东京中国留学生欢迎大会的演说》，《孙中山全集》第 1 卷，第 281、278 页。

此役失败后，"中国人……便明白欧美的新文明的确是比中国的旧文明好得多"；于是国民之心理又走向了另一个极端："反过来极端的崇拜外国，信仰外国是比中国好……把中国的旧东西都不要，事事都是仿效外国"，结果使"自信力完全失去，崇拜外国的心理便一天高过一天"：人们普遍认为，凡"物质科学"与"政治社会上的事"——总之"无论什么"事，一定要步欧美的后尘，要仿效欧美的办法，甚至在选择存款与购物地时，只要看到门口有"洋招牌，便吃了定心丸"①。孙中山严厉批判了国民这种只信用、崇拜外国，不相信自己的民族虚无主义和自卑心理。他一方面指出："仆观察社会之心理"——国民见欧美各国"种种较吾国为强，乃生悲观之念"；"惟此人心中之悲观，最为危险。若人心中之悲观不去，则即无外患等等之危险，而民国亦必不免于灭亡"。有鉴于此，其大声疾呼，要求国民"诸君先祛此足以致亡之悲观"思想，认为只有"全国人……将悲观之心理打除……造成一进取之乐观，唤起国民勇猛真诚之志气"，全国才能"焕发一种新气象"，而"于民国前途，实有莫大之利！"②与此同时孙中山又特别强调：我们中国人应树立起民族自信自强的理念，尤其是要自觉地坚定文化自信。因为"中国的文明已有数千年，西人不过数百年"③，"欧美近来的文化才比中国进步"——且其"驾乎我们中国之上的……完全是物质文明"，至于"讲到政治哲学的真谛，欧洲人还要求之于中国"④。因此，他告诫广大国民说：我们不可"妄自菲薄"，"不可以轻视自己"！大家要知道："中国几千年以来都是独立国家，从前政治的发达"，"向来没有假借过外国材料"，一直"在世界之中，文化上是先进的国家"。由此便可知，我们现在"要中国驾乎欧美之上，改造成世界上最新、最进步的国家……实在是有这种资格"⑤；我们一定要坚信：中华民族完全有能力跻身于世界先进民族行列，且驾乎其上！

还有，孙中山又把儒家的"修身"一项，延伸为改造国民性的内容，将之新解析为要讲究个人卫生和举止文明，以期塑造国民良好的外表形象。如他说："像吐痰、放屁、留长指甲、不洗牙齿，都是修身上寻常的功夫，中国人都不检点"，而习以为常；外国人见到此等陋行"便以为很野蛮"。其又谓：中国之所以退步、落后，固然是"因为受外国政治经济的压迫"，但"推究根本原因，还是由于中国人

---

① 《三民主义·民权主义》，《三民主义·民族主义》，《孙中山全集》第9卷，第316—317、342、205页。

② 《在上海报界公会欢迎会的演说》，《孙中山全集》第2卷，第495—496页。

③ 《在东京中国留学生欢迎大会的演说》，《孙中山全集》第1卷，第278页。

④ 《三民主义》，《孙中山选集》，第790、666—667页。

⑤ 《三民主义·民权主义》，《孙中山全集》第9卷，第344—345页。

不修身"——孙此语虽不全对，但也可见其良苦用心：他们本意是希望"国人"对上述"鄙陋行为"，能"切当戒之"，"把修身的功夫做得很有条理"，成为一个"诚中形外，虽至举动之微亦能注意"的文明人士。若能如此，则我国民在外是一定会受到"外国人……尊重的"；而对内"便可来讲齐家、治国"，以恢复"我们民族的精神"与"地位"①。

此外，孙中山还将革除缠足、蓄奴、养婢、嫖娼、聚赌、抽鸦片、酗酒闹事、迷信风水等社会陋习，在国民广泛移风易俗的基础上，进而建树民国社会一代新风尚，也列为进行国民性改造的内容，并对其中危害大者，亲下大总统或大元帅令严禁之，力图采用行政手段来为国民改掉恶习劣行，营造出良好的社会环境及气氛。

纵观前文可知，孙中山认定并强调，改造国民性是实现人的现代化之重要基础工作，它肩负着改革广大国民不适应时代要求和国家发展之落后与守旧诸心理习俗，及进而重塑国民内在精神（心理）与外表举止（形象）的双重任务。因此，他寄望并诫勉大家，应赶紧行动起来，共同努力去做好这项改造人的工作，以将全体国民塑造成为心理健康向上、奋发有为的民国主人翁，以利更好地完成民主革命与民国建设之任务。

（三）提升国民素质之核心是要培育增强爱国精神

孙中山认为，实现人的现代化还有一项重要工作，是应不断培育与全面提升广大国民之人文素质水平。与主张改造国民性一样，他在这个问题上也提出过不少真知灼见。如其中之一是，孙认为提升广大国民人文素质的根本核心问题，就是要培养和增强人民的爱国心（思想）。他在这方面既做出了表率，又一直号召和要求国民也能身体力行之。

孙中山曾明确地指出："做人的最大事件是什么呢？就是要知道怎么样爱国，怎么样可以管国事。"② 他对此事毕生身体力行——始终沿着共和革命之救国道路前进，而成为一位赤诚的伟大爱国者，并为我们留下了不少饱含爱国深情的格言。如"仆为中国一爱国者"③；"中国土地人口，世界莫及。我们生在中国，实为幸福"④；"文爱国若命"⑤；"救国文之本怀"，"救国之心未尝少懈"；"共和国体若危，

---

① 《三民主义·民族主义》，《孙中山全集》第9卷，第249—250页。

② 《在广东第一女子师范学校校庆纪念会的演说》，《孙中山全集》第10卷，中华书局1986年版，19页。

③ 《致英国首相劳合·乔治电》，《孙中山全集》第4卷，中华书局1985年版，第20页。

④ 《在东京中国留学生欢迎大会的演说》，《孙中山全集》第1卷，第279页。

⑤ 《和平统一宣言》，《孙中山全集》第7卷，中华书局1985年版，第51页。

文视之为唯一生命，必尽其所能以拥护之"①等。孙先生将自己的一生全奉献给了革命救国事业。诚如其临终前所签的遗嘱中所言："余致力国民革命凡四十年，其目的在求中国之自由平等"；他此刻深知"现在革命尚未成功"，故于弥留之际犹口呼"和平"、"奋斗"、"救中国"及"同志奋斗"等数语②。孙一生的爱国言行，为近现代和当代中国所有的志士仁人建树了光辉榜样与千古垂范！

19 世纪末至 20 世纪初，孙中山面对国事危殆之现状心急如焚，在革命进程中大声疾呼地勉励全体国民应树立坚强的爱国心。早在兴中会时期，他就界定近代中国的"爱国"二字，是与革命救亡、振兴中华联系在一起的。其曾痛斥当时保皇党之所谓"爱国"，是"保异种而奴中华，非爱国也，实害国也"；并进而明确指出，革命者和广大民众"所爱之国应为中华国"③。此后，孙中山一方面以近邻日本国"初本弱小"，但由于其国民有强烈的爱国心，故而能"一跃而与列强并峙"为例，来说明"故爱国心重者，其国必强，反是则弱"的道理④。另方面，他又多次勉励广大国民说："今民国成立，国民须人人有爱国心……各就其业，改良提倡，尽应尽之义务"；"全世界文明进化，尚在竞争时代"，所有军政界人士"处此竞争剧烈之际，人人须以爱国保种为前提。"⑤ 其又提出国家应仿效同盟会员"共立信誓"——以"宣誓之仪文"成一"心理结合"的办法，令所有"文武官吏军士人民，当一律宣誓，表示归顺民国，而尽其忠勤"；此办法需"普及于全县之成年男女"，"必从宣誓以发其正心诚意之端"，以表明自身已"由清朝臣民而归顺民国"，而后才能增强每个人的爱国与治国之心，及明白如"有违背民国之行为"，则应负法律责任⑥。

孙中山在论及如何增强国民之爱国心，以凝聚中华民族全体的力量，来挽救祖国于危亡和建设新民国时，特别强调了以下几点：一是他提出大家要立志救国，并"用民族精神来救国"。为此，孙强调说：爱国就要励行革命。因今日之中国"非革命无以救垂亡"与"图光复"，故广大国民应效法"汤武革命"顺天应人的救国举动，"速立志以实行革命，则中国可救。"⑦ 他又指出："民族主义就是国族主义……中国只有家族主义和宗族主义，没有国族主义。（故）外国旁观的人说中国

---

① 《孙中山年谱》，第 247、230、225 页。

② 陈锡祺主编：《孙中山年谱长编》下册，中华书局 1991 年版，第 2131、2133 页。

③ 《驳保皇报书》，《孙中山全集》第 1 卷，第 233 页。

④ 《在桂林对滇赣粤军的演说》，《孙中山全集》第 6 卷，第 23 页。

⑤ 《孙中山年谱》，第 144、154—155 页。

⑥ 《建国方略》，《孙中山全集》第 6 卷，第 212—215 页。

⑦ 《孙中山年谱》，第 106 页。

是一片散沙。"我们要急救此弊病，就应大力"留心提倡民族主义，结合四万万人成一个坚固的民族"，进而"用宗族的小基础，来做扩充国族的工夫……便可以成一个极大中华民国的国族团体。有了国族团体，还怕什么外患，还怕不能兴邦吗！""所以救中国危亡的根本办法，在自己先有团体，用三四百个宗族的团体来顾国家，便有办法。"① 二是孙强调"要以革命党为根本"来救国，即党人应爱国方面为国民之榜样。为此，他提出"办党比无论何事都要重要"②，并认为国民党人乃国民中之先知先觉者。因而其号召并诚勉"数十万党员"："应在从事革命与建设民国的斗争中充当表率"，大家"须知救国即自救，责无旁贷"，各宜"（将）抛却头颅，倾家救国，视为无上之职志……（且）必要从事实上实行……奋力猛进，毋让美于人"③。同时，他还希望广大党员要牢记："古人说：……'天下兴亡，匹夫有责'。国家之内，一物不得其所，便是我们的责任"；这责任之一便是宣传与组织群众——"必要应用群力，请全国人都同心协力去做，那才容易成功。"④ 三是孙认为国民爱国就应参与国事、担负起建国之义务和责任。如他说："此后之中华民国，置于国民全体之怀抱；建设中华民国之责任，荷于国民全体之仔肩"⑤；"现在共和国是大家的国家，大家都是股东"，"凡我同胞……对于国家一切事件，亦有主权矣"，"所以就应该竭力的支持。"其又谓："大家出力帮助民国，那就是民国前途的幸福"，故应"各具一种爱国心，将国家一切事件，群策群力、尽心办理"，"民国要做的事情，是很多很多，只要大家同心协力做下去，就可以做地球上第一等强国。"⑥ 四是孙特别提到身负"救亡"与"卫国卫民"重任的广大军警，更应该具备爱国的"高尚思想与强毅能力"，并要将之化为"救国救民之责任"，而落实在"造成安乐新世界"的奋战中。如他说："军警为立国之基本……所恃以保护我国民者，即军警界同胞是也"，故"军人当存一与国存亡之心"；"我军警界同胞，果能以国家为前提，努力前途，对于外尽捍御之劳，对于内尽维持之力，则我中华民国自此日进富强，可称雄于东亚也。"⑦ 其又谓："革命军人"以杀人为救人"，"赖冒险之精神，有奋斗之决心，始有可为"；"诸君……须知军人之为国家效死……我死

---

① 《三民主义》，《孙中山选集》，第 617、621、676—678 页。

② 《孙中山年谱》，第 256 页。

③ 陈锡祺主编：《孙中山年谱长编》下册，第 1705、1703 页。

④ 《宣传造成群力》，《孙中山选集》，第 564、568 页。

⑤ 《致徐世昌电》，《孙中山全集》第 5 卷，第 535 页。

⑥ 《在江阴各界欢迎会的演说》，《在芜湖各界欢迎会的演说》，《孙中山全集》第 2 卷，第 525—526、537 页。

⑦ 《在北京藏蒙统一政治改良会欢迎会的演说》，《在山西军届欢迎会的演说》，《孙中山全集》第 2 卷，第 428—429、475 页。

则国生，我生则国死"，"以吾人数十年必死之生命，立国家亿万年不死之根基，其价值之重可知"；为国"成仁"者，"则为死重于泰山，其价值乃无量之价值，其光荣乃无上之光荣，惟诸君图之！"①

（四）是提升国民素质之关键在于养成其高尚道德与人格

孙中山认为，促使国民人人皆养成良好道德与高尚人格，这是提高全体国民人文素质之关键所在。为达此目的，他不断号召和勉励广大国民应朝这一人生目标尽力做去。

孙先生对道德之社会功能和作用，给予了极高评价。如其谓："大凡一个国家所以能够强盛的原故，起初的时候都是由于武力发展，继之以种种文化的发扬，便能成功。但是要维持民族和国家的长久地位，还有道德问题，有了很好的道德，国家才能长治久安。"② 他又曰："我们要造成一个好国家，便先要人人有好人格"，为此即应"正本清源，自根本上做工夫，（这）便是在改良人格来救国。"③ 其甚至还说："有道德始有国家，有道德始有世界"④ ——把它的功用提到了前所未有之高度。孙中山如此重视道德建设，是因为在他看来，道德不仅是调整人与人，乃至与社会群体间关系的行为规范，而且还是维护社会正常秩序、建设社会文明乃至大同世界之精神支柱。孙还进而联系到民国的社会现实指出："今日得一种高尚完全之政体，政体既改良，人民道德亦必随之改良，方可表示共和政体之真象。"⑤ 他对醉心新文化者"排斥旧道德"和"不要旧道德"的言行，严肃地提出了批评⑥，认为我们应从坚守民族固有之好道德，及跟上世界进步潮流而树立的新道德两个方面着手，相济为用地来养成全体国民之好道德与好人格，以期不断地提高整个社会的道德水平，使国家之政治臻于强盛。

首先，孙中山指出："以前中国民族的道德，因为比外国民族的道德高尚得多……所以穷本极源，我们现在要恢复民族的地位……就要把固有的旧道德先恢复起来。"到底要恢复哪些"固有的旧道德"呢？对此，他认定"就是恢复数千年历史上之文明"⑦，并进而强调说："中国人至今不能忘记的，首是忠孝，次是仁爱，

---

① 《在桂林对滇赣粤军的演说》，《孙中山全集》第 6 卷，第 19、40、29、34—35、39 页。
② 《三民主义》，《孙中山选集》，第 679 页。
③ 《在广州全国青年联合会的演说》，《孙中山全集》第 8 卷，第 319 页。
④ 《在东京中国留学生欢迎会的演说》，《孙中山全集》第 3 卷，第 25 页。
⑤ 《在东京中国留学生欢迎会的演说》，《孙中山全集》第 3 卷，第 25 页。
⑥ 《三民主义·民族主义》，《孙中山全集》第 9 卷，第 243 页。
⑦ 《在东京中国留学生欢迎会的演说》，《孙中山全集》第 3 卷，第 25 页。

其次是信义，（再）其次是和平"——"这种特别的好道德，便是我们民族的精神。我们以后对于这种精神不但是要保存，并且要发扬光大"；还有我国古代军人常讲的"智、仁、勇"三者，也要坚守和发扬。其又补充道：除了"我们旧有的道德应该恢复以外，还有固有的智能也应该恢复起来。"孙在此所说的"智"者，"就是《大学》中所说的'格物、致知、诚意、正心、修身、齐家、治国、平天下'那一段的话。……这就是我们政治哲学的知识中独有的宝贝，是应该要保存的"；而所谓"能"者，是指我们民族"固有的"创造力，即要将古代人民发明指南针、造纸、印刷术、火药，及制作茶叶、瓷器和丝织品等"固有的能力，一齐都恢复起来。"①

孙中山在提倡恢复中华民族"固有旧道德"的同时，还对其中某些内容，作了革命性的改造——给予全新之诠释。如他指出：现今"一般人民的思想……以为从前讲忠字是对于君的，所谓忠君；现在民国没有君主，忠字便可以不用……这种理论，实在是误解。"其又进而强调说：因为现在不讲"忠字"，故连累到"民国什么道德都破坏了"；由此看来，我们对"忠字的好道德还是要保存"，即"在民国之内……还是要尽忠，不忠于君，要忠于国，要忠于民，要为四万万人去效忠"。②为此，他特别提出在广大国民进行"正心诚意，当众宣誓"的誓词内，就应有"从此去旧更新，自立为国民；尽忠竭力，拥护中华民国"等忠于国家的内容③。此外，孙中山还强调要"忠于事"——"我们做一件事，总要始终不渝，做到成功……这便是忠"。而他在论及应恢复"祖宗"政治哲学中之"内治"与"外修"等"道德功夫"时，还同时强调说："今天讲到修身，诸位新青年便应该学外国人的新文化"，特别是其一贯之价值观——自由、平等、博爱，也即我们在"恢复我一切国粹之后，还要去学欧美之所长，然后才可以和欧美并驾齐驱"④。

其次，孙中山勉励与号召革命党人，以及学界和军队等广大国民，应追上世界人类道德进步之新潮流，人人都应"树立高尚志愿"，及具备"求大家之利益，办大家之事业"⑤的新道德。他指出："现在文明进化的人类，觉悟起来，发生一种新道德。这种新道德就是有聪明能力的人，应该要替众人来服务。这种替众人来服务的新道德，就是世界上道德的新潮流。"为此，孙先生一再叮嘱党员诸君：大家

① 《三民主义》，《孙中山选集》，第 680、684、687—688 页。
② 《三民主义》，《孙中山选集》第 681 页。
③ 《建国方略》，《孙中山全集》第 6 卷，第 215 页。
④ 《三民主义》，《孙中山选集》，第 681、685、687—689 页。
⑤ 《孙中山年谱》，第 159 页。

要注重党德建设，因为一个"政党之发展……全视乎党人智能道德之高下"①。为此，他提出党员应从下面两方面来修炼党德：一是要重视人格修养。孙中山要求广大党员：应"恢复以前为党奋斗之精神"，做到"人格高尚，行为正大。不可居心发财，想做大官；要立志牺牲，想做大事"②，且"当以党事为己事，以国事为己事"③；如此，全国人才会都佩服与信仰我党；二是党员要笃信三民主义，并注重大力宣传它以赢得民心。孙中山指出，这三民主义既是"的确是适合中国国情，顺应世界潮流，建设新国家一个最完全的主义"，又是"无形中改造人民思想"之利器，故大家应充分信仰奉行之，并进而"负起责任来，到各处去宣传"它，"用这个主义去统一全国人民的心理"，使世人"都来倾向本党"。惟如此，本党才能"得全国的人心"——而"人心就是立国的大根本"，"然后本党才可望蒸蒸日上"，领导中国"革命大告成功"④。孙中山还教导所有公职人员应明白：民国"国中之百官，上而总统，下而巡差，皆人民之公仆也"⑤；民国是行民权的共和国，"这种民权主义，是以人民为主人的，以官吏为奴仆的"。他要求诸"公仆"在为国民们服役办事时，"居心要诚恳，服务要勤劳，要真是为农民谋幸福"⑥。他又勉诫学界诸君：一定要学习革命先烈"为人类来服务的那种道德观念……发奋读书，研究为人类服务的各种学问。有了学问之后，便要立志为国家服务，为社会服务"⑦。他更勉励"西南政府旗下的"众将士：军人应具备并弘扬"智、仁、勇"三达德，要明白一切奋斗皆应以"利国利民为是"——因今日"为人民革命"，其旨在"再造一庄严华丽之新民国"⑧，故切望诸君从此能把"升官发财、自私自利的思想化除……完全变为革命党员，一致为三民主义（去）牺牲"⑨。

（五）振兴教育是提升国民素质的主要内容与途径

孙中山承传儒家对民"教化有道"的主张，把大办和普及教育，既列为养成与

---

① 《在上海国民党恳亲会的演说》，《孙中山全集》第 3 卷，第 2 页。
② 孙中山：《在广州中国国民党恳亲大会的演说》，《在上海中国国民党本部的演说》，《孙中山选集》，第 526—527 页。
③ 《孙中山年谱》，第 158 页。
④ 《在广州中国国民党恳亲大会的演说》，《孙中山全集》第 8 卷，第 284—286 页。
⑤ 《建国方略》，《孙中山全集》第 6 卷，第 211 页。
⑥ 《在广州农民联欢会的演说》，《在广州农民运动讲习所第一届毕业礼的演说》，《孙中山全集》第 10 卷，第 461、558 页。
⑦ 《在岭南大学黄花岗纪念会的演说》，《孙中山全集》第 10 卷，第 156—157 页。
⑧ 《孙中山年谱》，第 285 页。
⑨ 《党义战胜与党员奋斗》，《孙中山选集》，第 550 页。

提升国民整体人文素质的重要内容，又将它视为达到此目的之主要途径，而大力倡行之。

他关于教育乃立国之本的思想内涵颇为丰富——其主要内容偏重于从"兴学育才"以建设好国家方面立论，但也不乏养成国民文化知识和提升其素质水平的主张。首先，孙始终强调了大办教育、广设各类学校之必要。如其认为就国家以"教化致强"而论，则"远观历代，横览九州……教之有道，则人才济济，风俗不丕，而国以强；否则反此"①。就个人成长来说，他认为"人不能生而知之，必待学而后知，人不能皆好学，必待教而后学"——"有学校以陶冶之，则智者进焉，愚者止焉，偏才者专焉，全才者普焉。"由此孙得出结论：无论是从国家考量，还是为人民着想，当政者都应法"三代之遗风，（令）庠序学校遍布国中，人无贵贱皆奋于学。"②他还结合现实强调了大办教育之必要，并指出学校对养成与提升广大国民人文素质，有三方面的重要作用：一是大办学校可快速扫除文盲，提高国民之识字能力与文化水平。孙在论及此时谓："夫中国人民知识程度之不足，固无可隐讳者也"③——"吾国虽自号文物之邦，（然）男子教育，不及十分之六，女子教育，不及十分之三，其中有志无力者，颇不乏人"④；又曰"今天下之失教也久矣"，致国民之"不识丁者十之七八，妇女识字者百中无一"。我们要快速改变这国民文化水平低下之现状，就"必也多设学校，使天下无不学之人，无不学之地。则……妇孺亦皆晓诗书。"⑤二是多办与普及学校，能极大地提高国民的知识水平与增进其智能。孙认为每个人的知识程度与文化水平，都是通过后天之"所学，由浅而深、自简及繁"，慢慢地"日积月累"而得来的⑥。他又指出现在人民是国家之主人翁，诸君"要晓得做主人"者，不仅要"有主人的资格……量度"，而且还应"有主人的学问"⑦，并进而强调说：欲"将民国造成一极乐之世界，非国民有充足之知识不为功"⑧；而大办教育正是做了这促进与提高广大国民文化知识与技能的工作——它既有利人民自身人文素质之普遍提升，同时又可为振兴建设好国家"奠定"了好智识与能力方面基础。三是学校教育及革命宣传，还可以提高国民的政治

① 《致郑藻如书》，《孙中山全集》第 1 卷，第 2 页。
② 《上李鸿章书》，《孙中山全集》第 1 卷，第 8—9 页。
③ 《建国方略》，《孙中山全集》第 6 卷，第 209 页。
④ 《在杭州五十一团体欢迎会的演说》，《孙中山全集》第 2 卷，第 552 页。
⑤ 《致郑藻如书》，《孙中山全集》第 1 卷，第 2 页。
⑥ 《上李鸿章书》，《孙中山全集》第 1 卷，第 9 页。
⑦ 《在江阴各界欢迎会的演说》，《孙中山全集》第 2 卷，第 525 页。
⑧ 《在广西阳朔人民欢迎会的演说》，《孙中山全集》第 5 卷，第 637 页。

素质水平，及传播与培养社会精神文明。孙在论及此时指出：过去"二百六十余年……受异族专制之毒"之广大国民，"今日欲回复其人格，第一件（事）须从教育始"。如广大青少年通过"德育、智育、体育之陶冶"，就可"成为完全人格之人"，而学校造就出来的"万千完全人格之青年"，将"有兴趣来管理国家"①；广大国民们通过接受教育和三民主义宣传之后，就会知道"凡为中华民国之人民，均有平等自由之权"，又"教育既兴，然后男女可望平权"②，这正是我们民族振兴与社会文明发展所必需的。他又特别强调：我同胞"皆得为共和国之主人翁，即皆能取得国家参政权"——即"民国政治国民均负责任"；故现在民国的"当务之急为'建设新政治'"，学校教育应做到德、智、体三育并重，而"教育家（则）须记提倡政治，实行改良政治，使四万万国民同心协力改良政治"③。只有这样，我民国才可达到"民为国主，主安即国治"的目标，并进而"造成……为世界第一庄严灿烂之真共和（国）"④。

孙中山将兴教思想付诸实践，毕生为普及教育和提高国民之人文素质水平，进行了不懈努力。如他在中华民国南京临时政府大总统任内批示曰："查民国新造，凡有教育，应予提倡，乃足以启文明而速进化"⑤；并提出了"教育主义，贵在普及"⑥，"教育平等，凡为社会之人，无论贫贱，皆可入公共学校"⑦，以便"让人人都能读书"，"都可以得到教育"等主张⑧。孙在谈到振兴教育之具体举措时，又提出应大力"兴办中小学校"，"提倡女子教育为最要之事"；而"然欲四万万人皆得受教育，必倚重师范，此师范学校所宜急办也"，如此才能"隐植将来教育之根本"⑨。他为尽快恢复和发展教育事业，于批准教育部颁行《普通教育暂行办法》等法规之同时，又亲自发出了多项规复教育秩序：保护学校与奖励游（留）学的令示。孙中山在解除临时大总统职后至三度在广州建政期间，仍把提高国民的文化与知识水平，及其政治和智能素质事，视为自己行政的之急务，而一直"注重教育"事业的发达。他此间强调说："因为民国的人民，人人都是主人翁，人人都要替国家做事的，所以建设一个新地方，首在办教育。要办普及的教育，令普通人民都可

---

① 《勉中国基督教青年》，《孙中山全集》第11卷，中华书局1986年版，第537页。
② 《在广东女子师范第二校的演说》，《孙中山全集》，第2卷，第358页。
③ 《孙中山年谱》，第150、287页。
④ 《在广西阳朔人民欢迎会的演说》，《孙中山全集》第5卷，第636—637页。
⑤ 参见王耿雄：《孙中山史事详录》，天津人民出版社1986年版，第195页。
⑥ 《在广东女子师范第二校的演说》，《孙中山全集》第2卷，第358页。
⑦ 《在上海中国社会党的演说》，《孙中山全集》第2卷，第523页。
⑧ 《在桂林学届欢迎会的演说》，《孙中山全集》第6卷，第74—75页。
⑨ 《在广东女子师范第二校的演说》，《孙中山全集》第2卷，第358页。

以得到教育，然后人人知道替国家做事。"① 其对教育事业的发达寄予厚望，并充满着信心——曾设想"先使每乡皆有蒙学校，由蒙学校而至高等，由高等学校而至大学堂。"② 孙还从"学校者，文明进化之泉源也"出发，特别要求各地在实行地方自治时，"于衣、食、住、行四种人生需要之外，首当注重于学校也"，并提出了具体要求：所设"学校之等级，由幼稚园而小学而中学，当陆续按级而登，以至大学而后已；（除）教育青少年外，当设立公共讲堂、书库、夜学，为年长者养育智识之所"。他在论及教育之内容时强调了两个方面：其一是提出所有这些普通与社会学校，皆应"于读书、识字、学问、智识之外，当注重于双手万能，力求实用"③。其二是他基于"国家治乱一系于法"，"共和政治，以法律为纲"④，及"现代新国家乃重在法（治）"之理念⑤，要求学校应强化法制宣传教育——教人们尊法守法，以使国民人人树立法制观念，切实做个遵法守纪的人。的确，国民法纪观念之强弱，他们心理（精神）素质高下的反映；这也为社会文明建设的重要内容之一。

由前所述可知，孙中山始终将兴学育才和极大地提升国民之整体人文素质水平联在一起。在他看来，前者既为构成后者的内容之一，又是达到后者目标的重要途径；它们乃关乎民族精神振兴的国家发展富强之大事。如孙曾说：今后国家"振兴之基础，全在于国民知识之发达。学界中人，当知所负责任之重"⑥；其又曰："故欲我国转弱为强，反衰为盛，必俟学校振兴，家弦户诵，无民非士，无士非民，而后可与泰西诸国并驾齐驱，驰骋于地球之上。"⑦

总之，孙中山上述关于改变人，以重塑国民性和全面提升其人文素质水平的一系列言行，目的是要以一场深刻的社会政治与心理变革，来努力实现人的现代化，即将原来屈从封建专制统治威权之下的臣民，改造成为民国共和体制下居于主人地位的新国民。他常将这件大事，列为其推行的国民"心性文明建设"之重要内容及主要工作。孙中山认为此项工程旨在通过实施各种举措，来开社会之风气，启国民之智慧，广人才之养成，促民权之发达，最终达到致民族复兴和国家富强的目的。他强调在完成该工作之过程中，要特别注重做好以下三点：一是应以三民主义来感化、改造与征服全国的民心；二是要传承与弘扬中外优秀文化的思想资料，用以教

① 《在桂林学届欢迎会的演说》，《孙中山全集》第6卷，第74页。
② 《在香港与〈士蔑西报〉记者的谈话》，《孙中山全集》第2卷，第367页。
③ 《地方自治实行法》，《孙中山全集》第5卷，第223—224页。
④ 《申张讨逆护法令》，《通告护法各省军政首领支持军政府电》，《孙中山全集》第4卷，第240、349页。
⑤ 《在上海中国国民党本部会议的演说》，《孙中山全集》第5卷，第391页。
⑥ 《在北京湖广会馆学界欢迎会的演说》，《孙中山全集》第2卷，第424页。
⑦ 《拟创立农学会书》，《孙中山全集》第1卷，第25页。

育国民；三是此事须有必要的规制来保证其进行。孙强调切实做好这项改造人性，转化人们思想认识，及树立国民良好形象的心性文明建设工作，一定会大益于全体国民人文素质水平之提升，进而定能更好地建设一个富强又安乐的新民国。

（作者单位：中山大学历史学系）

马来西亚华人与孙中山
推动的中国革命

黄玫瑄　刘碧蓉

一、前言

马来西亚地区盛产锡矿、橡胶闻名于世。19 世纪以来吸引诸多华人赴马来西亚地区拓垦。在东南亚国家中，马来西亚可说是多元种族国家，主要有马来人、印度人及华人等三大族群。其中，马来人约占 68%、华人 23.7%、印度人 7.1%、其他民族 1.2%。[①] 马来人是马来西亚的原住民，由印度移至马来西亚；华人则在明、清时期，由中国的福建、广东及海南岛移入马来西亚。至 19 世纪后半叶，这里已成为海外华人特别集中、人数特别多的地区。其后清政府在新加坡、槟榔屿先后分别设置领事馆、副领事馆。维新派的康有为和革命党的孙中山也相继来此争取华人的认同与支持，寻找可供利用的资源。

康有为与孙中山都重视马来西亚的华人舞台，1900 年实为他们将变法思想或革命思想传播至马来西亚之始。1905 年中国同盟会成立，革命党人进入马来西亚，这里成为两派争夺资源的主战场，尤以革命党人更将马来西亚作为策划革命起义的重要据点。1906 年孙中山将宣传重心，逐渐从日本扩展至东南亚各地，在马来西亚地区成立中国同盟会吉隆坡分会、槟榔屿分会。1907年至 1908 年间，革命党与维新派在新马各地展开资源争夺战。1909 年马来西亚地区的槟榔屿取代新加坡的革命地位后，"反满"革命浪潮逐渐往马来西亚

---

① 唐慧、龚晓辉主编：《马来西亚文化概论》，世界图书出版 2015 年版，第 18 页。此为马来半岛统计局 2010 年 7 月 2 日的统计数据。

地区的吉隆坡、槟榔屿、霹雳、森美兰、柔佛、马六甲等地拓展，集结革命力量；最后促成封建王朝（大清帝国）被推翻，民主共和国（中华民国）的建立。

本文讨论孙中山在马来西亚的革命事业，仅以马来西亚各地区与孙中山的关系为主要探讨重点。本文的主要内容有三：一为马来西亚华人社会；二为孙中山在马来西亚与维新派的交锋；三为孙中山在马来西亚各地集结革命力量。

二、马来西亚华人社会

马来西亚位于马六甲海峡进入南中国海之门户，原为世界锡矿、橡胶等原料的重要产地，也是英国进入亚洲殖民的重要地区。英国先后将槟榔屿和新加坡辟为自由贸易港，开始进行锡矿、橡胶、烟草以及香料的开采与种植，还有城市、港口、道路之建设，因而急需引进大量的劳动力。另一方面，自 19 世纪以来，中国面临频繁的天灾、人祸以及内忧（如太平天国之乱等）、外患（如鸦片战争等）之困扰，闽粤沿海人民不得不出洋谋生，中国开始出现大规模的移民潮，槟榔屿、新加坡自然成为华人聚集地区。

1826 年，英属东印度公司将槟榔屿、马六甲及新加坡组成"海峡殖民地"（Straits Settlements 华人称"三州府"），并设总驻扎官（Resident）于槟榔屿。1832 年新加坡已凌驾槟榔屿成为海峡殖民地之首府。1867 年，英国结束东印度公司的业务，设殖民部（Colonial Office）正式接管海峡殖民地。

英国殖民势力进入马来西亚后，从 1874 年至 1888 年间，半岛上的霹雳（Perak）、彭亨（Pahang）、雪兰莪（Selangor）、森美兰（Negri Sembilan）等地逐渐接受英国管辖。1895 年殖民政府将霹雳、彭亨、雪兰莪（吉隆坡被其环绕）、森美兰等四州，组成"马来联邦"（Federated Malay States 华人称为"四州府"）。1902 年 2 月，殖民政府再将柔佛（Johore）、吉打（Kedah）、丁加奴（Trengganu）、吉兰丹（Kelantan）、玻璃市（Perlis）等五个马来人较多的州，合组"马来属邦"（Unfederated Malay States）。此后，殖民政府将马来西亚分为海峡殖民地、马来联邦及马来属邦等三个行政单位来治理。

马来西亚的开发，吸引中国移民前来讨生活，为治理不断涌入的华人，英殖民政府在不危及商业活动及利益下，尽可能与当地政权保持距离。在华人较多的"海峡殖民地"，设有总督及行政会议管理该地行政事务，对于马来联邦及马来属邦则采间接管辖，由世袭的王朝苏丹（Sultan）来直接统治，并沿用旧习的"甲必丹"

（Kapitan）制度来管理①。也就是说殖民政府从华人社会中，选出有财富、威望及影响力的华人领袖为"甲必丹"，作为殖民政府与华人社会沟通桥梁，并肩负传达政令、排解纷争及社会救济等管理之责。然而随着海峡殖民地日益繁荣，马来各州也因王权争夺战频繁，造成社会动荡不安。

在马来西亚还有一种超越方言、血缘或业缘关系的秘密会社，它是中国明末清初以反清复明思想为宗旨的民间组织，盛行于闽粤桂沿海，被称为"洪门"或"天地会"。他们随着移民潮进入马来西亚地区，同时也将秘密组织带入侨社。但秘密会党有武力作为后盾，且掌控秘密联络网络。秘密会党还会以武力保护鸦片烟馆、赌博及妓院的营业借以敛财，甚至常因会员间的私仇，或加入地盘争夺，破坏了整个社会的安宁②。

为稳定华人社会秩序，以利商业进行，英国殖民政府不得不正视华人所引爆的问题及解决之道。1869年殖民政府先向秘密会党下手，订定所有新会党均需向政府注册之制度，再于1873年颁布移民令，解决劳工贸易之恶名。1877年再设立华民护卫司（Chinese Protectorate），以通晓华人方言、习俗的官员担任华民护卫官，企图强化与华人社会组织联系，减少其与秘密会党之依赖，解决华工、移民等问题。更于1889年颁行社团注册法令（Societies Ordinance），强力压制各会党，将秘密会社列为非法组织，迫使会党转入地下，只能透过当地华人组织，暗中发挥影响③。

清初本是禁止海外移民，至通商口岸被迫开放后，人民出洋也随之开放。随着海外华工的日益增加，被诱拐、绑架甚至遭虐待的悲惨遭遇也不断出现，所谓的"苦力贸易"，引起了当地华人及清政府的注意。清廷才于1877年在新加坡设立领事馆，1891年升格为总领事馆，1893年又在槟榔屿设副领事。新马领事馆的设立，其职责除保护与管理当地侨民权益外，更重要的是拉拢、劝诱海外华人，使其对中国产生认同进而效忠，进一步对中国国内进行捐赠和投资，同时还推动海外华文教

---

① 甲必丹制度为16世纪马六甲的殖民者所创设，其后西、荷、英人在其东印度公司皆采用，用来管辖其下的印度人、华人、马来人、阿拉伯人。1804年槟榔屿之行政长官Fargunar曾酝酿废止马来亚甲必丹制度，但甲必丹制度仍持续存在至廿世纪之初。1921年郑大年受封为霹雳华人甲必丹，是该邦最后一位华人甲必丹。参考萧新煌主编：《东南亚的变貌》，"中研院"东南亚区域研究计划2000年，第627页，注12。

② 颜清湟著，李恩涵译：《星马华人与辛亥革命》，联经出版公司1982年版，第32、36、42页。

③ 苏庆华：《中山先生与槟榔屿》，独立作家2015年版，第34—35页。1901年到新加坡组织中和堂俱乐部的尤列，也透过秘密会社，招募会员宣传革命。

育以及筹建海外总商会①。

另，封官晋爵也是清政府拉拢华人效忠政府的手段。清政府常利用各省水旱灾或国家财政危机时，透过驻新、槟领事或邀请当地有名望的华商及侨领，在报上刊登捐输告示。随后慷慨解囊的华商，就可获得清廷封爵等报酬。新马华商之所以热衷捐官封爵，受中国儒家传统价值观之影响，认为可光宗耀祖、荣归故里；也有利用官位的权势与威望，得到华人社会领导人地位，甚至担任殖民政府职位如甲必丹、议会议员等。清廷劝捐鬻爵政策，不仅解决清廷财政之困境，无形中拉近马来西亚华人社会与清廷间的距离，使其对清朝效忠。

三、孙中山在马来西亚与维新派的交锋

海外是中国政府管辖不及之地，往往也是亡命之徒藏匿之所。1895年孙中山首次起义失败，他与革命派要员纷纷走往海外；1898年保皇派的康有为等人，也因戊戌政变失败避走海外。1900年，康、孙两人相继来到新加坡，自此开启两人在新加坡、马来西亚地区交锋论战之始。

孙中山再度出现在新加坡是1905年7月，此行他从法国马赛过境新加坡，与陈楚楠、张永福等新加坡绅商会面，准备前往日本筹组中国同盟会。1906年4月、7月孙中山二度到马来西亚地区，此时新马保皇势力雄厚，以致孙中山在怡保不断受到打压，革命党人仅在新加坡、吉隆坡及槟榔屿三处成立同盟会分会②。

1907年3月，孙中山被日本政府劝离出境，接着又因日本外务省赠款，引发中国同盟会内部冲突的"倒孙事件"，孙中山只好将反满革命运动中心移往东南亚。其实河内早已在1902年底成立兴中会河内分会。中国同盟会成立后，孙中山、黄兴先后在中国的东南、西南边界，以河内为革命根据地，从1907年5月至1908年4月连续在广东（潮州黄冈、惠州七女湖）、广西（防城、镇南关、钦州）、云南（河口）等地发动起义达六次之多。结果，1908年孙中山反遭法属印度支那（越南）政府驱逐出境，乃转赴新加坡。

---

① 庄国土：《清末华侨民族主义的形成与孙中山的辛亥革命》，张希哲、陈三井编：《华侨与孙中山先生领导的国民革命学术研讨会论文集》，台北"国史馆"1997年版，第286页。

② 1906年孙中山在晚晴园主持同盟会新加坡分会成立时，曾遭维新派抵制，其后孙中山北上，到马来半岛芙蓉、怡保等地宣传革命思想，在怡保还受到锡矿巨子胡子春的打压威胁。孙中山未到槟榔屿，其后陈楚楠、林义顺持孙中山信函到槟榔屿，与吴世荣、黄金庆会晤，槟榔屿分会因而组成。

这段时间保皇意识强烈，让宣传机关理念的报纸也发生争夺战。1904 年由新加坡富商陈楚楠、张永福所创的第一份宣传革命思想的《图南日报》，因不敌维新派强大势力，不到两年就停刊。1905 年底，陈、张两人再集资办《南洋总汇报》，最后仍沦为维新派的机关报。其后，黄兴、胡汉民、汪精卫也来到新马地区宣传革命，并由《中兴日报》（1907 年 8 月创刊，胡汉民、汪精卫担任主笔），与维新派的《南洋总汇报》掀起论战。两报的销路随着彼此的辩论，发行至整个东南亚地区，连带也将两派理念传播东南亚各地，孙中山遂将新加坡分会，改组成中国同盟会南洋支部总机关。由于有中国同盟会新加坡分会（1906 年 4 月成立）、《中兴日报》（1907 年 8 月创刊）革命团体的分工合作，互相支援，因而在潮州黄冈起义、广西镇南关及云南河口之役，都有新加坡志士直接策划或参与起义。革命思潮随着在新加坡的发展，让孙中山等人逐渐往槟榔屿、柔佛、马六甲、森美兰的芙蓉、霹雳的怡保、太平等地宣传革命理念，建立起革命组织。

当孙中山在马来西亚大获进展时，反孙运动的主要领袖章太炎、陶成章相继来到新加坡，除发表反孙言论、煽动反孙情绪、指责《民报》已不能代表大多数党人意见，仅代表孙中山个人利益等，给予革命派严重打击。而新加坡革命党领袖并未加以反驳[1]，反被维新派趁机反攻，导致热心捐助革命派的财力呈现枯竭，连革命派的宣传机关《中兴日报》也将被迫停刊等，新加坡同盟分会陷于瘫痪，孙中山只好决议将中国同盟会南洋支部北迁至槟榔屿。

孙中山选择槟榔屿，除此处设有中国同盟会槟榔屿分会外，革命党还在 1908 年成立的"槟城阅书报社"，没受到倒孙事件影响仍屹立不摇，甚至还着手创办《光华日报》（1910 年创刊）以取代日益困境的《中兴日报》；更重要的是槟榔屿自 1882 年已有国际电报局，邮政与银行汇兑设备良好，可直接与东南亚诸国及各地的革命团体通电讯，甚至还可与欧美各大城市的电报系统联系；还有槟榔屿副领事对两派的态度，倾向包容和温和[2]。此时，孙中山的长兄孙眉也因被香港政府驱逐出境，亦将孙中山的家眷们（卢夫人及二位女儿）带来避居在槟城阅书报社（柑仔园 404 号），至 1912 年初才离开槟城[3]，返回翠亨村。

---

[1] 颜清湟著，李恩涵译：《星马华人与辛亥革命》，第 240—243 页。

[2] 刘钊伊编著：《孙中山在马新》，第 221、231 页。当时槟榔屿副领事戴欣然，经常暗中掩护康有为和孙中山；以回函清廷官员，告知当地华人并没有资助这二派。

[3] 刘钊伊编著：《孙中山在马新》，第 60 页。分摊孙家眷生活费的社员有：吴世荣、黄金庆、陈新政、邱明昶、熊玉珊、潘奕源、邱开端、柯清倬、陈述斋、谢逸桥及陆文辉等人。

自槟榔屿成为孙中山推动中国革命运动的指挥中心后，1910 年 11 月，孙中山立即在槟榔屿召开"庇能会议"，策划广州"三二九"之役（亦称"黄花岗之役"）。此会议的召开，还与因营救执行炸伤摄政王载沣而遭逮捕的汪精卫、黄复生等人，以及筹募广州黄花岗起义之革命资金有关[①]。当黄花岗起义旗帜开启后，激发许多有志推翻满清的华人，因而至少三十位以上的新马华人参加广州"三二九"起义。辛亥广州"三二九"起义虽以失败收场，但震撼了包括海外华人在内的中国人，间接点燃了武昌起义的火苗，进而影响到中华民国的建立。

四、孙中山在马来西亚各地集结革命力量

（一）雪隆的革命力量

雪隆是雪兰莪州与吉隆坡的合称，雪兰莪州位于马来半岛西海岸中部，吉隆坡全境为雪兰莪州所环绕，现为马来西亚的首都。同盟会吉隆坡分会（另一为槟榔屿分会）是马来西亚最早成立的革命团体，也是与革命派、维新派争论最激烈的地区。雪隆的革命志士，透过吉隆坡分会和外围组织，协助孙中山推动革命事业，其中以陈占梅、杜南、彭泽民及陆秋杰对革命活动较为活跃。

早在孙中山到吉隆坡之前，就有尤列（1866—1936）在新马地区宣传革命。中和堂是 1897 年尤列成立于香港九龙，后转往横滨、南洋各地发展的革命组织。1901 年尤列抵达新加坡后，立即组织中和堂俱乐部，为革命事业扮演着穿针引线的角色，让南洋第一个中国同盟会分会在新加坡晚晴园成立，随后也在吉隆坡等地设立分会。陈占梅（1875—1944）[②] 及彭泽民（1877—1956）[③] 都以中和堂成员，

---

① 张晓威：《孙中山与槟榔屿侨社》，《孙中山与海外华人论文集》，台北"国父纪念馆"2010 年版，第 9 页。参与"庇能会议"的有：孙中山、黄兴、胡汉民、赵声及孙眉外，还有槟榔屿南洋支部的党员，如吴世荣、黄金庆、熊玉珊、林世安等，还有其他南洋分会如怡保、芙蓉等地都有代表出席。

② 陈占梅（1875—1944）广东顺德人，17 岁南下承继其父锡矿事业，曾赴新加坡习商，后被陆佑和马蔼芝聘芙蓉富生锡矿办事处服务，成为锡矿专家后，与陆秋杰合创万发锡矿公司而致富。其继承祖辈的革命精神，回应尤列的革命活动。当孙中山来隆坡时立即加入同盟会，出钱出力支持革命起义。民国成立后，出任中华革命党雪兰莪支部长兼总干事，还创办《益群报》为国民党宣传。参考苏庆华：《中山先生与槟榔屿》，第 132—133 页。

③ 彭泽民（1877—1956）广东四会人，家贫 1902 年来马来半岛谋生，先在吉隆坡郊区担任塾师，后往锡矿场担任文书，经常到尤列成立的中和讲堂听讲，受到启蒙倾向革命，1906 年，协助组建吉隆坡分会并担任书记，积极参与吉隆坡中国青年益赛会。民国以后，担任中华革命党雪兰莪支部长、国民党芙蓉总支部工作，发起创办《益群报》，宣传孙中山的政治主张及孙中山三大政策。中华人民共和国成立后，回应中国共产党，被委为中央人民政府国务委员、农工党中央副主席、全国侨联副主席等职。参考刘钊伊编著：《孙中山在马新》，第 181—182 页。

加入革命党。雪隆的革命发展，有以下特色：

其一吉隆坡是孔教复兴运动的中心，维新派在此势力雄厚。但 1906 年 8 月孙中山初抵达吉隆坡后不久，同盟会吉隆坡分会即成立，孙中山亲自主持 16 名创始会员的宣誓，有 15 位祖籍是广东的顺德、南海、东莞。因中和堂遭殖民政府视为非法团体，强迫在新加坡、吉隆坡解散，会员转而集体加盟中国同盟会。会员包括杜南父子（其子：杜冠雄、杜着新）、陈占梅、彭泽民、陆秋泰及陆秋杰兄弟等。

再者，雪隆的革命志士中，杜南（1854—1939）[①] 是吉隆坡中国青年益赛会副会长，此益赛会属美以美教会，以教会为掩护从事革命活动，筹募军饷，招揽志士。此外，这些志士也在各地设中国青年益赛会分会，及书报社作为中国同盟会的掩护团体，借此推动革命活动。

（二）槟榔屿的革命力量

槟榔屿位于马来半岛西部，1786 年被英国征服辟为港口。1832 年港口优势地位被新加坡取代，1893 年清政府在此设置副领事。康有为曾七次踏上槟榔屿，孙中山也有五次来到槟榔屿，宣传各自的救国理念。

自 1907 年以来，新加坡侨社因报刊的论战、倒孙事件，加上殖民政府严密监视，使得革命党在新加坡的财政陷入困境，连笔战的《中兴日报》几乎要被迫停刊。但是革命派在槟榔屿并没受此影响，除有同盟会槟榔屿分会成立外，1908 年12 月还筹办槟城阅书报社，作为中国同盟会会员聚集讨论谋略革命的场所，甚至还积极发起《光华日报》的创刊。

1906 年夏秋间，中国同盟会槟榔屿分会的成立，颇受当地侨商的支援，其中

---

① 杜南（1854—1939）广东顺德人，约 1879—1883 年间，被聘到檀香山教授美国官员学广东话和中文，因而与孙中山相识。后转到吉隆坡，教授欧洲人学习中文。杜南是教育家，开办杜南学校，尊孔学校在吉隆坡开办时，他是积极策划和支持者。1905 年杜南以基督教徒身分，参与美以美教会活动，转而同情革命派。1906 年加入同盟会，黄花岗七十二烈士碑献石中，有一块他领导组织下的"吉隆坡青年益赛阅书报社"献石。参考刘钊伊编著：《孙中山在马新》，第 170 页；苏庆华：《中山先生与槟榔屿》，第 127—128 页。

又以"槟榔屿三杰"的吴世荣[①]、黄金庆[②]及陈新政（1881—1924）[③]的支持尤为关键。吴世荣，福建海澄人，是槟榔屿第三代华人；黄金庆，祖籍厦门，生于槟城，至其父才从南洋暹罗迁至槟城定居；陈新政，厦门人，19岁时南渡槟榔屿助其父经营舢板业。他们三人的祖籍虽是福建，但是1905至1906年间结识孙中山后，受其精神感召，立即加入中国同盟会槟榔屿分会。吴世荣担任同盟会槟榔屿分会会长，黄金庆为副会长，陈新政加入同盟会后改名"新政"，在镇南关、河口之役时，踊跃捐输，是孙中山先生在槟城最重要的支持者。

1908年12月，他们积极筹办槟城阅书报社，筹备会议就在吴世荣所拥有的瑞福园召开（吴世荣为社长）。书报社除免费提供读物，启迪华人大众知识外，还散播革命思想，争取槟城中下阶级华人支持革命，并不时邀请同盟会领导人到此作公开性的演说，吸引大众听讲，是革命党员聚集讨论革命谋略之掩护场所。

此外，1910年12月2日，他们还发起《光华日报》的创刊。1910年避居槟榔屿的庄银安，得到黄金庆、陈新政支持，将《光华报》移到槟城出版。经历注册募股后，由胡汉民起草招股书及序文，孙中山命名《光华日报》，再特题"光被四表"，表达对《光华日报》的期许。出版后的《光华日报》风行畅销海外多处，甚至取代停刊的《中兴日报》与《星洲晨报》，成为革命党在南洋的喉舌[④]。

有槟榔屿分会的支持，槟城阅书报社作为宣传，以及《光华日报》将革命思想

---

① 吴世荣（1875—1944），福建海澄晴川人，曾受过短期华文及英语教育，槟城第三代海峡殖民地华侨，约1896年继承父亲的"瑞福"号，经营面粉、火柴业。1905年至06年间与孙中山相识，致力于孙中山的民主革命。先后担任同盟会槟城分会会长，槟城阅书报社社长，《光华日报》创报人暨首席董事议员等。1912年代表南洋各埠同盟会，回国参加中华民国开国大典。其后，协助孙中山组建华侨联合会、中华实业银行。为协助孙中山革命不但变卖父亲遗留的产业，甚至把一栋五层楼豪宅（时中分校旧址）抵押解决困境。参考苏庆华：《中山先生与槟榔屿》，第137—138页。

② 黄金庆，生于马来半岛槟城，祖籍厦门，自幼接受华文教育，先世旅居南洋暹罗，至其父才迁至槟城定居，经营"得昌"锡米生意，后继承父业，事业有成。1905年孙中山先生来槟榔屿鼓吹革命，当时槟城维新派势力雄厚，黄金庆等四五同志仍欢迎孙中山寓小兰亭俱乐部。1906年加入中国同盟会，担任槟城分会副会长，是阅书报社与《光华报》发起人，终因捐输过巨，生意又疏于管理，遂倒闭。民国成立后，南京临时政府褒以特别旌义状，云南总督唐继尧、广东总督胡汉民等亦赐予徽章及奖赏。参考苏庆华：《中山先生与槟榔屿》，第138—140页。

③ 陈新政（1881—1924），槟城巨富。厦门人，本名滥，又名文图，加入中国同盟会后改名新政，19岁南渡槟榔屿助其父经营舢板业，不久自创"宝成"商号，经营土产业致富，后又开设"竞进"橡胶厂，并兼营船务。1906年加入同盟会槟榔屿分会，镇南关、河口之役，都踊跃捐输，以济军需，是孙中山在槟城最重要的支持者。陈新政是民国初年南洋福建侨领，中华革命党南洋劝募军债代表，他参与创办槟城阅书报社、《光华日报》、《民国日报》、厦门《民钟日报》等多家报社，钟灵学校（1917年成立）和社团，为启发民智、培育人才做了许多工作，可说是华侨文教事业先贤。参苏庆华著：《中山先生与槟榔屿》，第140—142页。

④ 苏庆华：《中山先生与槟榔屿》，第74—75、79—81页。

扩散，影响马来西亚华人对革命党的支持，进而促进辛亥革命的成功。这可从民国元年（1912）3月1日以临时大总统孙文之名义，颁赐"优等旌义状"给槟城阅书报社，颁赐"旌义状"给陈新政，看出其对中华民国建立之贡献①。

（三）马六甲的革命力量

马六甲位于马六甲海峡东边，因有古城马六甲而得名。孙中山革命势力未进入时，就有"救国十八友"组织存在。1898年来自厦门的沈鸿柏（1873—1950）深感甲午战败，清朝国势衰微，非推翻满清无以救国，乃结交当地三点会首领，在柔佛东甲组织"救国十八友"，宣传革命思想，成为当时马来西亚南部反清复明的领袖。

沈鸿柏，生于福建晋江，幼时随父迁到厦门，曾受过短期旧式教育，1893年由厦门来马来西亚，先后在柔佛东甲及马六甲福罗加东从事橡胶种植，后与友人合营贸易致富。1908年孙中山等革命党人到新马宣传革命，沈鸿柏等人遂将"救国十八友"组织纳入中国同盟会马六甲分会②，且担任分会会长。民国成立后，沈鸿柏发动筹募国民捐。二次革命失败后，他设法安置、支助亡命至马六甲的志士。1928年后出任中国国民党驻南洋英属总支部指导员。1931年以华侨代表，出席在南京召开的中国国民党第四次全国代表大会。

（四）柔佛的革命力量③

柔佛是马来西亚最大的橡胶产地，也是该国橡胶集散中心，以马来人居多，由世袭苏丹统治，革命运动难以立足，只有麻坡较为活跃。柔佛有12个侨社组织，初时各侨社团体对于保皇派与革命派的争执，并无明确立场。属于革命派的侨社组织有中国同盟会分会、中和堂、救国十八友、救国先锋队及书报社，但对革命运动未有具体影响，反而是1910年渐次崛起的书报社，致力推动革命运动的发展。

1907年，为宣传革命，孙中山在中国同盟会会员陈允洛陪同下，在麻坡的裕源栈会见刘静山、张顺兰、吕水浚。其后，汪精卫、胡汉民及黄兴也先后到麻坡来宣扬救国理念。1908年在邓慕韩的主持下，刘静山被推举为中国同盟会麻坡分会会长④。

---

① 《人事命令》，秦孝仪主编：《国父全集》第8册，第9、7页。

② 同盟会马六甲分会，其会员有：邱仰峰、曾国办、曾江水、何葆仁、陈齐贤、杨焜郡、黄仕元、刘汉屏、张顺吉、林大典、柳其杰、胡少炎、徐时泉、邓少典、岑会朝、陈炳坤等。

③ 刘钊伊编著：《孙中山在马新》，光华日报社2015年版，第102—114页。

④ 中国同盟会麻坡分会会长为刘静山。会员有：郑文炳、王金针、蔡廷瑞、林照英、刘应镝、张兰芳、颜经文、雷绵超、汤寿山、谢鸟梳、张顺兰、吕水浚、罗美东、陈允诺（曾任麻坡国民党执委）。

刘静山，福建安溪人，因家贫到南洋工作。先在新加坡华人商行服务，后派到麻坡分行，再转入陈嘉庚的谦益栈麻坡分行。因不满清政府外交失败，乃加入中国同盟会麻坡分会，担任首任会长，也是麻坡革命派的主要干部。

刘静山于1910年邀郑文炳[①]、张顺兰等人创立"麻坡启智书报社"作为同盟会麻坡分会的外围组织。其宗旨是宣扬孙中山革命思想，激励青年奋起救国，团结有志之士，以服务社会人群为职志。该书报社以梅花作为社旗，是当时麻坡华人精英集会场所，也是启迪民智和推广教育之地。1910年1月由麻坡"光华兴锡矿公司"的一群矿工，集体剪除发辫，以示革命决心，设立"救国先锋队"，决心参与革命起义，拯救中国之危亡。

（五）森美兰的革命力量

森美兰是马来西亚地区主要橡胶产地和水稻区。革命党在森美兰的重要据点，有富商邓泽如所在的瓜拉庇劳及矿业家谭扬居住的芙蓉两处。

邓泽如（1868—1934）在孙中山的革命事业中，有"筹款人"、"革命筹款机"之称誉。邓氏，广东新会人，18岁时以契约劳工赴马来西亚，当橡胶园雇工，后迁至金宝开采锡矿致富，成为当地华社的实力派领袖。1906年开始投入革命行列，当孙中山抵达森美兰的芙蓉扩展革命势力时，却遭英殖民政府干预，孙只好到邓泽如、谭扬等人创立的矿务会馆，与倾向革命的朱赤霓、黄心持、李梦生等人见面。至1907年底，邓泽如与汪精卫在瓜拉庇劳组成同盟会分会，邓泽如被推举为会长，这里很快成为革命党在马来西亚的重要据点。

当1909年反孙运动浪潮传至瓜拉庇劳，邓泽如率"庇劳华商阅书报社"成员，展开反驳陶、章对孙中山的指控，使此地免遭维新派侵蚀。邓泽如最大功劳除致力发展同盟会会务，还筹措起义军事经费，甚为用心。在黄花岗起义中，他与黄兴的募款居新马各地之冠[②]，实归功于谭扬、黄心持、朱赤宽等人热心捐献。民国建立后，经历二次革命到讨袁活动，甚至孙中山在广东建立三次政权，邓泽如始终为筹措资源，努力不懈。

在广州起义募款中，谭扬就独捐6000元。谭扬（1858—1913）又名谭德栋，广东开平人，18岁到马来西亚谋生，初在森美兰矿场当工人，致富后自营杂货生

---

① 郑文炳（1870—1942），福建永春人，弱冠南渡，先居马六甲店员，数年后自行经营，后定居麻坡，与友人合资杂货店，其后独资开永复兴号，以经营杂货收购树胶致富。他关心民族命运，其后被委为中国同盟会麻坡分会会长及国民党支部部长。

② 刘钊伊编著：《孙中山在马新》，第150页。

意。1897年殖民政府曾任命他为芙蓉卫生局的侨社代表，49岁加入中国同盟会，担任芙蓉分会会长，支持革命起义。辛亥革命之后，谭扬以革命党员身份，为黄花岗七十二烈士墓献石，题有"马来由半岛芙蓉埠国民党员谭扬献石"。

孙中山革命在森美兰能顺利推展，还与瓜拉庇劳皇室的忠臣林光挺有关。林光挺，福建永春人，中国同盟会会员，与邓泽如时有往来，让邓泽如在推动革命时，与马来皇族和英参政司能保持良好关系[1]。

辛亥革命时，在森美兰倾向革命的书报社有五间：六条石的六条石书报社（朱赤霓）、武来岸的策群书报社、芙蓉的芙蓉书报社（黄心持）、文丁的华商书报社（柯武炎）、知知的华商书报社（李汉生）[2]。书报社的作用，不仅可引起对知识的兴趣和提升社会教育水平，更可扩大反满的革命势力。

（六）霹雳的革命力量

霹雳是马来西亚第二大洲，首府是怡保，其在中部近打河谷流域是世界闻名的产锡带，也是马来西亚橡胶的主要产地，因而聚集许多远渡重洋的华人来此谋生。1906年孙中山在怡保遭受阻碍，1907年再遣汪精卫赴怡保、务边及太平等地。汪展开演说开导，吸引华商鼎力支持，也获得矿工等中下阶层人士的回应。由于孙中山等人的足迹遍及近打谷矿区、怡保、务边、金宝、甲板、拿乞、万里望、端洛、九洞矿区小埠（九洞民众大会堂）及督业冷等霹雳各地[3]，使得霹雳州的革命发展，有以下特色：

一、孙中山曾在怡保的"决醒园"别墅（郑螺生）、墨露菲街店铺（李源水）、金宝的华商阁、甲板大街93号、95号矿家豪宅等地留宿，畅谈革命。李源水住在怡保旧街场墨露菲街，隔二条街道有郑螺生的"吉承隆"商号，再隔一两条横街是李孝章的西药房，可见郑螺生、李源水和李孝章的关系是非常的密切[4]。

二、1910年前，英属马来西亚地区有18个中国同盟会分会，设在霹雳州内的同盟会分会，有霹雳、怡保、务边、金宝及太平等。孙中山的革命事业遍及霹雳各地，主要得力于郑螺生、李源水等人。他们两人还在民国元年接受临

---

① 刘钊伊编著：《孙中山在马新》，第153页。
② 颜清湟著，李恩涵译：《星马华人与辛亥革命》，第141页。
③ 刘钊伊编著：《孙中山在马新》，第196页。
④ 刘钊伊编著：《孙中山在马新》，第187页。

时大总统孙中山颁赐的"优等旌义状"，及中华革命党总理时期颁赠的"二等有功章奖状"①。

三、太平是前霹雳的首府，因盛产锡矿而繁荣昌盛，太平的长春圃（现为马国老字号咖啡制造商安东公司），原主人是汪精卫岳父陈耕荃所有。1907年汪精卫与陈璧君相遇于槟榔屿，至民国成立后的1912年4月，陈父才同意汪陈两人的婚礼。其后陈父将长春圃让给孙中山的革命伴侣陈粹芬居住至1931年才迁离此处。1938年陈耕荃之子陈继祖移居香港时，将"长春圃"卖给安东公司。

郑螺生（1865—1939），福建同安人，1906年经黄金庆、陈新政介绍认识孙中山，1907年加入中国同盟会，担任怡保分会会长。他致力革命，将"决醒园"（决议誓除专制毒，醒心力振自由魂）别墅捐出，作为革命活动场所。广州起义时自捐1000元，变卖闽赣铁路股票。民国以后，先后担任国民党新加坡总支部常委、中华革命派霹雳支部正部长、霹雳筹饷局监督、大元帅府庶务司司长，担任过革命党监察委员及侨务委员。1939年在怡保过世，安葬于怡保福建公冢。

李源水，福建安溪人，生于泰国，20多岁时到怡保。在怡保旧街场墨露菲街与友人合资建一排八间双层店铺（24—30号），作为住家、锡米、橡胶园、橡胶店，因而结识郑螺生，加入中国同盟会积极宣传革命。民国成立后，孙中山曾委任为霹雳筹饷局理财。1937年卒，葬于怡保福建义冢②。

五、结语

早期马来西亚华人社会里，熟悉家乡文化，但对中国的印象总是模糊不清，直至1877年新加坡设立领事馆，1906年孙中山在马来西亚成立中国同盟会吉隆坡分会、槟榔屿分会后，才激起他们对中国的认识。

革命党与维新派的领导人虽在1900年开启交锋论战，但自1906年中国同盟会在马来半岛各地成立分会后，1907年至1908年间，两派在新马各地的争夺才变得更加激烈。因康有为以"保皇救国"为号召，很快掌握新、马大城市如新加坡、吉隆坡等地的组织、华文学校之资源，革命派只好转往保守势力较弱的小城市，或大

---

① 《人事命令》，秦孝仪主编：《国父全集》第8册，第5、41页。
② 参考苏庆华：《中山先生与槟榔屿》，第135—137页。

城市郊区、夜校发展。1909 年马来西亚地区的槟榔屿取代新加坡的革命地位后，反满的革命浪潮逐渐往马来西亚地区的吉隆坡、槟榔屿、霹雳、森美兰、马六甲及柔佛等地拓展，尤其是 1910 年革命思想已渗透到渐次崛起的书报社，让其对革命事业的推展，发挥了影响力。

1911 年在槟榔屿召开"庇能会议"后，孙中山所领导的革命党的气势，随着历史的发展更为兴旺。辛亥革命的成功，中华民国的建立，给海外华人带来新的希望和新认同，同时强化了他们对中国的认同，也使中华文化和价值，继续在马来西亚地区传承。包括马来西亚在内的海外华人，都期望它能提升中国或华人在海外的地位。

（作者单位：台北中国文化大学 台北孙中山纪念馆）

众星拱月

——清末留东学子与孙中山革命领袖地位的确立

严昌洪

从孙中山 1896 年 10 月伦敦蒙难后到 1905 年前，认为孙中山是"革命领袖"的有这样一些人：一是日本人。1897 年孙中山第二次到日本不久，有日本参谋本部宇都宫太郎少佐根据陈少白所说孙中山是兴中会的领袖而称其为"中国南方革命党的领袖"；1898 年 5 月 11 日宫崎寅藏翻译孙中山撰写的《伦敦被难记》，以滔天坊笔名在日本玄洋社机关报《九州日报》连载，用了《清国革命领袖孙逸仙幽囚录》的标题①。二是中国会党中人。1899 年 10 月兴中会、哥老会和三合会在香港联合成立"兴汉会"时，会党中人虽未明确称孙中山为革命领袖，但推举他为总会长，等于认可其领袖地位。

实际上，那时孙中山只是国际社会和清方都认可的兴中会的首领，称其为"中国南方革命党的领袖"是符合实际的，盖因兴中会是当时中国南方唯一的革命党。兴汉会推举孙中山为总会长，视其为领袖，但该会社会基础不广泛，而且会党首领很快就"变节"，倒向康有为一边。所以这个"总会长"也算不得"中国革命领袖"。宫崎寅藏称孙中山是"清国革命领袖"应该是个人的赞誉，可能自己也意识到不够准确，第二天就将文章标题改为《清国革命党主领孙逸仙幽囚录》②，"革命党主领"即革命党的领导人。这些都不能够说明孙中山已具有中国革命领袖的地位。

孙中山由兴中会领导人成为全国革命领袖，有一个过程。只有当孙中山受到大多数倾向革命的留日学生的认可和拥戴，并在中国同盟会成立大会上被留日学生和

---

① 转引自於梅舫、陈欣：《孙中山史事编年》第 1 卷，中华书局 2017 年版，第 180 页。
② 同上。

其他会员推举为总理的时候，他的"中国革命领袖"的地位才算真正确立，这是因为，这些留日学生来自全国十七个省份（当时革命派认为中国有十八行省，甘肃当时尚无留学生到日本，故少一省），且已成为早期同盟会的主体，他们代表了当时中国革命派的多数。这些人集合在孙中山的麾下，接受其提出的革命纲领，并准备为实现其所提出的革命目标而不懈奋斗。从此以后，孙中山有了一定规模的基本队伍，有了领导中国革命的政党，并通过这些留学生和同盟会员，在国内也产生了比较广泛的影响，他不再是脱离本土漂流海外的"孤胆英雄"，他成了真正的"中国革命领袖"。

留日学生与孙中山之间互相认识，互相接纳，也有一个过程。

第一阶段，彼此疏离。

在 1900 年以前，孙中山在日本主要是在华侨里活动。孙中山与旅日华侨的关系可以追溯到 1895 年 1 月，孙中山由檀香山返回香港准备策划武装起义，轮船经过横滨，他在船上向乘客及登轮的华侨演讲逐满救国道理，横滨华侨陈清听了演说感到惊奇，奔告侨商冯镜如、冯紫珊、谭发等人。冯镜如等大为倾倒，立即让陈清邀请孙中山登岸，共商国是。但因为该轮起碇在即，孙中山未便登岸，仅将兴中会章程及讨虏檄文托陈清交冯镜如等代为派发，广为宣传。从此，孙中山与横滨华侨结下不解之缘。1895 年重阳广州起义失败后，孙中山流亡海外，第一次来到日本，就曾暂住谭发的洋服店里，并在横滨华侨中组建了兴中会分会。后来他再来日本时，多半时间住在华侨较多的横滨，以便开展宣传组织活动。但是，当时日本有华侨万余人，然其风气之锢塞、闻革命而生畏的情形，则与他处华侨无异。兴中会员往返于横滨、神户之间鼓吹革命主义，数年之中而慕义来归者也不过百数十人而已，不及日本华侨人数的百分之一。孙中山后来感慨："向海外华侨之传播革命主义也，其难固已如此。"[①]

孙中山早年在檀香山和香港的时候，后来在伦敦蒙难获释后逗留英国期间，结识了一些日本人士，因此 1897 年秋再到日本后，与日本朝野同情和支持中国革命的人士联系较多。孙中山在《有志竟成》中写道："抵日本后，其民党领袖犬养毅遣宫崎寅藏、平山周二人来横滨欢迎，乃引至东京相会。一见如旧识，抵掌谈天下事，甚痛快也。时日本民党初握政权，大隈为外相，犬养为之运筹，能左右之。后由犬养介绍，曾一见大隈、大石、尾崎等。此为予与日本政界人物交际之始也。随而识副岛种臣及其在野之志士如头山、平冈、秋山、中野、铃木等，后又识安川、

---

① 《建国方略·有志竟成》，《孙中山全集》第 6 卷，中华书局 1985 年版，第 233 页。

犬塚、久原等。各志士之对于中国革命事业，先后多有资助，尤以久原、犬塚为最。其为革命奔走始终不懈者，则有山田兄弟、宫崎兄弟、菊池、萱野等。其为革命尽力者，则有副岛、寺尾两博士。"①

1898年戊戌变法失败后，康有为、梁启超等改良派人士也流亡日本，孙中山试图与他们合作，也与梁启超、欧榘甲等人接触过。在此之前，孙中山在日本曾与维新人士汪康年有所交往。

可见，1900年前孙中山在日本，联系较多的就是华侨、日本人士和改良派三种人，惟与留日学生彼此疏离。虽然在1898年1月15日孙中山曾与最早的官费留学生杭州蚕学馆选派的嵇侃、汪有龄有所接触，但属于偶尔顺带之事。那天，孙中山从东京赶到横滨为刚刚结识的汪康年、曾广铨送行，并陪同汪曾二人到大阪会见《大阪每日新闻》记者。汪有龄以汪康年族亲的关系，而嵇侃又以汪有龄同学的关系，随同前往，估计孙中山与汪有龄、嵇侃二人并没有单独交流的机会，从《大阪每日新闻》两天后的报道可以看出："昨晨我社记者前往采访时，仅汪康年在座，在与同来者孙实甫（川口三十二番华商）、汪有龄、嵇侃（二人系约二十三四岁的青年，前不久为留学到过此地，日前在山本梅崖的家塾中习日语）、白岩龙平（苏杭汽船会社即大东新利洋行行主）、山本梅崖、中山樵（中山氏少年时在广东，来此地已多时，除华、英两种语言外，不熟习日语，此次由东京来，系为曾氏等送行之人）等人闲聊中，记者交换名片，做初次见面的寒暄。"②

直到1899年8月梁启超创办东京高等大同学校时，孙中山开始与留日学生有较多接触。据冯自由《中国革命运动二十六年组织史》记载："是时我国留东学生全数不满百人，以主张排满之戢翼翚（元丞）、沈翔云（虬斋）等为最激烈。戢、沈每至大同学校访友，恒流连达旦。此外尚有北洋官费生黎科、金邦平、郑丞煜、郑葆丞、张煜全、傅良弼诸人亦持革命论调，与总理及梁启超时相过从。"③戢翼翚是清政府驻日使馆东文学堂的附读生，他们一行13人是1896年3月到日本学习日文的。清政府正式决定向日本派留学生是在1898年5月。1898年底张之洞选派了20名学生赴日留学。1899年秋，住在使馆内的附读生与官费生逐渐脱离使馆控制，得以通过东京高等大同学校与孙中山联系。其中戢翼翚、傅慈祥（良弼）是湖北人。与傅慈祥同一批留日的另一位湖北人吴禄贞此时也与孙中山有联系，参加了

---

① 《建国方略·有志竟成》，《孙中山全集》第6卷，中华书局1985年版，第232—233页。
② 《清国新闻记者》，原载1898年1月17日《大阪每日新闻》，转引自李吉奎：《孙中山与国内上层知识分子——以汪康年资料为中心》，《中山大学学报论丛》1992年第5期。
③ 冯自由：《中国革命运动二十六年组织史》，商务印书馆1948年版，第37—38页。

兴中会，孙中山筹划与唐才常等共同发动武装起义（即后来的自立军起义）时，决议即日起兵，分珠江、长江两流域进行，珠江流域孙中山自主之，长江流域命傅慈祥、吴禄贞主之。

那时与孙中山有联系的留学生并不多。孙中山与留日学生彼此疏离的原因，一是当时留日学生人数较少。二是留日学生中有革命思想的人更少，按照章太炎的说法："壬寅春天，来到日本，见着中山，那时留学诸公，在中山那边往来，可称志同道合的，不过一二个人。其余偶然来往的，总是觉得中山奇怪，要来看看古董，并没有热心救汉的心思。"① 章太炎说的是 1902 年的事，而且有点言过其实，但 1900 年前确有类似情况。三是康有为派从中梗阻，他们告诫学生勿受革命邪说所惑，一些学生遂渐与孙中山等疏远。四是孙中山在日本的活动常常是秘密的，外界认识的人并不多。五是留学生不了解孙中山，有的认为他"充其量，一个草泽英雄"②，不相信他是革命的领袖，并不崇拜。有的则疑孙中山骁桀难近，不与通。

第二阶段，互相接近。

到 1901 年以后，孙中山与留日学生双方开始互相接近了。

孙中山在革命实践中看见会党中人"皆知识薄弱，团体散漫，凭借全无，只能望之为响应，而不能用为原动力"③，而三合会、哥老会首领并不可靠，认识到兴中会和会党中人多是文化知识甚少的下层群众，需要有文化的人来开导与引导。而各省派去日本的留学生，"类多头脑新洁，志气不凡"之士，"对于革命理想感受极速，转瞬成为风气"，他们鼓吹革命，提倡于先，内地学生附和于后，"苏报案"使民气为之大壮，《革命军》排满言论开导华侨风气为力甚大。于是他便有意识地联络留日学生界。后来在欧洲，他向湖北留欧学生问及湖北会党情形，了解到会党在革命运动中有时会起消极作用，便对他们说："吾辈以后，当发展革命势力于留学界，使分途作领导人，则会党之流弊，可减少也。"④ 孙中山还将实行革命的重任寄托于留日学生，他曾嘱托留欧学生各应努力向学，成为他日建设之人才，而奔走革命则将先用留日学生。孙中山为什么会区别对待留欧与留日学生？这是因为留学欧洲的学生大多就读著名高校，所选专业多为理工专业，优良的学习环境及所学内容的专业性，使他们能够潜心钻研技术⑤。而留日学生不同，他们大多围绕政治改

① 章炳麟：《东京留学生欢迎会演说辞》，汤志钧编：《章太炎政论选集》上册，中华书局 1977 年版，第 269—270 页。

② 吴敬恒：《总理行谊》，尚明轩等编：《孙中山生平事业追忆录》，人民出版社 1986 年版，第 706 页。

③ 《建国方略·有志竟成》，《孙中山全集》第 6 卷，第 233 页。

④ 张难先：《湖北革命知之录》，严昌洪等编：《张难先集》，华中师范大学出版社 2016 年版，第 124 页。

⑤ 《辛亥革命是一群学渣的逆袭？》，网文"晓窗读史"2019 年 9 月 15 日微头条。

革和教育救国等课题，选择法政及师范专业，而且有很多是读的速成班，如日本法政大学就专门办有让中国学生就读的速成科。文科学生课业压力相对小些，自然课余活动时间多些，社会活动也特别丰富，他们办报结社，无所不做，而且他们感于外界之种种刺激，因国家危险之景象，日益迫切，不忍死心塌地，消磨锐气于学问上，宁肯弃学问而不顾，专图革命的进行①。还有一批人在日本学习军事，他们也是日后武装斗争所需的干才。所以孙中山将奔走革命的重任首先压在了留日学生身上。

　　1900 年 11 月，香港兴中会骨干尤列到了横滨，随后，他与孙中山"议定革命进行二种计划，一联络学界，一开导华侨"。尤列将其建立的中和堂改组，自任中和堂会长，使中和堂与兴中会、留学生关系日益密切，并与有革命倾向的留学生戢翼翬、傅慈祥、吴禄贞等频繁往还。孙中山积极支持留学生的爱国、革命活动。1901 年春，粤籍留日学生冯斯乐、郑贯一、冯自由等组织广东独立协会，主张广东对清政府宣告独立，会员常至横滨，与孙中山筹商进行方法，孙中山等人予以热情款待，悉心指导。当创办中国留日学生第一个具有革命倾向的刊物《开智录》的郑贯一被康梁的《清议报》免去编辑之职时，孙中山特地介绍他到香港充任兴中会的机关报《中国报》记者。在此之前，孙中山还赞助《开智录》由油印小报改为铅印，扩大影响。1901 年 5 月，留日学生秦力山、戢翼翬、沈云翔、唐才质、王宠惠、张继、雷奋等在东京创刊《国民报》，以"破中国之积弊，振国民之精神"为宗旨，宣传排满革命，是留学界第一份旗帜鲜明的革命报刊，该报也得到孙中山的资助。《湖北学生界》的出版也得到过孙中山的支持。孙中山还向程家柽透露了当时的打算："欲东京留学中联属二十人，以陆军十人，率两粤之三合会、长江之哥老会为起义之师；以法政十人，于占据城池后，以整理地方及与外人交涉。"② 此后，孙中山不仅热情接待来访的留学生，向他们宣传革命理论，还主动参与留日学界的活动，积极联系他们，分配他们革命工作。除了 1900 年命傅慈祥、吴禄贞负责长江流域的武装发动外，1902 年嘱托刘成禺编撰《太平天国战史》，发扬先烈，用昭信史，为宣传排满好资料。他还与刘成禺、程家柽等集议发动留日学界。同年 4 月 27 日，章太炎和留日学生在东京举行"支那亡国二百四十二周年纪念会"，孙中山不仅率华侨十余人从横滨赴东京与会，而且在因日本政府出面阻扰改为聚餐会后，孙中山返回横滨召集同志多人在永乐楼补行纪念会，章太炎与留学生秦力山、

---

①　孙中山：《在东京中国留学生欢迎会的演说》，《孙中山全集》第 3 卷，中华书局 1984 年版，第 22 页。
②　宋教仁：《程家柽革命大事略》，陈旭麓主编：《宋教仁集》下册，中华书局 1981 年版，第 435 页。

朱菱溪、冯自由四人应约莅会。1903年7月，孙中山从越南回到横滨，留日学生来访者络绎不绝，"一时京滨道上往还频繁，总理所居，座客常不空也"①。应留学生之请，孙中山于8月间在东京创办东京军事训练班（亦称"青山军事学校"或"东京革命军事学校"），首期报名者为黎勇锡等十四人。开班当天，孙中山向他们宣讲革命宗旨，并率诸生举手宣誓"驱除鞑虏，恢复中华，创立民国，平均地权，如有不遵，应受处罚！"孙中山办此训练班之目的是为了进一步联络留日学生中的革命分子，为建立新的革命团体做准备，并为中国武装革命培养军事人才。此举打破了清廷驻日使馆关于自费生学习陆军的禁令。虽然因各生意见参差，半年后即宣告解散，但这些学员后来大多成为华兴会、同盟会的骨干。

与此同时，留日学界在20世纪初年，由爱国转向革命，革命思想初生，革命组织刚建，有革命倾向的留学生亟须一位值得信赖的领头人。而经庚子惠州之役失败后，国人已改变对孙中山的看法，不再像从前那样把孙中山辈视为"乱臣贼子""毒蛇猛兽"，而鲜闻一般人恶声相加，而有识之士多同情他们，扼腕叹息，恨事之不成。同样地，留日学生也改变了对孙中山的看法。他们读了章士钊译《孙逸仙》和金一译《三十三年落花梦》等关于孙中山生平事迹的书籍，认为孙中山是革命思想和革命实践均很丰富的人，可以予他们以理论上的指导与组织上的支持。于是，他们千方百计要与孙中山取得联系。据冯自由《革命逸史》云："辛丑壬寅间（民前十、十一年）为留东学界革命团体最蓬勃时代，留学生某等屡请总理乘势扩张兴中会，总理均以徐图机会答之。"② 1901年夏，留日革命学生陆续到横滨拜访孙中山，见过孙中山的留学生，均服膺其思想，敬仰其人格。其中有程家柽、钮永建、吴禄贞、马君武等人。当时，孙中山在横滨，行踪甚为秘密，程家柽百计求之，不克一见。后经孙中山的同乡熟人郑可平设法，程与孙"始得辗转相握手"。孙中山向他介绍了民族、民权、民生等革命学说，程家柽"闻所未闻，以为可达其志，请毕生以事斯，语曰：欲树党全国，以传播之"③。受孙中山影响的留学生，也像程家柽一样向其他同学介绍孙中山的思想主张。钮永建见了孙中山后，对认为孙中山不过一个草泽英雄，不愿去见面的吴稚晖介绍说："你大大的弄错了，一个温文尔雅、气象伟大的绅士"，"孙文的气概，我没有见过第二个。你将来见了，就知道了"④。吴禄贞不仅见了孙中山，还在1903年的武昌花园山聚会中，向参加聚会的

---

① 冯自由：《革命逸史》初集，中华书局1981年版，第133页
② 冯自由：《兴中会组织史》，《革命逸史》第4集，中华书局1981年版，第18页。
③ 宋教仁：《程家柽革命大事略》，陈旭麓主编：《宋教仁集》下册，第435页。
④ 吴敬恒：《总理行谊》，尚明轩等编：《孙中山生平事业追忆录》，第706页。

军学两界人员介绍了孙中山的革命思想和事迹，使得他们把被派出国留学视为寻找孙中山的机会，希望见到孙中山，以期其领导全国革命。

诚如著名历史学家章开沅先生在《百年以后看同盟会》一文中所言："正如早先的宗教一样，教主寻找信众，信众选择教主。孙中山翩然而至日本，仿佛偶然，实乃必然。这不是奇妙的巧合，而是历史的选择。"[1]

第三阶段，众望所归。

到 1905 年孙中山重返日本时，"东京已经成为中国倾向革命的知识精英的荟萃之地。东京一些进步刊物的创办者和主要撰稿人，原来就是爱国学社和浙省大学堂（原求是书院）学潮中经过磨炼的先进分子，如江苏的柳亚子、黄宗仰，《浙江潮》的孙翼中等，而作为《民报》前身的《二十世纪之支那》的创办人田桐、宋教仁、陈天华等，其背景则是以黄兴为首的华兴会两湖知识精英。他们把国内进步师生的反抗精神带到留日学生界，促进了留学生革命思想的蓬勃发展，并且始终与国内的同道保持着密切联系"[2]。

所以，这些革命化的留日学生，知道孙中山要来日本，欢欣鼓舞。孙中山在当年 7 月 19 日抵达横滨后，经由程家柽传告，留日学生往来东京横滨之间拜访孙中山的人很多。田桐记曰："孙公礼贤下士，复留餐宿，自捧面盆盥客。"[3] 东京留学生可能嫌往返京滨拜访孙中山很麻烦，干脆派代表百余人，将在横滨住了几天的孙中山迎往东京。胡毅生在广东官费速成法政学生中间将孙中山的言行介绍于众，众人皆兴奋，渴欲一见。为什么留学生都很愿意见见孙中山呢？邓家彦多年后接受采访时道出了原因：那时"因为我们组织了小团体，总觉没有人指导，如果总理来了，我们想从此可以上轨道。"[4] 孙中山在东京分别会见了黄兴、杨度、邓家彦、宋教仁、陈天华等人，向他们介绍自己的革命计划，协商筹建全国统一组织等事宜。7 月 30 日，由他们分头通知，邀集留学生召开中国同盟会筹备会议，与会留学生加入同盟会者有来自十省共 75 人。会后又有七省留学生陆续来见孙中山，填写誓约，加入同盟会。

更多的留日学生听说孙中山到了东京，都想一睹伟人风采，一听其革命见解，遂由程家柽、田桐、彭启莱三人发起，黄兴等人积极促成，在富士见楼举行东京留

---

[1] 章开沅：《百年以后看同盟会》，《四川大学学报（哲学社会科学版）》2006 年第 4 期。

[2] 同上。

[3] 田桐：《同盟会成立记》，丘权政、杜春和等选编：《辛亥革命史料选辑》，湖南人民出版社 1981 年版，第 94 页。

[4] 邓家彦：《认识总理与加入同盟会》，尚明轩等编：《孙中山生平事业追忆录》，第 550 页。

学生欢迎孙中山大会。开会盛况，宋教仁这天的日记是这样记的："未初，孙逸仙至，遂开会，先由余述欢迎词，众皆拍手大喝采，次乃请孙逸仙演说。时到者已六七百人，而后来者犹络绎不绝，门外拥挤不通，警吏命封门，诸人在外不得入，喧哗甚。余乃出，攀援至门额上，细述人众原因，又开门听其进，遂罢。"[①] 陈天华在发表于《民报》第一号上《纪东京留学生欢迎孙君逸仙事》一文说："是日至者千三百余人，已告满员，后至者皆不得入，然犹不忍去；伫立于街侧以仰望楼上者，复数百人。有女学生十余人，结队而来，至则门闭，警察守焉，女学生大愤，恨恨而返。然室内则已无隙地，阶上下、厅内外皆满……立在后者，为前者所蔽，跂足以望，拥挤更甚，然皆肃静无哗。东京自有留学生以来，开会之人数，未有如是日之多而且整齐。"陈天华在文章中称誉孙中山"是吾四万万人之代表也，是中国英雄中之英雄也"。正是孙中山革命英雄的魅力和革命学说的号召力，改变了此前留学生想象中的"草泽英雄"形象，为正式确立他在同盟会乃至中国革命中的领袖地位奠定了基础。所以有论者认为："富士见楼欢迎会，无论是对孙中山本人，对留日学界，还是对中国同盟会的成立、革命思想的传播和革命力量的团结，都具有非同寻常的重要性。"[②]

孙中山受到当时留日学生的拥戴，是众望所归；其革命领袖地位此时正式确立，则是水到渠成。从此以后，革命的留日学生在孙中山和同盟会的领导下，纷纷"各回本省鼓吹革命主义，而传布中华民国之思想"，成为各地革命运动的骨干，为辛亥革命推翻帝制，建立共和作出了巨大贡献，因此孙中山在辛亥革命后再次来到东京中国留学生中时深情地赞誉说："东京学生实为中华民国建国最有功之人。"[③]

（作者单位：华中师范大学中国近代史研究所）

---

① 宋教仁：《我之历史》，陈旭麓主编：《宋教仁集》下册，第549页。
② 尚小明：《辛亥革命史上不容忽视的"插曲"——1905年秋留东学生富士见楼迎孙盛会的历史内涵》，《学术研究》2006年第2期。
③ 《在日本日华学生团欢迎会的演说》，《孙中山全集》第3卷，中华书局1984年版，第20页。

1912 年孙中山访问武汉全息追踪

罗福惠

中国民主革命先行者孙中山先生，一生中仅来武汉两次。而且第一次仅见于中山先生《建国方略》第八章《有志竟成》，自述其在 1894 年夏秋天赴天津上书李鸿章未果，南归途中曾"深入武汉，以观长江之形势"，但除此数语外别无任何文字记载。

有较多文字记载的就是 1912 年 4 月 9 日至 12 日这次武汉三镇之行。这次访问时，孙中山先生的随行人员众多，武汉当地和上海的多家报社也派有多名记者采访报道。但随行人员及各报记者因未全程跟随或有所截取而带来孙中山访问武汉的细节记述并不完全吻合，正如《孙中山年谱长编》的多位作者所认为的"对孙先生在武汉之活动，各报之报道略有不同"，从而造成此后的记载和湖北暨武汉的地方史志著述对孙中山先生这短短四天的行踪和言论，不仅未能窥其全豹，而且基本史实都有待厘定。目前学界关于孙中山 1912 年访问武汉的缘由、目的、反响关注不足。职是之故，本文拟在考察 1912 年春季湖北政局的基础上，综合随行人员、湖北当地记者及上海《申报》、《时报》、《民立报》的相关报道，辅之孙中山先生年谱和全集中的记述，按照时间顺序来考订孙中山在武汉行程，摘取其先后谈话的要旨，以期完整呈现这段历史的本来面目。

一、黎元洪邀请孙中山来鄂的背景

1912 年春天，全国的政治气候令人难以捉摸。而武汉三镇的市民，既沉浸于民国新诞生的喜悦和兴奋，又切身感受到阳夏之战的创巨痛深，盼望政局安定，万物昭苏。而此时湖北军政府内部却矛盾丛生，暗潮汹涌，诸多矛盾的焦点集中在孙武身上。

孙武原为同盟会会员，1910 年被举为湖北共进会领导人，在与文学社联合发动的武昌起义中不无贡献，故在湖北军政府中荣获军务部长要职。南京临时政府组建时，孙武恃功谋任陆军部次长未成，遂发起组织"民社"，拥黎元洪为理事长以自重，与同盟会离心离德，不仅排斥打压原文学社领导人，并公开宣称拥护袁世凯，加上他作风跋扈，引起众多首义官兵不满，于是成立于 1910 年前后的反清会党小团体"群英会"的首领黄申芗、向海潜等人，密谋发动"改良政治"的"二次革命"，但又宣称"只诛杀孙武一人"。

2 月 27 日夜，数千起事士兵在武昌城内流行鸣枪，然后包围军务部和孙武的官邸。孙武因事前闻讯，避往汉口租界。起事士兵抄了孙武的家，并且"举动紊暴，秩序大乱，军政机关破坏殆尽，乱兵盛行抢劫"，还"误毙"原文学社重要骨干，在武昌起义和阳夏之战中建有功勋，时任湖北民军第二镇统制张廷辅，"伤及家人"。黎元洪与孙武本来是互相利用，故黎侦知起事者只求除去孙武时，就抱持坐山观虎斗的姿态，等到秩序大乱后才"下令闭城，发出宪兵卫队弹压，当场捕获四人正法，始复平静"。兵乱事件之后，经武汉绅商出面，与黎元洪、孙武三方协调，孙武被迫发表了"今后入山，谢绝世事"的声明，黎元洪于 3 月 2 日下令保留孙武都督府顾问，但免去其军务部长之职，由黎元洪的心腹、旧军官曾广大接任，又以文学社成员有多人参与兵变为由，对文学社革命志士加紧破坏，黄申芗、何海鸣被逼离开湖北[①]。总之，群英会"倒孙"事件使得共进会、文学社两败俱伤，黎元洪则渔翁得利。

群英会"倒孙"事件发生时，孙中山已声明辞去临时大总统之职，但尚未实际卸任。当他获悉武昌方面的报告后，曾致电湖北进行调解，电文中有"其中理由虽不甚悉，惟我民国军宗旨不外乎厚爱同胞，保全大局"，"务望各同志和平为主，毋伤同胞同志之意，毋启外人干涉之端"[②] 等语，但显然是鞭长莫及，未能解决湖北军政府内部的深层矛盾。孙中山于 4 月 1 日正式解除临时大总统职务后，离开南京暂住上海，原拟回广东处置与湖北类似的军政府内部矛盾问题，"适奉黎副总统函约相见"，"故中途来鄂"。

湖北方面之所以邀请孙中山先生来鄂，一是出于黎元洪的愿望，因为此时群英会"倒孙"事件虽已平息，不得志的首义诸人依然愤愤不平，"时露拔剑斫柱之

①《群英汇"倒孙"及孙武临时宣言四则》，武汉大学历史系中国近代史教研室编：《辛亥革命在湖北史料选辑》，湖北人民出版社 1981 年版，第 619—620 页。

②《致鄂省同志电》，《孙中山全集》第 2 卷，中华书局 1981 年，第 137 页。

态"，黎元洪仍然心有不安，以为"孙中山若惠然肯来，必有以说服而调伏之"。二是出于对孙武、黎元洪及其组织"民社"不满的同盟会会员的愿望，"同盟会支部中坚同志，往往受本为同盟会会员而脱离同盟会自组民社者欺压，（以为）总理一到，则声威立壮，而欺压亦自敛迹"①。两方面动机不一，但都盼望孙中山先生到汉一行，于是同盟会会员田桐、李基鸿手持黎元洪信函赶赴上海敦请孙中山先生。

此时孙中山先生不再是临时大总统，其身份是同盟会总理（黎元洪也挂名在同盟会，身份是协理）。黄兴担任南京"留守"，能指挥和号令南方数省军队。孙中山决定来鄂之后，即命令黄兴在南京备好军舰。4月6日晚，孙中山从上海乘专车到南京，7日晨抵南京下关乘坐，乘坐联鲸号兵舰，8时半兵舰启程。同行者有胡汉民、汪精卫、廖仲恺、吴耀月、宋子文、程明超、马伯援、庞青城、陈汉元、魏宸组，秘书宋霭龄，家属孙科兄妹，《民立报》主笔章士钊及夫人吴若男等二十余人。

二、4月9日的活动与讲话

4月9日清晨，联鲸号抵汉谌家矶，暂泊江心。众多欢迎孙中山先生的小轮船瞬间而下，围在联鲸舰四周，汽笛礼炮齐鸣，旌旗飘飞，江汉关尹黄开文、夏口县长徐兰如迎上座舰。坐舰旋驶到江汉关附近的招商局码头停泊，孙武、湖北民军第二镇统制王华国、湖北前教育司长苏成章、毕血会会长丁立中等人登舰，拥孙中山先生一行登岸，在河街（今沿江大道）上海路口的熙泰昌茶栈小憩，并接见汉口各机关团体代表，孙武以大餐招待。

午后孙中山等换乘湖鹗号兵舰渡江，孙武、王华国等乘裕川轮导行，至武昌泊在织布局外江边。湖北民军第四镇统制蔡汉卿上舰请孙中山先生等登岸，检阅仪仗队后乘马车入城，进经长街（今解放路）至都督府（今阅马场辛亥革命纪念馆）。沿途张灯结彩，军民夹道欢呼。黎元洪在都督府大门迎接，同入会议室，接见高级文武官员之后，在会客厅晚宴。席间孙武、黎元洪、孙中山均有讲话，虽多为应酬之谈，但居正的记载中有"黎赞总理功成身退，光媲尧舜。总理称黎公为民国首义之第一伟人，并谓此次解职游鄂，慰问首义同志军民，勖其精诚团结，拥护副总统，建设新民国"②等语。餐后，孙中山等前往胭脂山各省招待所（前清湖北盐道署）下榻。寝前接见了湖北省议会议员，然后和章士钊讨论社会革命问题。

---

① 《梅川日记·总理游鄂》，罗福惠、萧怡编：《居正文集》上册，华中师范大学出版社1989年版，第102页。
② 《梅川日记·总理游鄂》，罗福惠、萧怡编：《居正文集》上册，第103页。

三、4 月 10 日的活动与讲话

早餐后，孙中山先生在住所接见有关政党和社团代表。10 时，黎元洪来回拜后，孙中山等由黎元洪陪同巡视楚望台，到前清总督府署（今武昌造船厂内）前烈士就义处凭吊彭楚藩、刘复基、杨洪胜三烈士。继而再到都督府会议厅，接受军政各界 130 余人的欢迎。孙中山即席作简短讲话："民国成立，咸享幸福。推究端源，皆诸君子义同袍泽，首复武汉所致。鄙人躬逢斯盛，荣幸实多。惟破坏既终，建设伊始，顾诸君子仍须维持公益，敦促进行，恢复主权，奠定邦本，于前途有多焉。"

孙中山先生话毕，黎元洪接着发挥："我鄂虽首发大难，倘各省不闻风响应，孤城且覆，大敌益横，瓦解土崩，何堪设想。从知鄙人与诸君之尚得至今尚存，享荣誉，蒙厚福，皆各省响应之赐，而尤非中山先生预为奔走呼号，预为秘密运动，其响应正不易易也。再者革命事起，革命党销，鄙人与诸君幸勿昧革命二字宗旨，长以意气相搀，当思战争时之前棘，勿挟和平后之芥蒂，自私自利，使诈使贪，皆非我辈实行革命之初心也。务望力持斯义，善始善终。念前此伟大功业，若嗣后自行抛弃，实为有负忠告焉。"[①] 黎元洪的讲话表面冠冕堂皇，实则暗含对不满自身者的警告，尤其他有意把当时立宪派鼓噪的"革命军起，革命党销"说成"革命事起，革命党销"，更表明他对革命军和革命党一样持有戒心。

接着，军政各界三百余人在大礼堂举行欢迎会，孙中山先生在会上再就"共和"与"自由"的问题作了长篇讲话。他说："自光复以来，共和与自由之声，甚嚣尘上，实则其中误解甚多。盖共和与自由，专为人民说法，万非为少数之军人与官吏说法。倘军人与官吏，借口于共和与自由，破坏纪律，则国家机关，万不能统一。机关不统一，则执事者无专责，势如一盘散沙，又何能为国办事。"他解释其中的理由："人民终岁勤动，以谋其生，而官吏则人民所养，不必谋生，是人民实共出其所有之一部，供养少数人，代彼办事。于是在办事期内，此少数人者，当停止其自由，为人民尽职，以答人民之供奉……倘此少数人而欲自由，非退为人民不可。"孙中山先生还说："仆之解职，有两原因：一在速享国民的自由；一在尽瘁社会上事业。吾国种族革命、政治革命俱已成功，唯社会革命，尚未着手，故社会事业，在今日非常紧要。今试即中国四万万人析之，居政界者，多不过五万人，居军界者多不过百万人，余者皆普遍人民，是着眼于人数，已觉社会事业，万万不能缓

---

① 陈雾云：《中山先生驻鄂记》，《湖北文史集粹》第 1 册，第 176—177 页。

办……仆此次解职，即愿为一人民事业之发起人。"① 对于孙中山先生这篇重要讲话，陈霁云的报道一次未记，《民立报》的报道也很简短，只有居正的《梅川日记》中有全文记录。

孙中山先生讲演之后，胡汉民、汪精卫、景耀月、章士钊也有简短讲话。之后在都督府门前摄影，遂留下了孙中山先生与武汉各界代表近两百人，以及孙中山先生与黎元洪两人具有历史意义的照片。

回到胭脂山的临时住所，时间才下午 3 点。孙中山先生遂与随同诸人出住所，"登蛇山，自抱冰堂南楼直下"，"抵阅马，应武昌各界民众露天大会"。孙中山先生又发表讲话，居正论其大意谓："革命是破坏中求建设。武阳夏三镇，宜联成一片，汉口为商业区，汉阳为工业区，武昌为政治文化区。在江上建筑大桥，或凿隧道（视工程计划而定，我以为科学进步，防空种种，是隧道好），联络武汉。从汉口后湖上通襄河，下至碌家矶，开一运河，引汉水入江，将襄河口慢慢填起，使阳夏毗连成一起。复在武昌上游开一运河，经南湖、东湖、下新河入江。于是武汉三镇，中有大江，南北有两运河，又为京汉、粤汉两路中心，形成一个大都会。若以之建都，亦是理想上之都城云云。"② 听众兴奋鼓掌，高呼万岁。孙中山等回住所，又接见各报记者及各团体代表。当晚，为减少孙中山先生分别应酬之烦，同盟会湖北支部、民社、商会、自由党、社会党、事业团等在住所联合招待孙中山先生一行。

而武汉当地记者陈霁云对孙中山先生 4 月 10 日下午的活动和讲话的报道都略有不同。该报记载：下午 3 点钟后，孙中山先生一行"由行辕之西市，假甬道于南楼，经官钱局，随绕泮宫，出平湖门，因观江水"。"延伫江干"，"钟移申刻"，即到下午四、五点钟，"中山先生乃拟寻黄鹄矶晋城"，此时有汉阳门城外居民、演说团、社会党各代表聚集奥略楼下欢迎。孙中山先生有感于群众的热情欢迎，又作简短讲话，大意是："今得至武昌城头，奥略楼下，与诸君从容接谈者，是固予与莫大之幸福，而尤有莫大之希望焉。何以言之？当予流离外洋，提倡革命二十余年，不敢自逸。去岁八月十九，武昌起义，及各省响应，普天同仇，才造成同目前之中华民国，并存留此宏阔壮丽之江边古时楼，使予亦得归而畅谈其间。抚今慨昔，岂非予莫大之幸福？"

孙中山先生接着说："中华民国，目前既经成立，已非满清专制时代。诸君即须知，既系中华民国国民，已非满清专制时代百姓，自今伊始，即当各行中华民国

---

① 《梅川日记·总理游鄂》，罗福惠、萧怡编：《居正文集》上册，第 104—105 页。
② 《梅川日记·总理游鄂》，罗福惠、萧怡编：《居正文集》上册，第 105 页。

事业，即当各尽中华民国国民义务，勿复循满清专制时代作百姓之习惯性，奴隶我也，听之；混沌我也，听之；瘿瘤我也，听之，仍将百姓比例国民，此即大谬大谬。端宜本国民天职，扫除作百姓故态。是即予所挟之希望也。"他还说："且目前中华民国，亦即我目前国民所造成，倘非同心协力，人人有第一等国民思想，断难收此大效。惟既有第一等国民思想，造成民国，更须以热心毅力，再将此民国造成世界上第一等民国，则予方敢确认我目前国民，信（为）世界上第一等国民。世界上之国民，（亦）信惟我中华民国国民为第一等国民。予所谓尤有莫大之希望者，如是如是。"

随后胡汉民、汪精卫、景耀月也作了讲话。散会后孙中山先生一行"并与登楼，极目望远。旋至抱膝亭，至吕祖阁，而婆娑鹅字碑下久之"[1]。直至夕阳西下，一行才回住所。

而《民立报》三天后报道孙中山先生 10 日下午的活动情形说："四时，在共和促进会受十三团体联合会欢迎，演说谓吾国种族、政治革命已成功，当即着手社会革命，联合各团体一致进行"，"旋又赴黄鹤楼接受演说团招待，又演述革命后吾人应担之责任心。"[2]

大约因为上述报道过于简略，到 4 月 16 日《民立报》又刊载了章士钊的《孙前总统社会革命谈》一文。这是作者 10 日下午亲耳在共和促进会等团体的欢迎会上听孙中山先生演讲的现实记录。原文较长，中心意思是号召各政党和团体"以其一致之精神"，着手"社会革命"。为此讲话首先展开批驳说："今之反对社会革命者，谓中国之当急者乃政治问题，至社会问题则相去尚远。盖吾国生活程度低，资本家未尝发见，欧美现象与吾相反，社会主义且忧其扞格不入，奚言吾国？"孙中山先生称"为此言者，真浅见之徒，不足与之言治也"。接着他分析说，当初欧美"改良政治"即发生资产阶级革命时，"社会之流弊未生，彼以为政治良，百事皆良，遂不注意于社会事业，及至社会事业败坏，至于今日之欧美，则欲收拾之而转无从"。孙中山以美国的情形为例，称"美洲之不自由，更甚于专制国。盖专制皇帝且口不离爱民，虽专政无艺，犹不敢公然压抑平民为职志。若资本家则不然，资本家者，以压抑平民为本分者也，对于人民之痛苦，全然不负责任者也。一言蔽之，资本家者，无良心者也"。孙中山强调，"今吾国革命，乃为国利民福革命，拥护国利民富者，实社会主义。故欲巩固国利民福，不可不注重社会问题"。如何注

---

① 陈霁云：《中山先生驻鄂记》，《湖北文史集粹》第 1 册，第 179—180 页

② 《武昌电报》，《民立报》1912 年 4 月 13 日，第 3 页。

重？孙中山先生认为，像欧美"今日社会上补苴罅漏之政策"，不能从根本上解决工人和资本家的对立，"同盟罢工之事，然总无效"，因为"工人皆贫，无持久之宿粮……逾两三月，工人已不能耐饿，不得不以原值（工资）俯就羁勒。至用货者（消费者）有时亦复同为资本家所扼，……终不得不就而购之，"所以"罢工一事，乃无法行，其社会主义而始用之，以发表其痛苦，非即社会主义也"①。孙中山先生的意思是，中国成为民国以后，也将逐步从农业国发展为工业国，因而要汲取欧美的教训，防止产生工人和资本家的分化与对立，贯彻他"平均地权"、"节制资本"的所谓社会主义政策。

至于10日傍晚孙中山先生一行在武昌江边黄鹄矶所登之楼，多数报道包括本地记者陈霁云均称为黄鹤楼，但孙中山的演说开头就说"今得至武昌城头，奥略楼下，与诸君从容相谈"，即称此楼为奥略楼，就像前面所记孙中山先生谈到武汉的一些河流、湖泊名称一样准确。原来历史上的黄鹤楼就曾几毁几建，至清初又毁于战火，这次几乎隔了两百年，到1868年才重建，但仅仅十六年后，1884年又毁于火。因张之洞在湖北经营多年，1907年调任军机大臣入京之后，其在湖北的门生故吏和当地绅商为纪念他，遂在黄鹤楼原址附近建造一楼，命名风度楼。张之洞在北京闻知消息，曾假意致电阻止，但楼依然建成，张之洞遂根据《晋书·刘弘传》中"恢弘奥略，镇绥南海"一语，亲书匾额"奥略楼"送鄂，故风度楼改名奥略楼（该楼在1955年修建长江大桥时拆除）。由于奥略楼与张之洞的这层关系，孙中山先生等登临时自然会想到去世才四个年头的张之洞，他说："以南皮造成楚材，颠覆满祚，可谓不言革命之大革命家。"②此语独见于《时报》四天后的报道，但应该不是虚构。

四、4月11日的活动与讲话

早餐后，有同盟会忠实同志牟鸿勋、李四光、熊继贞、李春萱、曹伯勋等人到孙中山住所问候起居，并请示工作。孙先生就当时局势提出八大政纲："一、搜罗人才；二、建设议院；三、订办选举；四、绘制服图；五、研究官制；六、改编军队；七、厘定饷章；八、振兴利源。"③

上午10时，由黎元洪指派湖北民军第一镇统制黎本唐随行护卫，从武昌乘船

---

① 行严：《孙前总统社会革命谈》，《民立报》1912年4月16日，第2页。
② 《孙中山游鄂之续志》，《时报》1912年4月15日第3版。
③ 陈霁云：《中山先生驻鄂记》，《湖北文史集粹》第1册，第181页。

到汉阳，赴汉阳铁厂和湖北兵工厂巡视。孙先生目睹两厂在阳夏战争中所遭破坏，指示须在两三年内全部修复，有人报告此举约需五六百万巨款，孙先生表示将设法筹措。随后孙先生与随行人员登车，"纵览战时火线一周"，凭吊牺牲将士。本来还要登临龟山，汉口来人报告，称欢迎团体已恭候多时。孙中山一行遂乘小轮渡汉水，在汉口武圣庙码头上岸，乘马车从存仁巷沿后城马路（今中山大道六渡桥至江汉路段）转至英租界。所经之处原为繁华的市廛，半年前被清军烧成一片废墟，残垣断壁，怵目惊心。孙先生面色凝重，仍不断向夹道欢迎的汉口市民挥手致意，并表示决心为重建汉口筹集资金。然后到达熙泰昌荣城小栈小憩。

下午 2 时，汉口三十六团体联合举行欢迎大会。会上，胡汉民先向在座者介绍了孙中山先生个人的革命奋斗经历，并称先生此次来鄂所以表达的"三大感情"："一则调查战迹，凭吊忠魂，即对于我武汉军人之感情。二则伤痛瓦砾，督促建筑，即对于我武汉商人之感情。三则哀念流离，抚恤疮痍，即对我一般国民之感情。"[①] 胡汉民讲话之后，孙武代表湖北民社发言，略谓"先生之词，毫无流弊。惟社会主义须从学理论上研究武汉人恐尚无此程度，倘人民误解，视夺人财产，扰乱秩序为社会革命，则极危险，望先生多为学理之说明"[②]。孙武显然是对前一天孙中山先生关于社会革命的讲演持有不同意见。

对于孙中山先生的当场回答，即 4 月 11 日下午在汉口三十六团体欢迎会上的演说，有关记载各不相同。居正的《梅川日记·总理游鄂》显然是把前一日孙中山先生在武昌的讲演当成了本日在汉口的讲演。经反复比对，发现 4 月 15 日《申报》的所载和当地记者陈霁云所论文字大抵相同，因而较为可信。故摘引《申报》记载如下："武汉首义，阳夏鏖兵，诸君子惨淡经营，以达种族革命之目的。今满人已推倒，南北已联合，共和已定局，使文见今日成功，实属大幸。以前专制政体业经过去，将来建设一切，仍赖诸革命大家极力维持。今日团体发达，种种自由，既较清政府为佳，而维持自不容稍缓。其间真理约分二宗：一政治，一言论。有言论以补助团体，有团体以补助政党，则事易举，功易成。团体不可多，多则力分，一方政党，一方民党，民国初基，似此纷纷发起，殊非正轨。然揣其原因，均不外出力为民，如宁如沪，类皆纷纠，于是便有意见，有意见便不能为民国办事。必须大众统一，成一极大民党，始可以监督政府。须知此时与专制时代不同，人人皆为共和国民，人人皆应造共和民国。文等提倡革命，凡分三级，一种族（革命），此级已经过

① 陈霁云：《中山先生驻鄂记》，《湖北文史集粹》第 1 册，第 183 页。
② 《武昌电报》，《民立报》1912 年 4 月 14 日，第 3 页。

矣；二政治（革命），现政治虽云改革，而陈陈相因，仍将障碍；三社会（革命），将来恐发生大资本家握优胜权，使人民仍不得平等。然今日预为计算，万不能使今日再有流血之革命。"接着孙中山先生又历数英美各国社会劳资对立的严重，表示深惧中国将来发生这种不良恶果。最后表示："文今日并非功成身退，其实暂离此职，再与诸同胞共筹此举。今既承各团如此盛礼，文实感谢。文无多言，唯愿与各团体共怀一国利民福之心斯已耳。"报道之末还说，"嗣由孙武君再述先生之意，谓先生今日所言社会革命，非谓今日再将流血，实谓今日及早预防，莫再令其流血耳"①。

欢迎会结束时，湖南军学各界又在湖南会馆举行欢迎会，孙中山先生不克分身，嘱王经纬代其前往，孙先生一行及欢迎会代表者同赴清理阳夏公产局摄影留念。清理阳夏公产局设原大清银行大楼（新中国成立后为武汉市儿童图书馆），为阳夏之战时汉口大火中华界建筑之幸存地标。晚间，孙中山先生一行出席广东同乡会、汉口商会联合举办的宴会。10时，孙中山先生归宿停泊汉口江滨的联鲸舰。

五、4月12日的活动与讲话

上午8时，孙中山先生一行乘联鲸舰抵武昌，上岸后到都督府辞行，与黎元洪交谈"甚久"，但内容未公布。经催请，约10时与黎元洪乘马车到都督府左后侧山坡的湖南会馆出席同盟会湖北支部举行的欢送会，陈霁云称与会男女不下两千人。会上，欢送会总代表张道仁首先致辞，然后由骆继汉用文言讲"地之感情"、"时之感情"、"人之感情"，表达对孙中山先生的敬爱。

孙中山先生又作了长篇讲演。他先说到"去秋武昌首建义旗，各省响应，不数月而满清已覆，民国以成。虽共和政体犹未组织美备，难语完全，而民族、民权之目的，已庶几达其八九。惟民生问题，种种繁难，建设方兴，动形滞碍，将来尚须诸会员及海内外同胞，齐心协力，急起直追，务达此目的而后已"，即仍然强调通过社会革命解决民生问题。接下来，他集中谈到民国政府的建都地点问题，在强调"都城者，木之根本，而人之头目也"，为"民国存亡利害之关系"之所在之后，孙中山概括当时建都地点的主张有三种，即燕京（北京）、江宁（南京）、武昌三处。他分析说，主张燕京者以为可以借此"控制满洲、驾驭蒙古"，但是没有考虑到"日、俄逼处"，满蒙"早在其势力范围以内，即燕云诸州，孤悬北塞"，而且燕京城内外"外兵云屯，眈眈虎视，沽津等炮台既撤，永难添筑"，生死存亡，几乎由

---

① 《中山先生社会革命谈》，《申报》1912年4月15日第3版。

外人决定，故"欲求巩固安全之策，（都城）诚非改设南方不可"。设在南方，又有人提出，"海岸线之短长"关系到"国家文明发达之迟速"，因而"宜都福臻殷繁之上海"。孙中山先生则认为，"堂奥不深，徒有门户街衢相接，奚恃关键？上海孤恃海隅，环伺租界，屏障而资航线，尾闾而建屋瓴，均势理之所未堪信者"，即认为上海不宜建都。溯长江而上，只有南京、武昌可供选择，而且武昌优于南京，"其枢纽总揽，水陆交通，南足以连巴蜀滇黔，北足以控秦晋伊始，指臂两湖，角犄三镇"；从长江口"溯吴淞而上，镇（江）、芜（子矶），宁（南京），皖（安徽），叠锁重关，居中驭外，终当目武昌为天府"，也是"天下之根本，而上游之头目"。但回到眼前现实是，当时南北统一，袁世凯借口北方地势不稳，拒绝定都南京，南京临时参议院已被迫同意袁世凯在北京就职，所以孙先生在讲话的最后说，"刻惟局势窘迫，不得不权行迁就焉耳"①。

分析孙中山先生此番讲话的深意是，如果就地理、形胜，特别是为防备列强武力入侵而言，中国在当时和此后一段时间内，武昌最适于建都。因为同时在湖北同盟会支部致《民立报》的电报中还有这样几句话，也是孙先生的意思，"至建都于南京、武昌，皆有同等价值，而武昌距海远为最安全。先生主张建都武昌。三十年后，国事巩固，则都城无论在何处皆可"②。由此可见孙先生对列强侵略的警惕和预见，他的这些考虑对 1927 年后国民政府定都南京肯定有一定影响。

黎元洪继之发言，在说了"民国有成……皆中山先生万斛血泪，廿载热忱，有以鼓吹而激荡之，督促而收拾之也"的恭维话之后，所说尽是"心往空同之颠，兴寄广莫之野，而神游乎天地之一气"，"万方多难，吾国愿先生底定人寰；五蕴皆空，吾又愿先生坐观自在"等令人难解真意的文言。其后，胡汉民、汪精卫、景耀月、马伯援皆有简短发言。欢送会场还陈列有武汉各界和民间人士的诗词、书法作品，表达各自对辛亥革命胜利的祝贺和对孙中山先生的祝福，其中有"甫及龀龄"的黄陂女孩冯铸（字治吾）所写的自撰联语，"所作空前绝后，其人长乐永康"③，内容、书法俱佳，得到孙先生赞赏。会后同盟会湖北支部设宴饯行。

当天下午，孙中山先生留书二函。其一致武汉欢迎团各团体，向"首义诸君子暨父老昆弟"表示"谢恫"；一致武汉报界联合会，自称此次来汉意在"慰百战之辛劳，谋建设之端绪。诚知非数日所能竣事，只愿以最短之时间，慰向来之渴想"，

① 陈霁云：《中山先生驻鄂记》，《湖北文史集粹》第 1 册，第 187—188 页。
② 《同盟会鄂支部关于集会欢迎孙中山致民立报电》，辛亥革命武昌起义纪念馆、政协湖北省委员会合编：《湖北军政府文献资料汇编》，武汉大学出版社 1986 年版，第 267 页。
③ 陈霁云：《中山先生驻鄂记》，《湖北文史集粹》第 1 册，第 188、189、193 页。

还说"此次民国成立，舆论之势力与军队之势力相辅相行，故曾不数月，遂竟全功。我报界诸公鼓吹宣导于前，尤望指引维持于后，俾我国民得所指南"①。即高度肯定湖北新闻界在辛亥革命中的宣传鼓吹之功，并勉励其嗣后继续努力。随后，孙中山先生一行与黎元洪等众多送行人士告别，出武昌文昌门，5时登上联鲸舰，随即鸣笛下驶。总计孙先生一行在武汉停留四天三夜。

六、孙中山先生来访的反响和意义

从孙中山先生在武汉的多次演说，和前述由胡汉民代达的"三大感情"之说，很容易理解孙先生来访首要表达的是对湖北这个"首义之区"的关怀，包括对武昌起义和阳夏之战中英勇奋战的军民，对曾大力支持革命的工商界、学生界、报界和广大市民的慰问，还有对战火中的不幸牺牲者和汉口、汉阳战场的凭吊。对于孙先生的伟人风采，平易近人的态度和出自肺腑的多次讲话，三镇居民自然报以热情的欢迎。陈霁云的文章中多次以"万人空巷"、"鹄立迎迓"、"嵩动三呼"、"掌声如雷"来形容当时的欢迎场面，并总结："中山先生驻鄂以来，无老幼、无妇竖、无远近、无贤愚，不及欢迎以口者，辄欢迎以目；不及欢迎以目者，辄欢迎以耳。得蒙接见者，欢迎以其言；否则，欢迎以其心。得聆德音者，欢迎以其掌；否则，欢迎以其文。"他还特别记下了儿童在街上列队游行时的三字歌谣："孙先生，打满清，把黄兴，守南京。到湖北，是福星，他说话，我爱听。"② 章士钊先生的《鄂游感书》也提及，他之追随孙中山先生一行访鄂，"实震于鄂人之义声"，即有感于半年前湖北人民的首义壮举。此次来后，果然感受到"鄂人好义而质直"，"鄂人之欢迎前总统孙君，在亲睹其状者，可立决为出于诚意"③。不过这些台面上的描述反映的只是广大市民和湖北民军—普通官兵，还有一些忠实的同盟会会员的态度，而黎元洪、孙武等人尽管面上热情周到，内心却另有文章。

前面说到，孙中山先生的此次武汉之行，起因当然是应黎元洪和同盟会湖北支部同志两者之请，试图出面解决当时湖北军政界孙武与原文学社成员的矛盾，以及同盟会湖北支部与黎元洪、孙武为首的"民社"的矛盾。但孙中山此时基于对全国政治局势的考虑，正在谋划一个更重大的行动，即组建国民党。因为民国初成，一

---

① 《孙中山答谢武汉各团体布告》，《孙中山致武汉报界各联合会函》，辛亥革命武昌起义纪念馆、政协湖北省委员会合编：《湖北军政府文献资料汇编》，第 268 页。
② 陈霁云：《中山先生驻鄂记》，《湖北文史集粹》第 1 册，第 191、193 页。
③ 行严：《鄂游感书》，《民立报》1912 年 4 月 15 日，第 2 页。

时政党、派别林立，政见所歧，而同盟会经多年发展，参加者人员复杂，组织涣散，行动不能一致。加上此时南京临时政府解散，袁世凯已获取总统大位，故亟需建立一个政治纲领鲜明、思想行动一致的大政党，作为在野党来监督执政者，以巩固革命成果，推动共和民国的建设。这项工作的筹备在 4 月 1 日孙中山正式辞去临时大总统职务即已开始，到同年 8 月即正式宣告了国民党成立。

由于湖北是首义之地，而且湖北军政府都督黎元洪是南京临时政府的副总统，3 月中旬在南京召开的同盟会大会上刚被举为"协理"之一（另一协理为黄兴），袁世凯接任临时大总统之后，黎元洪仍担任总统，在政界具有一定影响，是孙中山先生和袁世凯同时争相拉拢的目标。而孙武也是为反清革命奔走十余年的老革命者，在共进会和湖北民军中有一定势力。尽管在南京临时政府期间，黎元洪和孙武等为南北和谈及各省代表会召开的地点问题，临时政府中他们的职位问题，还有以汉冶萍公司为抵押向日本银行借款的问题等等，多次与孙中山等领导班子意见相左，直到另立山头"民社"，但孙中山先生仍然希望黎元洪、孙武等能和同盟会以及未来的国民党保持一致，不要倒向袁世凯。所以孙中山先生在 3 月 7 日得悉"群英会"倒孙事件之后，立即致电"湖北同志望对孙武'格外原谅'"，又致电黎元洪，请转告各界"无伤同气，无害功能，以免使望门投止，状类逋逃"①，即不要逼得孙武逃避他处，更为人所利用。访鄂期间，孙先生多次讲到近日社会上"团体太多"，造成意见分歧，力量分散，公开号召"必须成一极大民党，始可监督政府"；在对李四光等忠实人员提示出"八大政纲"，时把"搜罗人才"放在第一位。所以表现在行动上，孙中山先生仍然礼待孙武，赞扬黎元洪，他和黎元洪未公开的长时间谈话，内容也可想见，当然黎元洪的态度不甚明确。

他在思想理论上和目标号召方面，孙中山先生在民国元年宣传的一个重点是"社会革命"。在武汉四天中也有三次提及：4 月 10 日上午在湖北军政府礼堂内的欢迎大会上曾经讲到；当天下午在共和促进会等十三团体联合欢迎欢迎会上更做了进一步的阐述；11 日下午在汉口三十六团体联合会上又再次简单答复了孙武的提问。其中 11 日下午那次谈社会革命时间，表明由孙武貌似请教实则反对的发言而引起，但孙中山先生心知其意，故答复比较简短。对照前引 1912 年 4 月 15 日《申报》上的《中山先生社会革命谈》（内容为孙中山先生 11 日下午的讲演），即可发现 11 日的讲演中没有再说"资本家者，无良心者也"的表述，却由增加了"万不能使今日再有流血之革命"的话，显然孙先生这天的讲话有回答孙武和在座中的汉

---

① 陈锡祺主编：《孙中山年谱长编》上册，中华书局 1991 年，第 674 页。

口中小资本家代表的担忧在内。

同行的胡汉民也曾回忆说："先生于武昌、汉口两处，受群众热烈之欢迎。先生莅会，俱为民生主义演讲……听众颇为感动。而孙武等则纷为传单，反对先生，谓先生于此时乃主张第二次革命民生主义云云，不啻为武汉间流氓暴动之导火线。黎氏亦谓余曰：'武汉之局，方忧动摇不安，先生奈何言此?'，余知其不可以理喻也。"①可见黎元洪、孙武与孙中山先生的思想分歧。

代表共和党和进步党主张的《神州日报》和民社的喉舌《民声日报》害怕孙中山先生等影响扩大，他们嗅到了一些蛛丝马迹，于是极力夸大事实，挑拨离间。4月14日，上述两报都刊出"汉口专电"说孙先生"在黄鹤楼演说社会革命，次日铜元局工人即同盟罢工，鄂中顿见纷扰"。又说"孙君在汉口演说，听者相顾错愕，无拍掌赞成者"，又说"黎副总统不肯正式承认为同盟会协理"而孙先生邀请黎元洪出席12日上午同盟会湖北支部举行的欢送会，"黎君于会场中始终未发一言"。章士钊以亲历现场的所见所闻，对此不实之词赶紧进行反驳。他首先强调"孙君之演述社会革命，乃预防大资本家之发生，非对于现实生计状况有所鼓吹"，且谓"同盟罢工为社会主义，乃一时之谬说，正孙君所辞而辟之者"。文章说，记者"十二日午前亲往该（铜元）局视察，见局机赶铸铜元，方绝忙迫"，根本没有罢工纷扰之事。又说"孙君在鄂所有演说，无不博听者绝对之欢……该电谓听者相顾错愕，无拍掌者，此诚向壁虚构"。最后又说到黎元洪的态度，称"黎君之为同盟会协理，不自今日始，其肯正式承认与否，非论者所知，特开会时所设之协理席，则黎君确往就之。孙、黎同赴同盟会……孙、黎亲致祝词，高呼孙先生万岁，致全场雷动"②，强力反驳了上述两报的"讹言"。鉴于各报对孙中山先生谈社会革命的报道各不相同，4月16日的《民立报》以较长篇幅刊登了前引《孙前总统社会革命谈》，后人可以清晰地看到《民立报》上章士钊的文章意在表现孙中山先生的正面效应，希望此行能达到使首义之区军民与孙中山先生思想行动一致的效果，其报道也符合现场的实际情形；《神州日报》和《民声日报》有时虚构事实，公然挑明背后的立场和思想差异，显然是把握了黎元洪、孙武等人的立场和意向，此后黎元洪和孙武果真更明显的倒向袁世凯。孙先生争取黎元洪、孙武的工作虽然不算成功，但却充分显示了一代伟人海纳百川的宽宏大度。孙中山先生当时在武汉的系列讲话还体现了他的远见卓识，孙先生鉴于欧美资本主义国家的贫富对立，尤其是资本和

---

① 《三十随同总理游历武汉》，《胡汉民自述》，人民出版社2014年版，第106页。

② 行严：《鄂游感书》，《民立报》1912年4月15日，第2页。

普通劳动者的永恒矛盾，提出民生主义的社会革命，其用心和立场是完全彻底地为了中国和世界最大多数的劳动人民的福祉和尊严，他多次批评反对社会革命者为"浅见之徒，不与言之"，足可视为对治国者的警钟长鸣。

最后从物质建设的角度看，孙中山先生此次访汉演说中谈到把三镇分别建成政治文化区、商业区、工业区，把武汉建成国际港口，修建长江大桥和江底隧道，以及开挖新运河等事项，都成为几年后孙中山先生《实业计划》中的现代化蓝图，更在几十年后成为现实。生生不息的武汉人民将永远从 1912 年孙中山武汉之行中受到启迪和鼓舞。

（作者单位：华中师范大学中国近代史研究所）

孙中山与"五四运动"互动再探

王 杰

关于孙中山与"五四运动"互动的研探，学界经已对孙中山和运动的关系做了较为系统的梳理[①]，然而，对以往成果的写作思路及论述逻辑的内在脉理再考察，不难发现，仍有一些问题有待商榷。比如：一是将"五四运动"和"新文化运动"混为一谈，在概念论述上存在漏洞[②]；二是，主观夸大"五四运动"对孙中山个人的影响，应该指出，孙氏对革命力量的思考及文化取向是其后来革命道路发生转向的根本原因（内因），不能将"外因"（运动启迪）提升到"根本缘由"层面；三是，个别论作之成说有嫌"知果溯因"，将"五四运动"和孙中山晚年很多重大的历史事件（特别是 1924 年国共合作的决策）人为地联系在一起，既忽略了两者之间的"时间差"，又无视了两大史实之间其他重大因素建构起来的联系及影响，等等。

本文试图秉承实证主义的原则，从现有史料出发，再次爬梳五四运动爆发时孙中山的个人态度与应对举措，进而揭示"五四运动"与孙中山互动关系的"本来"面目，用以厘清某些以偏概全之推论，以浅显之辨析就教于学界耆宿。

[①] 相关成果：高德福：《五四运动与孙中山》，《南开史学》1986 年第 2 期；唐志勇：《五四运动对孙中山的影响》，《山东师大学报（社会科学版）》1986 年第 6 期；张德旺：《论五四运动中孙中山为首的资产阶级革命民主派》，《求是学刊》1987 年第 5 期；邱济舟：《五四运动与孙中山晚年的思想转变》，《吉林师范学院学报（哲学社会科学版）》1989 年第 2 期；陈德谠：《孙中山与五四运动》，《贵州师范大学（社会科学版）》1989 年第 4 期；周兴樑：《五四运动与孙中山爱国民主革命思想的新发展》，《贵州社会科学》1995 年第 1 期；徐卫东：《试论五四运动对孙中山的影响》，《江西教育学院学报（社会科学）》1999 年第 1 期；黄振位：《孙中山与新文化运动》，《广东社会科学》2001 年第 5 期；左瑞成：《简论五四运动时期孙中山的政治作为》，《理论月刊》2003 年第 11 期；董德福：《孙中山与五四运动关系辨正》，《学术研究》2006 年第 2 期；杨勇、章征科：《孙中山工农观的转变——基于五四运动前后工农运动的考察》，《桂海论丛》2011 年第 5 期；傅绍昌：《孙中山对五四运动的声援与推动》，《历史教学问题》2015 年第 3 期。

[②] 学人有"五四新文化运动"之说，是为典型表现。应该指出，发生在新文化运动期间的五四运动，是一场反帝反封的爱国主义政治运动，其宗旨与提倡民主与科学的新文化运动主旨不同。

（一）孙中山和五四运动关系概要

"五四运动"由外交事件引发，突如其来，是一场以青年学生为尖兵，工商阶层以"罢工"潮为后援，助推了运动波澜壮阔之发展，旗帜鲜明地彰显了其相对彻底的反帝反封建爱国运动的内涵。孙中山作为民主革命的先行者、中华民国的缔造人，在这次爱国运动中，他没有以主动的姿态投身潮流前沿，运动伊始，孙氏抱持极大的兴趣关注，随着运动的深入，他尝试介入，后期，略有参与运动的行为。

孙中山对"五四运动"的"迟缓"反应，事出有因：运动本身具有偶发特性，孙氏长期从事军事政治斗争，特别是"护法战争"失败伊始，其并未先知先觉该场运动的到来；"五四运动"以学生打头阵，工商阶层以"罢工"作后援，推动了运动发展，这与孙氏之前的历次革命运动表现出不同的特点。对孙中山而言，可谓是从未遇见：学生、工人运动的崛起，孙中山并没有料及，更谈不上有方法予以掌控；其时，深受护法运动失败刺激的孙中山正苦苦思考"中国出路何在"的问题——护法运动失败，孙中山蛰居沪上寓所，领着一批具有新思维的年轻人，以著述为要务，描摹和探索中国的出路所在，思考"革命党人"如何才能担当起救国拯民的重任。其时，著述《心理建设》（后改名《孙文学说》）、《会议规则》（后改名《民权初步》）和《实业计划》（三书合成《建国方略》出版），筹划改组"中华革命党"为中国国民党，成为孙氏工作的重中之重。因而，即使"五四运动"席卷到上海的家门口，孙中山也并没有直接参与其中。只是，运动所彰显出来的时代新力量给予孙氏以振聋发聩的启迪时，他才有所行动。

自"五四运动"爆发始，孙中山就关注运动的发展，5 月 6 日，孙中山接到邵力子汇报北京学生运动情况的电话，当时，就嘱托"《民国日报》要大力宣传报道北京学生开展的反帝爱国运动，立即组织发动上海学生起来响应"①。关注和鼓励青年学生反帝爱国运动是孙中山最早对"五四运动"的直接态度，随着运动的不断进展，特别是"工人"政治力量凸显出来之后，北洋政府无奈做出"让步"，孙中山尝试介入且略有参与的政治抉择。孙氏介入和参与主要表现于两个层面：一、鼓励学生参加运动，策动多种渠道与方法保持与学生之间的联络；二、营救被捕学生和陈独秀。

孙中山尝试多种方式以保持与参与运动的学生之间的联络。方式大致有：一、通过回复信函的方式，支持和激励学生参与爱国运动，同时对学生运动提出指

---

① 陈锡祺主编：《孙中山年谱长编》下册，中华书局 1991 年版，第 1172 页。

导意见。8 日，在回复陈汉明上书时明确表示，"代答奖励，云此间有一分之力，当尽一分之力也"①，为了鼓励青年学生，孙氏于 12 日再次复函说："此次外交急迫，北政府媚外丧权，甘心卖国，凡我国民，同深愤慨。幸北京各学校诸君奋起于先，沪上复得诸君共为后盾，大声疾呼，足挽垂死之人心而使之觉醒"，鼓励学生们"坚持不懈，再接再厉，唤醒国魂。"② 二、委派国民党同仁专门负责与学生的联络工作，建立起本人与学生沟通的桥梁。当时被孙中山委派具体负责与学生联络的是从比利时留学归来的黄大伟，他在协助孙中山著述《建国方略》的同时，又负责与学生运动保持沟通联络，既将孙中山的心声传达给学生，又将学生们的呼求呈报孙中山。三、频繁接见学生，耐心倾听学生呼声，同时寄予深切期望。接见学生来访，孙中山比较耐心，主动接见的次数也较为频繁，"在他最忙碌的日子里，他也从不拒绝那些成群跑来找他谈话的男女青年们"③。运动爆发之后，孙中山多次接见参加游行示威的学生，鼓励并给予深切的希望。5 月 29 日，孙中山接见许德珩、黄日葵等北京学生代表，听取他们对北京学生运动及北洋军阀政府罪行的汇报，孙中山"抚慰有加，表示同情和支持学界的斗争"④。6 月 2 日，孙中山接见何葆仁、朱承洵等学联代表，详细了解上海示威游行情况，对沪上学生团结一致反帝爱国的斗争精神表达了热烈的褒扬。6 月初，孙中山在接见学联负责人朱仲华时，鼓励学生再接再厉，向学生提示"要扩大阵线，尽可能设法使上海商界参加到爱国行动中来，要敢于向帝国主义盘踞的租界进军"⑤。

在营救被捕学生方面，主要体现于"致电北洋中央政府"、"敦促广东地方军阀释放被捕学生"两份电报。5 月 9 日，孙中山和岑春煊等人联合致电北洋总统徐世昌，称颂"青年学子以单纯爱国之诚，逞一时血气之勇，虽举动略逾常轨，要亦情有可原"，并警示他要"洞明因果，识别善恶，宜为平情之处置"。⑥ 7 月中旬，致电广东军政府，要求立即省释被捕之工学界代表，指出："盖民气以愈激而愈烈，若专恃威力，横事摧残，不惟粤人之所公愤，亦即全国之所不容也。"⑦

为了营救陈独秀，孙中山直接让许世英带话给北洋中央政府，督促其尽快释放陈氏。1919 年 9 月，孙中山在上海会见许世英，强调陈独秀被捕之事，严正指出：

---

① 罗家伦主编：《革命文献》第 48 辑，正中书局 1958 年版，第 354 页。
② 《复陈汉明函》（1919 年 5 月 12 日），《孙中山全集》第 5 卷，中华书局 1985 年版，第 54 页。
③ 宋庆龄：《青年与革命》，《宋庆龄选集》上，人民出版社 1992 年版，第 39 页。
④ 许德珩：《为了民主与科学》，中国青年出版社 1987 年版，第 74 页。
⑤ 朱仲华：《回忆孙中山先生》，《团结报》1981 年 5 月 30 日。
⑥ 郝盛潮主编：《孙中山集外集补编》，上海人民出版社 1994 年版，第 232 页。
⑦ 广州青年运动史研究委员会编：《五四运动在广州资料选编》，第 96 页。

"你们做得好事（——逮捕陈独秀事），很足以使国民相信我反对你们是不错的证据。"斥责许氏说，"你们也不敢把来杀死……死了一个，就会增加五十、一百。你们尽做着吧！"① 许世英其时唯唯是诺。及至九月中旬，坐了九十八天牢狱的陈独秀被释放，这与孙中山强硬表态应有一定关系。

对商人罢市，孙中山洞观全局，所表现的"策略性"不失为理智的体现，他不主张坚持长久"罢市"，担心商人从斗争阵营退出。孙中山对来访的学生说："你们发动罢市，很好。但是，能发也要能收"，"罢市已将一星期了，你们知道商人不做生意要有损失吗？如果商人们支持不了，自动开市，那时学生会的威信就大大的减少了，不如由学生会主动劝商人开市，这样，商人以后就更能听你们的话了。"②这表明孙中山对"大局"走势有自己的主见。

考察历史事件的生发与结局，应该注重与事件可能发生的多种关系。其中，因果是较为重要的一种。如何判断"五四运动"和孙中山之后的政治举措有无直接关系——历史不能假设如果。如果要说没有"五四运动"是不是意味着孙中山就没有之后的政治举措？不言而喻，答案是否定的。作者并不欣赏一些学者所谓从"深层次"挖掘"五四运动"和"孙中山晚年政治举措"的思维。因为，这样做会将两大历史事件之间发生的史实予以人为抹杀。譬如护法战争后，孙中山对国情有了新的认知，提出了"一丘之貉"说和"陈土"论。这里需要指出的是，两者能否与"五四运动"直接联系？"一丘之貉"说是孙中山在护法运动失败后对南北军阀的深刻感悟和鲜明总结③，南北方的新旧军阀以自我利益为追逐对象，置国家人民利益于不顾，孙中山甚为愤慨。"陈土"论并非是某一时某一事的总结，它根源于孙中山对革命运动屡遭失败的反思："八年以来的中华民国政治不良到这个地位，实因为单破坏地面，没有掘地底陈土的缘故。"④ 自武昌首义以来，革命党人的浴血奋斗并没能实现建立真正"共和国"的目的，从袁世凯复辟、二次革命、中华革命党讨袁、护国战争，到"护法战争"，每每都有革命者的身影，但是，革命者始终没能够走到政坛核心，国家权柄沦为北洋军阀的玩物，痛定思痛的孙中山百般思考"共和"何以不得立的根源，最后才有了"陈土"论的思考，由是才有了与儒学传统"知易行难"相悖的孙氏"知难行易"学说，并开始探索对国民性的改造，以"（三

---

① 《沈定一给胡适的信》，中国社会科学院近代史研究所中华民国史组编：《胡适来往书信选》上，中华书局 1979 年版，第 77 页。

② 何世桢：《对孙中山先生的片段回忆》，《20 世纪上海文史资料文库》第 1 辑，上海书店出版社 1999 年版，第 97 页。

③ 邹鲁：《中国国民党史稿》第 3 编，民智书局 1929 年版，第 1085 页。

④ 《改造中国中之第一步》，《孙中山选集》上，人民出版社 1956 年版，第 424 页。

民）主义"来武装民众。

（二）五四运动对孙中山的直接影响

笔者认为，绝对不能将孙中山晚年对"三民主义"做出修正和调整与"五四运动"直接联系起来，因为两者之间既存在着较长的时间差；另外，其间有许多重大政治事件（共产党的帮助和国民党"一大"）左右或影响孙中山"新三民主义"的修正和调整。孙中山晚年新三民主义是接受共产党的理念和帮助才最终形成的一种新的理论体系，国民党"一大"是新三民主义产生的重要政治事件。关于国民党一大，既往研究忽视了一个细节，即孙中山曾在一大会议中有用《建国大纲》代替《国共合作宣言》的举动，之所以如此，是国民党"一大"会议上大多数国民党元老对于孙中山修正理论体系的做法大为不满，整个会议期间争吵不休，很多次会议都是以孙中山个人威望强力压服的[1]，在国民党元老看来要不要共产党加入并不是矛盾核心，问题关键在于为了迎接共产党加入就必然要修改国民党党纲，修改的结果是国民党大佬代表的资产阶级利益遭受损失，这是他们所不愿意见到的。因此，作者认为无法将孙中山晚年修改"三民主义"和"五四运动"联系起来，因为这将人为抹杀国民党一大国共合作所产生的结果和影响。

五四运动对孙中山的直接影响，究竟表现在哪里？

由上文孙中山关注和介入"五四运动"的基本情况来看，作为政治家的孙中山当时并没有意识到这场运动能带给中国的是什么，所以，作为资产阶级政治家的孙中山并没有成为无产阶级爱国运动的领导者，开始不是，结束时也不是。纵观孙中山所作所为，笔者以为"五四运动"给孙中山的启迪，最直接的大概有三点，即孙中山开始接触马克思列宁主义；对"工人阶级"印象深刻；还有就是"唤起民众"意识形成。

宋庆龄在1962年曾撰文回忆孙中山和共产党关系问题，文中有一句话较为重要："正当他在寻找新的出路的时候，马克思列宁主义思想在中国的最早的代表接近了他。"[2] 宋庆龄此言较有分寸，并没有直接将孙中山和马克思列宁主义联系起来，而是说"最早代表"接近了他，这里"最早代表"指代的是谁？1917年俄国十月革命胜利后，马克思主义传入中国，以李大钊为首的革命党人开始在中国传播马克思主义以及宣传俄国十月革命的胜利，李大钊供职于北京大学，其时北大学生

---

[1] 中国人民政治协商会议广东省委员会文史资料研究委员会编：《中国国民党"一大"史料专辑》，广东文史资料第42辑，广东人民出版社1984年版。

[2] 宋庆龄：《孙中山和他同中国共产党的合作》，《人民日报》1962年11月25日。

是最早接受马克思主义理论宣传的，应该说他们是较早接受者。"五四运动"爆发，孙中山接见的学生代表就有马克思主义的接受者，不言而喻，这里所谓的"最早代表"所指就比较明确了。

要之，"五四运动"对孙中山产生重要的影响，主要表现为：一是打破了孙中山对帝国主义尤其是对日本帝国主义的幻想；二是进一步看到了民众的力量，激发他矢志唤起农工，奋起救国；三是促使他对科学社会主义的向往，坚定其确立联俄政策、与共产党合作。

平实说来，"护法"失败，孙中山赴沪蛰居，对"革命依靠力量"① 以及"如何促进革命进步"成为孙中山关注的重点。"五四运动"中心转移上海，工人无产阶级蕴含和爆发出来的政治能量，"虽以顽劣之伪政府，犹且不敢撄其锋"②，使得处于苦闷之中的孙中山"眼前一亮"——"我受了罢市风潮的感动"③。短时间内，"运动"让政府作出让步，孙氏从中看到了无产阶级斗争所具备的强大的政治力量，"现象看来，工人直接参与政治社会运动的事，已经开了幕"④。但是，不可讳言，当时孙中山虽然看到了工人阶级蕴藏力量，并且表示要"热切地关注工人运动"。但是，对于如何管控和掌握工人力量，孙中山并没有完整清晰考虑，换言之，以"改组国民党"为手段，以"吐故纳新"党派整合方式，将工人阶级纳入国民党，并没有出现在孙氏的战略思考之中。国民党"一大"会议上孙中山作出国共合作的决策，其目的之一就是借助共产党"工运"的方式方法，将更多的无产阶级吸引到国民党周围来。自此，国民党重视"农民运动"，开办农民讲习所，共产党注重"工人运动"，双峰并峙、齐头并进的革命大好形势出现。

"唤起民众"思想并非起源于"五四运动"，因为，孙中山于1917开始撰写的《心理建设》，经已在思考如何用他自己"三民主义"攻破国民的心理，启迪民众建设民主政治的"心理"。毋庸讳言，"五四运动"催促着孙中山的深入思考，给孙中山催化认识、坚定信念的动力。应该指出：辛亥革命的成功，实质上是全国各界

---

① 孙中山对"革命依靠力量"问题的认识，大致经历过三个阶段：辛亥革命时期，新军、会党以及华侨，是支持革命党人开展武力暴动作业的三股源源不断的动力；民元之后，下迄至"护法运动"失败，在此时段粤孙拉拢和依靠国内各势各派的军事力量，"借力打力"是孙惯用的政治谋略；"护法运动"爆发后，粤孙积极投入，但是，因为遭到南北军方要人联合排挤而致使运动以流产告终，失败教训了孙中山思想上以较大触动，于是，才发出了"南与北如一丘之貉"的时代感悟；第三个阶段就是"护法运动"和"五四运动"之后，孙中山看到了新的政治力量——无产阶级。

② 《致海外国民党同志函》，《孙中山全集》第5卷，中华书局1985年版，第209—210页。

③ 戴季陶：《访孙先生的谈话》，《星期评论》1919年第3号，1919年6月22日，第3版。

④ 孙中山：《与戴季陶关于社会问题之谈话》，胡汉民编：《总理全集》下，上海民智书局1930年版，第584页。

"反满"情绪的掀动所致，孙中山长时间没能意识到"反满"的民众并不等同于"民主主义"民众，因此，"反满"成功之后的民国，缺失了"共和"的成色，成了一块空招牌——军阀林立，专制仍旧，社会无太多"民主"和"共和"可言。武昌首义后将近十年，民众仍有"他们自己看待，还不是国民，完全是遗民！因为他们自己还是以遗民自待，所以总是待真命天子出现，预备好做太平臣子，和奴隶的百姓"① 的心理。"五四运动"的爆发是一个重要节点，在开展和推动爱国主义运动进程中表现的新的政治力量给予了孙中山以重大启迪，之后孙氏委派戴季陶创办《建设》杂志，指令朱执信、廖仲恺、朱和中等人深入工农，联络和组织农工，逐步建立起国民党和工农之间的沟通渠道，为之后国共合作背景下"工会"和"农会"运动蓬勃发展打下了坚实基础。

（本文作者：广东省社会科学院研究员）

---

① 孙中山：《三民主义——对中国国民党特设办事处讲演》（1921年6月），沈云龙编：《孙中山先生演说全集》第一编，文海出版社有限公司1966年版，第46页。

胡佛研究所藏索克思
个人档案中的孙中山

徐　涛

（一）索克思与孙中山

索克思（George Ephraim Sokolsky，1893—1962），美国俄罗斯裔犹太人，著名"中国通"（China hands），终其一生职业在新闻事业。第一次世界大战期间，受到"二月革命"之吸引，离开美国移居俄国后近一年，后被苏维埃政权驱离，转往中国生活14年（1918—1932年）。正因为在中国丰富经历，他与美国的全国制造商协会①建立了终身合作关系。1935年，他回到美国后，担任美国全国制造商协会广播电台的评论员，兼做《纽约先驱论坛报》（New York Herald Tribune）的专栏作家，极力宣扬所谓"美国的生活方式"；1948年起，担任美国犹太反共产主义联盟（the American Jewish League Against Communism）主任，直至去世，是美国麦卡锡主义（McCarthyism）的急先锋。美国学者孔华润（Warren I. Cohen）写道："索克思的墓志铭必须刻上：他是麦卡锡主义诞生最主要的促成者——其作用甚至可能更甚于麦卡锡本人。"②

索克思1893年9月5日出生于美国纽约州由提卡城（Utica），父亲是一名犹太教"拉比"（Rabbi，即犹太教牧师，笔者按）。出生后不久，父亲带领一家人搬往纽约市定居。索克思自幼成长在纽约哈林区（Harlem）犹太社区的封闭环境之

---

① National Association of Manufacturers，简称NAM，是一家总部位于美国华盛顿特区的"利益团体"（Advocacy Group），代表美国几乎每个工业部分近14000家大小制造商的利益，游说国会议员，影响国家决策制定等。

② Warren I. Cohen, *The Chinese Connection: Roger S. Greene, Thomas W. Lamont, George E. Sokolsky, and American-East Asian Relations*, New York: Columbia University Press, 1978, p 272.

中，长期受到激进思潮的影响。1917 年，他毕业于纽约哥伦比亚大学新闻学院（School of Journalism, Columbia University），获得学士学位。是年夏离开美国，前往俄国彼得格勒市为当地英语报纸《俄罗斯日报》（*Russian Daily News*）撰稿。亲历十月革命后，他的政治取向由"激进"转为"反动"，1918 年 3 月离开俄国，动身来到中国。天津是索克思中国旅程的第一站，他在英国人开办的一家英文报社——《华北明星报》（*the North China Star*）谋得了一份糊口的职业[①]。

1919 年"五四运动"前后，他自天津南下上海，加入了英文《沪报》（*Shanghai Gazette*）。英文《沪报》是由上海大北电报公司任职的丹麦人聂尔森（Gordius Frederick Nielsen，1864—1936）与陈友仁（Eugene Chen）合办的英文报纸，1918 年 4 月创刊，1922 年 8 月停刊，作为孙中山为首的南方政府宣传喉舌之一[②]。索克思在上海开创了他人生事业的第一次高潮，不仅与上海风起云涌的学生运动产生密切关系，更为重要的，取得了与孙中山为首的中国国民党人的直接联系。据索克思本人的回忆：

> 在 1919 年学生运动最为热火朝天的日子里，我在位于上海法租界莫利爱路孙逸仙博士的家里见到了他。当时孙博士生活得很平静，手中正在写了一本名为"国际共同发展中国"（即《实业计划》，引者按）的书。他的妻子正在为该书出版忙前跑后。上海的孙宅曾是很多中国人和外国人的圣地[③]；但在此时，外国人来拜访孙的人极少，因为孙博士被大多数外国人视为一个已经失败的人。[④]

索克思所言之"失败"是指，1917 年 7 月 6 日，孙中山曾与 100 余名拥护自己护法主张的国会议员在广州组成非常国会，成立军政府，就任中华民国海陆军大元帅，发布宣言和就职布告，决心"根治元凶，恢复约法"。然而广州护法政府很快就被旧桂、滇系军人所控制，孙中山实力有限，无力抗衡，出现"政令不出士敏

---

① Warren I. Cohen, *The Chinese Connection: Roger S. Greene, Thomas W. Lamont, George E. Sokolsky, and American-East Asian Relations*, pp. 71-73.

② 万启盈编：《中国近代印刷工业史》，上海人民出版社 2012 年版，第 154 页；马光仁：《马光仁文集》，上海社会科学院出版社 2013 年版，第 485 页；上海市档案馆编：《租界里的上海》，上海社会科学院出版社 2003 年版，第 113 页。

③ 原文为"Mecca"，笔者译为"圣地"，或可以直译为"麦加"，伊斯兰教第一大圣城，全称是麦加·穆卡拉玛，意为"荣誉的麦加"。中文另有满克、墨克等译名。

④ Box 126：16；*In Memory of Sun Yat-sen*，Sokolsky, George E. (George Ephraim) Papers, 1893—1962. Collection number：59004，Hoover Institution Archives, Stanford University.

土厂（大元帅府）"的情况。1918年4月，桂、滇各系控制国会改组护法政府，以七总裁取代大元帅，孙中山被彻底架空。1918年6月26日，孙中山终因旧桂系军阀操纵非常国会，阴谋改组军政府，愤然宣布辞大元帅职，并发布通电，痛切指出"顾吾国之大患，莫大于武人之争雄，南与北如一丘之貉"，是日乘日本"近江丸"轮船抵达上海，住法界莫利爱路29号（今香山路7号，上海孙中山故居）；此一住，直到1920年11月25日偕伍廷芳、唐绍仪乘"中国号"轮船离开上海，回粤重组军政府，就任非常大总统。此段孙中山寓居沪上的时光共计为2年零5个月①。

1919年7月，索克思很快于英文《沪报》离职，随后与汤节之在上海成立了"中华公同通信社"（the Committee on Public Information），继续为孙中山服务。不久，他与汤一起又创立了一份中文日报——《商报》。"名义上索克思是《商报》的财政主管和股东，事实上他也一直用他的中文名字在每周的专栏上撰写有关国外的文章。"② 索克思言道："当时，只有三名美国记者支持孙博士及其事业。他们是李亚先生（Mr. George Bronson Rea）、裴斐先生（Mr. Nathaniel Piffer）和我自己。其他美国记者对孙中山的攻击通常是恶毒的，正如人们可以回头翻阅1919年至1925年出版物上所看到的那样。"③ 索克思说他与孙中山在上海期间交往十分密切，"他每天下午都到孙博士那儿去，和他讨论编辑方针，逐渐和他非常接近"④。不过，这段往事的追忆显然存在夸大两人之间交往友谊的成分。根据本文所译注之19封信函可知，两人交往并非平等地位，几乎全部是索克思寄信给孙中山，孙中山则并不复函，而是由宋庆龄代为与索克思直接联系。

索克思在中国生活了14年，很快地他"就变成了一个只要关系不管政治立场的文化宣传贩子。索克思的老板包括：黎元洪、桂系的岑春煊手下的温宗尧、江苏的军阀李纯、北洋政府，而他当时还是国民党宣传部（为"中华公同通信社"之误，引者按）的经理"。其在中国期间的卑劣行径为诸人所不齿，以至于他的好朋友胡适也在日记里直言不讳地写道："索克思野心最大，大胆无比。此人将来必有

---

① 参见徐涛：《孙中山与上海关系新论》，《社会科学》2012年第3期。

② ［美］顾德曼：《上海报纸的跨国现象》，上海市档案馆编：《租界里的上海》，上海社会科学院出版社2003年版，第115页。

③ Box 126：16：*In Memory of Sun Yat-sen*，Sokolsky, George E.（George Ephraim）Papers, 1893—1962. Collection number：59004, Hoover Institution Archives, Stanford University.

④ ［美］韦慕庭（C. Martin Wilbur），杨慎之译：《孙中山——壮志未酬的爱国者》，中山大学出版社1986年版，第123页。

所成，否则必死于敌人暗杀。"①

索克思的个人历史文献散落在世界各地，大略最为集中的有两处：一为美国斯坦福大学胡佛研究所，二是其母校美国哥伦比亚大学图书馆所藏的索克思手稿与剪报②。斯坦福大学胡佛研究所之所以能收藏到绝大部分之索克思个人档案，盖源于索克思与胡佛总统的个人关系非常密切。该文教机构现存索克思个人档案共计 390盒，另有两个超大盒，包括了其一生绝大部分著作、广播稿、信函、打印件、唱片和照片等，与近代中国、美国政治的关系极为密切，具有重要的文献价值。笔者并非研究此批珍贵档案之第一人③，但前人研究、已有出版物中并没有注意到第 113 盒第 3 文件夹 "File Sun Yat-sen, 1919—1921"（"孙中山文件，1919—1921 年"）中所包括的 19 封索克思与孙中山等多人的来往信函，故未被学界引用。笔者将其译注如下，冀望通过本文可引起更多学者的研究兴趣。

（二）"孙中山文件，1919—1921 年"文件夹 19 封来往信函

信件一

1919 年 7 月 10 日

我亲爱的孙博士：

您能给我发一篇关于山东省的文章吗？我想（对山东问题）进行一次地理、历史、商业、地质和工业方面的调查。我想在美国使用它。

我还想要有一张中国地图，以便确定各个国家在华的势力范围。

鉴于与李先生④在英文《沪报》⑤具体管理和利用、传播方法等方面的意见分歧，我已经切断了与该报的联系。

我希望下周能读完您的书。

向您和孙太太致以最诚挚的问候

---

① 参见江勇振：《舍我其谁：胡适》（第二部 日正当中 1917—1927）下，浙江人民出版社 2013 年版，第 376 页。

② 参见美国哥伦比亚大学图书官网。https://findingaids.library.columbia.edu/ead/nnc-rb/ldpd_4079353

③ 如吴景平：《斯坦福大学胡佛研究院藏宋氏家族史料——以索克思档案为中心》，吴景平主编：《宋氏家族与近代中国的变迁》，东方出版中心 2015 年版，第 470—476 页。

④ 原文为 "Mr. Lee"，具体人物待考。

⑤ 英文《沪报》停刊后，1922 年 11 月，与英文《星报》一起被中外合资的晚报公司收购，改名为《大晚报》（Evening News）出版，因经营不善，1929 年 4 月转卖给美国人克劳，改名英文《大美晚报》继续出版。英文《沪报》的研究还尚不充分。参见马光仁：《马光仁文集》，上海社会科学院出版社，2013 年版，第 485 页。

我是您忠实的朋友

孙逸仙博士

莫利爱路 29 号

法租界

上海

信件二

1919 年 7 月 15 日

我亲爱的孙博士：

我昨天收到的来自安立德①的信。信中有两段话，想必您会有兴趣，附文如下：

"在回复你 7 月 2 日的来信时，我告诉你：正在研究交通问题的美国商务专员威瑟姆先生②，已经同意整理出一张地图，以展示中国如今所谓的势力范围。"

"但是，你必须牢记，这些'势力范围'是没有条约承认的，只是因为某些国家一直声称它们有这样那样的所谓的特权。虽然不致反对出版这样一幅列出'势力范围'大致疆界的中国地图。但是若如此这般强调所谓的'势力范围'，事实上会因为中国的孤立与虚弱，使得所有对中国意有所图的列强可以因此虚假地声称自己真有所谓的'势力范围'。你若用任何方式强调'势力范围'声称的内容使之具有任何可能的法律地位，那将会是多么不幸啊！"

您忠实的朋友

孙逸仙博士

莫利爱路 29 号

法租界

中国，上海

---

① Julean Herbert Arnold，1876 年 7 月生于美国加州首府萨卡拉门托市，早在 1902 年即以美国政府翻译生身份来到华，学习中文，之后在上海、福州、台湾、厦门等地美国领事馆中工作，在华前后共计 38 年，以美国驻华商务参赞的身份游走中国政、商、学界，是美国著名的中国通之一。安立德的研究，参见张生：《"假如我是个中国人"：安立德与上海美国人社群研究》，《史林》2017 年第 6 期。

② 英文原文为 "Mr. Witham"，据笔者判断是威瑟姆先生（Mr. Paul P. Whitham），此处索克思打印时漏打了一个 "h"。参见 Paul S. Reinsch, *An American Diplomat in China*, Garden City, N. Y., and Toronto：Doubleday, Page & Company, 1922, pp. 380—381.

信件三

1919 年 8 月 7 日

我亲爱的孙博士：

在你收到这封信之前，我会给你打电话告诉你：现在，您的书稿已经完成。

我很有可能几天后动身去济南。我可否要求您通知几位在山东的同志，我即将来到的消息。这样，他们应该可以提供我些宣传材料。

你忠实的朋友

孙逸仙博士

莫利爱路 29 号

法租界

上海，中国

信件四

中国上海[1]
1919 年 10 月 3 日

先生：

今天，我和孙逸仙博士详细地讨论了（中国）国内和平的可能。孙逸仙博士在向我复述他与王揖唐先生（Mr. Wang-Yi-Tang）的谈话后，继续说：比起北方政权，他更反对广西的军阀。他愿与段祺瑞将军（General TuanChih Jui）有一定程度的接触。我问他为什么不派一个代表去见段将军？他回答说：他不能这样做，但段将军最近答应会派一个代表来见他，却最终未见该代表成行。我问他，和段祺瑞进行接触，他的想法是什么？他回答说，以他现在的地位，可以促成南北之间的和平，但前提是他能和段将军直接接触，并为救国而实现双方军队的联合。他说，他拥有 16 万 5 千人的军队正奋勇在战线上，但若是前有北方的军队，后有广西的军阀，没有段将军的支持，他的军队会左右支绌，不可能全力来对付广西的军阀。他对段将军的唯一要求，是来自议会的要求。他可以控制旧议会的 25％，而他相信段将军可以控制比他更多的议员。如此一来，来自议会的要求则不足为虑。他说，他并不会反对徐世昌（Hsu Shih Chang）出任总统，但他的确认为新的总统应该由新的议会重新选举而来。只有他和段将军的军队联合起来，这个新的选举才能顺畅

---

① 该信使用"中华公同通信社"（China bureau of public Information）的官方信纸打印而成，盖有"绝密文件"（CONFIDENTIAL）字样。

进行。然后，他建言，我可以使用任何手段以提醒段将军上述这些事实，但不能让段认为我是他（孙中山——译者按）的代表。

我认为，如果我们能成功地影响到孙逸仙博士和段将军的联合，我们就能为这个国家实现和平。孙逸仙博士对美国及美国财团都很友善。为能达成该目的，我很乐意前赴北京。但我想知道，如果我去北京，段将军是否会接待我，并听取我的陈言？美国驻华公使馆能否帮我告知段将军此事？若是段将军意愿见我，听我建言，可否请您回复我。如此，我将立刻动身。我觉得这只是一个难得的机会，不应被错过。

向你致以最良好的祝愿

我是您忠实的朋友

（签名）乔治 E. 索克思

查尔斯·丁尼阁下

临时代办

美国公使馆

北京，中国

信件五

编号：5072①

北京

1919 年 10 月 11 日

尊敬的先生：

我谨此确认收到本月三日您的来函。

我认为美国驻华公使馆去办理您所写的此事是不可取的。

我是，先生，您听话的仆人

查尔斯·丁尼②

临时代办

乔治 E. 索克思，先生③

中华公同通讯社

宁波路 S-11 号

中国，上海

---

① 该复函使用美国驻华公使官方信纸打印写成。

② 查尔斯·丁尼亲笔签名。

③ 原文为 "Esquire"，此词汇专门用在信封上，作为对于没有头衔的男士的尊称。

信件六

1919 年 10 月 13 日

我亲爱的孙博士：

我计划星期三上午 10 点左右和我的韩国朋友一起去拜访您。我跟您之前谈及过此人。如果这个时间对您而言不方便，您可以更改会面时间。

关于我们讨论过的问题，我可以跟您说，今天我发了一封电报到北京，并要求北京方面立即答复我的信。

向你致以最良好的祝愿

我是您忠实的朋友

孙逸仙博士

莫利爱路 29 号

法租界

中国，上海

信件七

1919 年 10 月 24 日

10 月 25 日星期六下午 4 点，上海商业公团联合会①诚邀您赴于卡尔顿咖啡馆举办，为致敬美国驻上海总领事托马斯·萨蒙斯先生②的茶会。该茶会为上海商业公团联合会与上海学生联合会③共同举办。

孙逸仙博士

---

① 原文为 "The Shanghai Commercial Federation"，直译作 "上海商业联合会"。然而上海商业联合会发起于 1927 年 3 月，解散于是年 11 月。该处英文不能作直译处理，所指代组织，笔者认为是 1919 年 3 月 3 日成立的 "上海商业公团联合会"。上海商业公团联合会是长期以来上海工商界对上海总商会不满的反应，在五四运动期间，与上海总商会政治取向截然不同，并与之展开斗争，直接导致了 1920 年 8 月上海总商会正副会长朱葆三、沈联芳的辞职。参见徐鼎新、钱小明：《上海总商会史，1902—1929》，上海社会科学院出版社 1991 年版，第 230—243 页；上海社会科学院历史研究所编：《五四运动在上海史料选辑》，上海人民出版社 1980 年版，第 231—235 页。此处感谢华中师范大学朱英教授的指正。

② Thomas Sammons，1863 年 2 月 7 日出生于美国纽约的萨蒙斯维尔镇，毕业于华盛顿特区的乔治华盛顿大学（George Washington University），1898 至 1905 年服务于美国参议员，任其私人秘书。1905 年后，被美国政府派往亚洲、太平洋地区从事外交工作，先后担任美国驻满洲总领事、驻朝鲜总领事、驻日本横滨总领事、驻墨尔本总领事等职。1914 至 1919 年，他被任命为美国驻沪总领事。1921 年被任命为美国驻华公使，但并未赴任。1925 年因病退休，1935 年 10 月 15 日死于美国芝加哥市。该茶会应为欢送托马斯·萨蒙斯离任美国驻沪总领事。

③ 原文为 "Shanghai Students' Union"。参见上海社会科学院历史研究所编：《五四运动在上海史料选辑》，第 599—614 页。

莫利爱路 29 号

法租界

中国，上海

信件八

1919 年 12 月 29 日

我亲爱的孙博士：

我收到了一封盖伊·莫里森·沃克先生①的来函，其中内容对您有益，随函奉上。

致以最良好的祝愿，
我是您忠实的朋友

孙逸仙博士

莫利爱路 29 号

法租界

中国，上海

信件九

1920 年 3 月 1 日

我亲爱的孙博士：

（美国）环球影业公司（The Universal Film Company）正在中国拍摄电影。为使电影吸引人，他们正挖空心思添写故事情节。同时，他们希望通过电影公正地展示中国，所拍摄的一切不仅会展现这个国家的人文奇迹和自然美景，展现大城市的发展和工业的进步，还将展现中国人身上最优秀的品格。

环球影业公司来咨询我，是否可以安排添加您的事迹到该部电影之中。念及此举可以广为宣传您，所以我强烈建议您同意这个请求。因为这部电影不仅会在全美国上映，甚至将会世界范围内公映。这对中国来说意义重大。如果您能在接下来的

---

① 原文为 "Mr. Guy Morrison Walker"。盖伊·莫里森·沃克，美国知名律师和金融专家，1870 年 1 月出生于美国印第安纳州，自幼随父母前往中国北京，生活十年，后返回美国，毕业于迪堡大学（DePauw University），可以说流利言说中、英双语。作为当时美国中国问题的专家之一，曾作为美国塔夫脱总统（William Howard Taft，1857—1930）接替美国驻华公使柔克义（William Woodville Rockhill，1854—1914）的人选之一，刊登在美国报纸上。发表过 *Railroad Rates and Rebates* 等书籍和很多关于中国的文章。参见迪堡大学官网，"GUY MORRISON WALKER——1890 GRADUATE AND DEPAUW LEGEND——FEATURED IN NEWSPAPER" January 25，2009. https：//www. depauw. edu/news-media/latest-news/details/22829/.

三四天的中午安排出一些时间，我会安排该电影公司的摄影师到您家来拍摄。当然，您知道，如果下雨或是多云，拍照将不得不推迟。

希望您能同意我的要求，未来几天，我将来看望您。

我已要求我的"西崽"① 等候您的答复。

致以最良好的祝愿

我是，您忠诚的朋友

孙逸仙博士

莫利爱路 29 号

法租界

上海

中国

信件十

1920 年 3 月 2 日

我亲爱的孙博士：

随函附上我寄给托马斯·W·拉蒙特先生②的一封信的副本，我相信您会对这封信感兴趣。

致以最良好的祝愿

我是，您忠诚的朋友

孙逸仙博士

莫利爱路 29 号

法租界

上海

中国

---

① 原文 "boy"，近代上海外侨中流行的对于男性仆人的称谓，带贬义。

② Thomas W. Lamont，1870 年 9 月出生于美国纽约州，美国著名的银行家和金融专家。1892 年毕业于美国哈佛大学，短暂就职于《纽约论坛报》后，他参与重组了一家名为 Cushman Brothers Co. 的食品进出口公司。1898 年创立 Lamont, Corlis & Co. 他的金融才能得到了摩根大通（J. P. Morgan）合作人戴维森（Henry P. Davison）的注意，经由其介绍，成功成为摩根大通最年轻的合伙人。第一次世界大战期间，他与戴维森都作为美国代表团一员参加了巴黎和平会议，并参与起草了 1924 年的道威斯计划和 1929 年的杨格计划。一战后，作为美国银行团代表访问中国。1948 年 2 月去世。参见大英百科全书官网，https://www.britannica.com/biography/Thomas-William-Lamont.

信件十一

1920 年 3 月 2 日

我亲爱的孙博士：

　　在另外一个邮件包裹中，我们已经寄给您几本《远东共和》杂志。《远东共和》杂志是侨美中国国民外交会（Chinese National Welfare Society in America）在美国出版的月刊。这本杂志为美国人民了解中国事务与现状，做了很多有益的工作。我们正在试图与该组织①展开任何可能的合作。如果您不时向寄给我们文章在该杂志发表，我们将非常感谢您。我们很乐意将该杂志的一些文章和后续出版的杂志寄送给您。你若对侨美中国国民外交会有兴趣加深了解，我们亦愿意向您提供全部信息。

　　希望您能尽您所能帮助这个出色的机构。

我是，您忠诚的朋友

孙逸仙博士
莫利爱路 29 号
法租界
上海
中国

信件十二

上海
1920 年 7 月 31 日

我亲爱的孙博士：

　　您认为曹锟（Tsao-kun）和吴佩孚（Wu Pei-fu）从英国和美国的银行家与商人们那里得到了 700 万到 800 万美元。我觉得您是大错特错了。我也可以告诉您，英国或是美国的驻华公使馆没有给过他们一分钱。然而，我不能（确认②）他们声称从开滦煤矿处（Kailan Mining）借款 25 万美元的真实性。在这一问题上，我也是存疑的。当我有了更准确的信息时，我会将之寄送给您。

致以最良好的祝愿
我是您忠实的朋友

---

　　①　此处指的是侨美中国国民外交会。
　　②　原件字体模糊，笔者无法辨认。

孙逸仙博士

莫利爱路 29 号

法租界

上海

信件十三

1920 年 8 月 4 日

尊敬的孙博士：

因为杨晟①先生的阻挠，上海学生联合会和全国学生联合会②不得在法租界开设办事处。鉴于法国驻沪总领事雷务先生③是您的朋友，并在辛亥革命时给予过您很多支持，我相信他是不会反对学生联合会的。我可否请您写信给雷务先生，或者您亲自去见他一面，请他帮助学生们。我相信，您对学生们所做的一切，都将会得到学生联合会的赞赏。他们将会由衷感谢您的所作所为。

我让上海学生联合会主席何世桢④将这封信寄给您。他将向您解释有关这件事的所有细节。

致以最良好的祝愿

我是您忠实的朋友

---

① 原文为 "Mr. Yang Tcheng"。杨晟（1867—?），字少川，广东东莞人，早年留日、留德，1894 年回国后，任京师大学堂教习，兼军机处文书股英文翻译官，在政界中崭露头角。民国建立之初，被命为山东警务处外交科长。1913 年，任沪海道尹兼外交部特派江苏交涉员。1916 年，任上海交涉员。五四运动期间，杨晟对上海民众开展的三罢运动进行镇压和破坏。1920 年，被北洋政府授予二等大绶嘉禾章、二等文虎章，不久晋授二等宝光嘉禾章，并佩戴国宝星。1922 年任中国红十字会驻上海副会长，再晋授一等大绶嘉禾章。1926 年任侨务局总裁，至 1928 年退休。其亡因据闻为"曾赴俄考察，为人所暗害者"，具体情况尚待查考。东莞市地方志编纂办公室编：《东莞人物录》第 1 辑，1988 年版，第 75—76 页；上海社会科学院历史研究所编：《五四运动在上海史料选辑》，上海人民出版社 1980 年版，第 729—732 页。

② 原文为 "the National Student's Union"。参见上海社会科学院历史研究所编：《五四运动在上海史料选辑》，上海人民出版社 1980 年版，第 615—625 页。

③ 原文为 "Mr. R. Reau"。1920 年 1 月 15 日选出外董。8 月，勒布里斯离沪，法国代理总领事雷务（罗务 R. Reau）兼任总董。1921 年 1 月 12 日选出外董。法国总领事韦礼德委派领事德赛沛为总董。副总董由原法国代理总领事雷务在任时提议迪埃当选。参见熊月之主编：《上海通史》（第 15 卷），上海人民出版社 1999 年版，第 459—460 页。

④ 原文为 "Mr. Shih Chen Ho"。何世桢（1894—1972），字毅之、思毅，安徽望江人，毕业于上海东吴大学法科，在校时参加五四运动，任上海学生联合会会长，由此结识孙中山，并加入国民党。后留学美国密歇根大学，获法学博士学位。回国后，任东吴大学法科教授、上海大学学长（教务长）。1924 年创办持志学院，自任院长，兼行律师业务。五卅运动中，被宋庆龄指定为后援会法律组副主任。1929 年，任上海公共租界临时法院院兼上诉院长。上海解放后，留在上海直至去世。曾写有《对孙中山先生的片段回忆》等文章。参见何杰：《何世桢生平略述》，安庆市政协文史资料委员会等编：《安庆文史资料》第 28 辑教育史料专辑，中国文史出版社 2000 年版，第 165—168 页。

孙逸仙博上
莫利爱路 29 号
法租界
上海
中国

信件十四

1920 年 8 月 16 日

尊敬的孙博士：

随信附上我今天收到的来自摩根大通公司的托马斯·W·拉蒙特先生的一封信。他是美国银行集团这一财团的领导。

我相信你会对拉蒙特先生的意见感兴趣的。同时，我建议，如果你对这封信有什么意见，请寄给我，我会传给拉蒙特先生。我相信他会很高兴收到你的消息并听取你的建议。

致以最良好的祝愿
我是你忠实的朋友

孙逸仙博士
莫利爱路 29 号
法租界
上海
有附件

信件十五

1920 年 8 月 16 日

尊敬的孙博士：

汤博士[①]和我很高兴在 8 月 18 日（星期三）6 点左右到您家，和你一起吃晚饭。

致以最良好的祝愿
我是你忠实的朋友

孙逸仙博士

---

① Dr. Tong，即 Dr. F. C. Tong，汤节之。汤节之与索克思共同创立了中华公同通信社，汤为主席，索克斯为该社经理。*The North-China Herald*，August 7th 1920，p. 349.

莫利爱路 29 号

法租界

上海

中国

信件十六

1920 年 9 月 15 日

尊敬的孙博士：

我刚收到《远东共和》杂志的一封信，希望能得到您书中更多的章节。如果您还有其他章节，请寄给我。

在过去的几个星期里，我没有去拜访您，因为我患了一种非常严重的痢疾。我几乎被这病折磨致死。我现在刚刚开始恢复工作，希望我能尽快可以完成积攒在案头的事儿后，就去拜访您。

如果您听到了任何我被哪个政府授予勋章的报道，请代我否认这些流言蜚语。您应该会理解，我不会接受任何一种授勋。但是，我已听闻有相反的报道。

致以最良好的祝愿，
我是您忠实的朋友

孙逸仙博士

莫利爱路 29 号

法租界

上海

信件十七

上海莫利爱路 29 号
1920 年 9 月 21 日

索克思先生

中华公同通信社经理

上海宁波路 11 号

尊敬的先生：

本月 15 日来函收悉，孙中山先生指示我通知你，他《实业计划》^① 的最后一

---

① 原文为 "his program"，经笔者考证该规划为 *International Development of China*，即《实业计划》。

部分仍在出版社付印过程中。书一旦拿到，他就寄给你。

你的真朋友
刘贻燕①

信函下端空白处印有

File　Bupin②	孙逸仙（手书）
File Journal of Commerce③	
Dr. F. C. Tong 汤节之先生	
Financial 商业部	
Features 杂记部	
Translation 翻译部	
Private④	

信件十八

福州路 96 号
1920 年 12 月 9 日

尊敬的孙博士：

我很想知道广州的情况，期待能获悉您在那儿的所作所为。我今日想给您发一封长电报，告诉您，周自齐（Chow　Tzu-Chi）可能会辞职，以及（北洋政府）内阁更迭对广州政府的影响。我知道您没有我的电报地址，所以不能给我回电报。来信告知我的电报地址为"BUPIN，SHANGHAI"。

美国银行集团的弗雷德里克·W·史蒂文斯先生⑤将于 19 日到这里。如果您想通过我向他传达什么信息，我将非常乐意为您效劳。

---

① 信函为打印件，寄信人为亲笔签名，字迹有晕染，经笔者辨认为"Lin Li-yen"，推测为"刘贻燕"。具体人物是否确切，仍待考。

② Bupin 为中华公同通信社的电报地址。参见 the North China Desk Hong List，1920 年 1 月，第 34 页。

③ 即《商报》。

④ 意为私人信函。

⑤ 原文为"Frederick W. Stevents"，应为"Frederick W. Stevens"之误。弗雷德里克·W·史蒂文斯是继拉蒙特之后美国派出的又一个银行财团的代表。他于 1920 年 12 月 23 日抵达上海，代表美国，与英法日三国代表一起组织成为国际财团来到中国，商讨未来向中国贷款的可能。参见 Consortium Agent in Shanghai，*The North-China Herald*，January 1 1921，p. 23；The Chinese Group of Bankers，*The North-China Daily News*，February 26 1921，p 4.

请代我向唐绍仪先生（Mr. Tang Shao-yi）问好。

我是您忠实的朋友

孙逸仙博士

广州

中国

信件十九

1921 年 3 月 15 日

尊敬的孙博士：

感谢您寄送给我了 50 本《实业计划》，我将寄给我的朋友们供他们阅读。

我最近得知，您办公室某人发布一份声明，指称：我所办的《商报》（*The Shanghai Journal of Commerce*）是温宗尧先生（Mr. WenTsung-yao）所支持的。这一信息是错误的。温先生和这本报纸的联系，不如您更密切些。关于广东省政府联省自治的理念，我认为我们更多相似之处，远多于他。若是您朋友之间存在这样的误会，我希望您能帮忙澄清。

我希望能不时地听到广州最新的情况。如果我能为您做些什么，请告诉我。

致以最良好的祝愿，

我是您忠实的朋友

孙逸仙博士

广州军政府（Military Government of Canton）

广州

中国

索克思档案第 113 盒第 3 文件夹 19 封来往信函统计表

编号	通信时间	往来双方	备注
1	1919 年 7 月 10 日	索克思致孙中山	打印
2	1919 年 7 月 15 日	索克思致孙中山	打印
3	1919 年 8 月 7 日	索克思致孙中山	打印
4	1919 年 10 月 3 日	索克思致美国驻华公使馆	打印，盖有"绝密"字样
5	1919 年 10 月 11 日	查尔斯·丁尼致索克思	打印，亲笔签名
6	1919 年 10 月 13 日	索克思致孙中山	打印
7	1919 年 10 月 24 日	索克思致孙中山	打印

（续上表）

编号	通信时间	往来双方	备注
8	1919 年 12 月 29 日	索克思致孙中山	打印
9	1920 年 3 月 1 日	索克思致孙中山	打印
10	1920 年 3 月 2 日	索克思致孙中山	打印
11	1920 年 3 月 2 日	索克思致孙中山	打印
12	1920 年 7 月 31 日	索克思致孙中山	打印
13	1920 年 8 月 4 日	索克思致孙中山	打印
14	1920 年 8 月 16 日	索克思致孙中山	打印
15	1920 年 8 月 16 日	索克思致孙中山	打印
16	1920 年 9 月 15 日	索克思致孙中山	打印
17	1920 年 9 月 21 日	刘贻燕代孙中山致索克思	打印，亲笔签名
18	1920 年 12 月 9 日	索克思致孙中山	打印
19	1921 年 3 月 15 日	索克思致孙中山	打印

（三）史料价值评述

美国斯坦福大学胡佛研究所保存之索克思个人档案是研究近代中国政治变局的一座宝库。仅其档案中第 113 盒第 3 文件夹"孙中山文件，1919—1921 年"中，包括索克思与孙、宋等多人来往通信 37 封。这些来往信函，不见于已有出版物中，故未被学界引用，只言片语间涉及中国近代史上许多重要议题。本文所节选译注的 19 封来往信函，就笔者学力所及，管见如下：

一、对《实业计划》成书考订的价值

索克思自言道"1923 年之后我再也没有见过孙逸仙博士"[①]，由此判断他与孙中山在生命中有交集仅在 1919 年至 1923 年。这一时期，对索克思而言，他得以借助美国记者之身份，为孙中山的革命事业服务，进而迅速扩大了他在中国政治高层的社交和影响，为其日后成为著名的"中国通"打下了基础；对孙中山而言，虽然他在政治上短暂失势，却可利用"不问外事"的机会，将他臻于成熟的思想和主

---

① Box 126：16："In Memory of Sun Yat-sen"，Sokolsky，George E.（George Ephraim）Papers，1893—1962. Collection number：59004，Hoover Institution Archives，Stanford University.

义，著述成《建国方略》，广布于世①。

学界关于《建国方略》的研究在 1949 年后呈现十分不均衡的状态②。《建国方略》框架之下，比之其他两书，尤其与《孙文学说》研究相较，《实业计划》在中国大陆改革开放之前"几乎完全不为研究者所注意"③。1978 年后，由于《实业计划》中强调"使外国之资本主义以造成中国之社会主义"④，与 40 多年来中国政府积极开展引进外资、发展经济的举措相契合，《实业计划》中的整体思想，甚至言是只言片语，常作为中国现代化事业规划的"先驱"加以阐述，相关研究成果陡增，早已有超越《孙文学说》之势。《实业计划》并非用一种语言写作，结集出版之前，中英文交织，发表过程十分复杂，刊印于不同国家，有多种版本。迄至今日，前人论述皆偏重于分析其言说之内容，对其成书过程几乎无人涉及。已有研究中较有价值的有陈锡祺《孙中山年谱长编》和日本学者武上真理子《孙中山与"科学的时代"》中，对《实业计划》出版过程有考证研究⑤，但学界仍有 1917 年 2 月著书、1918 年 2 月成书等偏离史实太远的说法流行。

根据索克思与孙中山来往信函可知，孙中山在撰述《实业计划》期间，得到了索克思提供的诸多帮助，尤其是在英文稿件的文字方面。不限于此，《实业计划》在上海商务印书馆刊印的英文初版，虽然写明在 1920 年，却无更明确日期。学界严谨之学者往往以孙中山在书中序言所标识之 1920 年 7 月 20 日为最终成书时间⑥。然而信件十七表明，最迟至 1920 年 9 月 21 日，《实业计划》上海初版并未面市。来往信函可知，孙中山早已答应索克思，一旦《实业计划》上海初版后，即会寄送给他。信件十八是笔者搜罗相关史料所得之最早的《实业计划》成书出版的一手史料。故而，笔者可断定《实业计划》英文初版最早在 1920 年冬，甚至可能更晚。

---

① 徐涛：《孙中山〈建国方略〉撰述历程》，上海市孙中山宋庆龄文物管理委员会编：《孙中山宋庆龄文献与研究》第 4 辑，第 83—100 页。

② 《建国方略》是一部"长期来被忽略的巨著"，"据《孙中山研究总目》的著录，从 50 年代到 80 年代初，没有一篇关于《建国方略》的论文或著述"。参见吴先宁：《〈建国方略〉的再发现——改革开放以来对孙中山〈建国方略〉的研究述评》，《团结》2003 年第 5 期。此处应指得是中国大陆地区的研究情况。

③ 姜义华：《孙中山〈实业计划〉战略构想评析》，《近代中国》1991 年第 1 辑。

④ 孙中山：《建国方略》，《孙中山全集》第 6 卷，中华书局 1985 年版，第 398 页。

⑤ 陈锡祺：《孙中山年谱长编》下册，中华书局 1991 年版，第 1160—1163 页；[日] 武上真理子，袁广泉译：《孙中山与"科学的时代"》，社会科学文献出版社 2016 年版。

⑥ 参见 [日] 武上真理子著，宋玉梅译：《全球史中的〈实业计划〉——孙中山的中国经济发展计划与工程学》，中山学社编：《近代中国》第 24 辑，上海社会科学院出版社 2015 年版，第 90—113 页；姜义华：《孙中山的实业救国思想与工业化蓝图》，《文汇报》2019 年 5 月 7 日，第 12 版。

二、侨美中国国民外交会和《远东共和》

国内学界已有新闻史的研究将国家（中国），甚至语言（中文），作为研究的边界，换言之，他们认为中国报纸简单地被看作是中国的，外国报纸也应简单地被看作是外国的。如果历史叙事仅考虑一种语言，甚至以现在的国界为界限，那么"一个由多语种出版物发行和流通而产生的公共空间的复杂结构"就被忽略了。德国学者瓦格纳（Rudolf G. Wagner）和美国学者顾德曼（Bryna Goodman）已经看到了这种研究的弊端，并初步做了创新研究的尝试[1]，但仍有许多研究空间亟待开拓。

侨美中国国民外交会，英文名为 Chinese National Welfare Society in America，发起于 1919 年 5 月 7 日。"这一天是巴黎和会将德国在山东的特权转移给日本，'奖赏'其胶州一地；同时亦是 1915 年日本向中国提出臭名昭著的'二十一条'的日子"。不仅中国国内爆发了"五四运动"，大西洋对岸的侨居美国中国人亦激发出"为民族独立之中国每个人所能爆发的最大之热情"，抗议国际社会对中国实施之不公平，举行了一次大规模的公众集会。在此集会上上，选举成立 11 人的委员会，筹集基金，计划将中国之信息传递给美国的参议员们。后来，该委员会的工作得到了来自美国参议员们批准与认可，受此鼓励，更多的项目开展起来。该组织于是起草章程与细则，以规定形式，确定方向。"发展目标有二：一是警醒我们华人国族之危急与羸弱，带领国人走向真正的自由和富强；其二是向美国人传递中国的准确信息，介绍中华文明，克服因宣传、误导与误解而产生的负面形象"[2]。

英文杂志《远东共和》，英文名为 *the Far Eastern Republic*，就是由侨美中国国民外交会编辑出版，于美国旧金山市刊印面向全美国发行的月刊。《远东共和》杂志创刊于 1919 年 10 月 10 日，成立之日选择在中华民国"双十节"，可见其政治立场；最后一期，据笔者搜寻所见，在 1920 年 10 月，前后维系刊行一年，出版有第 1 卷 6 期、第 2 卷 6 期、第 3 卷 1 期，共计 13 期。杂志名称 The Far Eastern Republic 之下，始终续有一行文字诠释主旨要义，第 1 卷第 1 期是 "A Journal of Information of the Republic of China by Chinese People in American and China"（一本由在美国和中国的华人介绍中华民国信息的杂志），封面另印有由 Chinese National Welfare Society in America（侨美中国国民外交会）负责编辑出版，杂志社具体地址位于美国加利福

---

① ［美］顾德曼：《上海报纸的跨国现象》，上海市档案馆编：《租界里的上海》，上海社会科学院出版社 2003 年版，第 107—120 页；Rudolf G. Wagner, Don't Mind the Gap! The Foreign-language Press in Late-Qing and Republican China, *China Heritage Quarterly*，No. 30/31，June/September 2012.

② Chinese National Welfare Society in America，*The Far Eastern Republic*，Vol. 1，No. 1，October 10 1919，p 9.

尼亚州旧金山市克吕尼（CLUNIE）大楼 306 室；对外售价为一期 20 美分，年度订阅则是 2 美元。自第 1 卷第 2 期，杂志释义改为 "A Journal of Information of the Republic of China by Chinese People"（一本由华人介绍中华民国信息的杂志），杂志社地址也改为 "加利福尼亚街 519 号"。第 2 卷第 10 期，杂志主旨一句话再作精简，变更为 "A Journal of Information of the Republic of China"（一本有关中华民国信息的杂志），一个月后，第 2 卷第 11 期，最终改为 "a monthly magazine devoted to the republic of China"（一本献给中华民国的月刊）。《远东共和》杂志力图通过刊登为人们所熟知的 "中国通" 如芮恩施、董显光等中西方人士所撰写的 "进步" 文章来促进中美关系，激烈批评巴黎和会对待中国的态度，并针对舆论场中 "不公正" 的评价而为中华民国进行辩护。

信件十一和信件十六两信可知，孙中山与远在美国的侨美中国国民外交会和《远东共和》杂志的联结主要依靠索克思来进行的。在索克思的介绍下，孙中山得知了侨居美国的国人对他思想和主义的支持，并将自己正在撰述的《实业计划》发送给了《远东共和》杂志，以表示支持。据笔者所知，《远东共和》杂志是继《远东时报》（The Far Eastern Review）、《建设》和上海《民国日报》之外第 4 本连续刊载《实业计划》的报刊，具有重要的历史地位和文献价值。

此外，信件四、五、六涉及第一次世界大战后中国南北和谈、孙中山与段祺瑞的关系；信件七、十三可管窥孙中山与上海美、法驻沪领事之关系；信件八、十、十四、十八是关于美国金元外交与孙中山实践《实业计划》的种种努力；信件九、十二、十八、十九有助于我们深入了解孙中山与索克思的交往关系，以及索克思信奉 "文化掮客无祖国" 主义必然导致与孙中山分道扬镳的最终结局；信件十三是 "五四运动" 在上海的珍贵史料，以上皆值得得到学者的更多关注。

（作者单位：上海社会科学院历史研究所）

孙中山关于中国道路的致思与启示

张　冰　赵艳芝

引　言

19世纪与20世纪之交的中国，处于现代民族国家的初创期。经过半个世纪的西方冲击，以朝贡体系为核心的传统"天下观"被击碎，中国被置于以民族国家为主体和以西方资本主义制度为代表的世界体系当中，被迫开始向现代民族国家的艰难转型。然而，面对主权分裂、意识形态崩塌、制度失效、社会断裂的"全面型危机"[①]，如何从西方纷繁复杂的主义思潮中，选择一条适合中国国家发展的"中国化"道路，是当时先进士人萦绕脑际却始终未能解决的问题。正是在这个时候，孙中山以"振兴中华"为终生之责任，在西方与东方、传统与现代、民族与世界的多元路向之间，去思考中国的国家建设问题，并形成了自己独特的国家发展方案。其中，如何评判当下中国的社会现实，理清中国与以当时欧美早期现代民族国家在制度、文化及社会民情上的内在差异，成为孙中山建国致思和道路设计的前提。关于孙中山的建国思想，前人已从经济、政治、文化等从各个维度作了论述，本文不再重复，仅侧重于探讨孙中山是如何通过中西比较，揭示中国国家建设的背景条件，以及设计中国式的发展道路的，并对其中国道路思考的影响及启示进行概括总结。

[①]　邹谠：《二十世纪中国政治：从宏观历史与微观行动的角度看》，牛津大学出版社1994年版，第46页。

一、国情与民情

孙中山思想渊源多元复杂，他自称有"固袭"传统的一面，有仿效"规抚"欧美的地方，也有思想的自我"创获"之处①。从孙中山论著所引以及藏书书目来看，孙中山思想明显受到西方现代思想，包括自由主义、民主共和、国家主义、社会主义等多重思潮的影响②。其中，达尔文进化论、卢梭的民权思想、威尔克特斯的民主观、孟德斯鸠的"三权制衡"思想以及社会主义学说等，成为构造其民族主义和民权主义的基础；亨利乔治的土地改革理论、李斯特的经济思想等则深刻影响了民生主义③。与此同时，中国传统儒家、墨子"兼爱"、古代尧舜禹"兴邦治国"，以及《大学》中"修身、齐家、治国、平天下"等思想，也在孙中山的思想中留下深刻印迹④。学界普遍认为，青少年时期的孙中山接受了完整的西式教育，并在逃亡或游历过程中大量潜心研读各种西方学说，因此其思想主要起源于欧美资本主义政治经济学说，但幼时的文化记忆以及日常对中国文化的研习，特别是随着长期革命实践对中国问题思考的加深，又让他逐渐回归中国传统，尝试从中国自身寻找救国救民之道，从而呈现出"从离异到回归"的心路历程⑤。对于这种"回归"，抛开学界关于"进步还是倒退"、"激进还是保守"的文化争论，也可以看作是孙中山从西方视角转向中国视角，审视国家建设的重要转变。在这一转变中，"如何看待当下的中国"，成为孙中山致思中国发展道路的前提。

首先是经济贫弱和国家地位"低下"。资本主义生产方式在西方起步之后，资本的逐利性促使西方国家成为工业化强国，并向外大肆开展殖民扩张。孙中山强调，世界已经成为一个整体，一个竞争的、优胜劣汰的整体，"当今为争竞生存之时代，天下列强高倡帝国主义，莫不以开疆辟土为心，五洲土地已尽为白种所并吞"。中国在资源、人口、国土面积等方面条件非常优越，"物产之丰，宝藏之富，

---

① 《中国革命史》，《孙中山全集》第 7 卷，中华书局 1985 年版，第 60 页。
② 姜义华：《清末孙中山革命思想的西学渊源——上海孙中山故居西文藏书的一项审察》，《纪念孙中山诞辰 140 周年国际学术研讨会论文集》（上卷），2006 年。
③ 刘泰宇、张旭：《孙中山三民主义的思想来源》，《中国外资》2011 年第 8 期。
④ 刘泰宇、张旭：《孙中山三民主义的思想来源》，《中国外资》2011 年第 8 期。
⑤ 参见章开沅：《从离异到回归——孙中山与传统文化的关系》，《历史研究》1987 年第 1 期；黄明同、张冰、张树旺等：《孙中山的儒学情结：中华文化的承传与超越》，社会科学文献出版社 2010 年版；李吉奎：《孙中山晚年文化思想中对传统的因袭》，《广东社会科学》2013 年第 5 期；赵春晨：《从〈三民主义〉演讲看孙中山晚年的文化取向》，《学术研究》1996 年第 2 期，等等。

实居世界之第一。至于人民之数则有四万万，亦为世界之第一"①，但由于长期闭关锁国，没有跟上资本主义发展潮流，在列强的武力掠夺与经济压迫下，已从举世闻名的强国，变成"世界上最贫弱的国家，处国际中最低下的地位"②。

中国经济的贫弱，首先体现为产业凋零、经济破产。中国当时"尚用手工业生产，未入工业革命之第一步"③，资本主义生产方式只出现局部地区，并且产值低下，根本无法与世界强国相比。其次体现为各阶层的普遍贫困。孙中山指出，中国"没有大富的特殊阶级"，社会各阶层没有大富和大贫之分，只有"大贫与小贫"之别。在当时世界民族国家体系中，中国要想摆脱被殖民的地位，应先解决发展问题，集全国之力，尽快地摆脱积贫积弱的经济处境。孙中山认为国人应具有足够的自信，当下中国的问题在于国力衰败、教育落后，民众尚没有能力，"倘能使中国人民认识到自己的力量和资源并对其加以适当利用，则中国将来定能成为最大的强国"④。

其次是主权分裂与中央无权威、无能力。孙中山对四分五裂的中国主权现状一直痛心疾首，认为这是阻碍国家发展的重要根源。在发动革命早期，他批判清廷掌握着国家最高权力，却实行民族歧视政策，没有团结汉族及其他民族共同建设国家。民国初年，他又批判"军阀横行，政客流毒，党人附逆，议员卖身"⑤的局面，同时指责各地方势力无视国家统一的大局，相互攻讦，以邻为壑，自守地盘，盘剥民众度日的做法。孙中山认为，正是因为主权的分裂，才致使中国当时民众不但享受不到民主权力，而且无法获得和平发展的环境："试环顾国内，自革命失败以来，中等阶级频经激变，尤为困苦；小企业家渐趋破产，小手工业家渐致失业，沦为游氓，流为兵匪；农民无力以营本业，至以其土地廉价售人，生活日以昂，租税日以重"⑥。

基于这一认识，孙中山极力反对当时的联省自治派"以美国联邦政体作为中国模板"的说法，称中美虽然地域面积相近，但历史背景和现实条件差异极大。首先，美国各邦本来就是独立的，而"中国的各省，在历史上向来都是统一的，不是分裂的"，况且"美国的富强，是各邦统一的结果，不是各邦分裂的结果"⑦。其

---

① 《建国方略·孙文学说》，《孙中山全集》第 6 卷，中华书局 1985 年版，第 223 页。
② 《三民主义·民族主义》，《孙中山全集》第 9 卷，中华书局 1986 年版，第 188 页。
③ 《建国方略·实业计划》《孙中山全集》第 6 卷，第 250 页。
④ 《致麦格雷戈夫人函》，《孙中山全集》第 1 卷，中华书局 1981 年版，第 225 页。
⑤ 《中国国民党改组宣言》，《孙中山全集》第 8 卷，中华书局 1986 年版，第 429 页。
⑥ 《中国国民党第一次全国代表大会宣言》，《孙中山全集》第 9 卷，第 115 页。
⑦ 《三民主义·民权主义》，《孙中山全集》第 9 卷，第 304 页。

次，美国联邦之可行，在于地方自治力量强大，中国历来为中央集权，民治不发达，中央权威又分散至各军阀手中，仓促推行各省自治，只会从原来的一个皇帝统治变成若干的"小皇帝"的统治，徒害无益。至于陈炯明提出的"联防互保，退可据粤，进而合诸利害相同之军阀，把持国事"的设想，孙直言"太过单纯"："譬之人身，未有心腹溃烂而四肢能得完好者。国既不保，吾粤一隅何能独保。且既欲保境，必须养兵，养兵以保境，无异扫境内以养兵，民疲负担，如何能息，民疲其筋力以负担军费，犹尚不给，则一切建设，无从开始，所谓模范省者，徒托空言。一省如此，已为一省之害，各省如此，列为各省之害，所谓联省自治，又徒托空言。"①

晚清以来的国家政治危机，除了主权分裂和中央无能之外，也体现为深层的国民精神或信仰的危机。中国文化中素有以"一元论"或"整体论"思维方式规划一切的心理传统②，以儒家为代表的一元化意识形态一直是中国超稳定政治结构的一个重要支点③。晚清遭遇的"千年未有之大变局"，既源于技术和制度层面的影响，更源于一种完全异质文化和价值观的冲击。伴随国家主权的丧失，晚清的中国也失去能够统合国民精神价值的核心力量。隐藏在国民心理深处的信仰亏空、价值迷失，构成了制约近代中国实现主权统一和央权再造的深层障碍。借用孙中山的话讲，即是"无思想、无信仰、无力量"。如何通过重构统一的国民精神和意识形态重建中央权威，成为困扰近代国人的一个重要问题。

再次是"原子化"社会与组织整合危机。与当时许多先进人士一样，孙中山一再批评中国民众只知有自己，不知有国家；只注重私利，不能团结合作。他用"一盘散沙"来形容当时中国社会的散乱无序状态，并极力反对照搬和宣传西方的"自由"观念，因为"中国人民不是没有自由，而是太自由"，当务之急，不是要散沙一般的自由，而是应该"参加水和士敏土，要那些散沙和士敏土彼此结合来成石头，变成很坚固的团体"④。且不论用"无组织"去比附西方"自由"观念是否合适，孙中山的这一判断却无疑道出了当时中国社会"无组织"的真实状态。

近代以降，随着中央权力的旁落，地方权贵势力逐渐坐大，传统联结中央朝廷与底层民众的儒生乡绅力量，也因农村凋敝及科举制度废除等因素不断弱化。这些

---

① 孙中山：《致海外同志书》，《孙中山全集》第 6 卷，第 549 页。

② Lin Yu-sheng, *The Crisis of Chinese Consciousness*, Madison：University of Wisconsin Press, 1971：1956。

③ 参见金观涛、刘青峰：《开放中的变迁：再论中国社会超稳定结构》，香港中文大学出版社 1993 年版。

④ 《三民主义·民权主义》，《孙中山全集》第 9 卷，第 281 页。

乡绅势力不断离开农村，进入到城市或军队当中，转身变成"离乡地主"或"军绅集团"①，致使农村社会逐渐失去传统政治文化的"核心"，日趋陷入"原子化"的境地。因此，近代中国主权的分裂和民众的无组织化，是互为因果的。这一点，与欧美等民族国家创建初期"市民社会"的强大，从而成功与王权形成抗衡地方封建势力的情景，刚好构成鲜明的对比。孙中山基于现代国家建设的角度，痛陈中国人的"无集体意识"、"无民族精神"、"没有团结力"，可以说十分贴合时情，也具有相当的历史合理性。因此，孙中山在晚年的"民权主义"演讲中反复告诫国人：中国人不能照本抄誊西方的学理，简单地跟风去提倡什么自由和平等，根本就是不懂国情，"离事实太远，和人民没有切肤之痛"②。

最后是重道德轻法治的民情文化。孙中山是西方法治思想早期引入者之一，他的《中国之司法改革》一文，首次提出要改革司法制度、实行司法独立，被称为是中国近代最早的法律论著之一③。在早年领导革命时，孙中山曾大力宣扬法治和制度的重要性，指出"立国于大地，不可无法也。立国于 20 世纪文明竞进之秋，尤不可无法，所以障人权，亦所以遏邪辟。法治国之善者，可以绝寇贼、息讼争，西洋史载，斑斑可考"④。并指出，专制国与共和国的根本区别之一，即是前者"重人"，后者"重法"。不过，随着革命实践的推进，孙中山逐渐认识到中国社会现实存在的法律与权力、法治与人治的内在冲突。当时，各地军阀置"法"于不顾，恣意乱为，如果直接用西方法制去约束他们，只能是与虎谋皮。另外，中国向来缺乏法治的传统，民众（包括当权者）对"法"没有敬畏感，要树立法律的权威，除了用强权背书，只能借助传统文化为"法治"确立形而上的先验基础（就如同西方宗教法与自然法起到的作用一样），让德治为法治铺路，也让德治成为法治的补充。这正是孙中山后期越来越重视德治的根本原因所在。

孙中山在三民主义讲演中一再提到，中国相对西方拥有着"最好的政治哲学"——伦理道德；恢复"我们固有道德、知识和能力"，是促成中外文化融合的基点和起点。他强调："中国人至今不能忘记的，首是忠孝，次是仁爱，其次是信义，其次是和平。这些旧道德，中国人至今还是常讲的。"基于此，孙中山提出了"为政以德"的主张，希望恢复或重建中国的传统道德信仰，去推进中国的国家建设。

---

① 参见陈志让：《军绅政权——近代中国的军阀时期》，广西师范大学出版社 2008 年版。
② 《三民主义·民权主义》，《孙中山全集》第 9 卷，第 289 页。
③ 李贵连：《从法治到党治：孙中山的思想转变》，《炎黄春秋》2013 年第 6 期。
④ 《周東白辑〈全国律师民刑新诉状汇览〉序言》，《孙中山全集》第 8 卷，中华书局 1985 年版，第355 页。

二、古与今、中与西之间

基于中国独特的国情和民情，孙中山设计了一条明显有别于西方也有别于传统的现代中国建设路径。这一路径设计，囊括了国家精神（核心意识形态）、政体模式、经济形态、社会治理等现代国家建设需要的基本问题。

第一，主义立国：重建意识形态权威。如何解决那个风雨飘摇的时代，国人对于前途无望、价值迷失的困惑呢？孙中山认为，首先应该从国民心理改造入手，通过创建和实行新的主义学说，重建国家精神和主流价值观，进而恢复国人为国家为民族奋斗的精神力量。孙中山指出，"大凡人类对于一件事，研究当中的道理，最先发生思想；思想贯通以后，便起信仰，有了信仰，就生出力量。所以主义是先由思想再到信仰，次由信仰生出力量"①。关于重建国家精神、恢复核心价值观念的任务，孙中山寄希望于创建的三民主义身上。建党初期，孙中山就提出，每个党员都负有"感化"民众的责任，"用这个主义去统一全国人民的心理，到了全国人民的心理都被本党统一了，本党自然可以统一全国"②。

为了强化民众对三民主义理论的信仰，进而将后者塑造成为国家的核心意识形态。孙中山针对中国传统的"非知之艰，行之惟艰"的说法，提出了"知难行易"的哲学命题，告诫国人应摆脱凭直觉经验行事的习惯，相信科学理论的指导作用，树立对真理、主义的坚定信仰。另外，他也希望时人能够通过理解"知难行易"，重新确立奋进向上的信念，重建统一的国家精神和核心价值观③。孙中山在总结历史经验的基础上提出，正是因为革命党人对革命"信仰不笃，奉行不力"，才导致革命屡起屡仆、国家创建任务迟迟无法完成。孙中山因此把"知难行易"的哲学命题置于"建国方略"的首位，标之为"心理建设"（甚至直接称为"孙文学说"），作为"物质建设"和"社会建设"的先导，希望以此破国人"心理之大敌"，出国人"思想于迷津"④。

不过，由于三民主义的思想来源过于庞杂（其中既有各种西方现代学说，又有中国传统的伦理观念），更主要的是缺乏完整的融历史观、价值观、世界观为一体

---

① 《三民主义·民族主义》，《孙中山全集》第9卷，第184页。
② 《在广州中国国民党恳亲大会的演说》，《孙中山全集》第8卷，第284页。
③ 关于"知难行易"学说，学界或者基于达尔文的生物进化论思想提出强调孙中山顺应世界进化潮流、与时俱进的精神，突出革命性、现代主义特征；或者从精英史观的角度，将之视为是强调"英雄人物创造历史"观的产物；却忽视了此学说背后的政治关怀：国家精神的缔造。
④ 《建国方略》，《孙中山全集》第6卷，第158—159页。

的整全式意识形态解释体系，很难满足当时国人对于精神、政治、经济等全面心理需求，从而无法成为现代中国缔造时期的主导意识形态①。这个缺陷，也直接导致了三民主义日后与共产主义理论竞争的落败②。尽管如此，孙中山的"主义立国"，以及其重塑国家精神、构建国家主导价值观的尝试，仍然对后来乃至当前的中国国家发展提供诸多启发。

第二，强化央权和实行渐进式民主。面对政局混乱、军阀横行的时局，如何对庞大国家实施有效的中央控制呢？孙中山认为应先坐实央权，再有序推进民权政治。首先，孙中山认为中国国情不适用于实行联省自治，只能实行中央集权体制。民国建立初，他就提出中国应实现五大统一："民族之统一""领土之统一""军政之统一""内政之统一""财政之统一"。民族和领土统一，是"合汉、满、蒙、回、藏诸地为一国"；军政、内政与财政统一的主旨，是各省"行动既一，决无歧趋，枢机成于中央"③。在他看来，只有中华各民族联合"成一个大国族团体"，利用"四万万人的大力量共同去奋斗"，中华民族才能实现真正强盛④。其次，孙中山认为，推进民主政治，必须渐进有序。他曾检讨民初政治的混乱，称根源就在于央权未稳，便仓促地推行宪政：

> 由军政时期一蹴而至宪政时期，绝不予革命政府以训练人民之时间。又绝不予人民以养成自治能力之时间，于是第一流弊，在旧污未由荡涤，新治末由进行。第二流弊，在粉饰旧污，以为新治。第三流弊，在发扬旧污，压抑新治。更端言之，即第一为民治不能实现，第二为假民治之名，行专制之实，第三则并民治之名而去之也⑤。

基于这一思考，孙中山由早期倾向于欧美"自由民主"观念的理想主义者，逐渐变成主张"武力统一"、倡导中央集权的现实主义者。1923 年 1 月孙中山在《中国革命史》中将中国政治发展道路分为军政、训政、宪政三个阶段。

---

① 抛开内容来源的多元庞杂，仅从形式上，三民主义的"三个主义"（而非"一个主义"）构成，本身就体现了主义自身的繁杂，况且三个主义之间也存在内在矛盾。孙中山生前，国民党意识形态的"大一统"，主要依托其个人权威来推动。孙中山去世后，为应对意识形态危机，国民党各派势力从三民主义中各取所需，配合政治的分裂，进一步增加了党内多元信仰、分裂离析的变数危险。（参见庞虎：《三民主义儒学化与马克思主义中国化——基于思想史的比较及其实现路径的反思》，《马克思主义与现实》2015 年第 2 期）

② 20 世纪下半叶三民主义在台湾地区的遭际，一定程度上与这种信仰体系的内在缺陷有关。

③ 《临时大总统宣言书》，《孙中山全集》第 2 卷，中华书局 1982 年版，第 2 页。

④ 《三民主义·民族主义》，《孙中山全集》第 9 卷，第 242 页。

⑤ 《中国革命史》，《孙中山全集》第 7 卷，第 66—67 页。

民主政治建基于统一的中央权威之上，中央权威的坐实又需要强而有力的革命政党作统领。"二次革命"失败后，孙中山提出"以党治国"思想，认为革命失败的原因在于"同党人心之涣散"，特别是党员不服从领袖的命令①。为此，他另创中华革命党，希望以此作为重起革命、再造国家的核心力量。1917年苏俄革命的成功，印证并增强了他的这一信念。1924年1月国民党一大改组时，孙中山明确主张训政时期应"党在国上"，以确保国家政治的平稳过渡。"当俄国革命时，用独裁政治，诸事一切不顾，只求革命成功……其能成功，即因其将党放在国上。我以为今日是一大纪念日，应重新组织，把党放在国上"②。总之，从欧美式的自由联邦观到革命三程序论，再到"以党治国"思想的转变，充分体现了孙中山不盲目照搬西方，基于国情出发思考中国国家发展道路的现实取向。

第三，国家垄断与资本节制并重的经济策略。在经济发展上，孙中山受世界左翼思潮影响较大，认为以自由竞争为核心的资本主义模式，必将带来资本垄断以及贫富悬殊的社会后果。在他看来，尽管中国资源发达，但"如果不用国家的力量来经营，任由中国私人或外国商人来经营，将来的结果，也不过是私人的资本发达，也要生出大富阶级的不平均"③。中国的未来，只有采取社会主义的方式，建立以国家为主导的经济发展模式，即由国家垄断关系重大民生的经济事业，才能实现共同富裕，避免社会革命。孙中山甚至直言："民生主义者，即国家社会主义也。"④

由国家垄断核心民生资源，一直是传统中国控制地方的重要手段。在革命政权建设过程中，孙中山始终强调做实国家资本、强大中央财政对于控制地方的重要性。他在1919年撰写的《中国事业当如何发展》一文中称："凡天然之富源，如煤铁、水力、矿油等，及社会之恩惠，如城市之土地、交通之要点等，与夫一切垄断性质之事业，悉当归国家经营，以所获利益，归之国家公用。如是，则凡现行三种种苛捐杂税，概当免除。而实业陆续发达，收益日多，则教育、养老、救灾、治疗、及夫改良社会，励进文明，皆由实业发展之利益举办。以国家实业所获之利，归之国民所享，庶不致再蹈欧美今日之覆辙，甫经实业发达，即孕育社会革命也。"⑤ 对于依靠发达国家资本改变中国落后的前景，孙中山充满信心："我们革命之后要实行民生主义，就是用国家的大力量，买很多的机器，去开采各种重要矿产

---

① 邹鲁：《中国国民党史稿》，商务印书馆1944年版，第162页。
② 府民：《孙中山详传》，中国广播电视出版社1993年版，第1092页。
③ 《三民主义·民生主义》，《孙中山全集》第9卷，第391页。
④ 《在上海南京路同盟会机关的演说》，《孙中山全集》第2卷，第339页。
⑤ 《中国实业如何能发展》，《孙中山全集》第5卷，第135页。

……中国将来矿业开辟，工业繁盛，把国家变成富庶，比较英国、美国、日本，还要驾乎他们之上。"①

当然，孙中山在强调发达国有资本的同时，对于私人资本也并非绝对否定。他承认私人资本对提振国家经济的积极作用，认为资本需要是"节制"而非"废除"。他还以苏俄的"新经济政策"为例，证明对于马克思主义的完全公有制，在中国只能"师其意而不用其法"②。

第四，自治和德治相结合的社会治理思路。孙中山十分崇尚社会自治。早在1897年8月，他就提出"人民自治是政治的极则"③。1905年的同盟会宣言中规定："军政府以地方自治权，归之于人民，地方议会议员及地方行政官皆由人民选举。"对于自治方式，孙中山根据不同国家的历史演进方式，将之分为"自然进化"和"人为进化"两类，前者的代表如瑞士，"人民极富自治能力，遂有直接民权之制"；后者的代表如美、法二国，是人为地通过自治理念加以构建出来的。孙中山认为，中国具有自治的自然传统，并且这一传统集中体现在县级以下的社会。早在与保皇派的论战中，孙中山就详述过中国传统宗族自治的状态：

> 中国乡族之自治，如自行断讼、自行保卫、自行教育、自行修理道路等事，虽不及今日西政之美，然可证中国人禀有民权之性质也。又中国人民向来不受政府之干涉，来往自如，出入不问；婚姻生死，不报于官；户口门牌，鲜注于册；甚至两邻械斗，为所欲为：此本于自由之性质也④。

基于此，孙中山把中国推进地方自治的单位放在县一级，认为无县自治，则人民无所凭借，全民政治也无由实现。不过，考虑到中国人缺乏法治观念，孙中山认为要推进社会治理，必须首先重建传统伦理道德。孙中山曾批评过中国人观念中"有宗族无国家"，但认为如果对中国传统宗族文化加以合理利用，仍不失达至社会自治以及国家团结的有效办法。他指出，在国民和国家结构的关系上，外国不如中国，因为中国从家族到宗族、国族，存在着层级递进的关系，在实现国家整合上也较外国用个人为单位容易得多。孙中山称，中国若以宗族为基础发展民族团体，则

---

① 《在广东第一女子师范学校校庆纪念会的演说》，《孙中山全集》第10卷，中华书局1986年版，第22页。

② 杨天石：《师其意不用其法——孙中山与马克思主义二题》，《广东社会科学》2011年第5期。

③ 《与宫崎寅藏平山周的谈话》，《孙中山全集》第1卷，中华书局1981年版，第172页。

④ 《驳保皇报书》，《孙中山全集》第1卷，第235页。

"无论外国用什么兵力、经济和人口来压迫，我们都不怕他"①。可见，如果说辛亥革命从形式上冲垮了传统个人与国家之间的"家族"障碍，那么晚年的孙中山所致力的，则是从思想上去扶植"家族"，从而促进中国民众从"自由"（孙中山理解中的"散漫"式自由）个体到"国家"公民的转变。

在继承中国传统道德的基础上，创造出一种适应现代国家发展和社会治理需要的新型道德体系，也是孙中山的思考重点。孙中山在三民主义讲演中指出，中国相对西方拥有着"最好的政治哲学"——伦理道德："中国人至今不能忘记的，首是忠孝，次是仁爱，其次是信义，其次是和平。"②他根据时代需要，对此"八德"进行了改造，赋予了新的内涵，提出了他认为符合现代社会的"新道德"，即"为众人来服务"。孙中山称，人类存在两种道德价值观：一是利己（或自私）；二是利人（或合群）。孙中山在《〈民报〉发刊词》中写道："夫缮群之道，与群俱进，而择别取舍，惟其最宜。"③他将"缮群"作为新时代的思想表征，称中国人几千年来虽主张仁爱，但仍然"专注重发达个人，为个人谋幸福，和近代的思想大不相合。近代人类立志的思想，是注重发达人群，为大家谋幸福"④。现代人应以"以服务为目的，不要以夺取为目的"，这种利人之心的最高境界，便是"忠于国"和"忠于民"的道德品质。

由此，孙中山提出"为政以德"的主张。他引用孔子"道之以政，齐之以刑，民免而无耻；道之以德，齐之以礼，有耻且格"的谚语，强调大至国家治理小至政党管理，都需要发挥道德的作用。"大凡一个国家所以能够强盛的缘故，起初的时候却是由于武力的发展……但是要维持民族和国家的长久地位，还有道德问题，有了好的道德，国家才能长治久安"。同样，"政党之发展，不在乎一时势力之强弱，以为进退，全视乎党人智能道德之高下，以定结果之胜负。使政党之声势虽大，而党员之智能道德低下，内容腐败，安知不由盛而衰？若能养蓄政党应有之智能道德，即使势力薄弱，亦有发达之一日"⑤。在政治制度设计上，孙中山也试图将传统的德治理念融入现代民主政治体系建构当中，比如用宗族自治去制约国家专权；提倡官德和党德，并用考试权、监察权去补充西方三权分立制度之漏洞，以挑选和督促社会"贤能"（而非西方主张的"行政中立"）代表民众去实行"治权"，等

---

① 孙中山：《三民主义·民族主义》，《孙中山全集》第9卷，第238—241页。
② 《三民主义·民族主义》，《孙中山全集》第9卷，第243页。
③ 《〈民报〉发刊词》，《孙中山全集》第1卷，第288页。
④ 《在广州岭南学生欢迎会的演说》，《孙中山全集》第8卷，第534—535页。
⑤ 《在上海国民党恳亲会的演说》，《孙中山全集》第3卷，中华书局1984年版，第2页。

等。这种融合中西的政治制度设计，可以说是孙中山留给后人的重大创见。

三、启示与反思

从上述分析可知，孙中山立足于传统中国向现代国家转型的时代关口，通过中西制度、文化及民情的差异比较，以独立理性的态度，全面思考了中国国家发展的路径。这些见解，超越了当时或全面西化或复古保守的极端化论断，开辟了基于中国国情看待中国未来发展的独特视角，为后来中国特色社会主义道路的形成和发展提供了有益的启示。这些启示大体包括如下三个方面。

一是扣准中国国家创建的时代命题。孙中山的中国道路思考，源于其对中国国家建设之时代命题的深刻领悟和精准把握。20世纪初期中国的核心任务，是建立主权统一且独立富强的现代国家。已有百余年现代国家发展历史的西方国家经验虽然丰富，却并不适应尚处于国家初创期的近代中国，盲目照搬，必然会陷入"时代错置"① 的谬误当中。正是出于类似的考虑，孙中山采取了以我为主的"拿来主义"做法，对各种外来主义和理论进行适当的裁量取舍。比如在政治上，他反对使用西方主流的个体人权至上的自由主义民主话语，主张强化中央集权，实行精英主导下的渐进有序民主政治，以确保国家统一和政治稳定。在经济上，他反对自由竞争的资本主义模式，主张国家垄断核心民生资源，做实做大中央财政，为国家经济发展和社会民生事业提供足够资源支持；同时通过节制资本的过度扩张，以防止社会矛盾的集聚。在文化上，他反对多元主义的价值观，主张基于传统和时代的双重要求，恢复民族精神和文化信仰，重建统一的国家意识形态。

二是坚持以文化民情为中心的底层逻辑。道路选择、制度创新的基础是文化与民情②。孙中山一生在思考中国发展问题上的"从离异到回归"，即源于他对中国底层文化民情的理解的不断深入。在《建国方略》中，他吸收了大量西方现代法律和政治观念和方案，但后来他开始越来越侧重从自治和德治入手，去设计国家的政治制度和社会治理机制，比如提倡儒家伦理、推崇宗族自治、强调党德官德和民德等等。所有这些，都是希望从中国文化和民情特点出发，去探索国家建设和社会治理逻辑的尝试。

三是坚持服务大众的原则和目标。孙中山一生经历许多思想上的阶段变化，但

---

① 高全喜：《西方法政哲学演讲录》，中国人民大学出版社2007年版，第6页。
② 参见［法］托克维尔：《论美国的民主》（下），沈阳出版社1999年版。

其内心对于平等至上、群体为先、服务他人等价值的追求却是一贯的①。比如，他反对个体自由、宣扬群体自由；反对利己主义，主张合作互助；反对贫富分化，主张均权均富；推崇大同理想，反对霸道主义；等等。这些创见，无不反映了孙中山把实现人人平等、维护和保障人民大众的普遍利益作为国家发展最终目标的初衷。其不仅暗合了"均贫富""公天下"的中国传统立场，也与当前中国特色社会主义"以人民为主体""追求共同富裕"的主张存在明显一致之处。

当然，孙中山一百年前关于中国道路的思考，也有其不足之处。这些思想的局限，集中体现为三个内在的矛盾。其一，中央集权的国家建设目标与民主政治实践手段之间的矛盾。孙中山虽然在政治观念上反对全盘照搬西方，但具体到行政制度和设计方案上，仍不可避免受到西方话语的深层影响。比如他一方面强调创建现代国家的前提是实现主权统一和权力集中，一方面又主张用西方的权力分立制度去制约中央，并且严格地用"军政—训政—宪政"的时间框架去限定中国的政治发展进程，以至于国民政府后来在处理中央集权尤其是党权的问题，常常自我囿限、进退两难②。这种矛盾犹疑的心态，最明显地体现在孙中山关于"自由"与"秩序"关系的一句判断中，他称"政治里面有两个潮流，一个是自由底潮流，一个是秩序底潮流。政治中有这两个力量，正如物理之有离心力与归心力"。"两力平均，方能适当。此犹自由太过，则成为无政府；秩序太过，则成为专制。数千年底政治变更，不外乎这两个力量的冲动"③。孙中山以此来说明中国政治应当在"自由"和"秩序"保持一种张力的平衡。仅从理念上讲，这种判断不无道理；但对于仍在襁褓中的近代中国，幻想保持这种平衡，不仅过于理想化，而且是有害的了。20世纪上半叶，国民政府之所以最终在党争中落败，进而失去大陆政权，一定程度上也与这种政治理念和制度设计的左右失据和前后矛盾有关。

其二，全面动员的国家建设要求与渐进和平式的改革主张之间的矛盾。世界现代国家的发展历史证明：国家建构要实现主权统一特别是中央财政的统一，必须首先冲破地方分利集团（或中间权贵势力）对中央权力的分割和撕裂，因此中央权力和基层社会的力量往往是互为作用、互为支撑的。在西方现代民族国家建立初期，中央王权正是通过与市民社会的合作，才成功打击了封建贵族势力，实现了国家主权的统一。但对于社会溃败既久的近代中国来说，不可能如西方早期现代国家一样

---

① 张冰：《孙中山自由观的多变性与一贯性》，《广东社会科学》2010年第5期。
② 陈明明：《党治国家的理由、形态与限度——关于中国现代国家建设的一个讨论》，《复旦政治学评论》2009年，第213页。
③ 《在广东省教育会的演说》，《孙中山全集》第5卷，中华书局1985年版，第491页。

实现国家权力与底层民众的直接联合，而是必须借助国家权力下行，先重建或改造业已涣散的基层社会，再达成联合推翻地方势力的目的。可惜的是，孙中山的国家政治建设方案虽意识到坐实中央权力的重要性，但反对使用马克思主义的阶级斗争方法，通过直接回应底层民众吁求去开展激进的社会革命，仅仅希望通过自上而下渐进改革，去压制社会革命的苗头。孙中山一再称民众是"后知后觉"者，是教育和引导的对象，而非可以合作利用的力量，他把引导社会进步的重任寄托在地方精英身上，希望后者能够在"道德"感召下主动去服务大众、奉献社会，进而达到和平救国的目的。这种愿望很美好，但也过于理想。之后的国民党政权因为惧怕和忽视底层民众的力量，使中央权力始终停留在城市层面，未能进行农村社会，从而把动员民众和重建社会的机会留给了中国共产党。这个结局，不能不说一定程度受到孙中山观念的影响。

其三，革命时期的道德高期待与和平时期的法制底线需求之间的矛盾。孙中山思考中国发展时的一个困境是：其要解决的是国家建设的长远问题，却不得不时刻面对革命建国的时效性问题，于是越是到了晚年，孙中山对于革命建国的心理迫切性就越强，他的国家建设方案也越来越呈现出某种短视、保守的特点。比如，他迫切地希望从古代传统的伦理道德中寻找提振革命精神的资源，而把早年间对法治建设的思考置于一旁；他热衷于谈党德民德，却忽视了国家法治建设更需要长久的实践锻炼；他一再强调训政，但一直未明确说明如何在政治实践中去训练和教育民众。这一疏忽，当然很大程度是当时的革命形势使然，而作为一种国家建设的思路方案，也不可避免会影响到后来的中国的国家建设进程。国民党政府乃至新中国建立后大陆政权长期在建设法治国家、法治政府方面的疏忽，而过多地将注意力放在道德建设、文化改造等层面，多少与孙中山这一思想取向存在某种内在联系。

总之，孙中山在一百年前关于中国道路的思考，尽管存在某些不足或缺陷，但总体上不失历史合理性和现实参考价值。经过新中国成立以来 70 年尤其是改革开放四十余年的发展，中国大陆地区基本实现了国强民富的愿望，初步形成了中国特色社会主义的道路、制度和理论。当前，随着国际格局及国内形势的变化，各种思想主义纷繁复杂，"中国该往何处去"这一命题再一次富有挑战地摆在国人面前。在此形势下，重温和反思孙中山百年前关于中国道路的思考和告诫，对于理解过去和瞻望未来仍然不失价值。

（作者单位：广东省社会科学院　华南农业大学）

传承·重建·引领

——孙中山中华民族使命感的三个维度

宋德华

中国近代，是中华民族的生存和发展因内外剧变而受到重大挑战的时代。为了应对挑战，无数志士仁人肩负民族使命，以不同的思路、方式和作为，做出了自己的贡献，孙中山就是其中一位典型的代表。他对中华民族使命的体认，无论自觉性、深刻性还是前沿性，都达至了一个足以产生重大影响的高度，显然是值得专门探究、深入拓展的新话题①。

本文将传承、重建、引领作为立论主旨，意在阐发孙中山认知中华民族使命的三个重要方面：一是充分估价中华民族优良特质，以传人之责负起民族担当；二是清醒评判中华民族所处现状，以根本改造使民族重获新生；三是尽力发挥中华民族应有作用，以高远追求推动世界进步。这些使命感，是中国近代社会持续转型的产物，带有鲜明的时代印记，又与近代各时期先贤的民族使命之见前后相联，形成了接力相传和升华飞跃的关系。时代变迁与观念转换的交织，成为孙中山中华民族使命感的鲜明特色。

一

中华民族的传承出现前所未有的危机，始自作为近代开端的鸦片战争。这场战争的失败及危机的逐渐加深，促使一批又一批先觉者们不断发出忧思传承、亟图拯

---

① 以往许多研究与此相关，但以孙中山民族使命感为主题者似不多见。

救的疾呼之声①，对民族前途命运的巨大担忧成为越来越多人的共识。

极言民族之危，深惧传承之失，是这些呼吁的共同底色，表现了中国人在面临严重外患之时，力存华夏族裔、坚守悠久文明的强烈愿望。但在较长一段时间里，由于对外战争和内部改革的一再失败，国人的传承之念总是笼罩着一层浓厚的悲观无奈的色彩；同时，由于将解救传承之危的希望主要寄托于朝廷，因而对如何从中华民族自身寻找战胜忧患的力量，将传承的主动权掌握在自己手里，还存在很大的欠缺。

孙中山对传承之危既与前人和时人有相同的感受，又有新的超越。这取决于当时多种新式社会力量的集结，正在形为对抗和改变民族危机的有生力量，而孙中山成了他们的杰出代表，也取决于其本人的特殊生活经历，使之眼界大开，有了重新认识传承这一历史使命的可能。

决心恢复中华民族在世界上应有的地位，是孙中山传承观的出发点。这种地位，既源于民族赖以生存繁衍的自然和社会条件，包括广袤的国土、丰富的资源和繁盛的人口，更直接源于华夏悠久的历史、古老的文明和灿烂的文化。它们构成了中华民族在世界上的重要性，也给了中国人无比的自豪感和自信心。然而，此种地位自近代以来，急剧下降，这令孙中山深有切肤之痛。

早在创立兴中会时，他就对民族地位的严重降落极为愤慨，非常明确地将民族传承和振兴作为神圣的责任："中国积弱，至今极矣……堂堂华国，不齿于列邦；济济衣冠，被轻于异族……有心人不禁大声疾呼，亟拯斯民于水火，切扶大厦之将倾，庶我子子孙孙，或免奴隶〈于〉他族……本会之设，专为联络中外有志华人，

---

① 如冯桂芬惊呼"有天地开辟以来未有之奇愤，凡有心知血气莫不冲冠发上指者，则今日之以广运万里地球中第一大国而受制于小夷也……不独俄、英、法、米（指美国——引者注）之为患也，我中华且将为天下万国所鱼肉，何以堪？此贾生之所为痛哭流涕者也"，渴望通过自强，而"内可以荡平区宇……外可以雄长瀛寰，夫而后可以复有之强……而我中华始可自立于天下"（冯桂芬：《校邠庐抗议·制洋器议》，戴扬本评注，中州古籍出版社1998年版，第197、200页）。郑观应深忧"今中国自为日本所侮，更为泰西各国所轻，皆知我兵将之弱，军器之窳，国库之空，汉奸之众，吏治之坏，民心之涣。莫不炎焉思逞，蚕食狼贪……当此时艰孔亟，如病者危笃之候，若非主治得人，力求治法，虽有对证之药，恐为庸医所摇，因以坐误，厥病何由瘳乎"，期盼清除积弊，"以起痼疾于已深"，使"华夏有磐石之安，国祚衍无疆之庆"。（郑观应：《盛世危言·增订新编后序》《盛世危言·自序》，王贻梁评注，中州古籍出版社1998年版，第547、548、552页）。康有为痛言"日本议院日日会议，万国报馆议论沸腾，咸以分中国为言。若箭在弦，省括即发，海内惊惶，乱民蠢动。职诚不料昔时忧危之论，仓猝遽验于目前，更不料盈廷缄默之风，沈痼更深于昔日。瓜分豆剖，渐露机牙，恐惧回惶，不知死所……若变辱非常，则不惟辄简而不忍著诸篇，抑且泣血而不能出诸口"，上书进献救亡图存三策，断定"能行其上，则可以强，能行其中，则犹可以弱，仅行其下，则不至于尽亡"（康有为：《上清帝第五书》，汤志钧编：《康有为政论集》上册，中华书局1981年版，第201—202、203、209页）；等等。

讲求富强之学，以振兴中华、维持国体起见……倘不及早维持，乘时发奋，则数千年声名文物之邦，屡世代衣冠礼义之族，从此沦亡，由兹泯灭，是谁之咎？识时贤者，能辞责乎？"① 此后，"振兴中华"、传承中国文明一直是孙中山从事革命的基本宗旨之一②。

在其晚年所作的关于民族主义的六次演讲中，直截了当地反对帝国主义侵略、号召"恢复民族的地位"，成为贯穿始终的主题。他一方面对中华民族地位的跌落感受更为强烈，指出"中国从前是很强盛很文明的国家，在世界中是头一个强国……现在还不如殖民地"③，"……中国不只做一国的殖民地，是做各国的殖民地……应该叫做'次殖民地'"④；一方面对中华民族振兴仍充满坚定的信心，认为"用世界上各民族的人数比较起来，我们人数最多，民族最大，文明教化有四千多年，也应该和欧美各国并驾齐驱"⑤，"……中国的人口比日本多十倍，领土比日本大三十倍，富源更是比日本多……如果中国能够学到日本，只要用一国便变成十个强国。到了那个时候，中国便可以恢复到头一个地位"⑥。这里所说的"恢复"，显然包含着非常丰富的内涵，究其实质，就是要彻底改变落后挨打的状况，重新赢得民族的独立自主，在新的历史条件下，通过新的努力奋斗，再现往日的伟大和辉煌。

那么，怎样才能恢复民族的地位？这是一个涉及范围十分宽广的问题，孙中山的很多主张都与此相关。从传承的角度看，其回答可集中到一点，就是要将"恢复民族的精神"作为首要任务。他这样论述道："为什么从前的地位有那么高，到了现在便一落千丈呢？此中最大的原因……就是由于我们失了民族精神，所以国家便一天退步一天，我们今天要恢复民族的地位，便先要恢复民族的精神……从前失去

① 《兴中会章程》，黄彦编：《孙文选集》中册，广东人民出版社 2006 年版，第 17—18 页。

② 其论述如："再造中华，以复三代之规，而步泰西之法，使万姓超甦，庶物昌运，此则应天顺人之作也"（《自传 为英国学者翟理思编纂〈中国名人辞典〉而作》，《孙文选集》中册，第 24 页）；"或曰：'……然则欲筹东亚治安之策以何而可？'曰：惟有听之支那人士因其国势顺其民情而自行之，再造一新支那而已"（《支那保全分割合论》，《孙文选集》中册，第 131 页）；"……中国土地人口，世界莫及。我们生在中国实为幸福，各国贤豪皆羡慕此英雄用武之地而不可得。我们生在中国正是英雄用武之时，反都是沉沉默默，让异族儿据我上游，而不知利用此一片大好山河，鼓吹民族主义，建一头等民主大共和国，以执全球的牛耳，实为可叹！……所以现在中国要由我们四万万国民兴起。今天我们是最先兴起的一日，从今后要用尽我们的力量，提起这件改革的事情来。我们放下精神说要中国兴，中国断断乎没有不兴的道理"（《救中国应改革旧制实行共和—在东京中国留学生欢迎大会的演说》，《孙文选集》中册，第 152 页）。

③ 《三民主义·民族主义第六讲》，《孙文选集》上册，第 468 页。

④ 《三民主义·民族主义第二讲》，《孙文选集》上册，第 423—424 页。

⑤ 《三民主义·民族主义第一讲》，《孙文选集》上册，第 408—409 页。

⑥ 《三民主义·民族主义第六讲》，《孙文选集》上册，第 480 页。

民族精神好比是睡着觉，现在要恢复民族精神，就要唤醒起来……"① 对什么是民族精神，他在具体分析中国数千年的历史演变之后，得出这样一个总的结论，即"这种特别的好道德，便是我们民族的精神。我们以后对于这种精神不但是要保存，并且要发扬光大，然后我们民族的地位才可以恢复"②，从而将民族精神与传统的"好道德"等同起来③。对这些中国"固有的"好道德，他列举了四种，依次为忠孝、仁爱、信义和和平，逐一加以论述，着重强调这样三点：一是不可将新文化与旧道德截然对立起来；二是对旧道德可以重新加以解释，去掉其过时的旧内容，加入符合时代需求的新思想，而不要简单地全部丢弃；三是与外国相比，中国的好道德独具优势，理应大力弘扬④。

在这些论述中，贯穿着一个十分重要的思想，就是一个民族，特别是像中华民族这样有着悠久历史和文明的民族，要想在新的历史时期扭转颓势，重振雄风，一定不能割断与本民族文化传统的联系，不能放弃民族文化本位的立场。特别是传统文化中的精粹，历经数千年的开发、陶冶和积淀，具有难以取代的独特价值，是一个民族最为内在的精神依托和最能媲美于人的文明特质，在传承时最应予以高度重视⑤。

值得注意的是，孙中山所说的"恢复"传统好道德，虽总体上持肯定态度，但并非简单地复原，更不是原封不动地照搬古代。所谓"恢复"，一方面是指继续沿用忠孝、仁爱、信义、和平等历来中国人耳熟能详的概念，尤其应传承其中蕴含的文化精髓，另一方面，又意味着必须结合古今发生了巨大变化的时代条件，对这些道德作出新的解读，加入新的内涵。他以"忠"字为例分析道，过去讲忠是忠君，如今民国没有了君主，是否就可以不讲忠了呢？仍然还是可以讲，"……君主可以不要，忠字是不能不要的"。不过忠的涵义需要更新，"我们做一件事，总要始终不渝，做到成功，如果做不成功，就是把性命去牺牲亦所不惜，这便是忠"，忠的对

---

① 《三民主义·民族主义第六讲》，《孙文选集》上册，第467—468页。

② 《三民主义·民族主义第六讲》，《孙文选集》上册，第473页。

③ 在有的地方，他将民族主义也称为民族精神："……中国的人只有家族和宗族的团体，没有民族的精神……如果再不留心提倡民族主义，结合四万万人成一个坚固的民族，中国便有亡国灭种之忧。我们要挽救这种危亡，便要提倡民族主义，用民族精神来救国。"（《三民主义·民族主义第一讲》，《孙文选集》上册，第409页）

④ 《三民主义·民族主义第六讲》，《孙文选集》上册，第470—473页。

⑤ 实际上，"好道德"只是一个代表，孙中山希望传承发扬的传统文化精华还很多，如天下为公的大同思想，"固有的智识"和"固有的能力"等。见《三民主义·民族主义第六讲》，《孙文选集》上册，第474、477页。

象更要更新，这就是"不忠于君，要忠于国，要忠于民，要为四万万人效忠"①。对其他旧道德，孙中山虽未逐一重新辨析，但通过忠字的说明，可以说为如何实现旧道德的新转换，提供了一个颇有价值的范例②。

二

无论怎样传承，面对的终归只是过去。尽管过去与现实有着千丝万缕的联系，但过去毕竟不能等同甚至会截然有别于现实。转型时期的中华民族就正是如此。如果说，近代之前国人由于与世界隔绝，还能按历史的故步前行，同时继续保持天朝上国的优越感，那么，近代之后所经历的国门洞开与走向世界的剧变，就逐渐从根本上改变着民族发展的方向道路，并逐渐暴露出以往被掩盖着的各种弊端和弱点。睁眼看世界，进而睁眼看中国，以改造重建为己任，这是孙中山民族使命感的核心内涵所在。

早在孙中山之前或与之同时，在国人所谋划的各种改革设想中，就不同程度地包含了民族重建的思考。太平天国领袖们希望用农民起义改变黑暗不平的世道，通过西方宗教和儒学的结合而重塑新天新地新人，但终究未能跳出封建专制模式的窠臼。洋务派的富强纲领虽以朝廷为本，实际上与民族的改造也不无联系，但他们一是未能进入到改造政治制度和价值观的层次，二是与民众隔阂甚深，因而无法做出更多的建树。维新派的救国方案应该说对民族重建的认识已相当自觉，无论是戊戌年间的开民智，还是戊戌后的造新民，都在思想界产生了深刻影响。可惜他们过于依赖君权变法，极为缺乏政治的独立性，这对其重建思想起了严重的束缚作用。

孙中山的重建与前人或时人有很多共同点，如追求富强、学习西方、不仅变革器物而且变革制度和价值观等，然而同者为次，不同者才是其主要方面。当孙中山

---

① 《三民主义·民族主义第六讲》，《孙文选集》上册，第470页。

② 另一个转换的例子，是他对历来所称颂的"尧舜之治"和"汤武革命"与民权政治的区分。从中国数千年历史看，尧舜之世固然堪称政治"最善"，"亦为今日之共和政体，公天下于民"，尧、舜皆能"让位"于贤即可证明这一点，而"汤武之革命，亦持救民为主"，其贤明同样可见。然而，这些帝王所抱持者，"惜皆是帝皇主义"，纵能贤于一时，也不能子子孙孙皆贤，故"终皆失败亡国"。暴秦以后，"其君主专制日益夸张，政体日形腐败，国势日蹙，势将灭亡，人民不堪忍受，至清朝愈甚"。欲避免重蹈历史覆辙，就要根除"君主政体"的"一人之主权"，而坚守"民权政体""听民意、从公理、力谋人民幸福"的宗旨，并通过人民"由政党发表其意见于政府，政府不行，可以推倒之"的途径来确保此宗旨的实现。（《政党内阁与党争——在神户国民党交通部欢迎会的演说》，《孙文选集》中册，第409—410页）将中国文化中所崇奉的尧、舜、汤武之政，从思想本质上归结为"帝皇主义"，这是一种非常清醒且有启蒙深度的认识，也是近代中国政治文化价值观不断发展更新的鲜明体现。

以革命领袖身份登上历史舞台大展身手之际，时势已发生了不少转折：旧式农民起义因完全过时，无法再成气候；洋务式现代化运动因遭遇内外瓶颈之扼，已不能单独出场；以思想启蒙和制度转型为特质的维新运动因政变而败，继之而起的保皇自立运动由于几乎相同的政治弱点和思想弱点，也只能昙花一现；清末新政和立宪运动比之以往较有成就，但终因迟迟不能解决皇权专制这一根本问题，亦只能以失败收场。正是在这些转折所形成的历史条件和机遇中，民主革命运动不可阻挡地兴盛起来，孙中山的重建观亦由此而焕然一新。

重建的最大关键是要完成民主革命，换言之，就是要使中国来一个社会性质的彻底改变。在两千多年的古代，中国一直都是由皇权统治的封建社会，虽不断改朝换代，却从未改变这一根本性质。近代以来所发生的多种政治运动，不同程度地提出了改变社会性质的诉求，但在变君国为民国这个至关重要的问题上，都采取了反对的态度。孙中山与此恰恰相反，始终坚持中国的重建必须以颠覆君国为前提和先导，革命成了他一生最重大的使命。

关于革命，孙中山做过大量论述。仅从革命目的角度考察，大致可分为两个层面。一是总体概括，即实现三民主义，分别解决民族、政治、经济等三大问题，举民族革命、政治革命、社会革命"毕其功于一役"，既学习欧美，又超越欧美。① 在此后一次演说中，孙中山讲得更加明确："总之，我们革命的目的是为众生谋幸福，因不愿少数满洲人专利，故要民族革命；不愿君主一人专利，故要政治革命；不愿少数富人专利，故要社会革命。这三样有一样做不到，也不是我们的本意。达了这三样目的之后，我们中国当成为至完美的国家。"② 孙中山的三民主义后来增添了许多内容，而以实现此三大主义为纲，仍是其革命目的论的基本模式。二是分期立论，在不同的历史时期，革命目的的体现各有区别。可略分为三个时段：民国成立之前，以推翻清朝、结束君主专制、建立民国为主要目的；从民国成立到第一次国共合作之前，以反对北洋军阀的专制统治、捍卫约法和国会所代表的民主共和成果为目的；实现国共合作之后，以直接反帝反军阀、开创民主共和新格局为目的。两大层面既各有侧重，又相互交迭和相互延伸补充，构成了孙中山对革命直接目的的基本认识。值得特别指出的是，从推翻清朝、使民国从无到有，到反帝反军阀、力求使民国变得名副其实，这既是孙中山民主革命思想适应外在变化而产生的一次新的飞跃，也是其民主革命思想内在特质所决定的一脉相承的延续。

---

① 《民族民权民生三大主义——东京＜民报＞发刊词》，《孙文选集》中册，第156页。
② 《三民主义与五权分立——在东京＜民报＞创刊周年庆祝大会的演说》，《孙文选集》中册，第171页。

在革命领先的同时，重建还要完成一个更为根本的任务，就是建设。这里所说的建设，是一个广义的概念，不是指某项具体事业的兴办，而是指国家和社会的整体性重建。

早在兴中会和同盟会时期，孙中山对建设这一根本目的就有所提及。在当时揭橥的"振兴中华""再造中华""建一头等民主大共和国"等革命宗旨中，就已在宏观上内含建设之义。民国建立后，建设成了孙中山密切关注的一大主题。如何看待革命与建设的关系，是他思考颇多，并随时局变化认识不断深化的一个基本问题。

一方面，他仍然坚持以建设作为革命的根本，坚信"革命之破坏与革命之建设必相辅而行，犹人之两足，鸟之双翼也。惟民国开创以来，既经非常之破坏，而无非常之建设以继之。此所以祸乱相寻，江流日下，武人专横，政客捣乱，而无法收拾也。盖际此非常之时，必须非常之建设，乃足以使人民之耳目一新，与国更始也"①。正是本着这种认识，他于这一时期潜心撰写了多种以建设为主旨的著作，如由《孙文学说——行易知难（心理建设）》、《实业计划（物质建设）》、《民权初步（社会建设）》三书组成的《建国方略》和《国民政府建国大纲》等，堪称中国当时和未来现代化建设的代表作。

另一方面，他深感革命必须真正取得成功，建设事业的开展才有可靠的保证，只有"破坏"得更为彻底，重新建设才能取得成功。这好比要建新屋，必先打好地基，不仅要"破坏地面"，还要"掘起地底陈土"，而对于建设民国而言，这些"陈土"有三种，即作为前清遗毒的官僚、武人和政客②。此后，孙中山进一步将革命的敌人归之为帝国主义和军阀，将"毁灭"其势力，扫除其障碍，作为革命的主要任务和实现革命根本目的的前提③。

再一方面，他开始明确意识到建设不仅是革命之后的事业，革命本身也必须重视建设，包括进行革命政党的建设④、革命军队的建设⑤、革命思想的建设⑥等等。

---

① 《建国方略·建国方略之一·孙文学说——行易知难（心理建设）》，《孙文选集》上册，第57、59页。

② 《改造中国之第一步——在上海基督教青年会国庆庆祝会的演说》，《孙文选集》中册，第636—638页。

③ 《关于中国国民党最小纲领及提议召集国民会议之宣言》，《孙文选集》下册，第635—638页。

④ 《国民党改组须倚靠党员奋斗并以人民心力为基础——在广州大本营对国民党员的演说》，《孙文选集》下册，第313页；《代表大会的宗旨是改组国民党与改造国家——在广州中国国民党第一次全国代表大会的开会词》，《孙文选集》下册，第385页。

⑤ 见孙中山：《开办军校的惟一希望是创造革命军——在黄埔陆军军官学校开学礼的演说》，《孙文选集》下册，第471—478页。

⑥ 《党义战胜与党员奋斗——在广州大本营对国民党员的演说》，《孙文选集》下册，第345—349页。

可以说，正是由于着力进行了这些建设，孙中山领导的革命才得以发展到了一个新的历史阶段。

通过这些认识，孙中山的建设思想就变得相当成熟和完善，三民主义由原来只是革命主义，而延伸和转换为同时也是建设主义①。尽管由于身处革命年代，孙中山实践最多的还是革命而不是建设，他在很大程度上还只能做建设的设计师，还无法成为建设的实行家，但他对建设的坚持和坚守，眼光长远，心思缜密，对后人多有启发。

要完成革命和建设的双重任务，显然不可能一蹴而就，而是必经一系列必要的阶段，逐步向前推进。对于这一点，孙中山早在同盟会成立之前，就提出了革命应分时期展开的构想。此后，这一思想不断发展成熟，形成了作为根本性政见的"革命建设程序"论②。

在长达二十多年的时间里，"革命建设程序"思想经历了种种演变，具体内容前后有明显差异，但总体精神并无重大改变，并一直作为革命的指导思想。"革命建设程序"论以分期作为基本依托，其核心理念包括两大方面。一是阶段性，即革命建设必须循序渐进，三个时期不能随意混淆和逾越；二是指向性，即三个时期皆以民治为归宿，民治程度既是分期的内在依据，也是各个时期得以转化的必备条件，还是整个程序宣告结束的最终标志。从三个时期的规定中，可以体会到孙中山以革命彻底性来确保民治真实性的良苦用心，深刻显示了其对民主的真诚态度和改造中国的坚韧决心③。

孙中山为了重建中国而思考和奋斗一生，但他并未亲身执掌过全国政权。在其生前，全国统一这一最具前提性的革命任务都还没有完成。从这个意义说，他的许

---

① 在1924年拟订的《国民政府建国大纲》这一重要文献中，孙中山列举"建设中华民国"的纲目，标明"建设之首要在民生。故对于全国人民之食衣住行四大需要，政府当与人民协力……"，"其次为民权"，"其三为民族"。（《国民政府建国大纲》《孙文选集》上册，第397—398页）将"民生"置于三民主义之首，并以"食衣住行"解释民生，这在孙中山以往的论述中很少见到。

② "革命程序"一词为学界通称，而孙中山本人似未用过这一提法。他使用较多的是"革命方略"，言"程序"时则称为"建设程序"。（《国民政府建国大纲》《孙文选集》上册，第398页；《制定〈国民政府建国大纲〉宣言》《孙文选集》下册，第555页）"革命程序"的展开，始于清朝颠覆和民国成立之日，终于宪政的完成和实施，大致相当于孙中山所说的"革命建设"的范围。这一程序所包含的三个时期，开始称之为"军法之治"、"约法之治"和"宪法之治"，后来称之为"军政时期"、"训政时期"和"宪政时期"，此外还有"破坏时期"、"过渡时期"和"建设完成时期"（见《建国方略·建国方略之一·孙文学说—行易知难（心理建设）》，《孙文选集》上册，第56—57页；《中国之革命——为上海〈申报〉五十周年纪念而作》《孙文选集》下册，第217—218页）等说法。以此观之，"革命程序"的提法似还不够准确，用"革命建设程序"可能更好（"革命方略"一词涵盖面较宽，"程序"固然是一种方略，但也可包含其他方略在内）。

③ 参见《孙中山"革命程序论"的前后差异》，宋德华：《岭南人物与近代思潮》，中山大学出版社2007年版，第271—282页。

多设想和谋划都还停留在理论或理想的层面上，既需要实践的验证和完善，也需要根据未来时势的变化做出新的改变。

三

中华民族不仅要通过重建实现自我更新，而且要对世界起引领作用，这是孙中山民族使命感的又一重要内容。孙中山长期活动于海外，特别具有全球视野和人类情怀。他清醒地看到了中国与世界潮流的差距，时刻留意向最先进的国家学习，同时又敏锐地发现世界上还存在各种深重的危机，深感有揭示和挽救的责任。前述对中华民族传承和重建的决心与信心，是这种引领之责强大的内在推动力①。

前人或时人在展望民族前途时，也会言及与世界的关系。由于受制于各自的政治立场和文化态度，往往会带有较多旧观念的印记，如仍然存留唯我独尊、傲视环宇的心境，憧憬万方来朝、臣服天下的荣光，希冀儒学成为统一各种文化的标准等。虽然也有融入、造福和革新世界的声音，但还相当微弱。在孙中山身上，引领世界之声开始变得格外清晰和强烈。以中国智慧克服西方民主的弊端，以民生取向创造人类美好的未来，以和平理念改变世界的战争状态，就是其引领观的几大要点。

从专制走向民主，是近代以来世界政治制度发展的潮流。孙中山充分肯定西方民主制的先进性，但并不以此为满足。通过深入考察，他发现西方民主制在官员的选用和监督、民权与行政权的关系等方面，还存在很大的弊端。表现为：西方国家由于考选制度不发达，没有独立的考试机关，因而选官不严，存在着"盲从滥举及任用私人的流弊"；西方国家都是由立法机关兼有监督的权限，没有独立的纠察机关，因而"生出无数弊病"②；"民权"往往过大，对政府权力造成很大的冲击，历史上如法国大革命时期，"充分民权"导致权力失控，出现"暴民专制"③，而在各国政治现实中，由于议院的权力太大，结果容易使政府变得无能，例如美国就往往

---

① 他非常明确地表示："中国如果强盛起来，我们不但是要恢复民族的地位，还要对于世界负一个大责任……我们要将来能够治国平天下，便先要恢复民族主义和民族地位，用固有的道德和平基础去统一世界，成一个大同之治，这便是我们四万万人的大责任。诸君都是四万万人的一份子，都应该担负这个责任，便是我们民族的真精神！"（《三民主义·民族主义第六讲》，《孙文选集》上册，第480—481页）

② 《三民主义与五权分立——在东京〈民报〉创刊周年庆祝大会的演说》，《孙文选集》中册，第172页。

③ 《三民主义·民权主义第四讲》，《孙文选集》上册，第539—540页。

出现"议院专制"、行政权受制于议院的情况①。为了克服这些弊端，他一方面大力宣扬"直接民权"思想，一方面从中国监察制和科举制中吸取监督与考试的精华，融入三权分立而形成"五权宪法"，进而提出"权能分别"论，以期为世界树立完善的民主制度榜样，将民主落到实处。"直接民权"代表当时西方民主制的新路径，监察和考试制度是中国的优良传统，"权能分别"则是孙中山结合中西所作的创造。从这些主张中，可以见到孙中山所具有的强烈的创新精神和探索精神。

对实现人类理想而言，民主只是手段而不是目的。真正的目的，乃是所有人的自由和幸福。这是一个长远的未来目标，也是孙中山一直关注、注重引领的方向。用其特有的表述方式来说，就是最终要实现民生主义。在他看来，作为最高理想的民生主义即等同于社会主义和共产主义，也可谓现代版的"大同"主义②，不仅对中国前途具有指导作用，对世界未来也具有普适价值。早在革命之初，他就清楚地看到了欧美由于劳资严重对立而产生的重大社会冲突，将解决民生问题作为革命的一大基本任务，希望以此走在各国发展的前头，为世界作出榜样。其后，对民生主义的渐次实施，他总是念念不忘，孜孜以求。从中国范围看，对如何实现民生主义，他先后提出过平均地权、土地国有、禁止私人资本垄断、大产业国有及耕者有其田等主张，具有鲜明的中国特色。特别是在制定《实业计划》时，主张引入西方资本主义以建成中国的社会主义③，其深远意义不但在于迅速改变中国面貌，对世界也将产生不可低估的影响。从世界范围看，他认定社会主义终将取代资本主义，而取代的方式，则有两派不同的意见：一种较为激烈，主张"用革命手段来解决一切政治、经济问题"；一种较为和平，主张"用政治运动和妥协手段去解决"问题。

---

① 孙中山：《三民主义与五权分立——在东京〈民报〉创刊周年庆祝大会的演说》，《孙文选集》中册，第 172—173 页。

② 他这样说道："……共产主义就是最高的理想来解决社会问题的。我们国民党所提倡的民生主义，不但是最高的理想，并且是社会的原动力……分别共产主义和民生主义，可以说共产主义是民生的理想，民生主义是共产的实行。所以两种主义没有什么分别，要分别的还是在方法……然则民生主义到底是什么东西呢？……民生主义就是共产主义，就是社会主义。"（《三民主义·民生主义第二讲》，《孙文选集》上册，第 620—621、626—627 页）又说："所以我们不能说共产主义与民生主义不同。我们三民主义的意思，就是民有、民治、民享……就是国家是人民所共有，政治是人民所共管，利益是人民所共享。照这样的说法，人民对于国家不只是共产，一切事权都是要共的。这才是真正的民生主义，就是孔子所希望之大同世界。"（《三民主义·民生主义第二讲》，《孙文选集》上册，第 634—635 页）

③ 对于这一点，孙中山讲得很明确："盖欲使外国之资本主义以造成中国之社会主义，而调和此两种人类进化之经济能力，使之互相为用，以促进将来世界之文明也。"（《建国方略·建国方略之二 实业计划（物质建设）》，《孙文选集》上册，第 290 页）此后还重申道："我们要拿外国已成的资本，来造成中国将来的共产世界，能够这样做去，才是事半功倍。如果要等待我们自己有了资本之后才去发展实业，那便很迟缓了……所以，不能不借助外资来发展交通运输事业，又不能不借用外国有学问经验的人材来经营这些实业。"（《三民主义·民生主义第二讲》，《孙文选集》上册，第 634 页）

两派各有其道理，也各有其得失①。对于到底应采用哪种办法为好，孙中山并未给出正面回答，只是强调这两种办法都为社会党所主张和资本家所反对。他并未断言革命必不可免，是因为关注到了改良调和所取得的重大进步，大多数人的利益和幸福由此得到了扩增，社会问题的解决有可能另辟蹊径，但又清醒看到"资本家专制"仍极为严重，革命呼声仍有增无已，不能说革命就一定不会发生②。无论采取哪种办法，孙中山所坚持的未来导向，无疑都是社会主义而不是资本主义。

要实现人类未来的长远目标，以和平取代战争无疑是一项最重要的条件。尽力发挥中华民族在实现世界和平中的作用，是孙中山高度重视之事。他对列强发动战争的本质作了深刻的揭露，指出帝国主义者的目的，就是要"征服"他人③，其手段是凭借其强盛地位，采用"政治力"（武力侵略）和"经济力"（经济侵略）进行压迫，使弱小民族和国家归于消灭④。作为鲜明的对比，他将和平视为中国文化中最优长的道德理念，认为要维护公理、遏制强权，就要全力推广直接与侵略战争相对立的和平观。当一战进行得最激烈之时，他对前来希望广东护法军政府加入协约国作战的英国领事表示：中国人二千多年前就抛弃了帝国主义而主张和平，将讲打不讲和、专讲强权不讲公理视为野蛮习气，希望永远保守和平的道德，所以不愿意加入这次大战⑤。为了更好地宣扬和平主义，他对中国文化中"王道"与"霸道"的观念作了很多别具匠心的推演，以"王道"代表和平、仁义道德、正义、公理、人道，而以"霸道"代表野蛮、武力、功利、强权压迫，并将"王道"界定为东方文化，将"霸道"界定为西方文化，主张"霸道"应服从"王道"，"王道"必打破"霸道"⑥，以期达到反对帝国主义，分清大是大非，从根本上破除强权政治观念的目的。当然，光靠宣讲和平和"王道"并不能制服强权，还必须采取足以与之抗衡的实际举措。这一举措，就是要将受压迫国家和民族的力量联合起来，共同反抗帝国主义的侵略⑦。

综观孙中山的民族使命感，其传承展现了中华民族历史和文化的辉煌与厚重，

---

① 《三民主义·民生主义第二讲》，《孙文选集》上册，第617—618页。
② 《三民主义·民生主义第二讲》，《孙文选集》上册，第619页。
③ 《三民主义·民族主义第三讲》，《孙文选集》上册，第440页。
④ 参见《三民主义·民族主义第二讲》，《孙文选集》上册，第418—432页；《三民主义·民族主义第四讲》，《孙文选集》上册，第449—450页。
⑤ 《三民主义·民族主义第四讲》，《孙文选集》上册，第453—454、456页。
⑥ 《三民主义·民族主义第三讲》，《孙文选集》上册，第438页；《大亚洲主义——在神户专题讲演会的演说》，《孙文选集》下册，第624、626、628—629页。
⑦ 《三民主义·民族主义第一讲》，《孙文选集》上册，第411—414页。

其重建为民族振兴腾飞规划了宏伟博大的蓝图，其引领则卓有见识地预示了中国与世界将共同前行的方向。三个维度紧密联系，相互交织，凝聚了时代精华和先行者的睿智。尽管难免存在时代局限，也还有难题需要继续破解，但无论如何，它们所传递的思想都至为精彩，值得后人继承和发扬光大。

（作者单位：华南师范大学历史文化学院）

孙中山对珠江口湾区城市发展的
关注及其现实启示

张晓辉

粤港澳友人是孙中山早期从事革命事业的最重要支柱。辛亥革命成功，孙中山当选中华民国临时大总统，收到来自粤港澳地区的大量致贺函电。1912 年他下野后，家乡父老和港澳友人热情迎迓。民国初年，孙中山三次以广州为中心建立革命政权，得到港澳同胞的大力拥戴。广东是中国民主革命的策源地，珠江口湾区又是孙中山的故乡，广州成为他用心最多和期待最大的城市，不仅希望广州和香港争夺湾区龙头，还要与世界竞胜。孙中山的生涯与港澳有不解之缘，特别是香港的影响甚大，他赞赏港澳作为西式城市发展的先进性，视之为湾区内地城市的竞合对象。他注重理性处理湾区内城市间之关系，这对当今粤港澳大湾区发展建设具有启迪意义。

一、湾区城市发展的历史布局及纠葛

（一）湾区城市群龙头的演变

清初以降，以南北商路和西江为大动脉，再以澳门为对外商务交割的窗口，在岭南形成了一个以广州为中心相对成形的市场体系，并形成了政治中心（广州）、经济中心（佛山）、外贸关口（澳门）三足鼎立的城镇格局。

清代前期，澳门对外贸易衰落，沦为广州的停泊港[①]。鸦片战争后，广州一口通商的时代终告结束，中外贸易制度和格局从此根本改变，外贸重心很快从广州移往上海、香港。

---

① 邓开颂、陆晓敏主编：《粤港澳近代关系史》，广东人民出版社 1996 年版，第 28—35 页。

贸易是近代香港的"灵魂",其性质是转口港(曾呈现由商埠转变为工业城市的征兆)和自由港(一度濒临危机)。早期香港的功能定位与发展多经波折,自开埠至19世纪末,经历了华南地区货物分配中心、中国的沿海贸易中心、东方最大的转口港的演进。

清季民初,以穗港为中心的新港口体系建立,逐步改变了岭南的区域经济地理格局,出现了区域中心的更替,主要体现在广州中心地位的弱化与香港的崛起。

香港成为近代中外贸易的中转基地,在华南通商口岸群中居于主导地位;广州下降为地区性的航运物资集散中心;澳门在众多通商口岸的竞争态势中,成为替港粤外贸辅助分流的港埠[①]。

粤港澳同属一个自然地理区域,以水陆相连。清末民国时期,这三地人口交流频繁,经济联系特别密切,可谓结为一体。粤港澳间既共存发展,又存在穗港间争雄。

由于香港是近代中外贸易的中转基地,其开发与发展,对广州和澳门产生了重要影响,三地的盛衰演变,构成近代粤港澳之间经济关系的重要内容。

英国在香港实行自由港政策,目的就是为了招揽各国客商参与香港经济建设,使香港成为对中国和远东各国进行贸易的集散地,并增强与广州等港埠的竞争力。

由于种种复杂原因,省港间难免相互较劲,争夺珠江口湾区城市的龙头地位。

(二)穗港城市纠葛的聚焦点

1. 黄埔开埠建港

现代化港口设施的兴筑与外贸拓展有着密不可分的关系。广州是我国古代主要的甚至是唯一的对外通商口岸,英国发动鸦片战争,推毁了建立在中国闭关锁国政策基础上的"广州贸易体制"。五口通商特别是上海开放形成强势的竞争,使广州的经济地位受到相当削弱,随着我国近代外贸中心的北移,民初广州港进出口贸易在全国所占比重不断下降,时人有谓:"近十余年来,广州对外贸易殆无多大进步可言,在我国五大埠中,广州地位可谓独后。试一考其原因,则香港贸易之代兴,要为其唯一之致命伤。"因广州港湾设备不及香港,又非自由港[②]。

外贸及国际航运之需,产生了建设现代化大港的理想和实践。黄埔港是广州的外港,也是中国古代"海上丝绸之路"的重要起点之一。但到20世纪初时,广州

---

① 张晓辉:《近代列强入侵与岭南各通商口岸地位的变迁》,《岭南文史》2002年第4期。

② 武堉幹:《中国国际贸易概论》,第410页。当时我国五埠依次为上海、大连、天津、汉口及广州。

"这个规模有限的港口已证明对日渐增长的贸易的要求来说太小了"①。由于缺乏海运大港，严重制约了广州口岸地位的提高。孙中山早在《实业计划》中即提出在黄埔修建南方出海大港，并把黄埔开港作为南方铁路系统的组成部分，以抵制港英政府的货仓政策。

所谓"货仓政策"，曾被邓中夏称为港英当局掌握广东经济命脉的两个法宝之一，意即其利用香港的现代化货仓、自由港政策及先进而便利的交通运输条件，吸引中外商人，使粤省外贸受制于香港。广东当局一直力图使广州取代香港而成为中国南部最大的贸易中心，故对现代化港口建设颇为重视。

除广州之外，孙中山还提出在故乡香山县唐家湾附近建立大港，以取代香港转口港的地位，因为此处扼香港与西江交通之咽喉，若辟为自由口岸，"广东出口土货及华南各处进口货物，咸冀取道于此，不复经由香港转运，利权得免外溢。至于转口贸易，其取道香港或运经本埠，实无轩轾"②。

2. 两路接轨纠葛

广九铁路自1911年3月建成通车后，经营效益一直不好，究其原因：一是中英方分配不合理。按照合同，该路营业收入65％归英方，35％归中方，此分配极不合理，以致中方对铁路的经营年年亏损。二是与珠江平行，受到繁忙的水上运输的排挤。三是由于粤汉铁路股东的抵制，他们强烈反对广九路与粤汉路接轨，使其货运大受影响③。

民国前期，港英当局曾多次主张将广九、粤汉两路接轨，均遭到粤人的极力反对。认为此事关系广州商业之荣枯，不容漠视。若两路接轨后，必致香港兴而广州衰，省库税收锐减，工商行业倒闭，苦劳搬运工人大量失业等④。

实际上述两个问题集中体现在交通及其密切关联的贸易运输方面，早在1912年5月，孙中山在广州总商会等团体的欢迎会上就尖锐指出："广东为通商最早，商务本甚发达，近年以来反落香港之后，并落天津、汉口、上海之后，究其原因，系属交通上种种之失败……今日欲为广东建设一地球上最大之商场，必须注重全世

① 张富强等译编：《广州现代化历程——粤海关十年报告译编》，广州出版社1993年版，第67页。
② 《各属新闻·中山港最近建设状况》，《广州民国日报》1930年6月29日第11版。据曾任中山县训政委员会主席兼中山模范县县长的唐绍仪在《中山港之重要与建设新中山应有之努力》（载《建设新中山言论集》第1辑附录）里记，孙中山生前认识到唐家湾战略地位的重要性，先后两次有意在此处建港。转引自黄樱瑜：《中山港的变迁与发展》，《广东史志》2019年第3期，第42页。
③ 《本市新闻·广九路通车后历年欠账之数目》，《广州民国日报》1928年12月5日第5版。
④ 《交通》，《中行月刊》第9卷第2期，1934年8月。

界之交通，急起直追，万众一心，乃能不落人后。"①

二、把广州建设成为模范市

广东是中国民主革命的策源地，珠江口湾区又是孙中山的故乡，广州自然成为孙中山用心最多和期待最大的城市。他高度重视广州城市建设与发展，以发达国家城市为楷模，就广州模范市建设与发展问题提出了崭新的理念，并用以规划和建设，在全国开了风气之先，取得了显著的成效。

（一）把广州建设成为模范市

民国建立后，孙中山胸怀雄伟抱负，矢志将革命根据地建成全国的模范省，而建设广州模范市则是其中最重要之关键。

1912 年 4 月，辞去临时大总统职后的孙中山回到阔别了十七年的故乡广东，发表《通告粤中父老昆弟书》，说"鄙人当返粤时，目睹城市依然，人民无恙，吾粤气象有日新之机，方以为慰"，他宣布实有无穷之希望，欲将广东建成"模范省"②。同年 5 月，在香港接见记者时云，"建设新城邑"是办实业的要政之一③。

1920 年 11 月，孙中山重返广州，演说道："我们现在是要把广东一省，切切实实的建设起来，拿来做一个模范，使各省有志改革的人，有一个见习的地方；守旧固执的人，也因此生出改革的兴味。"④ 他拟定建设方针，称"今当以护法诸省为基础……利便交通，发展实业，统筹民食，刷新吏治，整理财政，废督裁兵，进国家于富强，谋社会之康乐"⑤。次年 5 月 5 日，孙中山就任非常大总统，发表宣言："重要经济事业，则由中央积极担任。发展实业，保护平民，凡我中华民国之人民，不使受生计压迫之痛苦。"⑥

孙中山第三次在广东建立革命政权后，对广州寄予了很大的希望。1923 年 2 月 21 日，他在广州重设大元帅府，发表演说称：革命还没有成功，以后的责任更重大，这就是"整顿内部，以广东为模范，统一西南；以西南为模范，统一中国"。

---

① 《广东建设必须注重交通》，黄彦编注：《论民生主义和社会主义》，广东人民出版社 2008 年版，第 39 页。

② 《通告粤中父老昆弟书》，《孙中山全集》第 2 卷，中华书局 1982 年版，第 351—352 页。

③ 《在香港与＜士蔑西报＞记者的谈话》，《孙中山全集》第 2 卷，第 367 页。

④ 《在广东省署宴会的演说》，《孙中山全集》第 5 卷，中华书局 1985 年版，第 431 页。

⑤ 《建设方针宣言》，《孙中山全集》第 5 卷，第 441 页。

⑥ 《就任大总统职宣言》，《孙中山全集》第 5 卷，第 531 页。

1924 年初又说："广州市就是我们创造新民国的好屋基……用广州和武昌比较，可说武昌是创造中华民国开始的地方，广州是建设中华民国成功的地方"①。

1924 年 1 月 11 日，大本营建设部部长林森以"权度划一，便民利用"呈文孙中山，谓"广州市为护法所在地，尤宜法治昌明，为全国模范。兹拟关于权度法令，先由广州市区施行，次第及于各省。"② 2 月 14 日，孙中山就林森拟具的《权度法》及其附属法令在广州市区施行日期之事发出指令："广州市乃政府所在地，尤为中外观瞻所系，应准如所请"，"以期首善之区积习先革，次第推行，渐及各省。"③ 同年 9 月，孙中山就人民自治问题发表对粤宣言，宣布："以广东付之广东人民实行自治，广州市政厅克日改组，市长付之民选，以为全省自治之先导。"④

（二）按民治原则采用新式城市制度

孙中山高度重视城市建设与发展，参照西方发达国家城市化的经验，以崭新观念规划和建设城市，尤其是广州的模范市制，在全国开了风气之先。

1. 开创广州模范市制

广州近代市制建设为全国最早，这与孙中山父子的努力分不开。孙科留学美国加州大学时，即"于现代市政政制之研究略有心得"。1921 年初，他出任新成立的广州市政厅长，引进西方制度，制定《广州市暂行条例》，宣告中国第一个城市行政区的诞生。该条例施行后，市政首脑改为市长，市政公所改为市政府。市政厅除秘书处外，还分设公安、财政、教育、工务、卫生及公用六局，由市长、各局长连同所属有关主管人员，合组成市行政会议。市政厅为行政机关，此外并设市参事会（为市政咨询机关）和市审计处（为市财政监督机关）⑤。新政府拆城筑路，推广教育，维持警政卫生，故"模范市政之誉，见称于国内外"⑥。

2. 推动广州市政建设

孙中山对广州的市政建设尤为关注，在《实业计划》中明确提出要将广州建设成为世界商港，并提出了具体的规划，成为以后广州市建设的基本准则。

---

① 孙中山：《在广州商团及警察联欢会的演说》，《孙中山全集》第 9 卷，中华书局 1986 年版，第 61 页。

② 桑兵主编：《各方致孙中山函电汇编》第 7 卷，社会科学文献出版社 2012 年版，第 390 页。

③ 《给林森的指示》，《孙中山全集》第 9 卷，第 465 页。

④ 《检讨革命方法未善宣布实行人民自治之对粤宣言》，黄彦编注：《论民治与地方自治》，广东人民出版社 2008 年版，第 107 页。

⑤ 孙科：《广州市政忆述》，许衍董总编纂：《广东文征续编》第 3 册，凯得制作公司 1986 年版，第 315 页。

⑥ 《本市新闻·孙市长之临别留言》，《广州民国日报》1924 年 9 月 17 日第 6 版。

1923 年 10 月，孙中山在演讲中赞扬了广州市地方自治实验取得的成效，说近年"市政厅做广州市自治的事情，因为懂办市政的人才不少，所以近来的成绩，凡是游过广州的外国人没有一个不惊奇的"①。

作为现代省会城市，应有相当面积的管辖区域，1923 年 12 月，广州市长孙科呈拟展拓市区图表，孙中山云"广州市商务繁盛，人口日增，自非展拓市区，不足以资容纳而宏远谟"，充分肯定了广州市政府及工务局所做的悉心规划②。1924 年 1 月 1 日，大本营建设部颁发第 1 号训令，拓展广州市区范围③。

在孙中山的领导下，20 世纪 20 年代初，广州的市政建设全面启动。首先是修筑马路，孙中山说："道路者，文明之母也，财富之脉也。"④ 孙氏父子对广州道路建设的贡献尤值一提，工程较大的有西关六街及沙基马路。前者修建从路线的测量、铺户的拆迁及筑路费的筹措都大费周章，而后者的修建，因款项无着而屡辍。当时马路的修建情况非常复杂，常常伴生权力及利益之争。尽管如此，马路的建设仍然卓有成效，加快了广州的城市化进程。1923 年 6 月 14 日，孙中山批准实行《广州市车轿（辆）交通罚则》，以整顿交通。⑤ 他说就城市交通而言，从前广州只有轿子，没有汽车，现在不同了，有了汽车，就便捷多了。⑥ 他还说，广州从前有很多挑夫，造成极大耗费，自城里修筑了马路，开行车辆代替挑夫，运输货物，"不但是减少耗费，并可省少时间"⑦。孙中山还倡导裁兵筑路。1923 年 2 月，他在香港邀集工商界领袖商量裁兵筑路问题，主张将粤省之兵"裁去一半……至所裁之兵用以筑路"⑧，得到港商何东、李煜堂等的赞同。

其次是修建黄埔港。孙中山在《实业计划》里提出在黄埔修建南方出海大港，并把黄埔开港作为南方铁路系统的组成部分。1922 年 2 月，"除与美商接洽借入大款，将黄埔开辟为商港，建立码头货仓及街市外，另议展拓市区局面"⑨。与筑港相关的是建造船厂。1912 年春，陈长龄向孙中山呈送黄埔船坞设计意见书，内容包括拟改良原船坞办法和新建造船厂办法⑩。

---

① 《人格救国与地方自治》，黄彦编：《孙文选集》下册，广东人民出版社 2006 年版，第 299 页。
② 《给徐绍桢的训令》，《孙中山全集》第 8 卷，中华书局 1986 年版，第 564 页。
③ 桑兵主编：《各方致孙中山函电汇编》第 8 卷，第 384 页。
④ 《地方自治实行法》，《孙中山全集》第 5 卷，第 222 页。
⑤ 《给廖仲恺的训令》，《孙中山全集》第 7 卷，中华书局 1985 年版，第 542 页。
⑥ 《人格救国与地方自治》，黄彦编：《孙文选集》下册，第 295 页。
⑦ 《民生主义》，黄彦编注：《三民主义》，广东人民出版社 2007 年版，第 247 页。
⑧ 《在香港工商界集会的演说》，《孙中山全集》第 7 卷，第 118 页。
⑨ 《粤黄埔开港之计划》，《申报》1922 年 2 月 24 日第 7 版。
⑩ 桑兵主编：《各方致孙中山函电汇编》第 2 卷，第 356 页。

第三是修筑海珠长堤。广东每岁入夏，台风及伴随着连连暴雨，常常发生珠江水患，导致洪涝灾害。为尽量避免水患给人民带来的损失，修建长堤，巩固河防成为当务之急。孙中山提出修建海珠长堤，1921年8月为此向美商借债①。不过因工程浩大、款项无着而被搁置。

（三）以"平均地权"解决市地增值和城建资金问题

孙中山在其演讲中，多次以广州长堤一带地皮为例，指出自拆城辟路后，地价腾贵的问题，必须公平合理解决。他主张"文明城市实行地价税"，可减少贫民负担，并得各种利益，因政府既可将大宗收入作为行政经费，用以整理和改善市政，还可豁免市民的税负②。

孙中山认为，建设规划港埠时，要预先选地并置诸国有，以为建筑未来都市之用，即使暂时没有价值，但多年后，"地值所涨，已足偿所投建筑资金矣"。还谓整治河流海岸，在城市地带筑港修堤填地，"由新填地所生利益，必足以回复其所筑河堤所费"。对于贫穷国家来说，土地是最重要的财富，土地乃中国现代化过程中增值最快的财富，民初，随着马路的开辟，沿海主要城市的地价成十倍猛增，几有寸土寸金之势。孙中山准确地预计到了这一点，谓："建一新市街于广州，加以新式设备，专供住居之用，必能获非常之利。"现在广州附近的地价很低，如划为将来城市用地，地价立可升高至原价的数十倍③。因此，应将大部分城市土地，特别是新填地和新市街用地收归国有，以防止私人垄断和投机，并将因经济发展而升值的地价作为城市开发初期的补偿或持续发展的经费。

（四）发挥广州中心城市的枢纽作用

孙中山非常重视革命根据地中心城市的建设，认为广州作为华南大都市，应具有一定的规模效应，并建立机器制造等城市支柱产业。《实业计划》中所描画的"新建之广州市"，不仅要成为世界性大都市，拥有世界级大港，还要加强规划，应有商业地段和工厂地段。他断言，"在机器时代以前，广州以东亚实业中心著名者几百年矣"，如"使用机器助其工业，则广州不久必复其昔日为大制造中心之繁盛都会矣"④。

---

① 《国内要闻·孙中山借债筑堤说》，《申报》1921年8月25日第11版。
② 《民生主义》（1924年），黄彦编注：《三民主义》，第231页。
③ 《实业计划》，黄彦编注：《建国方略》，广东人民出版社2007年版，第178—181、183页。
④ 《实业计划》，黄彦编注：《建国方略》，第177页。

孙中山提出将广州改良为世界港，认为大都市要有可供现代化持续发展的深水海港，"以适合于将来为世界之需用与要求"。关于在珠江出海口建设南方大港，孙中山说以世界海港论，广州具有非常便利的地理交通位置，"既已位于此可容航行之三江会流一点，又在海洋航运之起点，所以既为中国南方内河水运之中轴，又为海洋交通之枢纽"①。

修筑铁路不仅能便利交通，更能带动沿线地区的发展，孙中山将建设西南铁路系统作为广州发展为世界大港的必要条件。提出"应由广州起向各重要城市、矿产地引铁路线，成为扇形之铁路网，使各与南方大港相联结。在中国此部建设铁路者，非特为发展广州所必要，抑亦于西南各省全部之繁荣为最有用者也"②。他以广州为中心计划建设7条连接西南诸省的铁路系统，还规划了全国干线三大路线，其中"南路起点于南海，由广东而广西、贵州，走云南、四川间，通入西藏，绕至天山之南"③。

民国初年，云南都督蔡锷对修筑铁路事业甚为热心，力主修筑滇邕铁路（自昆明至南宁），并与孙中山有函电往还。1913年2月上旬，孙中山致函蔡锷，告诫设计路线应"通盘规划"，滇邕线不如滇粤线重要，"广州为南部之中点，商埠已兴，不难与世界竞胜"④。

孙中山说要发展交通运输，把城乡联络起来，如粤汉铁路把广州黄沙至韶关之间的乡村联络起来，两相得利。办交通要讲求效益，比如1912年4月，港商谢缵业就其理事会致力于取得广澳铁路建筑权之计划致函孙中山，希望得到支持⑤。之后一直有人筹办广澳铁路，但孙中山认为广州至澳门向来依靠轮船，由于两地距离近，修铁路成本太大，且每天行车班次少，难以赢利。不如筑公路，成本更低，而且更机动方便⑥。

（五）把广州建设成为适宜人居的花园城市

城市规划要注意环境保护，改善人们居住和生活的条件。应该说这种见解是借鉴了西方近代城市发展史的经验而得出来的，特别是发端于英国的田园新市运动。英国试办田园新市是在1903年，此后瑞典、德国、美国等亦相继兴起。20年代

---

① 《实业计划》，黄彦编注：《建国方略》，第177页。
② 《实业计划》，黄彦编注：《建国方略》，第196页。
③ 《交通为实业之母而铁道又为交通之母》，黄彦编注：《论民主主义和社会主义》，第49页。
④ 《复蔡锷告建筑滇桂粤铁路计划函》，黄彦编：《孙文选集》中册，第385页。
⑤ 桑兵主编：《各方致孙中山函电汇编》第2卷，第293页。
⑥ 《民生主义》，黄彦编注：《三民主义》，第249页。

初，中国各省时兴自治，不少学者著文宣传欧美的田园新市制度，认为此乃"我国当今之急务"，希望"各省能于田园新市之制度，详加研究，竭力提倡，使我中华民主新国，真能成一新美之现象"①。

孙中山认为振兴实业、讲究水利和整顿市政，是"欲求自治之有效"的三件要事。而市政之最要者，则为交通之改良和街衢之整洁②。为了防止城市化造成的恶劣环境，他亦提出了建设花园都市的设想。而花园都市的实验基地就拟设广州，因为这里有得天独厚的自然条件，"附近景物，特为美丽动人，若以建一花园都市，加以悦目之林囿，真可谓理想之位置也"。他憧憬通过花园城市的建立，使广州在成为工商业中心的同时，也成为"供给美景以娱居人"的旅游中心，"珠江北岸美丽之陵谷，可以经营之以为理想的避寒地，而高岭之巅又可利用之以为避暑地也"③。当年孙中山所描绘的确实是一幅广州未来的美妙蓝图。

三、湾区内地城市与港澳竞合

孙中山的生涯与港澳有不解之缘，特别是香港产生的影响甚大，他既警惕珠江口湾区内地城市受制于港澳，又称赞港澳作为西式城市发展的先进性，将之作为内地城市特别是广州的竞合对象。在粤港澳城市问题上，他更关注的是理性处理三者之间的关系。

（一）早年经历中的港澳元素

1883 年 11 月，十七岁的孙中山到香港拔萃书室读书，次年 4 月转入中央书院。1886 年秋，他前往广州博济医院附设南华医科学校学习。次年秋，又返回香港进入西医书院就读。1892 年 7 月，以优异成绩毕业。孙中山在香港读了两年中学和五年大学，这段经历对其革命思想的形成至关重要④。

孙中山在中央书院读书时，正值中法战争爆发。香港的中文报纸一致谴责法国的侵略行径，并不断报道战况。孙中山不仅得知战场详情，而且目睹香港华工拒绝修理法国军舰和装卸法国货物的斗争，思想上产生极大震动，自此有了"倾覆清

① 董修甲：《田园新市与我国市政》，《东方杂志》第 22 卷第 11 号，1925 年 6 月 10 日。
② 《在宁波各界欢迎会上的演说》，《孙中山全集》第 3 卷，中华书局 1984 年版，第 350—351 页。
③ 《实业计划》，黄彦编注：《建国方略》，第 185 页。
④ 《孙中山传略》，黄彦编注：《自传及叙述革命经历》，广东人民出版社 2007 年版，第 199 页。

廷，创建民国之志"①。

孙中山初在广州学医，听闻香港有西医书院开设，"以其学课较优，而地较自由，可以鼓吹革命，故投香港学校肄业"。数年内，他"常往来于香港、澳门之间，大放厥辞，无所忌讳"。及至卒业之后，他"悬壶于澳门、羊城（广州）两地以问世，而实则为革命运动之开始也"②。

孙中山香港西医书院就学期间，除了课本知识，也注意救国利民的其他知识。在1889年给香山县籍清朝退休官员郑藻如的信中说："某留心经济之学十有余年矣，远至欧洲时局之变迁，上至历朝制度之沿革，大则两间之天道人事，小则泰西之格致语言，多有旁及。"③

1911年10月下旬，孙中山在对外国记者叙述其革命经历时回忆到：他于1885年到香港学医，"在那里过了五年快乐的生活"，1892年毕业后到澳门开业，但受到葡籍医生排挤，"谋求开业赚钱的努力失败"而离开，迁往广州。1895年秋，谋划广州起义失败后，他脱险逃至澳门，停留了数小时，又逃往香港，接着流亡国外④。据孙中山于1897年上半年回忆，广州起义失败后，"我登上一艘小汽艇并南逃香港，在这里坚持了一个星期"⑤。

（二）港澳城建具有先进示范性

1896年，孙中山自述于上年九十月间离开香港，经夏威夷群岛和美国而至英国⑥。由于当时急于流亡，自然无暇顾及香港的市况。实际上，他曾多次游历香港，对那里的城市化及其巨大效应留有深刻印象，因此在考虑内地建设事业时，尤其注重城市发展的问题，并善于借鉴先进经验。1912年3月，香港大学致函孙中山，邀请他出席同月11日该校开学典礼⑦。1923年2月，孙中山在香港大学演讲，在回答其"于何时及如何而得革命思想及新思想"的问题时，说："我之此等思想发源地即香港，至于如何得之，则我于三十年前在香港读书，暇时辄闲步市街，见其秩序整齐，建筑闳美，工作进步不断，脑海中留有甚深之印象。"他每年回故里香

① 《孙文学说》，黄彦编注：《建国方略》，第87页。
② 《孙文学说》，黄彦编注：《建国方略》，第87—88页。
③ 《兴利除害以为天下倡》，黄彦编注：《辛亥革命前重要论文》，广东人民出版社2007年版，第1页。
④ 《我的回忆》，黄彦：《孙文选集》中册，第230—233页。
⑤ 《广州起义的原因及经过》，邱捷等编：《孙中山全集续编》第1卷，中华书局2017年版，第14页。
⑥ 《向英国律师卡夫所作的陈述词》，《孙中山全集》第1卷，中华书局1981年版，第37页。
⑦ 桑兵主编：《各方致孙中山函电汇编》第2卷，第217页。

山二次，将两地比较，得出的结论是"情形迥异：香港整齐而安稳，香山反是"①。他"深望各学生在本港读书，即以西人为榜样，以香港为模范，将来返祖国建设一良好之政府"②。这说明当时香港的城市建设和管理都十分先进，给身临其境的孙中山留下了深刻的印象。

孙中山比较了同是英国殖民统治的香港和上海租界，认为就华人的权益而言，前者的治理胜于后者③。他说在香港制度的管理下，数十万华人"今则皆安居乐业而为良好公民"④。尽管这种观点未必完全符合历史事实，并且有溢美之词，但在某方面也反映了真相。

孙中山还注意到香港批地建屋的做法，称道"批地以四十年为期，建屋收租，到期则连地连屋皆归还地主，而建屋之人亦获大利也"⑤。

孙中山对澳门的观感甚少。20世纪上半叶，澳门以繁华时尚著称，以致珠江口两岸不少市县城镇都被冠以"小澳门"⑥。但澳门的影响力远不能与香港相比。孙中山的父亲孙达成年轻时曾在澳门当学徒，但时间不长，因思乡而返⑦。孙中山早年随母经澳门前往檀香山，"始见轮舟之奇、沧海之阔，自是有慕西学之心，穷天地之想"，但在自传中却未提及对于澳门的市貌及社会生活的观感⑧。1912年自中华民国临时大总统退位后，他也无意于澳门隐居及置业⑨。

不过，孙中山曾自述云：初至澳门开业时，"澳门中国医局（按，即镜湖医院）之华董所以提携而嘘拂之者无所不至"，"此事有大可注意者一端，则自中国有医局以来，其主事之官绅对于西医从未尝为正式之提倡，有之自澳门始。予既任事于医局，求治者颇众，而尤以外科为繁"。他认为此乃"亚东之闭塞甫见开通"⑩。

毋庸讳言的，孙中山对殖民统治下港澳城市的社会痼疾并非视而不见。在多种场合，他指斥了港澳当局贩卖苦力及鸦片毒品等罪恶行径。1921年8月12日，他还致函英国友人康德黎夫人，说"对于解决香港童奴制问题，我当尽力而为"。并

---

① 《在香港大学的演说》，《孙中山全集》第7卷，第115—116页。
② 《在香港大学的演说》，林家有编：《孙中山全集续编》第3卷，中华书局2017年版，第350页。
③ 《要消灭在中国捣乱的帝国主义》，黄彦编：《孙文选集》下册，第614页。
④ 《我之革命思想发源地为香港》，黄彦编注：《自传及叙述革命经历》，第189页。
⑤ 《与广东旅京同乡的谈话》，《孙中山全集》第2卷，第455页。
⑥ 张中鹏：《东方蒙特卡洛还是东方罗马？》，《广东社会科学》2019年第2期。
⑦ 《童年生活与革命经历片断》，黄彦编注：《自传及叙述革命经历》，第149页。
⑧ 《自传》，黄彦编注：《自传及叙述革命经历》，第3页。
⑨ 《借外款办实业兴教育与取消租界等问题》，黄彦编注：《论民生主义和社会主义》，第41页。
⑩ 《伦敦被难记》，黄彦编：《孙文选集》中册，第29页。

严厉斥责了香港"反动分子"的邪恶做法①。

（三）内地城市取法港澳，驾乎其上

1923 年初，孙中山第三次在广东建立革命政权后，主张和平统一、化兵为工、发展实业，首先"专在整理广东"，以作为全国的模范。对于毗邻的港澳，他称之为广东的"门户"，当然应予重视，寻求妥协乃至合作，以营造有利氛围。孙中山感到成功的机会较以前大，譬如经过香港时，"觉得有一个很大的机会"，即港英政府的态度转变，"这次便根本改变方针，竭力和真正民党亲善，我们现得了一个和门户极接近的帮助，便是成功的大机会"②。

孙中山主张利用这一好时机，说："余此次回粤，抱有一极大志愿，即改良吏治是也……港澳接近广东，其政治举措足资借镜。"他对比了广东与港澳吏治之差别，甚表感叹，谓："今吾人欲整顿吏治，何不取法港澳，人能我岂不能？故余极欲一师其法，外省人与港澳远，不知港澳情形，广东接近港澳，其政治良否，当甚明晰也。"学习港澳是方法手段，终究还要超越，即"整顿吏治，吾既以港澳为法，行之有道，或能驾港澳而上之。广东富豪不少，遇乱多远避港澳，视港澳为桃源洞，以其吏治良，盗贼少，法律有保障也，余亦希望广东将来成为一桃源洞，政治改良，凡政治范围内诸大端，如教育、实业、交通等，亦从而振起之"。他说：广东对外"最密接者为港澳。前者港澳政府，对于民党虽多误会，然自陈炯明背叛后，英人已有觉悟，知中国将来必系民党势力。故近来港督方针亦为之一变。此为吾人最好之机会也"③。

1923 年 2 月 17 日，孙中山由沪抵港。同月 20 日，他邀集香港工商界领袖约四十余人商量在广东实行裁兵筑路问题，谓："予此次来港，蒙工商各界到码头欢迎，殊深感谢……香港政府已向予表明意见，自后彼此互相协助，一致行动，各商人亦可与予一致行动。从前因各商家协助革命，为政府逮捕，今可无虞，当可与予一致行动。"④

四、历史启示

孙中山具有浓烈的忧患意识，说："民国数年以来，民生凋敝已极……况自欧

① 《复康德黎夫人告当尽力解决香港童奴制问题函》，黄彦编注：《论工人与农民》，广东人民出版社2009 年版，第 118—119 页。

② 《在广州滇桂军欢迎宴会的演说》，《孙中山全集》第 7 卷，第 121 页。

③ 《在广州各界人士欢宴会的演说》，《孙中山全集》第 7 卷，第 150—151 页。

④ 《在香港工商界集合的演说》，《孙中山全集》第 7 卷，第 117 页。

战结束，经济竞争将群趋于远东，吾国若不于此时亟自为谋，则他人将有起而代我谋者，思之至可悚惧。"①他对粤港问题的初衷，是从反对外国侵略、维护国家利权和建立革命根据地的需要出发的。

　　孙中山晚年提出反帝，尤其是对英国殖民统治的态度，可以增进我们理解其对香港在珠江口湾区地位的考量。从民族主义的角度，孙中山认为香港是失去的中土，他说："武力就是霸道，用霸道造成的团体便是国家。像造成香港的原因，并不是几十万香港人欢迎英国人而成的，是英国人用武力割据得来的。"② 1904年初，在与保皇会的论战中，斥责清政府将广东新安县所属九龙半岛北部及附近岛屿（即新界）租借给英国③。1924年底，他对外国记者说，英国割占了港岛后，又强迫清政府退让，进占了九龙内地④。自被陈炯明叛变逐离广东，孙中山"开始认识到以广州为根据地的弱点，因为它是英国势力和海军强国支配的中心。然而，由于某种特殊的原因，我不能放弃广州"⑤。

　　广东是"建国根基，南天枢纽"⑥，而香港在英国的殖民统治下，将"制粤死穴"。在关于"民族主义"的演讲里，孙中山警示香港成为英国在华的根据地，"已经经营了几十年，地方虽然很小，但是商务非常发达，这个地势，在军事上掌握中国南方几省的咽喉"⑦。

　　因此，孙中山抗衡被英国殖民统治的香港，时刻维护广州的利益，避免在竞争中处于下风。比如所规划的东方、南方两大港口间的海岸铁路线，首先即自广州起，与广九铁路采同一方向行至东莞石龙⑧，这就犯了英国的忌。又如1923年2月25日，孙中山宴请广州各军将领时，要求其约束士兵切实保护商民。他说陈炯明发动政变，殷商惨遭蹂躏，早成惊弓之鸟，至今"仍多寄寓港中，故广州繁盛之区不免顿呈凋残之象"⑨。

　　从民主主义的角度，孙中山在华南沿海从事反清革命时，受到了港英当局的压制。尽管据1895年12月清两广州总督谭钟麟为镇压广东各地起义事复函清廷军机

---

① 《复唐继尧函》，《孙中山全集》第5卷，第43页。
② 《民族主义》，黄彦编注：《三民主义》，第5页。
③ 《驳保皇报书》，黄彦编注：《辛亥革命前重要论文》，第74页。
④ 《与门司新闻记者的谈话》，《孙中山全集》第11卷，中华书局1986年版，第435页。
⑤ 《致越飞函》，林家有编：《孙中山全集续编》第3卷，第284页。
⑥ 《勉各军政同志振革命精神勤于治军令》，黄彦编注：《论军事及对军人演讲》，广东人民出版社2009年版，第180页。
⑦ 《民族主义》，黄彦编注：《三民主义》，第63页。
⑧ 《实业计划》，黄彦编注：《建国方略》，第242页。
⑨ 《应约束士兵切实保护商民》，黄彦编注：《论军事及对军人演讲》，第278页。

处，称孙中山等人在广州起事失败后，"逃匿香港，照会英领事协拿，并许将犯交出酬以重赏。而领事故意推诿，谓外国例若系斩决之罪则不准交出，请将拟定罪名见示"，以致孙中山已逃往日本①。但港英政府于 1896 年颁布对孙中山的放逐出境令。1897 年 10 月 4 日，港英政府辅政司奉令复函孙中山，以其行为"有碍邻国邦交"而拒绝入境，并谓"如先生贸然而来"，则"必遵照一八九六年所颁放逐先生出境命令办理，而加先生以逮捕也"②。1900 年夏，孙中山组织发动惠州起义时，曾致函港督，呈递所拟《平治章程》，请英国转商列强，极力赞成，以除清廷③。他还偕日本友人绕道至香港，结果因奸人告密，"船一抵港即被香港政府监视，不得登岸"④。1907 年 6 月 4 日，开缺两广总督周馥为要求港督驱逐孙中山事致电清廷外务部，谓"现访闻孙文改洋装住香港公益报馆"，故"务求大部速密电英使转英政府，饬港督速将二逆逐出"⑤。孙中山十分愤懑地说道，发动武装起义连遭失败，在香港不能自由居住，其"对于中国之活动地盘已完全失却矣"⑥。这一切，都加深了孙中山对香港殖民政府的恶劣印象。

孙中山对珠江口湾区城市的关注点，前提自然是大力发展广州，以与英国殖民统治下的香港竞胜。但在实践进程中，他的想法有了转变。谈及广州的海港地位，孙中山说：自鸦片战争后，香港被英国所占，"虽有深水港面之利益，有技术之改良，又加以英国政治的优势，而广州尚自不失为中国南方商业中心也"。广州之所以丧失海港地位，原因在于国人的无识和清政府的腐败无能，"自民国建立以来，人民忽然觉醒，于是提议使广州成为海港之计画甚多。以此亿兆中国人民之觉醒，使香港政府大为警戒。该地当局用其全力以阻止一切使广州成为海港之运动，凡诸计划稍有萌芽，即摧折之。夫广州诚成为一世界港，则香港之为泊船、载货、站头之一切用处，自然均将归于无有矣"。这固然是穗港竞争之利害关系，但另一方面，孙中山主张穗港间应属竞合关系，认为开发广州为世界港和繁荣中国，"必有他途为香港之利"，他以加拿大的维多利亚港与同国温哥华及美国西雅图、塔科马并起为竞争港之例（维多利亚港初为加拿大西部和美国西北部的唯一海港，温哥华、西雅图、塔科马与维多利亚港的远近和香港之距广州相似。因其腹地开发之故，它们即使俱为海港，竞争之切，仍各显非常繁荣），批评短视者。孙中山告诫港英当局，

① 广东省档案馆编研出版部：《广东档案史料》1996 年第 6 期，第 4 页。
② 桑兵主编：《各方致孙中山函电汇编》第 1 卷，第 1 页。
③ 《致港督卜力书》（1900 年 6—7 月间），《孙中山全集》第 1 卷，第 192 页。
④ 《孙文学说》，黄彦编注：《建国方略》，第 94 页。
⑤ 广东省档案馆编研出版部：《广东档案史料》1996 年第 6 期，第 8 页。
⑥ 《孙文学说》，黄彦编注：《建国方略》，第 103 页。

"不必有虑于广东之开发、中国之繁荣伤及香港之为自由港"，应全力鼓励改良广州为世界海港，而非如以前那样全力阻止，要抱有远见，即"广州与中国南方之发展，在于商业上所以益英国全体者，不止百倍于香港今日所以益之者"①。

　　孙中山越来越意识到，广东革命根据地的巩固和珠江口湾区城市的发展，在策略上应与港澳方面协调，"因地理上种种关系，粤、港两政府必须互相协助，方足以谋彼此之乐利"②。1923 年初，他相继发表《和平统一宣言》和《裁兵宣言》，港英政府也释放善意，表明愿自后互相提携。同年 3 月，孙中山在广州演讲时，提醒研究外交问题应注意港澳统治当局。说："从前香港政府态度，对于吾人有多少误解，致令吾人政策迄未能自由实现。目下香港政府之态度已变更，表示赞助之忱。回忆广九、粤汉铁路接轨一事，港政府曾迭向我粤政府请求，当时因所持态度如此，故未肯容纳。但现下彼之态度已变，若再以此为请，似未便拒绝，或因此伤及感情，致其恢复其旧日态度，宁不可惜！在反对者以两路接轨之后，广州商务将被香港挽夺，此亦一有力之理由。惟须知交通之利便与商务之发达成正比例，将来各省货物咸集于广州，而后输出香港放洋，则广州定必顿成最大之贸易场。此事果有利无害，可以容纳，否则当然不能容纳。且香港从前反对黄埔开港，今则允以经济援助，故接轨一事，似更不能完全拒绝，应请各界将此种外交问题详细研究，在言论界尤当负指导之责。其次为澳门外交，此问题之解决比香港方面繁难。因界务未清，时起冲突，划界交涉虽经许久时间，未得解决，俱因彼此各持极端之故。惟吾人与澳门相处已久，应求相安无事。此事似应交第三者之海牙国际联会公断，较易解决。"他认为与港澳的关系是一个前提，"若上述各项次第解决，则进而着手交通、实业、教育等事业之发展"③。

　　孙中山说："广东外交中占最重要之部分者为香港、澳门之外国官宪事。"自驱逐陈炯明后，港澳"政厅之对民党态度已改，甚为可幸吾人不可不与广东门户之香港及澳门政厅增强了解及共助，而谋广东之开发。至因与英国方面感情疏隔而不成之黄埔筑港及广九、粤汉铁路之连络问题，此障碍已渐渐除去。香港政厅若更能推广范围，表示应允矿山、铁路等小借款之好意，则余将计画建筑滇粤及川粤铁路，且将开放广东全省之矿山，俾列国自由竞争与自由投资。又与香港政厅间进行中之此等借款，为广东对香港间之交涉，其间并无中国对英国之国家关系，故北京政府并无可以阻止之理由。至关于与澳门政厅间悬案不决之境界问题，葡国方面似欲以

---

① 《实业计划》，黄彦编注：《建国方略》，第 175—176 页。
② 《在广州与记者的谈话》，林家有编：《孙中山全集续编》第 3 卷，第 374 页。
③ 《当前建设广东之内外政策》，黄彦编：《孙文选集》下册，第 246—247 页。

之少待万国平和会议之审判而解决之。余信是颇得策……请将速谋恢复广东之秩序，以广东政府为中心，谋中国之统一，以开导各省"。①

当然不可回避的是，面对推行丛林法则的港澳殖民政府，仅凭善意和理性是远远不够的。孙中山为所谓其利用香港内部矛盾而损害港英当局利益的传闻一再辩诬，比如1922年底在上海与外国记者谈话时，被问及香港及英国报纸指责其唆使本年春间的香港罢工一事，他予以否认，谓虽同情罢工，但"赞助罢工以期损害英国利益，余绝对不能承认"②。1924年11月，孙中山在日本大阪与外国记者谈到香港海员罢工时，辩解说"英国人将鼓动罢工的罪责全归之于他，而他其时远在中国内地，与此毫无关系"③。又如1922年6月，澳门工会代表团向孙中山详述澳门葡兵逞凶枪杀华人事件，请设法对付。孙中山表示政府已"严重交涉""必尽力保护侨民"④。1924年2月27日，葡澳政府突派武装军警越境，竖电杆设电话，并不理地方官员的制止。3月13日，香山县二千余人致电孙中山，谓"澳门经界，久未划妥，葡人迭乘我国内乱，肆意侵吞，得寸入尺，填筑海岸，蚕食青州。今益复放肆，胆敢树立电杆，希图侵占，野心不已，后患何堪？"要求"迅行提出严重交涉，以挽国权而重领土"⑤。然而，孙中山并未直接回应。在他生前身后，港澳对珠江口湾区内地城市的发展始终居于咄咄逼人的态势。

珠江口湾区城市的龙头之争，在孙中山革命斗争的时代，自有其必然性与合理性，但就城市发展的客观规律而言，亦有其局限性和非理性。对此，孙中山显然有所认识，并做了适当修正。有意思的是，出于各自利益的考虑，对于孙中山的主张毁誉参半。比如，陈炯明于1919年12月5日致函孙中山，称赞说"实业计划各篇均经读过，规模远大，吾国如能实施，世界各国当退居一位"⑥。1923年12月8日，天津银行公会致电孙中山，谓"（据）报载公拟将广州改为自由贸易港，事关变更条约，及牵动内债基金，影响至巨。务乞审顾大局，立罢前议，国民幸甚"⑦。

---

① 《与广州各报记者的谈话》，《孙中山全集》第7卷，第214—215页。
② 《劳工运动与国家社会主义》，黄彦编注：《论民生主义和社会主义》，第229页。
③ 《与大阪〈英字新闻〉记者的谈话》，《孙中山全集》第11卷，第416页。
④ 《接见澳门工会代表团的谈话》，林家有编：《孙中山全集续编》第3卷，第143—144页。
⑤ 桑兵主编：《各方致孙中山函电汇编》第8卷，第31页。
⑥ 桑兵主编：《各方致孙中山函电汇编》第5卷，第199页。
⑦ 桑兵主编：《各方致孙中山函电汇编》第7卷，第350页。

余 论

鸦片战争以前，清政府实行一口通商，广州称雄。在近代（1840—1949）"条约体制"时，省港间明里较劲。新中国成立后，1949—1978 年间，港澳与内地割裂，反向发展。1979 年中国改革开放后，经济发展迅猛，珠江口湾区"群雄"并起，广州、深圳与香港暗中较劲，互争龙头。尤其 20 世纪末港澳主权回归，实行"一国两制"后，这种态势不利于珠江口湾区城市群的整体发展。

香港、广州、深圳都是超级大都市，都想成为珠江口大湾区的龙头，实际上它们各有特色，既有优势，也都有不足，一味争胜是没有意义的，四十年前的改革开放所倚重的是香港这一重要枢纽。与同等战略地位的京津冀、长三角地区相比较，粤港澳大湾区有一个重要特征是没有明显的核心城市，经济呈现多极化趋势，没有"一极独大"的区域龙头，经济结构最为健康。

在新时期，应跳出龙头思维模式，随着国家大湾区城市群规划的研究制定，粤港澳合作势必入新的阶段。

中国中央政府有了新思路新规划，即珠江口大湾区内各城市优势互补，协同发展。2017 年 7 月 1 日，国家发展和改革委员会会同粤、港、澳三地政府在香港签署《深化粤港澳合作 推进大湾区建设框架协议》，粤港澳大湾区建设正式开始。根据协议，粤港澳三地将在中央有关部门支持下，完善创新合作机制，促进互利共赢合作关系，共同将粤港澳大湾区建设成为更具活力的经济区、宜居宜业宜游的优质生活圈和内地与港澳深度合作的示范区，打造国际一流湾区和世界级城市群。

2019 年 2 月 18 日，筹备多时的《粤港澳大湾区发展规划纲要》公布，从粤港澳大湾区 2017 年首次被写入政府工作报告，到粤、港、澳三地政府签署《深化粤港澳合作 推进大湾区建设框架协议》，再到《粤港澳大湾区发展规划纲要》的发布，粤港澳大湾区的前景可期。而随着纲要的公布，一个国际一流的湾区和世界级城市群，正在逐渐显现[①]。

（作者单位：广州暨南大学历史学系）

---

① 中共中央、国务院：《粤港澳大湾区发展规划纲要》，新华社 2019 年 2 月 18 日。

新国旗与新国家：民初新国家外观的确立与局限

赵立彬

南京临时政府建立后，在致各国电文中称："吾人之所以欲求列强承认者，盖若是则吾人身世上之新气象可以发展，外交上之新睦谊可以联结"[①]。在新的国家外观上，南京临时政府迅速颁布新的国旗、国歌和纪元方式，引发了一系列饶有趣味、意味深长的历史现象[②]。本文拟考察南京临时政府成立后，不同政治立场和派别的人士，以及民间不同政治趋向的人们，针对新国旗的不同态度和行动，反映了新国家建立之初复杂的政治趋附和心理变革。

一、各方心目中的新国旗

南京临时政府时期对于新国旗的颁布，是 1912 年 1 月 10 日作出的决定。但是，旗帜的改换，早在武昌起义和各地光复时就成为一个引人瞩目的问题。国旗究竟应当体现什么样的意义，所有革命者和关注中国革命的人士都花费了不少的心思。1911 年 10 月 11 日，武昌起义成功发动后，湖北军政府谋略处作出几项重要决议，其中包括宣布以铁血旗为革命军的旗帜。10 月 28 日的《申报》以"中华民

---

① 《文牍·伍廷芳请各友邦承认中华共和国电文》，时事新报馆编辑：《中国革命记》第 6 册，上海自由社 1912 年版，第 11 页。

② 陈旭麓在 1980 年代已经论述到辛亥革命后的新国歌、新国旗，使中国第一次具备了一个近代国家应有的外观（陈旭麓：《近代中国社会的新陈代谢》，上海人民出版社，1992 年，第 311—343 页）。关于民初关于民初国旗和纪元问题的研究论著，参阅赵友慈《中华民国国旗史略》（《历史档案》1991 年第 1 期），李学智《民元国旗之争》（《史学月刊》，1998 年第 1 期），曲野、冷静、秦秀娟《略述清末以来我国国旗的变化》（《兰台世界》，1996 年第 1 期），张永《从"十八星旗"到"五色旗"——辛亥革命时期从汉族国家到五族共和国家的建国模式转变》《北京大学学报》，2002 年第 2 期，李良：《辛亥革命旗帜考述》（《中国国家博物馆馆刊》，2011 年第 9 期）。

国国旗"的标题刊登了铁血旗的图
式，图下的说明是："红地，由中心
外射之线九，色蓝，线之两端各缀
一小星，其数十八，或云以表示十
八省焉。"①

　　东南各省光复后使用五色旗，
广东使用青天白日满地红旗。12月4
日，各省都督府代表联合会的部分
留沪代表与江、浙、沪都督等人在
上海开会，研究筹组中央政府事宜，
讨论国旗时，湖北代表提议用铁血
旗，福建代表提议用青天白日旗，
江浙方面提议用五色旗。最后形成

了以五色旗为国旗、铁血旗为陆军旗、青天白日旗为海军旗的折衷方案，《申报》
于12月8日将三旗图案公之于众②。1912年1月10日，临时参议院通过专门决
议，使用五色共和旗（即五色旗）作为国旗，"以红黄蓝白黑代表汉满蒙回藏五族
共和"③。

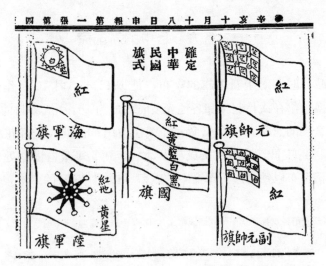

----

① 《中华民国国旗》，《申报》，1911年10月28日第4版"专电"。
② 《确定中华民国旗式》，《申报》，1911年12月8日第4版"专电"。
③ 曹亚伯：《武昌革命真史》中，上海书店1982年版，第37页。

但是，五色旗并不符合孙中山对于国旗的理想①。孙中山提出："夫国旗之颁用，所重有三：一旗之历史，二旗之取义，三旗之美观也。"他心中嘱意的国旗是青天白日满地红旗，在致临时参议会的复函中说：

> 天日之旗，则为汉族共和党人用之南方起义者十余年。自乙未年陆皓东身殉此旗后，如黄冈、防城、镇南河口，最近如民国纪元前二年广东新军之反正，倪映典等流血，前一年广东城之起义，七十二人之流血，皆以此旗，南洋、美洲各埠华侨，同情于共和者亦已多年升用，外人总认为民国之旗。至于取义，则武汉多有极正大之主张；而青天白日取象宏美，中国为远东大国，日出东方，为恒星之最者。且青天白日，示光明正照自由平等之义，着于赤帜，亦为三色②。

新国家的国旗样式，还引起了一些外国人的兴趣。一些国际友人出于对中国革命的关心和对孙中山的友善，也曾提出过各种有趣的建议。有一位外国友人佛莱德（Fred）通过梦中的一个小女孩之口，阐述了自己对于新的中国的认识。他向孙中山建议：

> 孙先生：
> 冒昧写信给您，想讲一讲我在本月3号晚上所做的梦。梦是这样的：有个小女孩找到我的办公室，要我画张中国国旗的设计图，接着她就说出设计图的样子，并告诉我太阳代表东方；火焰代表自由；太阳的光芒代表各省，国旗的红色代表中国人民为自由所抛洒的热血。瞧，多么有趣的梦啊。
> 真对不起，打扰你了。
>
> 佛莱德谨上③

这幅国旗的图案究竟是什么模样，不得其详。另一位友人、美国北方长老会传教团查尔斯·里曼（Charles Leaman）致函向孙中山提出：

---

① 关于民元围绕国旗问题的讨论，参见李学智：《民元国旗之争》，《史学月刊》，1998年第1期。
② 《大总统复参议会论国旗函》，《南京临时政府公报》第6号，1912年2月3日。
③ 胡伯洲、胡波、朱明海、董少葵译：《海外友人致中山信札选》（一），《民国档案》，2003年第1期。

……数年来，我一直希望贵国国旗能重新设计。恭贺你们终于有了漂亮的新国旗。至于新国旗的五色条纹，我看它们的比例似乎不当。我是说一条红色条纹并不能充分代表18个省份，将来省份数目增多就更无法反映了。

目前，阁下似乎采纳了两种旗帜，甚至在总统府和首都并行使用。

我建议用下述方法将两旗合二为一，如图所示。

以上草图突出了18个汉族省份。它们由红色条纹中的18颗星代表。黄色条纹中的两颗星代表关东两省，因为据我所知，关东被看作是中国22个新旧省份中的两个省。蓝色条纹中的一颗星代表蒙古，白色条纹中的一颗星代表新疆。而无星的黑色条纹则代表西藏。因为据我所知，尚要把西藏划为一个省份。

这样设计的国旗同样美，而且涵义丰富。

另有一种设计是，天蓝的底色上缀有22颗星，如图所示。

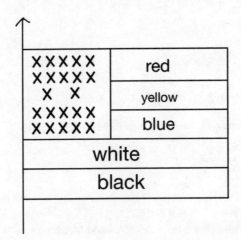

这也是将两旗合二为一的好办法，或许还是用星代表 22 个行政省，用条纹代表五大自然区划是最佳办法。最后这幅草图中的五色条纹代表五大自然区划和民族划分，可作为贵国国旗的永恒特色。天蓝底色（条纹的蓝色是浅蓝）上的星星可随行政区划的增加而增加。18 个省份中，有的面积太大。许多省份，其外形无论从地理或从行政角度看都不是最理想的。因此，应尽早重新划定这些省份的边界以适应新形势的需要。

内蒙古和外蒙古将来无疑可划分为若干个省份。

我们美国有所谓的管辖地。也许西藏、蒙古的大部分地方，青海以及其它一些地方可以按照美国治理管辖地的办法管理一段时间，甚至可以仿照美国治理菲律宾的方式。这些地方在国会中没有议席，在国旗中也无星星代表，直至它们以合法的省份形式参与新政府。在此之前，它们在国旗中仅以条纹表示。

这样设计的国旗有点像美国的花旗。不过即使从很远的地方也容易把它与后者以及其它国旗区别开来。我是美国人，相信我们总统和同胞也会像我一样，希望贵国在诸多方面比如国旗、政府、经济、权利、公正等等与我们美国尽量相似，人人遵守法纪，从善如流。

很抱歉，在阁下公务繁忙之时，以此长信相扰。无论阁下最后采用哪种旗，请相信我和我的传教士朋友以及所有善意的文明国家都希望贵国日益兴旺，天下日趋太平。希望贵国与世界各国，包括各姐妹共和国尤其是第一个伟大共和国——美国友好相处①。

里曼所追求的，不仅国旗要美观，而且要涵义丰富，他所寄托的含义，就是不仅希望中国在国旗上与美国相似，而且政府、经济、权利、公正等等，都能够与美国尽量相似。

外国友人提出的各种设想没有产生什么实际的效应，五色旗已经被各地各界作为新国旗使用。早在为举行孙中山就任临时大总统典礼时，各省联合会已通电各地"一律悬挂国旗，以志庆贺"②。

---

① 《海外友人致孙中山信札选》（四），《民国档案》，2003 年第 4 期。信中两幅插图系根据中山市翠亨孙中山故居纪念馆所藏原件手绘图所制之示意图，原件藏档号 GJ003243。特别致谢孙中山故居纪念馆保管部刘蔓芬主任。

② 《中国光复史·孙大总统今日履任》，《申报》，1912 年 1 月 1 日第 5 版 "要闻"。

二、新的国家象征及其功能

新国旗意味着统一和对革命的归附。新国旗确定之初，袁世凯尚未反正，对新旗不以为然，向他的外国顾问莫理循说：五色未必染成，恐遇风雨，变成糊涂也①。《大公报》曾记载袁于1912年2月21日（正月初四）在北京召集各部首领集议，会中提及改定国旗事。报道称：

> 探其预议，系改用浅蓝色大旗，中绘立狮一，张口面向旗顶之角，其角另绘五色小长方旗，其色照现用之国旗式样，议定俟南京代表到京再行核定②。

未知是否确有其事，也没有见到此旗的图样，为何会有这样的设计，殊不可解。荒唐的是，《顺天时报》3月下旬又报道了一次，当属乌龙③。但得到反清后得举为临时大总统的承诺，袁世凯转而接受了南方设计的民国国旗，上则报道会议后之第二天，就向各国驻京公使宣布，"现在中国已经改建共和，应用国旗自应酌加改定，刻经南北同意，决定以红黄蓝白黑五色长方之旗为暂用国徽，其原用之黄龙旗即行取消"④。

新的国旗立即发挥了政治和外交上的功用。在南北对峙期间，两方面军队冲突不断。清帝退位后，负责议和的伍廷芳和唐绍仪立即要求袁世凯命令所属军队改旗：

> 南京孙大总统、黄陆军总长、武昌黎副总统、各省都督、前部各军司令公鉴：
> 连接陆军来电，知各处清军与我军相近者，仍时有冲突。惟今者清帝辞位，清国统治权业已消灭。自此以后，国内所有军队皆中华民国之军队，岂宜自相冲突？廷与唐君已电告袁君慰亭，通饬各处军队一律改悬中华民国五色旗以示划一，此后见同一国旗之军队，不可挑衅。如见从前清国军队尚未改悬国旗者，应即通知，嘱其遵照袁君电命，改悬民国旗。如果始终甘为民国之敌，则必为两方所共弃。谨此电闻。

---

① 曹亚伯：《武昌革命真史》下，上海书店1982年版，第533页。
② 《预议改定民国旗帜》，《大公报》，1912年2月25日第2张"北京"。
③ 《国旗之改定样式》，《顺天时报》，1912年3月24日"时事要闻"。
④ 《照会暂用国旗式样》，《大公报》，1912年2月27日第2张"要闻"。

廷芳元（印）①

北伐海军总司令汤芗铭上书孙中山，建议将是否悬挂新国旗作为检验是否服从共和的准绳：

孙大总统钧鉴：

接海军部盐电敬悉，清帝退位，北方赞成共和，于十五日举行民国统一大庆典礼。海军人员无不欢迎鼓舞，已饬各船升旗放炮庆贺矣。据陆军部电传钧命，所有北伐军，悉改为讨虏军，以符名实，而免误会等因。芗铭念北来海军，势力颇厚，且整齐严肃，为中外所钦佩，旌旗所指，海面肃清。今既南北一家，彼此自无庸歧视。特内地交通不便，惟恐沿海各省尚未周知，因恳由大总统电谕鲁、燕各港口，暨在港各军队。自清帝退位之日起，升挂民国五色旗一月。铭当率各舰亲往查视。其有不遵命令，不悬国旗者，当照伍代表之处办理。是否可行，尚祈钧示。

北伐海军总司令汤芗铭叩　铣②

革命后的升旗活动，因各地情形不同，大略出现三次高潮。一是临时政府成立时的元旦前后，各地"遵电改元，并升旗庆贺"③。二是阳历1月15日，因许多地方元旦时没有来得及开展庆贺活动，因而在15日补行庆祝。上海"工商全体休息一天，升旗悬灯，公贺总统履任，补祝纪元"④，"南北商务总会、商务总公所及各商家谨于十五日举行庆祝礼，一律悬旗点灯，共伸诚意"⑤。安徽"补行庆祝元旦大典，国旗焕采，百度维新"⑥。三是清帝退位，北方实现共和后，北方各地和原来未承认新政府的由外国人控制的机关更换新旗。在辽宁绥中，"本邑人士凡稍有国民之程度者，无不手舞足蹈，欢呼中华万岁。近日间竟有乡人不惮数十里之遥来城以睹五色国旗者"⑦。3月19日、20日，东北的《盛京时报》专文介绍国旗历史，"自今而后，或即用五色旗，或更改定他种之旗式，要皆足以照耀大地，为吾

① 《南京临时政府公报·附录·电报》第十七号，1912年2月20日。
② 《南京临时政府公报·附录》第二十一号，1912年2月24日
③ 《宿迁各界电》，《申报》，1912年1月3日"公电"。
④ 《上海去电》，《民立报》，1912年1月15日"贺电"。
⑤ 《举行大祝典之盛况》，《申报》，1912年1月16日"本埠新闻"。
⑥ 《安庆孙都督电》，《申报》，1912年1月17日"公电"。
⑦ 《五色旗翻万民志遂》，《盛京时报》，1912年3月3日"东三省新闻"。

汉族增无限之光荣。世有侮辱吾国徽者，誓与吾同胞共击之"①。

民国旗帜成为政治上正当性、正义性的标志，在南北统一的过程中，有个别地区南军与北军的纷争并未完全停止，此时民国旗帜更成为争夺正统性的工具。树立民国旗帜，在政治上意味着掌握了优势。清帝退位后，东北赵尔巽、张作霖在铁岭、开原等处，仍以兵力攻击服从于革命党人蓝天蔚的吴鹏翮、刘永和部民军，刘永和部不仅力不能当，而且向孙中山、黄兴痛诉"徒以五色旗悬，有碍进行，不啻明季燕王炮击济南城，铁铉悬明太祖神主以退敌，致使我军公愤私仇，均无所泄，对旗痛哭，可谓伤心"②。显示了理与势双重受制的困境。国旗对于争取外交承认，也有重要作用。在列强尚未承认南京临时政府时，广东都督府得到消息，美国南支那舰队曾受政府命令，倘遇中华民国军舰下驰施礼时，应一体回礼。美国驻广州总领事将信息告知广东外交部员，并暗示美海军认中华民国国旗后，法、德、日、葡等国将会仿效。广东都督陈炯明意识到此事关系甚大，立刻向孙中山请示进行：

> 大总统，外交部长鉴：
> 　　美国驻广州总领事面告粤外交部员李君，谓美国南支那舰队曾受政府命令，倘遇中华民国军舰下驰施礼时，应一体回礼。请约定期日，以一军舰对美军舰施礼，俾得回礼，以为承认我国之先声等语。据美领意，美海军认吾国旗后，法、德、日、葡等国必随之。此事关系甚大，未悉钧处有无此项通告，应由中央，抑由粤省先施？恳速复。
> 　　　　　　　　　　　　　　　　　　　炯明　三十一号（印）③

革命的过程也是民国五色旗战胜清廷龙旗的过程。撤换龙旗，是表示转向或附和革命的必要前提。上海江海新关本由税务司管理，上海光复后将龙旗偃卷，但却不肯张挂民国新旗。海关这一举动，显示出他们是以极其谨慎的态度表示对革命的服从。直至清廷宣布逊位后，海关高揭五色国旗，态度从谨慎服从转为肯定支持④。旧历新年这一天，民军代表与东北公主岭的各官衙和商务分会交涉，一致赞成共和，撤去龙旗，改为五色民国旗⑤。对龙旗的恋恋不舍，被认为是对革命的抵

---

① 《共和肇国记·中华民国旗之历史（续）》，《盛京时报》，1912 年 3 月 20 日。
② 《南京临时政府公报·附录·电报》第四十九号，1912 年 3 月 27 日。
③ 《南京临时政府公报·电报》第六号，1912 年 2 月 3 日。
④ 《新关悬挂新旗》，《申报》，1912 年 2 月 21 日 "本埠新闻"。
⑤ 《北满民党之举动》，《申报》，1912 年 2 月 29 日 "要闻二"。

触和敌对，在舆论中往往与死硬的"宗社党"联系在一起。1912年3月，天津《民约报》反映：

> 民立报转大总统、各都督、各司令、各报馆鉴：
> 宗社党到处煽惑，已查有私制龙旗等据。南方军队，无论如何，一时切勿解散。闻袁总统请蓝君遣散烟台各军，望即电阻。
>
> 民约报　梗①

1912年4月南京兵变时，南京留守处搜获龙旗二面，认定是"宗社党从中煽惑"。黄兴通电各处云：

> 袁大总统、陆军部暨各部总长、黎副总统、孙中山先生、唐总理、各都督、各军师长、各报馆鉴：
> 昨日捕获匪徒甚伙，严密讯供，多系江西军队二十七、二十八两团之兵。已经判决，处死刑者二百余名，其余该两团之犯兵，当派各军队协力追剿。旋由洪师长承点竭力开导，令其缴械回营，贷以不死。该犯兵等势穷力绌，午前八九时均即遵令缴械，退回原营，全城秩序幸未扰乱。查此次起乱之原因，匪徒勾结，并由宗社党从中煽惑，已搜获龙旗二面，藉减饷为名，忽尔倡乱。幸经各军师团长爱国心长，洞明大义，均亲率士卒，剿抚乱党，分段防守，保卫平民，赖以即日戡平，未致蔓延。兴昨已发布戒严令，现仍饬各军警极力防范，加以镇抚。定于明日将该两团兵妥协送回赣省遣散。惟是白门桥、太平桥一带商民被劫者不下数十家，哀此无辜突遭惨乱。已分饬南京府知事、巡警局会同切实查报，以便酌量抚恤，免其失所，并一面示谕被害各户，听候查明，以及其他商民各安生业。谨此奉闻。
>
> 黄兴叩　元②

新旧国旗变成了政治上划分进步与反动的标志物，一直成为不同政治立场的评论对象。孙中山在南京临时政府时期对国旗的确立提出了不同的意见，但五色旗实际上已在使用。孙中山辞职、临时参议院北迁后，这一问题在1912年5月间再次

---

① 《民约报致民立报转孙中山等电》，《民立报》，1912年3月24日"天津电报"。
② 《南京兵变三记·黄留守通电》，《申报》，1912年4月15日"要闻二"。

提上议事日程，"国旗统一案"作为在南京时政府交议案，与"华侨请愿案"同被提出。5月6日的议场报道：

> 次议国旗统一案。此案曾由南京参议院审查，因请原审查员报告理由，此案并无正式公文提议，因草创之时，形式尚未完备也。今所据者，黎副总统与参议院往来之电，及孙大总统与参议院往来之函。在参议院主以五色旗为国旗；黎副总统则请速定一律旗式，而并未指出何种旗式为宜；孙大总统则不赞成五色旗，欲以革命党旧用之青天白日旗为国旗，而别以武昌星旗为陪笔；又有调停者以五色旗为国旗，星旗为陆军旗，天日旗为海军旗，纷纷不一。议员讨论之结果，仍付特别审查会审查之①。

10日，参议院宣布国旗统一审查报告，由审查长杨廷栋报告。报告中说：

> 吾国既先有旗式，而后提出议案，自须趋重历史，未便过究理由。五色旗通行甚广，中外皆知，自无更易之理。应即定五色旗为国旗，陆军用星旗，海军用天日旗，亦已通行各处。惟与国旗大无关连，拟于五色国旗之左方上角缀以星旗，为陆军主旗，又于五色国旗之左方上角缀以青天白日旗，为海军主旗，既有关连，又合历史，且甚美观。至商旗尚待另议②。

14日，参议院通过"国旗统一案"：（甲）五色旗为国旗。（乙）国旗之左角加入鄂中所用之星旗为陆军主旗；（丙）国旗之左角加入革命党旧用之天日旗为海军

---

① 《初六日参议院会场记事》，《申报》，1912年5月12日"要闻一"。

② 《初十日参议院记事》，《申报》，1912年5月18日"要闻一"。这一报告在参议院得到赞同，但又引发关于军旗的争论。同报道记载："东三省各议员对于星旗之十八点竭力反对，谓各省外视东三省及蒙藏，大声抗争，主张添为二十六点。籍忠寅谓省制将废，二十六点他日失其根据，如何办法。军旗不便时有变动，今当认星旗为武汉首义最有荣誉之纪念旗，并无地理关系。张伯烈亦力言十八星非十八省之义。至此纷纷诘辩，秩序颇梦乱，旋由四十六号刘议员说明十八星旗之缘起，此旗系在日本时订自孙中山，是时所画之旗甚多，一为猛虎持刀旗，一为狮子登山旗，最后则为十八星旗。其中命意，系以该会中之十八个代表而订，并无分省之意，并自述订用此旗，终始参预其事，及传布汉口时，余亦在其列，至起义后有刘君发电，言及嗣后多克复一省添一星点，实为个人私意，本员知之详，不得不为详尽述之。谷芝瑞请湖北议员再说明起义时订用此旗之意义。某议员云，议长即起义首勖，可请说明。议长默然。而东省各议员仍先后发言，又争持十分钟。蒙古王那彦图起言：国旗为全国代表，至军旗一部分，事毋庸过争，转启恶感。众公决，先将五色国旗表决，全体赞成。又公决陆海军旗，仍交原审查会复加审查。闻审查会届时拟请湖北、东三省议员公同讨论。"

主旗；其大小各居全旗四分之一。（丁）商旗与国旗同式，以归简一①。

三、火花中的旗帜与图画外的意义

火花即火柴盒上的贴画，在日本称为磷寸票。因火柴是近代以来民间广泛使用的生活用品，火柴工业的出现，又是近代中国民用工业的代表性产业，火花作为与火柴营销和百姓生活关系密切的事务，颇能反映一般商民的社会心理。

民国建立后，新旗帜图案频频出现在火花上。这些火花大多出自日本②。日本火柴产业开始发展于 19 世纪 80 年代，到了 20 世纪初达到高峰，以神户、大阪为中心，大量向中国输出。神户大阪的华商和日本火柴制造业者合作，制作了许多与国内时局关联的、中国民众乐于接受的火花③。通过民国初期的几枚火花，可以看到其中反映的社会心理状态。如下图"共和民国"，中为"统领"头像，左右分别是共和士兵举起铁血十八星旗和五色旗。因信息太少，该头像是否指孙中山，不能确定，疑为一位抽象的"共和统领"。而整体上，这些火花图案，显示了制造商和经销者对一般民众拥护新国家的民意的适从。

以下作为"共和四杰"的两枚火花，则明确所谓"四杰"指的是孙中山、袁世凯、黄兴、黎元洪。这两幅图案造型类似，有 Made in Japan 的字样，标榜产品为日本所制造。两枚火花的区别在于：其一"四杰"背后为对称的双五色旗，其二背后则分别为青天白日满地红旗和铁血十八星旗。频繁出现的三种旗帜均为共和新旗

---

① 《十四号参议院记事》，《申报》，1912 年 5 月 21 日"要闻一"。

② 本节所利用的火花图案，除专门注明者外，均藏日本神户华侨历史博物馆。

③ 蒋海波：《形象化的辛亥革命——从火柴盒帖看近代中国的社会变迁》，载林家有编：《孙中山研究》第 4 辑，广东人民出版社 2012 年版，第 51—65 页。关于民国初期火花形象所反映社会变革，该文讨论较为详尽。

帜，在火花上呈现兼收并蓄的态势从而形成系列产品。国内政治层面上的国旗之争，似乎并未明显地反映到作为民间一般使用的商品上来。

中华民国利兴公司的"共和万岁"火花，也同时展现铁血十八星旗和青天白日满地红旗。实际上，即使在同盟会势力占优的广东，位于广州城外河南区域的光大公司生产的火柴，也将五色旗与青天白日满地红旗并列。各种代表革命的旗帜共同受到推崇，似乎是这一时期火柴销售业的普遍情况。

最有代表性的是裕贞祥的"自由钟"火花（下图左），图案为一青年军人，肩扛五色旗，上有标语"中华民国万岁"，身前一大钟题为"自由钟"。裕贞祥是在日本神户的著名华商公司，其火柴通过在中国的办庄广销国内，广东最早的民族火柴工业，也是由其在广州开设分号而产生的[1]。以"民国万岁"和"自由"为标语，在革命后自然受到中国消费者的欢迎。有趣的是，此前的同一公司生产的火柴，火花图案格局基本一致，但人物为一学生，旗帜为清朝的龙旗，那口大钟也不叫"自由钟"，而是"警世钟"。"警世钟"火花（下图中）[2] 流行时间在革命之前，虽然以"警世钟"为题，亦具有进步意义，但显然仍维持清朝体制。商品关心销路，没

---

① 参阅黄福山：《解放前广东火柴工业概貌》，《广东文史资料》第28辑，广东人民出版社1983年版，第182页。

② 李伟钦、卢志用、邓柱好编：《辛亥革命印象 火花收藏》，岭南美术出版社2011年版，第13页。

有理由作为革命宣传品。革命成功后，则"警世钟"、"自由钟"可以并用，各自形成系列。从目前遗存所见，"自由钟"品种数量上较"警世钟"为多，继续使用"警世钟"者，图案中旗帜一定更换为新旗帜，如下图右的火花为执青天白日满地红旗者①。各种旗帜在同一公司、同一造型系列中一拥而上，又五花八门，反映了商家利用政治鼎革迅速打开市场，并且希望在不同地区都能够畅销的考虑。

商人以"利"为本，与政治本有疏离，但对政局变动仍有敏捷反应。在营销活动中对新旗帜的接纳和宣扬，本质上是服务于其商业目标的，更多的是出于自身的经济利益。从当时的社会反映看，对于"悬旗志庆"一类的活动，及在商标、广告中对新旗帜的利用，商界响应均较积极，因为并无不便之处，有利无害。商品面向民间，也不必过于拘泥各地政治上的分歧，对各种新旗帜可以兼容并包。火花上的旗帜，既在一定程度上反映了民间具有欢迎新国家外观的基本倾向，又反映了工商业者为最大限度获取市场利润而主动趋迎的反应。

四、余论

国旗是国家外观中具有政治标志性的元素，也与人民日常生活关涉最为密切。启蒙的任务虽然艰巨，名义上的民国主人总比实际上的皇朝奴隶要好得多②。辛亥革命时期，革命党人鼓吹民主革命的同时，对紧紧禁锢着人们头脑的以王权为中心的封建专制主义的旧制度、旧思想、旧观念、旧习俗进行了猛烈的冲击，新的国家外观，使人们不自觉地被推入到一个与旧朝廷总有那么一点差异的新政治时代了。

但是，民元初年的政治实践表明，形式上的民主是建立在一个虚幻的社会基础

---

① 李伟钦等编：《辛亥革命印象 火花收藏》，岭南美术出版社 2011 年版，第 13—14 页。

② 胡绳武、金冲及：《辛亥革命时期的思想解放》，《从辛亥革命到五四运动》，山西人民出版社 2010 年版，第 26—27 页。

上面，不仅未能实现真正的民主，甚至连民主的形式也不断遭到专制势力的蚕食。正如新国家的外观特别引人注目一样，革命的实际成果基本被局限在这种"外观"上。后世有人观察到："有的外国电影表现中国这一历史的变革，没有任何激烈的场面，只是一面杏黄色旗帜卸下来了，一面五色旗升了上去而已。"[1] 实质的进步仍须付出更多的努力。改旗易帜，体现了近代化和革命性，具有重大的象征意义。革命高潮中，活跃于政治舞台的各个派系、各个阶层及各色人等，对于新旗表现出一定的趋附，在形式上使民国的新国家外观得以确立，但其中不少是基于"势"所必然，民主的观念自觉尚十分淡薄。新国家外观并不意味着革命目标的完成，尽管对于这种寄托现代性的象征物仍应给予积极的评价，而新国家制度的受损和基础的缺乏，促使革命继续向前并有了更新的走向。

（作者单位：中山大学历史学系）

---

① 秦牧：《从皇朝到人民的世纪——杂谈辛亥革命》，《中学生》，1945 年第 92 期。

孙中山对农民问题的关注

陆兴隆

从事近代史研究的学者，往往对近代农村有较多关注。上个世纪 20 年代颇有影响力的《东方杂志》刊登的《农民问题与中国之将来》一文，就把中国的农民问题称作是"一个难以索解的谜"，并说"把这个谜猜透了，中国的将来，也就决定了大半了"[①]。把农民问题提到这样高度，不仅是因为近代中国的农业人口占据了当时人口的绝大多数，而且社会的革命运动往往首先从某地的农村兴起，然后逐渐发展到一省数省，乃至全国。农业问题由此成为近代一个关键问题而引起有识之士的普遍关注。本文就孙中山对这个问题的论述，尝试作若干探讨，并求教于与会行家。

一、清末民初中国农业的困境

众所周知，农业乃国民经济的基础，在农耕为主的封建时代农业的重要性更加突出。农业失调就会导致经济凋零、政权动荡和社会不稳，清代自乾隆中期以降，农业经济已经开始走下坡路，至咸丰朝经太平军之役后，农业遭到极大的破坏。此后虽然出现所谓的"同光中兴"，农村状况并没有出现多少变化。经过二十多年的农民战争和清军的镇压，损失的农业人口和荒芜的耕地直到光绪十三年（1887）还没有恢复到咸丰元年（1851）太平军兴起前的水平。而此后又因人口数量增长比耕地面积的扩大速度来得更快一些，使民食匮乏更加剧。据粗略统计：光绪十三年到宣统三年的二十五年里，人口数量增长 21.03%，而同期耕地面积增加仅为

---

① 《东方杂志》第 24 卷第 16 号，1927 年 8 月 25 日。

11.84%①。此后，这种变化虽有波动，但耕地面积扩大速度总是落后于人口数量增长的趋势始终存在。

民国自成立伊始，中国就处于一个分裂状况之中，先是南北分裂，继袁世凯任大总统后，军阀之间更是战争频仍，中国农村并没有出现如同历史上王朝更替完成后通常存在的一个休养生息时期。中华民国号称是一个推翻清封建帝制的共和国，但是农村的基本结构并没有发生变化，农民的土地问题也没有得到解决。就生产方式而言，仍然是一家一户的小农生产占了绝对优势。尽管中国幅员辽阔，各地农业生产的情况也有所差异，但农户耕地的普遍不足，土地兼并严重和农业生产力低下等情况普遍存在，始终是困扰农业发展的重要原因。总的来讲是，农业的困境可以概略地归纳为以下三个主要方面：

1. 人口增长与土地不足之间的矛盾。在农业社会中土地是基本的生产资料，劳动人口是最主要的生产力，两者的合理结合是社会生产发展的基本动力。据清《会典》和《户部清册》资料整理所得，道光二十年（1840 年）全国人口为4.12815 亿余人②，咸丰元年（1851 年）为 4.32164 亿人③。这两个数据确切表明：道咸时期中国人口在历史上第一次超过了四亿大关，较一百年前的乾隆朝官府统计人口整整翻了一番④。同期耕地面积的扩大则远落后于人口增长，官方统计的土地面积只增加了 6%⑤，因此使得自清中期以来就存在的人口增长与耕地不足之间的矛盾在进入近代后更加突出。

此后，由于战争的原因，全国人口数量出现较大波动。大致来说，1873 年前因太平天国农民起义而出现人口数量明显下降，1873—1901 年间有明显回升，此后十年里又略有下降；1912—1933 年又有相当明显的回升。到 30 年代大多数学者认为中国有超过 4.5 亿的人口⑥。从表面上看，人口数量呈缓慢增长趋势，似乎对原有的人口与耕地之间矛盾不会有太大的推动。但是"没有区分农村人口与城市人口的变化，也没有反映出农业用田的实际变化情况。"据统计，1873—1933 年中国

---

① 章有义：《近代中国人口和耕地的再估计》，《中国经济史研究》1991 年第 1 期。
② 梁方仲：《中国历代户口、田地、田赋统计》第 254 页，上海人民出版社 1980 年版。
③ 同上书，第 256 页；又见李文治《中国近代农业史资料》（三联书店 1957 年版，第 0 页）载为4.31896 亿余人。
④ 乾隆十五年（1750 年）约在 2—2.5 亿之间，见珀金斯：著，宋海文等译《中国农业的发展（1368—1968）》，上海译文出版社 1984 年版，第 288 页。
⑤ 珀金斯：《中国农业的发展（1368—1968）》，第 310 页。
⑥ 乔启明：《中国农村社会经济学》，转引自丁长清、慈鸿飞：《中国农业现代化之路——近代中国农业结构、商品经济和农村市场》，商务印书馆 2000 年版，第 19 页。

农村人口和农田面积指数变化如下：

中国农村人口和农田面积指数变动表（1873—1933）

年　份	农村人口指数	农田指数
1873	100	100
1892	108	101
1913	117	101
1933	131	101

资料来源：《农情报告汇编》1934 年第 48—58 页，转引自李进霞：《近代中 国农业土地利用结构》，《河北工业大学学报》（社会科学版）第 6 卷第 4 期，2010 年 12 月。

　　根据上面的数据，有学者指出："虽然近代全国人口数量并非是直线上升的（反而是有所下降的），但是农村人口却是不断增加的，1933 年比 1873 年的指数上升了 31％；同期，全国土地面积在 60 年里仅上升了一个百分点，因此可以明显地看出，近代中国农村人均农田面积是在不断地减少的。"[①] 农村人均农田面积减少的长期趋势，不断加深着人口增长与耕地不足之间的矛盾。

　　2. 土地兼并与农民失地之间的矛盾。土地向小部分统治者和富有者手中集中，更加使得农民实际占有农田数量逐年减少和失地农民数量不断在增加。一般来说，近代农民人均农田面积不足三亩，按照当时生产力水平不足以维持一般的生活水平。据美国哈哈佛大学教授伊士特说："人类每人须有二英亩半（约合十五华亩）之地，方足以维持相当之生活。"[②] 这是西方农民生活的标准，中国农户离这个标准实在差距太大。

　　清末民初严重的"土地失衡"是一种的社会现象。清军入关初推行"跑马圈地"的掠夺政策形成官田，强迫被圈地农户"带地投庄"，成为失地的佃户。以后属于政府控制下的公田有皇庄、屯田、学田、祭田、寺田等多种，这种现象到晚清时仍十分严重。据统计：1887 年由政府控制下的官田占全国耕地的 12.9％[③]。所谓官田，表面上是政府某些特定部门的收入，其实大多数的官田为豪绅地主所把持，官田收获的大部分为他们的私人收入。除官田之外的私田也为少数地主富农所有。清末民初是近代史上土地集中程度最高的时期，大约占人口总数 6％的地主占

　　① 李进霞：《近代中 国农业土地利用结构》，《河北工业大学学报》（社会科学版）第 6 卷第 4 期，2010 年 12 月。

　　② 转引自陈长蘅：《中国近百八十年来人口增加之徐速及今后之调剂方法》，《东方杂志》第 24 卷第 18 号。

　　③ 梁方仲：《中国历代户口、田地、田赋统计》，第 384 页。

有 60% 以上的土地，占 8% 的富农也占有近 20% 的土地，完全失地的农民则占到 35%。进入民国后，豪绅侵占农民土地的状况并没有得到改变，相反以袁世凯为首的各类军阀官吏成为侵占农民土地的重要掠夺者。袁世凯在彰德、汲县、辉县等地有田产四百顷左右。徐世昌在辉县一地有田产 50 多项。曾任云贵总督的刘楷堂在当地有良田 2.5 万亩①。张作霖在辽河南北有沃田四千余方（每方合 45 垧），民国十一年又侵占通辽以西良田二千八百余方。民国十三年吴俊升在东北强租土地 2000 垧（租期 99 年）。民国十四年吴俊升伙同杨宇霆占地 2200 余垧②。这种严重"土地失衡"的根源来自封建制度。列宁称："因为'经济上的强者'的力量也在于他们握有政治权力。没有这种政治权力，他们也就不能保持自己的经济统治。"③在政治压迫和经济掠夺双重压榨下农民，最初只是提出"杀富济贫"、"均贫富"、"均田免徭"的口号，表达他们要求改革不合理土地制度的强烈要求。经过不断的斗争失败之后，才有进步思想家提出土地主张和政纲，形成解决土地问题的革命理论。

3. 生产效率低下与农户生存之间的矛盾。农业生产力是推动社会经济发展的重要因素。一般来讲，农业生产力是沿袭并承继前代的生产力而逐渐发展的，但中国封建时代农业生产力提升极其缓慢，直到清末粮食亩产量还是在低水平上徘徊。

南方种稻的收成略比北方种麦或粟的收成来得高一些。据史料记载："南方种田一亩，所获以石计；北方种地一亩，所获以斗计。"④虽说南方种田的收成要比北方种地好一些，但亩产量也是很低的。如"金陵上田十亩，一夫率家众力耕，丰年获稻不过三十余石，主人得半，干曝减十二，米之得六石余"⑤。江南地区上等良田的亩产为稻谷三石左右，约合今天的五百市斤不到，得米仅为二石，约合三百市斤。下田的亩产量则要低许多。顾炎武曾说，南方水田稻谷亩产不及一石的甚多。如果按平均来算，江南地区水田亩产稻谷大致在两石上下。

北方地区无论种麦或种粟，亩产量历来很低。史料称"小民力作艰难，每岁耕三十亩者……除完租外，约余二十石"⑥。如以地租占收获量的半数计，三十亩地可收麦四十石，这是山东平原地区沃田的产量，土地贫瘠地区的产量则要低得多。1898 年淮安府小麦亩产只有 0.7—1.0 石；1907 年前烟台地区粟米亩产 0.5—0.8

---

① 章有义：《中国近代农业史资料》第 2 辑，三联书店 1957 年版，第 14、15 页。
② 同上书，第 18、19 页。
③ 《列宁全集》第 1 卷，人民出版社 1963 年版，第 236 页。
④ 尹会一：《敬陈农桑四务疏》，《皇朝经世文统编》卷二十四，"地舆部九·农务"。
⑤ 方苞：《望溪先生全集》，卷 17，《家训》。
⑥ 《清实录·康熙实录》卷二百十五，康熙四十三年正月辛酉谕。

石；直隶粟米亩产更低，只有 0.3—0，6 石①。一般来说，北方农业在正常年景下，小麦平均亩产量在一石上下，粟米平均亩产量则不足一石。

农业生产的低水平结合人均占有土地的情况表明，近代农民缺粮的情况是很严重的。据统计，1887 年全国人均占地仅为 2.41 亩，以平均每个农户五口计，② 每户平均占地不过十二三亩，在完纳租税后净得粮食五石左右，根本不足五口之家一年口粮之数，所缺部分常常依靠开掘荒芜之地，种植番薯等粗粮以作补充。据宋庆龄回忆，孙中山童年和少年时代全家务农，常年以番薯当主粮，村里农民都过着半饥半饱的生活。一旦遇到灾年，或外出逃荒，或在死亡中挣扎。

造成近代农业困境的原因是多方面的，上述则是其中引起较多关注的三个方面。对此，孙中山曾经作过精辟的论述，以下将分别介绍。

二、孙中山对近代人口增长与农业之关系的论述

孙中山出生于广东普通农户家庭，自幼随父兄从事农业劳动。十四岁那年第一次出洋，四年后回国仍然在家一面务农一面自修备考。多年的农村生活使他对农民的困苦有切身的了解，宋庆龄说："孙中山是从民间来的……他生于农民的家庭。他的父亲种田。他县里的人民都是农民"。"就在这早年还是贫农家里的贫儿的时候，他变成为一个革命的人。他下了决心，认为中国农民的生活不应该长此这样困苦下去……就为这个理想，他献出了他四十年的生命。"③ 在以后的革命经历中他更加体会到农业对国民经济的重要性。他曾经高度评价农业："盖农矿二业，实为其它各种事业之母也。农矿一兴，则凡百事业由之而兴矣。"④ 他对国家富强寄希望于农业的发展，提出"以农为经，以商为纬，本末备具，巨细毕赅，是即强兵富国之先声，治国平天下之枢纽也"⑤。基于这样的思想，他很早就关注农业和农民问题。

1894 年，孙中山在天津上书李鸿章，第一次比较完整地阐述了他对人口增长与耕地之间矛盾的观点。他说："盖今日之中国已大有人满之患矣，其势已岌岌不可终日。上则仕途壅壅，下则游手而嬉，嗷嗷之众，何以安此？"他担忧"由斯而

① 李文治：《中国近代农业史资料》第 1 辑，三联书店 1957 年版，第 618——622 页。
② 梁方仲：《中国历代户口、田地、田赋统计甲表》，第 10、11 页。
③ 宋庆龄：《为新中国奋斗》，《宋庆龄选集》上卷，人民出版社 1992 年版，第 45—46 页。
④ 《中国实业如何能发展》，《孙中山全集》第 5 卷，中华书局 1985 年版，第 134 页。
⑤ 《农攻》，《孙中山全集》第 1 卷，中华书局 1981 年版，第 6 页。

往，其势必至日其一日，不急挽救，岂能无忧?"①。此时他的人口思想还受到传统的"人满之患"思潮的影响。这种思潮对他的影响很深，直到辛亥革命后，他还是多次提到中国人口（尤其是农业人口）数量过多，存在着比较紧迫的人口过剩的问题。1912 年他在上海与《民立报》记者有过这样的一段谈话，他说："生齿之繁，至吾国而极矣。""即兴矿务，尚有工不应人之虞，农产无可加辟，早有食不应工之患。"② 1919 年，他在《孙文学说（卷一行易知难）说》中有这样一段话，再次表达了他对人口过剩问题的担忧。他这样写道："我中国人口四万万，除老少而外，能作工者不过二万万人。然因工业不发达，虽能作工者亦恒无工可作，流为游手好闲而寄食于人者或亦半之。如是有工可作者，不过一万万人耳。且此一万万人之中，又不尽作生利之工，而半为消耗之业，其为生产之事业者实不过五千万人而已。"他把民众生活困苦原因之一归诸于就业不足，尤其是耕地的缺乏。他借用了古人的话说："此国之所以贫，尚过于韩愈所云：'农之家一而食粟之家六，工之家一而用器之家六，贾之家一而资焉之家六，奈何民不穷且盗也！'"③ 这里他虽然把农工商的就业不足一并列为国家贫困的原因之一，但因农业耕地不足而形成的民食匮乏显得愈加突出。

这种面对一时出现的相对人口过剩现象而产生的"人满之患"是传统的主流思潮，如与孙中山同时代并在西方接受高等教育的严复也持有同样的思想。在他看来，当时中国人口不仅数量过多，而且质量低劣。他认为："夫支那有此生齿者，非恃其天时地利之美，休养生息之宜，以有此也。其故实由于文化未开，则民之嗜欲必重而虑患必轻。嗜欲重，故亟亟于昏（婚）嫁，虑患轻，故不知予筹其家室之费而备之。往往一人之身，糊口无术，娶妻生之，视为固然。"④ 他不仅把造成这种状况的原因错误地完全归诸于中国"文化未开"、"嗜欲重"、"虑患轻"、"亟亟于嫁娶"等精神因素，而且设想成因为恶性循环而使得人口落后的状况还在不断加深。他说："设使娶妻一人，生子四、五人，而均须仰食于不足自给之一男子，则所生下之子女，饮食粗弊，居住秽恶，教养失宜，生长于疾病愁苦之中，其身必弱，其智必昏，他日长成，亦必有嗜欲而无远虑，又莫不亟亟于嫁娶。于是谬种流传，代复一代。"⑤ 在他看来，要改变这种落后的人口状况，唯有依赖物竞天择的

---

① 《上李鸿章书》，《孙中山全集》第 1 卷，第 17 页。
② 《在上海与〈民立报〉记者的谈话》，《孙中山全集》第 2 卷，中华书局 1982 年版，第 384 页。
③ 《建国方略》，《孙中山全集》第 6 卷，中华书局 1985 年版，第 226 页。
④ 严复：《保种余义》，《严复集》第 1 册，中华书局 1986 年版，第 87 页。
⑤ 严复：《保种余义》，《严复集》第 1 册，中华书局 1986 年版，第 87 页。

自然法则："人欲图存，必用其才力心思，以与是妨生者为斗。负者日退，而胜者日昌。""万物莫不如是，人其一耳。"① 他把弱肉强食的自然界丛林法则简单地套用在社会学的人口问题方面，得出了完全错误的结论。

孙中山虽然对近代中国人口相对过剩现象的认识也有所偏见，但他明确地指出造成这种现象的根本原因在于封建王朝的腐朽统治和外国势力的经济掠夺。他愤而指出："夫以四百兆人民之众，数万里土地之饶，本可发奋为雄，无敌于天下，乃以政治不修，纲维败坏，朝廷则鬻爵卖官，公行贿赂；官府则剥民括地，暴过虎狼……方今强邻环列，虎视鹰瞵，久垂涎我中华五金之富，物产之繁。蚕食鲸吞，已效（尤）于踵接；瓜分豆剖，实堪虑于目前。呜呼危哉！"② 此时的孙中山已经立志用革命手段来挽救中国，他对造成国弱民穷的根源，已经从上书李鸿章时的"人满之患"的层面上升到由于封建腐朽统治和列强经济掠夺的政治高度。

1897 年孙中山在《中国的现在和未来》一文中，更加明确地指出：当前民众深受饥馑、水患、疾病之苦难，生命毫无保障，其原因"既不可指责是由于人口过多，也不可说成是自然原因所引起的任何粮食恐慌"，根本的原因在于无限榨取人民的结果，"不完全打倒目前极其腐败的统治而建立一个贤良政府"，要"实现任何改进就完全不可能的"③。同时，孙中山进一步指出，除了清廷的腐败统治之外，帝国主义的侵略和压迫则是更重要的原因。他说："我们国家的土地有这样大，矿藏有这样富，农户有这样多，为什么弄得民穷财尽，人民日日受贫穷的痛苦呢？最大的原因是受外国的经济压迫。"④ 他的革命经历使他深深地体会到，中国的贫穷不完全在于"人满之患"，而是完全由于国内的腐朽统治和国际列强的侵略所造成的，而改变人民贫困的"人口问题"之根本出路就在于实行革命。

三、孙中山抑制土地兼并的主张

近代严重土地兼并的根源来自根深蒂固的封建土地制度，土地制度问题是中国封建社会中一个"广泛涉及地主和农民、大地主和中小地主以及地主和封建国家之间的关系和矛盾的大问题"，因此"必然会在经济思想方面表现出来"⑤。对农民生

---

① 严复：《天演论》上卷，"导言十五"，王栻主编：《严复集》第5册，中华书局1986年版，第1351—1352页。

② 《香港兴中会章程》，《孙中山全集》第1卷，第21页。

③ 《中国的现在和未来》，《孙中山全集》第1卷，第88—90页。

④ 《三民主义》，《孙中山全集》第9卷，中华书局1986年版，第188页。

⑤ 赵靖：《中国经济思想史的对象和方法》，《经济学集刊》第2辑，第129页。

活的种种苦难的关注使孙中山他很早就关注农村严重的土地兼并现象，并逐步促成了他的革命的土地理论。

孙中山的土地理论是逐步形成和发展起来的。1894年他在《上李鸿章书》中提出"农政有官，农务有学，耕耨有器"的观点，还只是从强化农事管理、提高种植技术和改进农耕器具三个方面提出改良的主张，并且还就各方面如何进行改革提出了若干具体措施，以期改变"所谓地有遗利，民有余力，生谷之土未尽垦，山川之利未尽出也"① 的状况，希望通过增设管理，学习技术，改进工具来达到"地尽其利"的效果，这些主张表明了他仍恢复农业的希望寄于清政府的改良思想。

走上革命道路以后，他对改变中国农业落后状况则更多地关注起土地所有制问题。1900年他在给友人的信里第一次提出了"平均地权"的观点，但还没有提出明确的实施设想。他与梁启超谈起农村土地分配情况时，则明确地表达了实行"耕者有其田"和"平均地权"的设想。他这样说："今之耕者，率贡其所获之半于租主而未有已，农之所以困也。土地国有后，必能耕者而后授以田，直纳若干之租于国，而无复有一层地主从中剥削之，则农民可以大苏"②。在孙中山看来，应该实行土地国有，政府把土地授予有耕种能力者，收取若干定额租税，阻止地主对农民的中间剥削，这样才能使农民摆脱困境。他与章太炎商讨时说得更详细，提出"不躬耕者，无得有露田。场圃、池沼，得与厮养比而从事，人十亩而止。露田者，人二十亩而止矣……夫不稼者，不得有尺寸耕土，故贡彻不设。不劳收受，而田自均"③。他提出实行"耕者授田"政策乃是均田的前提，主张在农村实行土地分配的变革。

1905年孙中山为同盟会制定纲领时，正式把"平均地权"的口号写进了纲领，动员会员共同创造条件为解决土地问题而奋斗。

1906年孙中山又把实施"平均地权"的具体设想写进了《中国同盟会革命方略》，他写道："核定天下地价。其现有之地价，仍属原主所有；其革命后社会改良进步之增价，则归于国家，为国民所共享。肇造社会的国家，俾家给人足，四海之内无一夫不获其所。敢有垄断以制国民之生命者，与众弃之！"④ 尽管这个设想在内容上还是比较抽象，但毕竟是在近代资产阶级革命中形成的一个进步的土地纲领。

① 《上李鸿章书》，《孙中山全集》第1卷，第10页。
② 转引自梁启超：《杂答某报》，《新民丛报》第86号，1906年（第4卷第14号，原第86号）。
③ 转引自《章太炎全集》第3卷，上海人民出版社1984年版，第274页。
④ 《中国同盟会革命方略》，《孙中山全集》第1卷，第297页。

1924 年 1 月，国民党第一次代表大会通过宣言，孙中山在重新解释三民主义时指出："盖酿成经济组织之不平均者，莫大于土地权之为少数人所操纵。故当由国家规定土地法、土地使用法、土地征收法及地价税法。私人所有土地，由地主估价呈报政府，国家就价征税，并于必要时依报价收买之，此则平均地权之要旨也。"同时还宣布："以为农民之缺乏田地沦为佃户者，国家当给予土地，资其耕作，并为之整顿水利，移殖荒微，以均地力。农民之缺乏资本至于高利借贷以负债终身者，国家为之筹设调剂机关，如农民银行等，供其匮乏。"①

这份纲领在继续执行"平均地权"的同时，开始考虑在解决农民土地之后，进而如何对贫苦农民解决水利和资金问题，表现出孙中山对农民问题与民生问题关系之重视。他认为，世界各地甚至欧美资产阶级国家的民生问题还没有解决，主要就是由于土地问题引起的种种弊端。中国要解决民生问题，"头一个办法，是解决土地问题"，"土地问题能够解决，民生问题便可以解决一半了。"②

同年 8 月，孙中山在"民生主义"第三讲正式提出了"耕者有其田"的口号，而且在他以后的演讲中多次阐述了这个基本思想。他说："民生主义真是达到目的，农民问题真是完全解决，是要'耕者有其田'，那才算是我们对于农民问题的最终结果。"③ 他反复强调了"耕者有其田"在当时农民问题中的必要性和迫切性。他说道："中国的人口，农民是占大多数，至少有八九成，但是他们由很辛苦勤劳得来的粮食，被地主夺去大半，自己得到手的几乎不能够自养，这是很不公平的。我们要增加粮食生产，便要规定法律，对于农民的权利有一种鼓励、有一种保障，让农民自己可以多得收成。我们要怎么样能够保障农民的权利，要怎么样令农民自己才可以多得收成，那便是关于平均地权的问题。"④ 孙中山认为，实现"耕者有其田"的土地政策，使"耕者有了田，只对于国家纳税，另外便没有地主来收租钱，这是一种最公平的办法"⑤，才能消灭封建的地主土地所有制，才能解决农民的失地问题，才能彻底有利于解决民生问题。至于如何实施这个基本的土地政策，孙中山设想"在政治、法律上制出种种规定来保护农民"⑥。同时，他又认为，在解决农民的土地问题的同时也不要伤害到地主的利益，在实施过程中"更要联络全体的农民来同政府合作，慢慢商量来解决农民同地主的办法。让农民可以得利益，地主

---

① 《中国国民党第一次全国代表大会宣言》，《孙中山选集》人民出版社 1981 年版，第 593 页。
② 《三民主义》，《孙中山选集》，第 837、839 页。
③ 《三民主义》，《孙中山选集》，第 850 页。
④ 《三民主义》，《孙中山选集》，第 849 页。
⑤ 《在农民运动讲习所第一届毕业礼的演说》，《孙中山选集》，第 937 页。
⑥ 《三民主义》，《孙中山选集》，第 849 页。

不受损失，这种办法可以说是和平解决"①。

这个"和平解决的办法"，具体来说就是"核定地价""照价纳税""照价收买"和"涨价归公"，关键是着眼于"防止土地垄断"和"土地涨价归公"这两项。实施步骤是先由地主将拥有的土地自报地价，送呈政府备案，政府按照此价格收取土地税。孙中山认为，若地主为减少纳税，就会少报地价，政府在必要时可以照此地价收买，然后授予无地的农民耕种，转向农民收税；若地主为防被政府廉价收购，故意多报地价，政府则可多收土地税，地主也就会为避免多纳税而不愿虚报地价。在革命后随着社会发展而出现的地价上升，则涨价部分归政府。这样，通过照价收买和涨价归公，政府就可以掌握很多土地，逐渐将土地收归国有，再租给农民耕种，实现"耕者有其田"的目标。

孙中山的土地理论涉及了社会问题的核心，反映出他关注农民困苦的民生问题，企图以平均地权的方法改变他们的命运。虽然具体实施措施与当时中国的实际情况相脱节，并且受到各种客观条件的限制和社会环境的制约，从而缺乏实现的可能性。但从中表现出孙中山的高尚情怀和伟大的革命气魄，纵观孙中山革命经历，他始终以满腔的热情、坚强的决心和无穷的力量，支持和扶助农民，将平均地权与解放农民联系起来，探索解决土地问题的出路，这种精神确实是十分难能可贵的。

四、孙中山提倡"科技兴农"的主张

孙中山认为造成近代中国农业陷于困境的原因，除了清政府的腐朽无能和列强的掠夺侵略外，延续了数千年之落后的农业生产方式、缺乏科学的管理制度、先进的农业技术和生产工具也是极其重要的原因。他说："中国之农业，发达已久，所缺者，农民之新知识，与政府之善良管理耳。"② 为了改变中国农业的落后状况，他提出了"农政有官、农务有学、耕耨有器"的振兴农业的主张。

孙中山的"科技兴农"主张，除在早年的《上李鸿章书》有所阐述外，在他以后的各类文章和演说中都有论述。1895 年，孙中山、陆浩东等在广州首创"农学会"，1896 年梁启超等在上海创建的"农务会"，首创了中国近代倡导重视农业的社会团体。其间，孙中山在《创立农学会征求同志书》中，再次强调了传播近代农业科学技术与知识、培育农技专业人才以及改造旧式农民为新型农民的重要性。

① 《在农民运动讲习所第一届毕业礼的演说》，《孙中山选集》，第 939 页。
② 《中国存之问题》，《孙中山全集》第 4 卷，中华书局 1985 年版，第 52 页。

农学会发行的会刊《农学报》，"每半月发行，每册约二十五页，连史纸石印……所载分公文、古籍调查、译述、专著等……（一共）出至三百十五册"[①]。《农学报》的创办体现了孙中山对我国未来农学的希望、对发展农业的重视，同时带有他所提倡效法欧美现代农业观念的农业思想。表现了他以推动农业科技进步、助力农业学科建设为己任，以及促进我国农业实现近代化的气魄与努力。

《农学报》创刊后在宣传"科技兴农"方面做做了不少工作。一是传授西方农学知识，翻译了一些国外的重要文章和著作。孙中山提出，引进西方近代农业科学知识与技术，首以翻译为先、以引进介绍为本，即最大范围地搜罗各国农桑新书，聘请专人译成中文，使开农业讲求科学风气之先。二是倡导设立农政学堂，培育专业人才。孙中山认为，应于会中设立农政学堂，延聘精通农学之人任教，以教授俊秀、奖掖人才，在边做边学、边学边做之中，造就一批"先驱者"为近代农学之师。三是著成专书，以教化农民。孙中山指出，著书立说、汇聚各方智慧是总结农业劳作经验、提高农业生产技术的不二法门，由感性上升到理性、从实践升华到理论，以期从事农业之人能够用科学的方法、先进的技术进行农业生产。因此，在出版的各类科技方面的著作中，要以化学、生物、物理、天文、气象、地理等领域为主导，在这些著述里面详细核查各地的土产、物质等，进行农业区划调查与农村社会调研，阐明与揭示事物、理化、土壤、气候等农业生产要素之间的相生相克、相辅相成之理。如此一来，使得农业知识得以总结与提高、得以系统化、专业化及理论化；此外，著成专书或结集出版又可以使农学知识得到传播，以教导、启发与示范、推广给广大农民，帮助他们效法耕植。四是建议开设各种农业和农产品博览会，奖励农户。孙中山主张，开设农业博览会等农业推广、展示活动，可以及时总结经验、进行科学归纳。他建议地方政府创建农业展览馆等专职机构或场所，定期举办全国或地区性农业博览会。与此同时，为了减轻农业负担和农民赋税，不夺农功、爱惜民力，提倡各级政府对耕种土地较多、产粮较多的农业生产（种粮）大户给予褒奖和经济扶助（如发给农具）等。

五、结语

辛亥革命成功后，孙中山就开始将他振兴农业的设想付诸实施。1920 年在他制定的内政方针中，"农政有官"已见端倪，设置了土地局、农务局、渔业局、粮

---

① 戈公振：《中国报学史》，上海古籍出版社 2003 年版，第 163 页。

食局等农业管理部门。1924 年由孙中山主持制定的《公布考试组织条例》也把有关农业的科目纳入考试范围。1925 年初在广东又以陆海军大元帅大本营名为发表宣言扶持农业生产，宣布"严定田赋地税之法定额，禁止一切额外征收……清查户口，整理耕地，调正粮食之产销，以谋民食之均足，改良农村组织，增进农人生活，由国家规定土地法、土地使用法、土地征收法及地价税……颁布组织农民协会章程，以促进农民自身之团结"[①]。由于当时正处于连年战争时期，孙中山的关于建立农政学堂和组织著书立说的设想没有条件实施，直到南京政府成立后才陆续得到实现。"平均地权"在当时虽然没有得到实施，但其出发点是为了从根本上杜绝贫富悬殊的社会弊病。农民问题从根本上讲就是土地问题，这个问题在孙中山的民生主义思想中有十分重要的地位，他特别强调：民生主义，讲到归宿，不得不解决"土地"和"资本"两个问题，也就是"平均地权"和"节制资本"是他的民生主义思想的两个核心。尽管其中有着若干与实际脱离的地方，但仍不失为近代思想史上一笔宝贵的精神财富，孙中山也不愧为中国近代农业发展思想的重要人物和集大成者。

（作者单位：上海社会科学院经济研究所）

---

① 《陆海军大元帅大本营公报》1925 年第 7 号，转引自陆仰渊等：《民国社会经济史》，中国经济出版社 1991 年版，第 181 页。

益友社与 1921 年非常大总统选举

谷小水

　　1921 年 4 月 7 日，国会非常会议在广州召开，孙中山当选为中华民国非常大总统，并于次月正式宣誓就职。非常大总统选举实为这一阶段南方政府内部的枢纽性事件，它直接塑造并决定了孙中山二度在广东建立政权的基本面相和最终命运。或因资料缺失，既往研究多聚焦于总统选出后各方意见的歧异，而对总统选举前的多方博弈关注较为不足①。事实上，在非常总统选举的酝酿、发动阶段，孙中山、陈炯明、唐绍仪、唐继尧以及非常国会内部各派议员之间明争暗斗异常激烈，内容极为丰富。本文以非常国会内部颇具实力的派系益友社为研究对象，探寻其与非常大总统选举的具体关联，以图进一步细化对非常总统选举问题的既有认知。

—

　　1917 年 7 月，孙中山等人联同海军南下广州开展护法运动。在国会众议院议长吴景濂的主持下，国会非常会议在广州召开。当时，南下的议员主要由旧国民党员组成，大体可分为益友社、政学系和民友社三派。其中，益友社在南方护法国会中的议席近三百人，是国会中最具实力的派系。该系以吴景濂、褚辅成、王正廷等为领袖，以曾彦、罗家衡、张瑞萱、刘奇瑶、易次乾、伍朝枢、刘成禺、王有兰、吕复、龚政、白逾桓、常恒芳等为中坚。成员主要来自皖、赣、鄂、湘、豫、鲁、

---

　　① 对于这一史事，既往研究在论述时往往一笔带过，专门而细致的论述较为少见，事件脉络尚欠清晰。涉及该事件的代表性论著有：莫世祥：《护法运动史》，广西人民出版社 1991 年版；段云章：《陈炯明》，广东人民出版社 2009 年版；李新主编、汪朝光著：《中华民国史第四卷（1920—1924）》，中华书局 2011 年版；张海鹏主编、汪朝光著：《中国近代通史》第 6 卷，江苏人民出版社 2013 年版；张淑娟：《吴景濂与民国政治：1916—1923》，博士学位论文，复旦大学历史学系，2007 年。

浙、桂及东三省等省区①。

南下护法不久，在民友社议员的推动下，国会非常会议于 9 月 1 日选举孙中山为中华民国军政府海陆军大元帅，并随即于 10 日举行就职仪式。然而，以吴景濂、褚辅成、罗家衡、张瑞萱为代表的益友社并不认同孙中山遽然出任大元帅，只是碍于反对北京政府解散国会的共同需要，以及对孙的经费依赖，而暂时隐忍未发。故当大元帅制受到西南实力派抵制时，益友社与政学系两派合谋，分别拥戴唐绍仪、岑春煊为政治领袖，于 1918 年对军政府加以改组②。在保留孙中山地位的同时，容纳唐继尧、陆荣廷等地方实力派，推举出政务会议七总裁，以合议制取代独裁制。通过改组，益友社势力得到进一步扩张，该派成员占据财政、外交、总务等重要部门，成为南方军政府和护法国会中举足轻重的力量。最直观的体现，即为改选后的护法国会参众两院正副议长中，益友社四得其三（吴景濂任众议院议长、褚辅成任众议院副议长、王正廷任参议院副议长），余一参议院议长为民友社的林森占据。

然而，时移势易，1919 年南北双方派代表在上海召开和谈会议后，在外力的催化下，国会内部的势力出现分化重组。此时，政学系不断与北京方面私下接触，冀图通过局部媾和换取本派政治上的利益。吴景濂则领导益友社打出"护法始不能以毁法终"的旗号，通过坚持南方总代表唐绍仪的和议决定权，以保障本派利益，从而使政学系和西南地方实力派谋求本派利益的私图落空，护法国会内部的裂痕进一步扩大，制宪进程也因此受到干扰而陷于停顿。

1920 年 2 月以后，益友社深感国会在政学系的操控下前景愈发渺茫，3 月底吴景濂与林森、褚辅成私下计议之后，率领益友社、民友社议员于 4 月初分批悄悄离粤，转港赴沪，伍廷芳携带关余随同。护法国会至此自动解体，国会议员在广州三年的护法历程暂告终结。此后，部分国会议员辗转赴渝，意欲在重庆续开护法国会，惜因种种问题而昙花一现，不得已返沪静候时机。

在孙中山等人的多次发动下，1920 年 8 月粤桂战争爆发，陈炯明率领粤军自福建漳州回师，成功驱逐盘踞广东多年的桂系集团，随即来人来电欢迎孙中山、伍廷芳、唐绍仪等各总裁返穗重组军政府。

此次重返广州前，在沪南方要人多次集商南下后的大政方针。在一次有二十余人参加的重要会议上，孙中山等鉴及护法旗帜的合法性和影响力日渐流失，认真商

① 谢彬：《民国政党史》，中华书局 2007 年版，第 80 页。
② 谭群玉：《唐绍仪、益友社与戊午军政府改组》，《广东社会科学》2004 年第 6 期。

讨其存废问题。据吴景濂忆述，会上，孙洪伊主张今后宜抛弃军政府名义，由国会组织总统选举会推选孙中山为非常大总统，以此名义与北京政府相对抗。对此，吴极表反对，称"徐世昌为非常总统，吾人反对之，今国会再举非常总统，岂非令彼方反唇相讥，始以大义号召全国，而以利终之。不但不足增孙先生之声望，反是为孙先生之污点"。他建议攻取武汉后，"组织正式选举会，选举孙先生为正式大总统，即在法律上取得合法地位。然后以正式总统名义，再出兵北伐"。

两相对比之下，孙中山认为后者的策略"迂缓"且没有保障，因国会议员派系复杂、政见纷纭，正式国会的召集及运作已被经验证明困难重重。相反，前者所言更加直接迅速，易于收效，故赞同"不如改护法为革命较为便利"。吴则回应道，国会以护法相号召，不便中途停止，更无法改弦更张。与益友社意见相近的唐绍仪，此时提出一个颇为关键的问题："法为天下之公器，吾辈不护法，若他方面有力者，假护法之名，号召全国，吾辈又何以御之？"[①] 因意见歧异，会议无结果而散。

护法旗号虽形同鸡肋，但在更有号召力的旗帜出现之前，弃之也实为不智。11月 22 日，孙、伍、唐三总裁及唐继尧代表王伯群邀请两院议长晤谈，表明南下后的基本方略及对国会的态度。林森因回闽缺席，吴景濂、褚辅成、王正廷三议长出席。总裁方面的意见包括：此次去粤，对于护法"贯彻到底"；"数年以来，国会议员每多不良分子，为世诟病，故此番重莅粤东，有不敢为普通一般之欢迎"，"如议长有处置此种不良议员之办法，则抵粤之后，即当来电邀请两院议长与善良议员相偕赴粤"。吴景濂在回应中对两院议员颇多不良分子深表痛心，同时辩称："议员违法，院法亦有除名之规定，但执行院法须在有开会地点与能开成常会时。现在上海只能为谈话会之召集，既不能开正式常会，即无从执行院法"，"现在上海终鲜良善办法，因议长仅能在法内行动，不能在法外行动"。对开除不良议员的要求，以无法法外处置为由明确予以拒绝。两日后，吴主持召开两院议员谈话会，将会议的内容作了通报。参议员董昆瀛等对于军政府总裁威压国会的做法颇为不满，言辞激烈，批评"四总裁此种谈话，无异加国会议长以训令，以总裁私人意见，而竟欲解除议员之职权，较之袁世凯之解散国民党，犹有甚者"，"护法前途，可为寒心"。主张通电西南各省，探询各方对国会的意见，以寻找新的国会依托。在讨论国会进止时，由于"潜居沪渎，则一筹莫展"，在吴景濂、褚辅成表态愿意赴粤的带动下，

---

① 吴叔班记录，张树勇整理：《吴景濂自述年谱（下）》，《近代史资料》总 107 号，中国社会科学出版社 2003 年版，第 79—82 页。

会议还是做出了国会迁粤的决定①。

然而国会与军政府虽继续联辔而行，但分歧并未消除，两者之间的矛盾随时可能触发更为激烈的冲突，是以在众多国会议员纷纷南下的背景下，益友社首领吴景濂一面遣派褚辅成、罗家衡、白逾桓等益友社成员携众议院文卷先行赴粤，一面又自食前言，以养疴为由，选择留沪观望②。从而为以后益友社与南方政府的分道扬镳，并最终与北方新国会的合流埋下了伏笔。

二

1920 年 11 月 28 日，孙、伍、唐三总裁及唐继尧代表王伯群一行抵达广州，随即召开停顿已久的政务会议，恢复军政府。但在军政府重组的过程中，孙中山不忘革命精神，坚持将组织非常国会选举总统的主张由政务会议讨论后付诸实施。此时，唐绍仪、陈炯明等要人，以及胡汉民等孙派革命党人的核心成员多倾向维持现状。为打消上述提议，胡提出"先下广西，后举总统为宜"，唐、陈则主张组织联省政府，以为"延宕之计"。"盖联省政府之组织，军府仅居指导者地位，政务会议通过后须征求各省同意，最终由国会承认，如此转折，废时必久，目前可以维持现状。"在众口一词的反对声中，孙中山态度趋缓，转而坚持"改合议制为独裁制，他无成见"，获得了唐绍仪等人的支持。然而，在孙中山看来，取义较正的正式政府显然才是军政府改组的正确方向，是以当孙洪伊于 12 月中旬抵粤后旧议重提，力劝速组正式政府时，孙中山颇为所动，联省政府主张随遭搁置③。

在 1921 年元旦举行的纪念南京临时政府成立九周年大会上，孙中山向外界公开阐述舍弃护法组建正式政府的主张。他指出，护法断断不能解决根本问题，因为"护法不过矫正北政府之非法行为，即达目的，于中华民国亦无若何裨益"；且在护法旗号下，护法区域缩小，局面日蹙，依据护法主旨组建的军政府在外国人看来，"殆与前清时代之营务处等"，无法代表中华民国与北庭相抗。他呼吁国会方面抓住当前徐世昌下令"以旧国会选举法选举新总统，即是公然宣布彼之总统实为非法选出，亦即公然不敢自命为正式政府"的良机，仿照民元南京政府成例，在广东组建

---

① 《参众两院议员谈话会纪事》（1920 年 11 月 24 日），《北洋军阀史料·吴景濂卷》第 1 册，天津古籍出版社 1996 年版，第 271—288 页。

② 吴叔班记录，张树勇整理：《吴景濂自述年谱（下）》，第 82 页。

③ 《褚辅成就孙中山、唐绍仪、陈炯明对组织正式政府选举总统诸问题所持立场事致吴景濂函》（1921 年 3 月 21 日），《北洋军阀史料·吴景濂卷》第 1 册，第 387—391 页。

正式政府，以巩固中华民国基础，削平变乱。众议院议长褚辅成随即登台演讲，对于孙中山的主张极表赞成，但认为设立正式政府事关重大，必须取决国会多数之同意[①]。

此时的国会之中，主要有益友社、大孙派和小孙派三股力量。在选举总统议题上，又明显区分为急举、缓举两派。急举派主要是大孙派和小孙派议员，他们倡导召集非常会议，速选总统；缓举派则以益友社为中坚，主张召开正式会议后再举总统。表面上看，急缓两派均赞同选举总统，分歧仅在非常会议抑或正式会议的组织形式，但背后实则包含着如何对待民初法统的巨大差异。据褚辅成向吴景濂函告，急举派"欲以非常手段举合法总统，并欲国会宣言法律均已无效，以建设全权付托大总统"，自己则应以"第一层讲不过去，第二层是将民国九年之基础尽行推翻，国会无此权能，宣告一切法律无效，只可出诸革命者之口，国会乃约法上之机关，未便出此"[②]。可见缓举派的根本立场及解决国是的基本进路，是通过护法，迫使北京政府恢复民初法统，在该法统的框架内解决问题；急举派则反是，他们见及护法之路日渐暗淡，力主另辟蹊径，组织正式政府，用革命的方式使中华民国重回正轨。急缓两派这种根本性的差异在公开场合清晰可辨。元旦当日，在粤国会议员假座省议会举行新年元旦集会，到者九十余人。褚辅成在演说中称，同人必须打破旧时希望苟且议和、以后到北京开会的苟且心理，"必俟将北方官僚武人完全打倒后，再到北京正式开会，为民国再造一新基础"。朱念祖、张秋白、邓天一、童杭时等则在演讲中主张改弦更张，"此时宜开非常会议，以革命方略促进护法讨逆之事业"[③]。

选举总统一事，事关重大，无疑需要参众两院议长协同办理。参议院议长林森1月2日抵穗后，即致电吴景濂，告"诸事待商，切盼台驾迅偕在沪同人南来，以利进行"。4日，孙中山与伍廷芳、唐绍仪、王伯群又联名致电吴景濂，告林森业已抵粤，"盼速偕留沪议员来粤开会"。吴迭接两电后，于5日向在沪国会议员发出通启，通报两电情况，传达军政府欢迎留沪议员订期返粤的态度[④]。9日，唐继尧、刘显世联名急电吴氏，再请"速偕议员诸君到粤"，共维大局[⑤]。在南方军政要人

① 《孙总裁元旦之演辞》，上海《民国日报》1921年1月11日"国内要闻"。
② 《褚辅成就国民党对改组政府、选举总统所持立场事致吴景濂函》（1921年1月2日），《北洋军阀史料·吴景濂卷》第1册，第320—322页。
③ 《国会庆祝新元旦盛况》，上海《民国日报》1921年1月11日"国内要闻"。桑兵主编，谷小水著：《孙中山史事编年》第7卷，中华书局2017年版，第3808页。
④ 《军政府电招议员赴粤》，上海《民国日报》1921年1月6日"本埠新闻"。
⑤ 《滇黔电速旧议员赴粤》，《申报》1921年1月12日"本埠新闻"。

相继明确表态的情况下，吴景濂依旧不为所动，迟迟其行，究其原因，此时的他业已通过该系渠道探知军政府的"真实态度"。据众议院秘书厅职员罗永贞在广州搜集相关方面的信息，以及益友社骨干罗家衡、赵世钰等人的陆续汇报，在粤国会"似乎在有无均可之间"，前景不容乐观①。罗家衡更是在来函中直告，孙中山等人的邀请实"非好意"，益友社在粤处境艰难，"兄不来，两孙（指孙中山和孙洪伊，引者按）有所恐惧，反对两孙者对我等有所仰慕，比较政治上尚能说话。若来无异自入樊笼，全被看破"②。

各方久催之下，吴景濂不得已将非常会议印信和请假书交议员带去广州，交至褚辅成手上，请其提交会议，并附上辞职书一件，嘱其择机备用。在致褚辅成函中，吴氏细述护法主张及自身致病之由，称"对于护法之事，只求进行，万无中途停止之理"，疾患缠绵，"纯系心火，细思致火之由，皆因焦虑护法所致。今在病中，亟愿闻军府当局与两院同人于开会后对于护法之意见，胜服十剂清凉散也。故弟之拙见，开会第一宣言务要将护法旗帜标明，庶乎不是义始利终。此后如何改组军府，仍不外求达护法目的中一种方法而已"③。此后，由于军政府对于护法的态度始终摇摆未定，吴氏为拖延南下，不断借病续假，以致有报纸出言讥刺"吾国政客之多病"④。

1月12日午后，参众两院议员一百余名假座广东省议会召开茶话会，筹议组织两院议员审查资格令，以及召开非常会议选举大总统或大元帅事宜。⑤ 前者旨在取消曾通电反对宪法会议、攻击伍廷芳携关余赴沪等五项历史行为的议员资格，后者则源自童杭时、丁象谦、陈家鼎等八十余名议员，向参议院秘书厅提出的选举总统案。该议案分别从对外、对内、对敌三个方面论述了选举总统的必要性：（一）对外而言，大总统代表全国，便于对外取得国际地位；（二）对内而言，大总统为中国元首，适合正国民之视听；（三）对敌而言，徐世昌"得窃名位""自命中央"，

---

① 《罗家衡为陈述吴景濂不宜来广州诸事致刘奇瑶等函》（1921年1月10日）、《赵世钰就广州选举总统及益友社议员日见星散事致吴景濂函》（1921年1月24日），《北洋军阀史料·吴景濂卷》第1册，第331—332、355—357页。

② 《罗家衡等就探查孙唐伍王对本派态度事致吴景濂函》（1921年1月10日），《北洋军阀史料·吴景濂卷》第3册，第706—707页。

③ 《吴景濂就因病不能赴粤主持国会非常会议事致褚辅成函（稿）》（1921年1月12日），《北洋军阀史料·吴景濂卷》第1册，第332—334页。

④ 《吴景濂百病丛生》，《新国民日报》1921年4月2日"护法要闻"。

⑤ 《两院议员开谈话会》，《新国民日报》1921年1月21日"护法要闻"。《西南政客武力之形形色色·孙派自选议员》，北京《晨报》1921年1月16日"紧要新闻"。

混淆中外耳目，南方选举大总统则可统驭西南，进而对抗北京政府①。纵观这一提案列述的速举总统理由，与孙中山在此前两周的元旦演说别无二致，显系遵循或代表了后者的政治意图。

不出意外，这一提案遭到以褚辅成为首的益友社成员的激烈反对。他们坚持前说，以"选举大总统应有法定人数"据理力争：《总统选举法》规定，两院议员须有三分之二以上出席，约五百八十人左右，才能进行总统选举，而如今到达广州的国会议员仅有二百二十人，"如果进行总统的选举，即是违法。护法者不能自身陷于违法的地步"②。对此质疑，急举派辨认"国家处非常事变，势不得不以非常手续出之，以救法律之穷。盖守常经与应权变，势不同也"。为证明速举总统具备普遍的民意基础，急举派称："提案八十余人中，计省区二十有余，满蒙回藏议员均有在内，足征五族民意均属一致。"③

然而速选非常总统，既与民初法统扞拾不入，在时机上也确有冒进之嫌，是以不仅在国会议员间无法达成一致，而且受到军政府要人和广东部分军民的普遍反对④。军政府总裁方面，伍廷芳认为此举操之过急，主张以整理内部徐图发展为宜。被益友社奉为精神领袖的唐绍仪亦不以为然，"大起反对"，反对无效之后转取放任主义，诸事不争，多次返回家乡唐家湾，以莳花弄草自娱，游离于军政府的决策与纷争之外，其间并曾传出负气赴沪的谣言⑤。

国会之外，最强有力的反对派人物是时任广东省长兼粤军总司令的陈炯明。1月 15 日，陈就选举总统事在省署约见两院议长林森、褚辅成，谈话中明确指出："在护法区域之内，决不宜自踏非法之讥……近日军警、商民均因速选总统问题，甚怀疑惧，倘国会诸公必欲强硬进行，万一发生意外之事，余不能负责任。即总统有选举之必要，亦当以总统选举法为根据，果尔，余亦可赞成"⑥。并郑重声明："我爱中山最挚，此番如必须组织正式政府，举大总统，须开正式国会，招集经费我甘备一百万元。如以非常会举大总统，以我粤为护法区域而有此非法行为，军警同袍异常慌恐，伊时我无法维持，只好辞职。"谈话间且谆谆以告，此事动机虽非

---

①　《选举总统案正式提出》，上海《民国日报》1921 年 1 月 20 日"国内要闻"。

②　《褚辅成就各派对选孙中山为总统之意见事致吴景濂函》（1921 年 1 月 23 日），《北洋军阀史料·吴景濂卷》第 1 册，第 351 页。

③　《选举总统案正式提出》，上海《民国日报》1921 年 1 月 20 日"国内要闻"。

④　《粤中选举之波折》，长沙《大公报》1921 年 1 月 26 日"中外新闻"。

⑤　《选举总统问题之经过情形（四）》，《香港华字日报》1921 年 2 月 16 日"粤省要闻"。

⑥　《粤中选举总统之波折——陈竞存反对厉害》，长沙《大公报》1921 年 1 月 26 日"中外新闻"。

出自国会，"但国会须以法律为衡"①。

对于这次谈话，参众两院议长的反应截然不同。参议院议长林森选择秘而不宣，因其认为国会本身具有独立性，"不应听地方政府谈话"。众议院副议长褚辅成则态度有别，以为大局攸关，未便默而不宣，故除据实急报吴景濂以通声气外，还将谈话内容剔除愤激之语后在议员间作了传达，甚且"逢人便告"，致使一时之间满城风雨。小孙派等急举派议员对陈炯明公然出面干涉颇为愤懑，一边对外宣称褚氏造谣以消除影响，一边仍坚持不顾一切赶速办理，试图以"急雷不及掩耳之手段，期于先发制人"②。

为推动总统速选，急举派议员积极推进附逆议员的甄别审查，意欲通过对附逆议员的清理，削弱国会中的反对力量，进而强化对国会的掌控。1月18日起，由参众两院议员联合会组织的审查资格委员会，在参议院秘书厅连续召开多次审查会，依据六项附逆标准，逐款审查附逆情况。最终查实孙光庭、陈鸿钧、杨永泰等附逆议员百数十人，剥夺上述议员在非常会议期间的出席资格，并停止发给公费③。由于当届广东省议会成立于桂系执政时期，议员多为政学系和交通系，属民党者凤毛麟角，为避免对非常国会的工作产生干扰，革除附逆议员之举也同时展开。经由审查，正议长林正煊，副议长谭炳华、曾叔其，以及议员谢桂生等十四人被除名。对于国会、省会大规模清理议员的举措，有舆论批评，"附逆二字，毫无标准，此种举动不过系排除异己而已"④。

除此之外，急举派还不断拉拢争取益友社的部分成员，李绍白向吴景濂报告称："直隶同人如赵盛斋、郝仲青等三四人，及山东同人数辈，均经张溥泉介绍于中山，盖订有无形之条件，即诸人表示拥护中山作总统，中山则表示将来担任筹款，予诸人作直隶、山东两省革命事业也。溥泉曾带信，拟偕生（指李绍白，引者按）进见中山，生未前往。日前中山又嘱朱霁青作奉天革命，朱不之许。"⑤急举派的此项策略，正中益友社经费匮乏无力凝聚团体的软肋，显然有所奏效。据赵世

---

① 《李秉恕为告知关于陈炯明声称如必须组织正式政府选举大总统则须开正式国会事致吴景濂函》（1921年1月19日），《北洋军阀史料·吴景濂卷》第1册，第339—340页。

② 《李绍白就陈炯明反对即将召开国会非常会议选举孙中山为大总统事致吴景濂函》（1921年1月22日）、《褚辅成就各派对选孙中山为总统之意见事致吴景濂函》（1921年1月23日），《北洋军阀史料·吴景濂卷》第1册，第346—348、351—352页。

③ 《国会淘汰附逆议会》，《新国民日报》1921年2月2日"护法要闻"；《本社专电》，上海《民国日报》1921年1月21日。

④ 《粤两院与省会之附逆议员》，《京报》1921年1月31日第3版。

⑤ 《李绍白就陈炯明反对即将召开国会非常会议选举孙中山为大总统事致吴景濂函》（1921年1月22日），《北洋军阀史料·吴景濂卷》第1册，第346—350页。

钰向吴景濂函告："益友系议员近入新党者颇多，因我辈无法以安济，自顾不遑，无奈同志日见星散。"①

面对急举派咄咄逼人的进攻态势，益友社左支右绌，自身缺乏扭转局势的有效手段，只能秘密运动在选举问题上立场相同的陈炯明。陈氏在晤谈两院议长后，又联络唐绍仪、伍廷芳以及胡汉民、邹鲁、廖仲恺、徐谦等孙中山左右，意欲构建反对总统速选的统一战线②。在各方面准备就绪后，是月20日，陈炯明面谒孙中山，请其取消总统选举，且以辞职为词。孙勃然大怒，后经"多方解劝，其意稍动"，遂向陈氏挽留。22日，孙中山决定缓办选举，先攻广西。翌日对众宣布此项决定③。至此，"因种种情势，缓举派之主张已渐占胜利"④，军政府内部对于选举问题的意见形式上归于统一。

选举之议的搁置，避免了军政府、国会内部的破裂，维护了南方阵营的团结局面，也暂时缓解了益友社成员的困难处境。经历此番冲击，益友社的主要成员在思考未来方略时，对内方面明确了总统选举议题上的敌友之分，对既有方针有所调整，计划"乘此机与大孙派主缓选之人结合，共同作一主张"，对付态度最为激进的小孙派。对外方面则将眼光转向游离于南北政府之外的地方实力派，探寻军政府之外可以依傍的其他选项⑤。

三

总统选举展期之后，西征援桂和关余交涉是摆在军政府面前的重大问题，然而局势的发展使上述两事均告无望。

就西征援桂而言，新历年关过后，随着军政府财政略有起色、粤军编定实数、滇唐等盟友表态出师相助，以及桂系内讧等若干有利因素的出现，军政府内部逐渐就发动援桂达成了基本的共识，粤军总司令陈炯明开始着手具体的军事部署。1月

---

① 《赵世钰就广州选举总统及益友系议员日见星散致吴景濂函》（1921年1月24日），《北洋军阀史料·吴景濂卷》第1册，第356—357页。

② 罗家衡向吴景濂函告称："竞处工夫，全吾等所做，万勿宣泄。"《罗家衡就总统缓选诸原因及应取之对策致吴景濂等函》（1921年1月24日），《北洋军阀史料·吴景濂卷》第1册，第358—360页。

③ 《褚辅成就各派对选孙中山为总统之意见事致吴景濂函》（1921年1月23日），《北洋军阀史料·吴景濂卷》第1册，第351页。

④ 《军府内部之纠纷》，北京《晨报》1921年1月31日"紧要新闻"。

⑤ 《罗家衡就总统缓选诸原因及应取之对策致吴景濂等函》（1921年1月24日），《北洋军阀史料·吴景濂卷》第1册，第358—360页。

15 日，陈致函蒋介石，告援桂迫在眉睫，邀其南下襄助①。然而，2 月顾品珍驱逐唐继尧事件发生，粤军第二军军长许崇智患病休养，前来相助的蒋介石再次负气北上，军政府内部就援桂还是援赣发生分歧，各种因素交相叠加，使得箭在弦上的援桂战争引而不发，无形中又陷于停顿。此后陈炯明将工作重心转向粤省自治，汲汲于市政改革和筹备县自治等建设事宜。对于广西，则暂取防卫态势。

关余交涉方面，军政府极为重视，对接收关余志在必得，外交总长伍廷芳与海关总税务司安格联等多次函电往还，密集洽商，然因美国方面作梗，驻京各国公使团最终决定将关余交付北京政府。关余交涉的失败，不仅使军政府失去一项重要的收入来源，而且透显出列强拒绝承认军政府的根本立场，后者因此丧失了向列强借款及进行经济合作的可能性，捉襟见肘的财政状况由此更是雪上加霜，各项工作的开展受到严重的影响。二三月间，林森、褚辅成等多次向军政府财政部提请清欠国会经费，无一例外地被以财政困难为由挡回。议员公费的积欠在严重影响议员生活的同时，也影响到他们对于总统选举的态度。据报章披露："各议员中尤以中立一派占大多数，金谓刻下岁费尚未支给，人皆不名一钱，即选出大总统，于彼亦了无关系。故在孙派少数人或视为极重要的问题，在此辈大多数的中立派则皆毫不措意，将该问题轻轻搁下，国会内部发生之阻力如此。"②

因西征援桂及关余交涉遭重挫，为打破"不死不活"的混沌局面，孙中山和急举派又再度激活选举之议。2 月 16 日政务会议上，孙中山报告关余案，谈及美国只承认北京政府，只与北京方面接洽时引申道："美国意思系暗中希望南方组织正式政府。"③ 25 日，一直强烈反对总统选举的海陆军警同袍社在广州东园召开春宴大会，孙发表演说，在坚持援桂不可或缓之同时，对军人干政直言相责，并着重阐发了成立正式政府的重要性："今日不能成立正式政府，则外人不能承认，便为土匪、私娼，人可得鸣鼓而攻之，安得不失败？若正式成立，则反是，且可以借款，或半年或一二年，则必可以收效。"④ 据记者观察，时在台下的陈炯明闻听，"捻髭俯首，面红耳热，颇有难堪之态"⑤。

对于孙中山和急举派重提总统选举，陈炯明态度明确。26 日程璧光铜像揭幕

① 中国第二历史档案馆编：《蒋介石年谱（1887—1926）》，九州出版社 2012 年版，第 51、53 页。

② 《西南选举总统之无望》，《申报》1921 年 2 月 2 日 "国内要闻"。

③ 《白逾桓为报告孙中山仍然坚持组织正式政府及云南发生政变等情况致吴景濂、卢信函》（1921 年 2 月 18 日），《北洋军阀史料·吴景濂卷》第 3 册，第 718 页。

④ 《孙文之牢骚语》，《香港华字日报》1921 年 2 月 28 日 "粤闻"；《孙总裁在 "军警同袍社" 演词补记》，上海《民国日报》1921 年 3 月 8 日 "国内要闻"。

⑤ 莫世祥：《护法运动史》，广西人民出版社 1991 年版，第 198 页。

仪式上，陈在演说中借题发挥，谓："程公为护法而死，我辈军人宜尽护法责任，国会宜照法律做事，不可有违法举动。"[1] 进入 3 月，随着赞成总统选举的空气逐渐浓厚，陈炯明又以"时机未熟"相阻："如广东选出总统，北方必借口来打，是真自树目标，使人攻击。粤省基础尚未巩固，一有战事，实至危险。我辈与孙先生不知历几许险阻艰难，始有今日，何苦冒险若是。"然而，面对诸项工作迁延日久，一无起色，孙中山决意改组军政府，以拨云见日，重开新局。据知情人士透露："现孙先生定有最后办法，经于日间召集各军界要人会议，决定一面出兵援桂，一面选举总统，双方并进，无论如何，不能复缓。如陈仍持反对态度，则以许军长崇智任省长兼粤军总司令，先解决内部问题，以免横生阻力。总之，至万不得已时，孙先生为贯彻其主张计，虽实行决裂，亦所不惜。刻下彼此已愈迫愈紧，从种种方面观察，似已乏转圜之希望。"[2]

4 月 1 日，国会议员周震鳞、张秋白等一百五十余人提出《中华民国政府组织案》，谢持等数十人提出《地方制度大纲案》，并请即日召开非常会议议决。与此同时，李绍白、张瑞萱等益友社议员五十余人提出《限期依法组织正式总统选举会案》，亦请即日召开两院联合会议决。两派提案，一主非常，一主正式，针锋相对[3]。后一提案认为，在当前和议绝望、护法团体涣散、徐世昌僭称总统欺罔中外的情势下，组织正式政府对于继续推进护法事业确有必要，但必须依法选举，继续坚持在维护法统的框架内，探寻护法运动的新路。为增强主张的说服力，他们强调指出，与宪法会议不同，总统选举会的组织只须议员三分之二以上即可成立，现在粤两院议员已有三百三十余人，再召集二百余人决非难事。法定人数满足后，开会一次，尽半日之长，即可产生总统。提案且拟办法数则，一并提付公决[4]。此案提出后，获得不少中立派议员的支持。

4 日中午，孙中山在广东省财政厅设宴招待国会议员，即席发表演讲。演说中，他仍首从外交着眼，称关余交涉失败"是明明取消已经承认我之西南交战团体，亦不啻对西南宣告死刑"，救济方法惟在"快快选举总统，组织正式政府"，进而表达了改护法为革命的坚定决心："兄弟此次回广东，是抱革命目的而来，不是负护法责任而来，因断护法必先革命，但革命之大计仍须由国会主张。现在不是利

① 《褚辅成就滇变后应取的对策事致吴景濂函》（1921 年 2 月 28 日），《北洋军阀史料·吴景濂卷》第 3 册，第 729 页。

② 《某政客口述陈炯明态度》，《香港华字日报》1921 年 3 月 29 日"粤省要闻"。

③ 《卢汉尘就总统选举形式之意见诸事致吴景濂函》（1921 年 4 月 5 日），《北洋军阀史料·吴景濂卷》第 1 册，第 411—414 页。

④ 《广东选举总统之争点——孙唐两系各有提案》，长沙《大公报》1921 年 4 月 16 日"中外新闻"。

害问题，乃是生死关头。兄弟间诸君，处此危急之日，救与不救，亦当早日解决。否则，我只有一走，另干我的事业"，"如诸君决要革命救国，兄弟愿同生死共患难；如诸君不愿意革命救国，则惟有大家分离。"继起演说的数人对孙中山的讲话反响不一，益友社议员吕复公开反驳，谓护法为西南所独有，"若云革命，中华民国之国民人人皆能革命，则将来革命，国体愈闹愈多，将来恐更不可收拾。若云护法，吕复自当服从；若云革命，则不知以革命为手段，抑以革命为目的。若以为手段，吕复亦当赞成；但以为目的，则尚需商量"①。据卢汉尘向吴景濂报告，吕复等演说后，均被张继等人痛骂，"凌钺并有须杀几个议员之说。闻席未终，褚公及爱体面者俱先散"②。

面对孙中山及急举派的高压，部分益友社议员图谋有所挽救。5日晚，白逾桓、狄楼海在东堤新世界（即东园）宴请议员，讨论反对总统速选事宜，到者一百余人。席终人散，伏处四周的敢死队一拥而上，围殴痛击，"各议员分路奔逃，有逃出者，有被殴微伤者或重伤者，不一而足"。其中白逾桓伤势最重，随即被送往医院救治③。出席宴会的褚辅成目睹此情，为免被殴，复返宴客之处，次日始回秘书厅④。殴击议员事件在国会内部造成了强烈的心理震慑，益友社议员多惶恐不安，"人人均有戒心，自爱者咸将离粤"，"其余主张缓选之人见大势无可挽回，各以急速离粤，为自保之计"⑤。

7日，参众两院如期召开联合会，会议由林森主席，众议员到一百五十人，参议员到七十二人。褚辅成及益友社成员全体缺席。覃振以时局危迫动议改开非常会议，议决后遂变联合会为非常会议，林森、褚辅成被推举为非常会议正副议长。主席宣告开议，周震鳞等正式提出《中华民国政府组织大纲案》，提案人说明理由后，随即经过三读会手续，不数分钟全案通过。议决案附函呈上全案，除第三条统率海陆军下，加"任免文武官员"六字外，余均照原案通过。主席朗读全文，当场宣布。丁象谦动议，即开总统选举会选举总统。焦易堂以新纲发布，旧法废止，应即日召开选举会。张秋白推林议长为选举会会长。凌钺以大纲规定，非常会议选举总

① 《唐孙大宴国会议员》，《香港华字日报》1921年4月8日"粤闻"。
② 《卢汉尘就总统选举形式之意见诸致吴景濂函》（1921年4月5日），《北洋军阀史料·吴景濂卷》第1册，第412—413页。
③ 《竟欲以武力压服反对选举总统之议员》，《香港华字日报》1921年4月8日"粤省要闻"。
④ 《罗永贞为详陈选举孙中山为大总统事致吴景濂函》（1921年4月7日），《北洋军阀史料·吴景濂卷》第1册，第418页。
⑤ 《卢汉尘就总统选举形式之意见诸致吴景濂函》（1921年4月5日），《北洋军阀史料·吴景濂卷》第1册，第414页；《联合通信社关于"广州产生正式政府""吴景濂对广州选举总统之谈话"专号电讯》（1921年4月8日），《北洋军阀史料·吴景濂卷》第1册，第420页。

统，无须组织选举会。主席以即日选举总统付表决，大多数通过。田桐提议用记名投票。经可决投票，结果票数共 222 票，白票 1 票，陈炯明得 3 票，孙中山得 218票，当选为大总统①。

当日，褚辅成请假未到，及出席秘书回厅报告开会情形，始知被推为非常会议副议长。当被要求在选举后的通电中列名时，他以事前未料即日召开非常会议，所有手续不及先事研究，副议长一职未便承受予以拒绝②。总统选举发生后，益友社议员及身参与的护法事业遭遇重挫，"西南数年来苦心经营之护法局面从此告终"，广东已非久留之地。是月中旬，白逾桓、褚辅成相继赴港，择机北返成为绝大多数益友社成员的共同选择③。

非常总统选出后，吴景濂一改先前之虚与委蛇，公开表明了与孙中山及其领导的革命事业就此切割的立场。在对报界发表的谈话中，他指出："余为护法之人，曩与孙中山同时到粤，同以护法为职志，数年以来，未尝更改。孙中山有所举动，如果合法，吾人当然赞成；若在护法区域内发生违法之事，则期期以为不可"，"今广州竟于《临时约法》、《总统选举法》以外，别构所谓《中华民国政府组织大纲》，据以选举总统，完全法外行动。此种行动，若依革命手段出之，如南京第一次选举之故事，吾人亦无可非议。乃竟用国会议员名义，负此法外行动之责任，殊非吾人所敢赞同，西南各省恐承认者绝少也。"④ 作为益友社的主要领袖，吴景濂自此一面在上海组织通讯机关，运动滞留广东的旧国会议员返沪，重整队伍⑤，一面积极寻找新的合作对象，并最终于1922年率益友社成员北上，与北方新国会合为一体。

<h2 style="text-align:center">四</h2>

吴景濂、褚辅成领导的益友社与孙中山本为护法运动的同路人，两者都有经由护法促使民国政治重回民初法统的初衷。在护法运动上升期，双方彼此配合，合作

① 《潘训初为详述非常国会选举大总统经过诸事致吴景濂函》（1921 年 4 月 11 日），《北洋军阀史料·吴景濂卷》第 1 册，第 426—429 页。

② 《潘训初为详述非常国会选举大总统经过诸事致吴景濂函》（1921 年 4 月 11 日），《北洋军阀史料·吴景濂卷》第 1 册，第 429—430 页。

③ 《齐崇北就孙中山当选为非常大总统后本派如何挽回失败局面事致致吴景濂等函》（1921 年 4 月 9日），《北洋军阀史料·吴景濂卷》第 3 册，第 749—751 页；《申宗岳就第二次国会非常会议召开及院务诸事致吴景濂函》（1921 年 4 月 18 日），《北洋军阀史料·吴景濂卷》第 1 册，第 436—438 页。

④ 《广州选举总统之吴景濂谈话》，《申报》1921 年 4 月 9 日，"本埠新闻"；《吴景濂亦反对非法选举总统》，长沙《大公报》1921 年 4 月 14 日 "中外新闻"。

⑤ 《国会议员离粤原因又一说》，《香港华字日报》1921 年 5 月 23 日 "粤省要闻"。

无间，而当孙中山的权威在西南内部遭受地方实力派的挑战，益友社从自身利益出发参与并推动军政府改组，两者的关系出现裂痕。1920 年 11 月孙中山重返广州后，有见于护法前途日渐暗淡，决意改护法为革命，经由非常会议速选总统组织正式政府，以扭转与北京政府对抗中所处的不利地位。然而益友社极力维护自身得以栖身的护法事业，对孙中山的革命方略不解不谅，始终加以阻挠，双方的矛盾出现激化。非常总统选出后，益友社公开与孙中山分道扬镳，两者四年来暗流汹涌的合作关系就此画上句号。

非常大总统选举是孙中山二度在广东建立政权期间的重大战略性举措，是孙中山在护法运动陷入低潮时期自我革新、探寻革命新机的重要尝试，也是其作为革命先行者所具备的理想型人格之直观体现。然而这一在其看来最有可能赋予中华民国生机和活力的选项，却得不到革命同路人的支持和认可；它的酝酿、发动及实现，带来的却是与部分盟友关系的终结，为此次革命事业的中途倾覆埋下了伏笔。

对于这次总统选举的成败得失，民党要人的评价普遍较为消极，也充分体现了革命引领者与追随者之间在推进革命事业上所存在的张力。总统选举前，蒋介石颇为无奈地指出："若以选举总统之后，党见随以歧异，内部因之不一，西南局势亦顿形涣散，仍蹈民国七年之覆辙。"[1] 总统选举发生后，蛰居上海的前鄂军总司令柏文蔚亦有"酿乱之阶梯，西南分崩之预兆"之语。[2] 1922 年"六一六"兵变前夕，时任广东政府财政部长的廖仲恺在石龙被陈炯明部下拘禁，听闻兵变的消息后，幽禁中的他曾写有《壬戌六月禁锢中闻变有感》诗四首，中有"隐忧已肇初开府"之语[3]，意即暗指 1921 年组建正式政府是导致孙陈决裂的一大关键。

（作者单位：中山大学历史学系）

---

① 中国第二历史档案馆编：《蒋介石年谱（1887—1926）》，第 55 页。

② 《柏文蔚倦居上海》，长沙《大公报》1921 年 4 月 29 日"中外新闻"。

③ 廖仲恺：《壬戌六月禁锢中闻变有感》，尚明轩、余炎光编：《双清文集》上卷，人民出版社 1985 年版，第 396 页。

孙中山《建国方略》的创作与接受

胡　波

一、研究之缘起：一部被误解和被冷落的鸿篇巨制

1925 年 3 月，孙中山在国事遗嘱中曾表示："余致力国民革命凡四十年，其目的在求中国之自由平等。积四十年之经验，深知欲达到此目的，必须唤起民众及联合世界上以平等待我之民族，共同奋斗。现在革命尚未成功，凡我同志，务须依照余所著《建国方略》、《建国大纲》、《三民主义》及《第一次全国代表大会宣言》，继续努力，以求贯彻。"[①] 作为医生的孙中山深知自己来日无多，而革命尚未成功，因此当时最希望的是自己的思想学说和政治主张在他死后仍能得到贯彻落实。但是，诚如胡适所言："中山先生一生所受的最大冤枉，就是人都说他是'理想家'，不是实行家……中山先生一生就吃了这个亏，不是吃他的理想的亏，是吃大家把他的理想认作空谈的亏。他的革命方略，大半不曾实行，全是为了这个原故。"[②]

事实上，孙中山的担心并非多余，胡适的评说也切中肯綮。他所开创的革命事业，不是由他缔造的国民党来完成，而是由他的革命事业继承者中国共产党来实现。他所著的《建国方略》、《建国大纲》、《三民主义》和《第一次全国代表大会宣言》等，在他去世后，虽然有不少的评说和解读，但不可否认的是，大都带有鲜明的时代烙印和意识形态的偏见，尤其是他的三民主义、五权宪法和建国方略，常常被认为只具有政策性和革命性的意义，而不具有科学性和学术性的价值。

---

① 《国事遗嘱》，《孙中山全集》第 11 卷，中华书局 1986 年版，第 639—640 页。
② 胡适：《"孙文学说"之内容及评论》，《每周评论》第 31 期，1919 年 7 月 20 日。

　　改革开放以来，随着现代化建设事业的全面铺开和全面建成小康社会的整体推进，孙中山的思想学说日益受到社会各界，尤其是学术界的重视，其最具代表性的著作《建国方略》，也很快进入研究者的视野。这不仅肇始于研究者对《建国方略》中的《实业计划》所进行的现代化理论诠释，还见之于思想、哲学、文化等领域的专家学者对《孙文学说》所进行的人文主义思考，更为难得的是有不少关于《民权初步》的学理分析和价值评价。姜义华教授对《实业计划》战略构想的评析和对《孙文学说》人文精神的论说，就既有文本内容的解读，也有知识谱系的考察和思想渊源的探究，令人耳目一新[①]。林家有教授从国家建设、社会建设和中国近代化道路三个方面，对孙中山的建国方略进行了多维度多层面的阐发，[②] 彰显了孙中山《建国方略》的现代意义和当代价值。张笃勤先生则通过对孙中山读书生活的历史考察，较为生动地展现了孙中山博览群书和追求新知的精神品格，为人们深入了解孙中山著书立说、描绘中国现代化宏伟蓝图的心路历程，提供了最有说服力的佐证[③]。茅家琦教授等著的《孙中山评传》，也以专题的形式，对孙中山《建国方略》的《孙文学说》、《实业计划》和《民权初步》，分别进行了分析和评述，体现了历史研究的客观性和科学性[④]。黄明同教授从经济思想和系统思维的角度，对孙中山《建国方略》所进行的历史考察和学理分析，深化了人们对《建国方略》的价值与意义的认识和理解[⑤]。马璧先生，从学与术两个方面对孙中山的学术思想进行了较为系统的研究，尤其是对孙中山的《建国方略》给予了多侧面多维度的考察和分析，进一步加深了人们对建国方略的理论意义、学术价值和思想影响等方面的认识[⑥]。总之，随着经济社会发展的步伐，孙中山《建国方略》的价值与意义，也愈来愈受到思想界、文化界、学术界的关注和重视。

　　但是，《建国方略》从其正式问世以来，已有百年的光景，其思想的价值和理论的意义，仍然未受到社会各界的高度重视，学术研究既缺乏整体性和系统性，又过多地倾向于现实性和实用性。就《实业计划》而言，有的看重的是它的前瞻性和指导性，有的侧重的是它的系统性和科学性，还有的强调的是它的理论价值和现实

---

　　① 姜义华：《大道之行——孙中山思想发微》，广东人民出版社 1996 年版。

　　② 林家有：《孙中山与中国近代化道路研究》，广东教育出版社 1999 年版；《孙中山国家建设思想研究》，广东教育出版社 1999 年版；《孙中山社会建设思想研究》中山大学出版社 2009 年版等。

　　③ 张笃勤：《孙中山读书生涯》，长江文艺出版社 1997 年版。

　　④ 茅家琦等著：《孙中山评传》，南京大学出版社 2001 年版。

　　⑤ 黄明同、卢昌健《孙中山经济思想：中国建设前瞻者的思考》，社会科学文献出版社 2006 年版；黄明同：《孙中山建设哲学》，社会科学文献出版社 2006 年。

　　⑥ 马璧：《国父学术思想新评价》，帕米尔书店 1969 年版。

意义。而且人们普遍关注《建国方略》中的《实业计划》，对《建国方略》中的《孙文学说》，大都只是从哲学的角度来观察，缺少心理学上的透视和文化学上的解读，对《建国方略》中的《民权初步》，则更少作更加深入的研究，甚至无视它的作用和价值。

严格说来，一些研究者的心态往往是现实主义或实用主义的，缺乏问题意识的先导和学术研究的定力，对于孙中山为什么会在遭遇多次革命失败后仍然能够静下心来闭门著书立说，为什么在社会尚未安定、世界尚不太平的情况下，却大谈《实业计划》，以及《建国方略》是在什么条件和怎样环境下撰写的等一系列问题，人们似乎并不关心，也较少深入细致研究。其实，对孙中山《建国方略》著述的动机和目的、知识的准备和写作的过程，出版的经历和传播的效果，以及思想的来源等问题的考察，恰恰能帮助人们进一步了解孙中山的《建国方略》的科学性和指导性以及学术价值和思想意义，可以纠正人们对孙中山《建国方略》及其思想学说的错误认识和思想偏见，从而在更高层面理解孙中山和认识孙中山。

二、写作的动机：学问欲望与救国情怀

1918 年 6 月，孙中山因受西南军阀势力的排挤，黯然辞去大元帅之职，再次前往上海。从 1918 年 6 月离粤赴沪到 1921 年 5 月离沪赴粤，再度建立革命政权，前后不到 3 年的光景。这期间孙中山一直寓居上海，潜心读书写作，先后完成了《孙文学说》（心理建设）（卷一"行易知难"）和《实业计划》（物质建设）两部重要著作。1921 年春，孙中山又将 1917 年 4 月初出版的《会议通则》修改定名为《民权初步》（社会建设），与《孙文学说》和《实业计划》一起合编为《建国方略》，由上海民智书局于同年春夏间正式出版，初步完成了他对建设新中国的路径、方法、目标的理论探索。

1924 年底，在合订出版的《三民主义》一书的序言中，孙中山道出了自己当初的写作计划，他说："自《建国方略》之《心理建设》、《物质建设》、《社会建设》三书出版之后，予乃从事于草作《国家建设》，以完成此帙。《国家建设》一书，较前三书为独大，内涵有《民族主义》、《民权主义》、《民生主义》、《五权宪法》、《地方政府》、《中央政府》、《外交政策》、《国防计划》八册。而《民族主义》一册已经脱稿，《民权主义》、《民生主义》二册亦草就大部。其他各册，于思想之线索、研究之门径亦大略规划就绪，俟有余暇，便可执笔直书，无待思索。方拟全书告竣，乃出而问世。不期十〈一〉年六月十六陈炯明叛变，炮击观音山，竟将数年心血所

成之各种草稿，并备参考之西籍数百种，悉被毁去，殊可痛恨！"① 由此可知，孙中山的写作计划十分庞大，而且大都有了比较成熟的想法和完整的写作方案，有的甚至已经完成了初稿。除《民权初步》是在 1917 年夏天参阅若干种有关书籍编辑而成之外，《孙文学说》和《实业计划》则完全是在寓居上海期间写成的。

《孙文学说》、《实业计划》和《民权初步》三书合编为《建国方略》出版后，研究者们对孙中山乱世著书立说的反应，却是见仁见智，莫衷一是。有的认为孙中山撰写《孙文学说》是为了总结革命失败的经验教训，探索中国革命的症结所在，鼓励革命党人和广大民众，继续追随他，最终实现三民主义、五权宪法，把中国建成民有、民治、民享的民主共和国②。有的认为孙中山在讨袁失败后，痛定思痛，深以为"讨袁的失败，是由于一般党人对他的主义政策视为理想难行。一般人觉得理想是很容易的，而且轻视理想。孙先生却以为理想是很难的：理想是事实之母。所以二次革命的失败，实为孙先生阐明知难行易的孙文学说的动因"③。有的则相信孙中山"到上海后进行反思，认为必须切实提高革命党人和国民的思想认识，才能坚定信念及有足够的力量以解决当前的混乱局面，并为中国缔造美好的前景"④。有的甚至认为孙中山虽然一度因革命失败而苦闷彷徨，但气馁不是他的性格，并相信孙中山所言闭户著书，目的在于"以学说唤醒社会"⑤。

其实，孙中山在 1918 年 5 月辞去护法军政府大元帅职务的通电中，就认为再进行政治活动，无补于国家，只有以后"待机以图根本之解决"⑥。同时，当时正值第一次世界大战结束，全世界都处于兴奋状态，都希望有一个全新的世界。正如他自己所言："文著书之意，本在纠正国民思想上之谬误，使之有所觉悟，急起直追，共匡国难。所注目之处，正在现在而不在将来。"⑦ 孙中山创立"知难行易"学说的另一用意，也可能是为自己的革命理想辩护，为革命屡遭挫折寻找合理化的解释，也表明孙中山并没有因护法运动的失败而放弃革命理想和革命行动。事实上，回到上海后，孙中山痛定思痛，在总结和反思过去革命的成败时，他深以为革命失败的原因"主要是人们对革命存在畏难的情绪，认为'知之非艰，行之惟艰'，"所以创立了"知难行易"学说，发起了"心理建设"运动，以激发民众的革

---

① 《三民主义》，《孙中山全集》第 9 卷，中华书局 1986 年版，第 183 页。
② 茅家琦等著：《孙中山评传》，南京大学出版社 2007 年版，第 536—545 页。
③ 吴相湘编撰：《孙逸仙先生传》，远东图书公司 1982 年版，第 1339 页。
④ 黄彦编注：《建国方略》本书说明，广东人民出版社 2007 年版，第 2 页。
⑤ 张笃勤：《孙中山读书生涯》，长江文艺出版社 1997 年版，第 126 页。
⑥ 《致汪兆铭等电》，《孙中山全集》第 4 卷，中华书局 1985 年，第 474—475 页。
⑦ 《复蔡冰若函》，《孙中山全集》第 5 卷，中华书局 1985 年版，第 66 页。

命热情，唤起民众，动员他们积极投身于轰轰烈烈的革命斗争。

1918年12月30日，孙中山在《孙文学说》自序里，首先即指出："不图革命初成，党人即起异议，谓予所主张者理想太高，不适中国之用；众口铄金，一时风靡，同志之士亦悉惑焉。是以予为民国总统时之主张，反不若为革命领袖时之有效而见之施行矣。此革命之建设所以无成，而破坏之后国事更因之以日非也。夫去一满洲之专制，转生出无数强盗之专制，其为毒之烈较前尤甚，于是而民愈不聊生矣！"① 在孙中山看来，之所以出现此种怪现象，主要原因在于"吾党之士，于革命宗旨、革命方略亦难免有信仰不笃、奉行不力之咎也。而其所以然者，非尽关乎功成利达而移心，实多以思想错误而懈志也"②。他甚至还进一步强调："此思想之错误为何？即'知之非艰，行之惟艰'之说也。此说始于傅说对武丁之言，由是数千年来深中于中国之人心，已成牢不可破矣。故予之建设计画，——皆为此说所打消也。呜呼！此说者予生平之最大敌也，其威力当万倍于满清。夫满清之威力不过只能杀吾人之身耳，而不能夺吾人之志也，乃此敌之威力则不惟能夺吾人之志，且足以迷亿兆人之心也。是故当满清之世，予之主张革命也，犹能日起有功，进行不已；惟自民国成立之日，则予之主张建设，反致半筹莫展，一败涂地矣。吾三十年来精诚无间之心几为之冰消瓦解，百折不回之志几为之槁木死灰者，此也。可畏哉此敌！可恨哉此敌！兵法有云'攻心为上'，是吾党之建国计画，即受此心中之打击者也。"③ 孙中山相信"夫国者人之积也，人者心之器也，而国事者，一人群心理之现象也。是故政治之隆污，系乎人心之振靡。吾心信其可行，则移山填海之难，终有成功之日；吾心信其不可行，则反掌折枝之易，亦无收效之期也。心之为用大矣哉！夫心也者，万事之本源也"。在他看来，"满清之颠覆者，此心成之也；民国之建设者，此心败之也。夫革命党之心理，于成功之始则被'知之非艰，行之惟艰'之说所奴，而视吾策为空言，遂放弃建设之责任。如是则以后之建设责任，非革命党所得而专也。迨夫民国成立之后，则建设之责任当为国民所共负矣。然七年以来，犹未睹建设事业之进行，而国事则日形纠纷，人民则日增痛苦。午夜思维，不胜痛心疾首！夫民国之建设事业，实不容一刻视为缓图者也"④。

从孙中山在《建国方略》之一《孙文学说》的"自序"中，我们看到的不仅仅是孙中山深刻的历史反思和内心觉悟，而且还有更多的革命激励和群体期待。1918

---

① 黄彦编注：《建国方略》，第1页。
② 黄彦编注：《建国方略》，第2页。
③ 黄彦编注：《建国方略》，第2页。
④ 黄彦编注：《建国方略》，第2—3页。

年 7 月 4 日，孙中山退居上海后，自称"据年来经验，知实现理想中之政治，断非其时，故拟取消极态度。将来从著述方面，启发国民"①。在致凌钺、萧实中等同志的信函中，也反复表示"杜门养晦，聊以著述自娱"②。但同时仍坚信，革命斗争最后一定会取得胜利。1919 年 8 月 28 日，在给廖凤书的回信中，孙中山再次表示："文近时观察国事，以为欲图根本救治，非使国民群怀觉悟不可。故近仍闭户著书，冀以学说唤醒社会。政象纷纭，未暇问也。"③ 同年 9 月 1 日，在复于右任函中，孙中山仍然讲述了自己辞职离粤返沪的原因，重申了在上海著书的目的："文前以南中军阀暴迹既彰，为维持个人人格计，为保卫国家正气计，故决然与若辈脱离。且默察年来国内嬗变之迹，知武人官僚断不可与为治，欲谋根本救国，仍非集吾党纯洁坚贞之士，共任艰巨，彻底澄清不为功。"并告"吾党同志向多见道不真，故虽锐于进取，而无笃守主张之勇气继之，每至中途而旁皇，因之失其所守，故文近著《学说》一卷，除祛其谬误，以立其信仰之基。"最后还表示："文此后对于国事，仍当勉力负荷，以竟吾党未完之责，愿兄亦以此自勉。"④

从孙中山的自序和致他人的书信中不难看出，著述《建国方略》，不仅仅是为了自娱自乐，也不仅仅是为了救国建国，而是首先要证明自己的思想主张和政治策略的正确性和可行性。他说："溯夫吾党革命之初心，本以救国救种为志，欲出斯民于水火之中，而登之衽席之上也。今乃反令之陷水益深，蹈火益热，与革命初衷大相违背者，此固予之德薄无以化格同侪，予之能鲜不足驾驭群众，有以致之也。然而吾党之士，于革命宗旨、革命方略亦难免有信仰不笃、奉行不力之咎也。"⑤其目的就是要求革命党人和广大民众坚定理想信念，追求真知新知，打破心理迷信，破除畏难情绪，将革命和建设进行到底。如其所言："国民！国民！究成何心？不能乎？不行乎？不知乎？吾知其非不能也，不行也；亦非不行也，不知也。倘能知之，则建设事业亦不过如反掌折枝耳。回顾当年，予所耳提面命而传授于革命党员，而被河汉为理想空言者，至今观之，适为世界潮流之需要，而亦当为民国建设之资材也。乃拟笔之于书，名曰《建国方略》，以为国民所取法焉。然尚有踌躇审顾者，则恐今日国人社会心理，犹是七年前之党人社会心理也，依然有此'知之非艰，行之惟艰'之大敌横梗于其中，则其以吾之计画为理想空言而见拒也，亦若是

---

① 《三水梁燕孙先生年谱》上，第 428—429 页，转引自陈锡祺主编：《孙中山年谱长编》上册，中华书局 1991 年版，第 1127 页。

② 《孙中山全集》第 4 卷，第 515—517 页。转引自陈锡祺主编：《孙中山年谱长编》上册，第 1134 页。

③ 陈锡祺主编：《孙中山年谱长编》下册，第 1200 页。

④ 《复于右任函》《孙中山全集》第 5 卷，第 106 页。

⑤ 《建国方略》，《孙中山全集》第 6 卷，中华书局 1985 年版，第 158 页。

而已矣。故先作学说以破此心理之大敌，而出国人之思想于迷津，庶几吾之建国方略或不致再被国人视为理想空谈也。夫如是，乃能万众一心，急起直追，以我五千年文明优秀之民族，应世界之潮流，而建设一政治最修明、人民最安乐之国家，为民所有、为民所治、为民所享者也。则其成功，必较革命之破坏事业为尤速尤易也。"①可见，孙中山著述《建国方略》，就是为了破除国人"知之非艰，行之惟艰"的心理大敌，出国人思想于迷津。细细品味孙中山的《孙文学说》及其"自序"和《民权初步》的"序言"，我们就会发现，孙中山不仅充满理论自信、学问自信和心理自信，而且坚信自己政治正确和道路正确。

在《孙文学说——行易知难》里，孙中山先后以饮食、用钱、作文、建屋、造船、筑城、开河、电学、化学、进化等事为证，说明"行易知难"的道理，目的是要人们树立"能知必能行"和"不知亦能行"的革命人生观，始终相信他的三民主义理论、革命方略、建国方略的科学性和先进性，绝对服从他的领导和指挥，在思想认识和组织行为上，与其思想学说和政治主张保持高度一致，这样才能确保革命胜利和建设成功。如他所言："予之所以不惮其烦，连篇累牍以求发明'行易知难'之理者，盖以此为救中国必由之道也。"②"予之于革命建设也，本世界进化之潮流，循各国已行之先例，鉴其利弊得失……而后订为革命方略，规定革命进行之时期为三：第一、军政时期，第二、训政时期，第三、宪政时期"③。他坚信按此规划步骤，就完全可以顺利地"达革命建设之目的，实行三民主义。"可是，由于革命党人没有"能知必能行"的思想觉悟，总以为他的"理想太高"，"期期以为不可"，最终导致"革命事业只能收破坏之功，而不能成建设之业，故其结果不过仅得一'中华民国'之名也"④。因此，孙中山认为，无论是革命党人还是广大民众，都首先应该了解革命之后必须建设，即按照他在《革命方略》中明确指出的军政、训政、宪政三时期依次而行的计划一起行动，并指出要实现他所设定的建国计划，就"必从宣誓以发其正心诚意之端，而后修、齐、治、平望可之几也"，因为"今世文明法治之国，莫不以宣誓为法治之根本手续也"⑤。在他看来，辛亥前革命之所以获得成功，就是因为革命党人加入同盟会都有宣誓，而民国建元以后，历经失败，就是由于党人反对，废除宣誓仪式的结果⑥。基于此，他再三强调："夫事有

① 黄彦编注：《建国方略》自序，广东人民出版社 2007 年版，第 3 页。
② 《建国方略》，《孙中山全集》第 6 卷，第 198 页。
③ 《建国方略》，《孙中山全集》第 6 卷，第 204 页。
④ 《建国方略》，《孙中山全集》第 6 卷，第 211 页。
⑤ 《建国方略》，《孙中山全集》第 6 卷，第 212 页。
⑥ 《建国方略》，《孙中山全集》第 6 卷，第 214 页。

顺乎天理，应乎人情，适乎世界之潮流，合乎人群之需要，而为先知先觉者所决志行之，则断无不成者也，此古今之革命维新、兴邦建国等事业是也。予之提倡共和革命于中国也，幸已达破坏之成功，而建设事业虽未就绪，然希望日佳，予敢信终必能达完全之目的也。"①

诚如有的学者所言，孙中山反复申述的就是"为了鼓动革命党人和广大国民，继续追随他，最终实现三民主义、五权宪法，把中国建成民有、民治、民享的民主共和国"②。撰写《建国方略》，一方面是为了破除人们心理上的障碍，澄清认识上的错误，要求人们信服他的思想主张和革命建设方略，服从他的领导和指挥，齐心协力实现富民强国，另一方面还有展示自己在知识经验、思想主义和方略策略上的优势和长处等方面的意图。无论是用饮食、用钱、作文、建筑、造船、筑城、开河、电学、化学、进化等方面的事情论证"行易知难"说的正确性和真理性，还是列举生徒之日练、科学家之试验、探索家之探索、为人杰士之冒险等事例说明不知而行，或是以自己的亲身经历验证"行易知难"的道理，都是为了证明自己学说的正确性和计划的科学性，展现自己在知识经验和学问思想上的优势，重树自己在思想理论上的权威，保持自己在革命建设实践中的主导地位，而且也是为了在新一轮的革命和建设运动中不失领导地位和引导作用，在革命和建设方略上进行的一次科学性和系统性的大胆探索。

总而言之，孙中山在挫折和困顿之中，并没有因外在的恶劣环境条件而退却，而是以一个爱国者和革命者的热情，在反思过去，总结经验的过程中，以高度的责任感和使命感，一方面仍然密切关注时局的变化和党务工作的动态，一方面博览群书、废寝忘食、潜心著述，为革命和建设把脉开方，体现出了革命家的勇于担当、积极作为的精神品格，表现出了领袖者的知识广博、学问深厚的个人风采，重塑了先知先觉者的人格魅力，在军阀并起、群雄竞逐和名人辈出的民国初年，再一次以思想学说和建国方略的提出而独领风骚，成为一位名副其实的引路者和带头人。

三、酝酿与准备：知识积累和方略构想

如果说《孙文学说—知易行难》的写作，是为了针对人们误解其思想主张和革

---

① 《建国方略》，《孙中山全集》第 6 卷，第 228 页。
② 茅家琦等：《孙中山评传》，南京大学出版社 2007 年版，第 545 页。

命方略而作的回应，是为了解决革命建国过程中的重大理论和认识问题而构想的"心理建设"，那么《实业计划》和《民权初步》则是孙中山"内审中国之情势、外察世界之潮流"[①]，审时度势，在充分借鉴和吸收中外先进思想学说和科学知识基础上，经过深入调查研究和审慎周密思考后，为新中国的建设率先进行顶层设计，从而为未来物质建设和社会建设指明方向，明确目标和任务，规定程序和规则。

但是，《实业计划》和《民权初步》这两部重要著作的出版，不仅没有达到孙中山的预期效果，相反地备受批评和嘲讽，认为不切实际，纯属空想，有的甚至称他是狂人、疯子。孙中山因此也被贴上理想主义者或主观主义者的标签。当时澳大利亚的记者端纳，在目睹了孙中山首次披露全国铁路计划时的情形之后，也有类似的看法。他说："孙中山带了一幅约六英尺见方的大地图，当他把它摊在地板上时，我看到一个最令人信服的证据：他不仅是个狂人，而且简直是个疯子。他不因地形上的种种阻隔而气馁，只是握着画笔，在地图上尽可能地用铁路线填满各个省区和属地（包括蒙古）。说他疯了，不是因他在地图上划线……而是因为他竟天真地认为，画了这些铁路线，外国资本家就会给他足够的钱，在五至十年内把这些铁路全部建成！"[②]

其实，无论是作为《建国方略》之物质建设的《实业计划》，还是作为《建国方略》之社会建设的《民权初步》，都不是孙中山一时心血来潮的冲动行为，也不是毫无根据、缺乏科学性的幻想，而是根据他长期奔走东西方世界的丰富阅历，博览群书积累起来的理论知识，以及受西方近代新式教育训练出来的科学精神和学术品格，与中国的实际情况和世界发展大势相结合，经过深入调查研究和周密思考，精心设计而成的发展中国实业的宏伟规划和推进中国民主政治建设、造成民权发达的适合中国国情的会议通则。诚如孙中山在《实业计划》中所言："欧战甫毕，吾即从事于研究中国实业之国际开发，而成此六种计画。吾之所以如是亟亟者，盖欲尽绵薄之力，以谋世界和平之实现也。夫以中国幅员之广，达四百二十八万九千平方英里，人口之众今有四万万，益以埋藏地下之富饶矿产及资源雄厚之农产，遭受军事资本之列强觊觎，已成俎上肥肉，其争夺之激烈，远甚于彼端之巴尔干。中国问题苟一日不加和平解决，则另一世界战争不可免除，且其战区之广袤与战斗之惨烈，实非甫寝之前役所可比拟。故欲解决此问题，窃以为当拟定方案，实行国际共同开发中国之丰富资源，发展中国之实业，方为上上策也。"他相信"若此策果能

① 《中国国民党宣言》，《孙中山全集》第7卷，中华书局1985年版，第1页。
② ［美］史扶邻著，丘权政、符致兴译，陈昌光校：《孙中山：勉为其难的革命家》，中国华侨出版社1996年版，第140页。

实现，则大而世界，小而中国，莫不受其利。吾理想中之结果，可以打破列强分割之势力范围，消灭现今之国际商战及资本竞争之内讧，最后消除劳资之阶级斗争，如此则关乎中国问题之战端得以永久根除矣。"① 在《民权初步》的序文里，孙中山根据自己在东西方国家游历的经验和在革命过程中的切身体会，深切地认识到中国虽为东方大国，但人心涣散如一盘散沙，民心不固，群力不合，国弱民贫，"以一盘散沙之民众，忽而登 彼于民国主人之位，宜乎其手足无措，不知所从，所谓集会则乌合而已。是中国之国民，今日实未能行民权之第一步也。"② "今后民国前途之安危若何，则全视民权之发达如何耳"③。指出："国民为一国之主，为统治权之所出，而实际其权者，则发端于选举代议士。倘能按部就班，以渐而进，由幼稚而强壮，民权发达，则纯粹之民国可指日而待也。"④ "然则何为而可？吾知野心家必曰：'非帝政不可'，曲学者必曰'非专制不可。' 不知国犹人也，人之初生不能一日而举步，而国之初造岂能一时而突飞？孩提之举步也，必有保母教之，今国民之学步亦当如是。此《民权初步》一书之所由作，而以教国民行民权之第一步也。"⑤

细读《建国方略》不难发现，孙中山的《建国方略》是以事实依据、科学知识和丰富阅历为基础的，并非人们所说的空谈或狂想。诚如孙中山所言，《孙文学说》，是为破除"知易行难"的成说，出国人之思想于迷津而作；《实业计划》，是为实现中国的繁荣富强，希望得到欧美各国的支持合作，"使外国之资本主义以造成中国之社会主义"而作；《民权初步》，是为培养国民的民权意识，熟悉集会规则、养成集会习惯，以"团结人心、纠合群力"，教国民行民权之第一步而作。在表面上看，《建国方略》带有明显的时代性和针对性，缺乏缜密的理性思考和完整的理论阐释，但是，《建国方略》既非一蹴而就，也不是缺乏科学知识和实际经验的奇谈空想，而是孙中山长期学习、观察、研究和思考的结晶，更是博采众长、融汇古今、集思广益、大胆创新的结果。

众所周知，孙中山生活的年代正是世界科学技术突飞猛进、社会不断文明进步的时代。所谓科学的时代，既是科学专业化的时代，也是科学大众化的时代⑥。在

---

① 黄彦编注：《建国方略》，第 112—113 页。
② 黄彦编注：《建国方略》，第 316 页。
③ 黄彦编注：《建国方略》，第 315 页。
④ 黄彦编注：《建国方略》，第 315 页。
⑤ 黄彦编注：《建国方略》，第 316 页。
⑥ ［日］武上真理子著，袁广泉译：《孙中山与"科学的时代"》，社会科学文献出版社 2016 年版，第 13 页。

当代，"大众科学"给人以"通俗科学"，甚至有些"似是而非"的印象，但孙中山生活的时代，大众科学普及成果被认为是专家知识探索的结晶，其知识和思想是可以信赖的。正如莱特曼所指出的那样，只要以一般大众为读者，那么大众科学普及在发挥启蒙作用的同时，必然带有通俗性，并娱人以乐①。不可否认的是，大众科学的普及，将会促使人们的世界观发生改变，开启"解释科学思想的社会性、政治性、宗教性意义，使讨论成为知识活动的焦点"的时代②。身处科学时代的孙中山，其早年所在的香港西医书院，虽然是以实际技能而非科学理论为主的新式学校，但并不妨碍孙中山对所处时代的科学技术的认识和理解。在《孙文学说》中，孙中山就指出："夫科学者，统系之学也，条理之学也。凡真知特识，必从科学而来也。舍科学而外之所谓知识者，多非真知识也"③，并强调"当今科学昌明之世，凡造作事物者，必先求知而后乃敢从事于行。所以然者，盖欲免错误而防费时失事，以冀收事半功倍之效也。是故凡能从知识而构成意像，从意像而生出条理，本条理而筹备计画，按计画而用工夫，则无论其事物如何精妙，工程如何浩大，无不指日可以乐成者也"④。

受西方近代科学教育的训练和近代文明社会的熏陶，孙中山从革命开始之日起，就比较注重思想和主义先行，做好制度、方略等方面的顶层设计，充分发挥目标导向和思想指引的作用。从《上李鸿章书》主张学习欧洲各国"富强之本"，实现"人能尽其才，地能尽其利，物能尽其用，货能畅其流"的"富强之大经，治国之大本"的建议，到兴中会的"驱除鞑虏，恢复中国，创立合众政府"口号的提出，从同盟会的民族、民权、民生三民主义的阐述，到中国同盟会《革命方略》的制定，从1917年夏编撰而成的《民权初步》，到1919年出版的《孙文学说》和1921年《实业计划》书稿的完成，从1922年孙中山将《孙文学说》、《实业计划》和《民权初步》汇编成《建国方略》的出版，到内涵丰富、体系较为完整的《国家建设》一书的写作规划的拟定，都无不表明孙中山对革命和建设方略始终高度重视，始终把"方略"放在一切工作的首位。但如其所言："于民国建元之初，予则极力主张施行《革命方略》，以达革命建设之目的，实行三民主义，而吾党之士多期期以为不可。经予晓喻再三，辩论再四，卒无成效，莫不以为予之理想太高，

---

① ［日］武上真理子著，袁广泉译：《孙中山与"科学的时代"》，第14页。
② ［日］武上真理子著，袁广泉译：《孙中山与"科学的时代"》，第14页。
③ 黄彦编注：《建国方略》，第53页。
④ 黄彦编注：《建国方略》，第57页。

'知之非艰，行之惟艰'也。"① 又说："夫革命之有破坏与革命之有建设，固相因而至、相辅而行者也。"② "惟民国开创以来，既经非常之破坏，而无非常之建设以继之。此所以祸乱相寻，江流日下，武人专横，政客捣乱，而无法收拾也。盖际此非常之时，必须非常之建设，乃足以使人民之耳目一新，与国更始也。此《革命方略》之所以为必要也"③。在《中华民国建设之基础》一文中，他十分感慨地说："吾夙定革命方略，以为建设之事，当始于一县，县与县联，以成一国……不幸辛亥之役，其所设施，不如吾意所期，当时汲汲惟在于民国名义之立定，与统一之早遂，未尝就建设之顺序与基础一致其力，大势所趋，莫之能挽，根本未固，十一年来飘摇风雨，亦固其所。积十一年来之乱离与痛苦为教训，当知中华民国之建设，必当以人民为基础。"④ 可见，孙中山对革命和建设的相互关系，以及革命和建设的程序、法则、步骤等有着较为清醒的认识，对如何革命和如何建设也有清晰的思路和较为可行的策略。更为重要的是，他的《建国方略》是建立在对国情、世情和民情的了解，对科学理论的掌握和对科学知识的运用基础上的理念和方略的创新。

尤其难得的是，孙中山为了革命和建设，不仅始终不懈地学习东西方的历史文化，紧跟国际学术研究和科学发明的步伐，时刻了解国际国内政治、经济、文化和社会的各种动态，而且为了构建革命和建设的方略，有意研读西方各国最新的研究成果和思想学说。据康德黎说，居留伦敦期间，孙中山没有浪费一分钟的时间，总是不停地工作，阅读一切学科方面的书籍。如关于政治、外交、法律、军事、造船、采矿、农业、工程、牲畜饲养、政治经济学等方面的书籍，他都仔细研读。据上海孙中山故居藏书目录可知，1897 年前出版的书目共有 106 种，其中政治 8 种，经济 6 种，社会 8 种，军事 5 种，法律 17 种，哲学 2 种，文学 11 种，传记 5 种，宗教 3 种，历史 26 种，铁道 5 种，天文地理 6 种，医学 2 种，其他 2 种⑤。后来孙中山谈到在伦敦的感受时还肯定地说："所见所闻，殊多心得。始知徒致国家富强、民权发达如欧洲列强者，犹未能登斯民于极乐之乡也；是以欧洲志士，犹有社会革命之运动也。予欲为一劳永逸之计，乃采取民生主义，以与民族、民权问题同时解决。此三民主义之主张所由完成也。"⑥ 《孙文学说》的酝酿是在 1913 年二次革命

---

① 黄彦编注：《建国方略》，第 59 页。
② 黄彦编注：《建国方略》，第 59 页。
③ 黄彦编注：《建国方略》，第 60 页。
④ 《中华民国建设之基础》，《国父全集》第 2 册，台北 1973 年版，第 180 页。
⑤ 段云章：《放眼世界的孙中山》，中山大学出版社 1996 年版，第 112 页。
⑥ 《建国方略》《孙中山全集》第 6 卷，第 232 页。

失败之后。孙中山流亡日本期间，有了相对集中的时间和安定的环境，读书和思考也就成为革命工作的重要内容。从孙中山在日本购买书籍的发票中，就会发现他虽博览群书却又有所侧重。如《孙文学说》中，孙中山以建屋为例所作的分析说明，就反映了他对建筑学方面理论和方法有比较全面的认识和了解。孙中山在日本东京丸善书店购买英日文书籍中，就有 *Modern Building by Middleton 6Vols*、三桥《大建筑学》三卷、《和洋住宅建筑图集》、小野《折衷洋风建筑设计图集》、佐野《西洋建筑图集》、森田《和汉洋家居诸屋造作应用图案》、尚《大小建筑图案集》等，还有一般参考书如 *Home University Library of Modern Knowledge*，*The New Agriculture by Collins 2 vols*，*The Lore of the Honey Bees by Edwordes*，*How to keep Bees for Profit*，*Fish Culture by Meeban*，*Sea Fisheries by Marcel Hornbel*，*The Resoures of the Sea by Mointosh* 等，这些只不过是孙中山为写作而准备的阅读参考书中的一部分。除阅读外国书刊以供参考外，孙中山还注意从中国经史子集中吸收营养，甚至常向身边工作人员请教。一次，孙中山询问胡汉民："在科学上有行为在先，知识在后的说法，不晓得在中国书中，可有这种说法？"胡汉民告诉他，在中国书中也有讲到这种道理的，例如《中庸》说："人莫不饮食也，鲜能知味。"孟子说的："行之而不著焉，习矣而不察焉，终身由之而不知其道者，众也。"这种说法也可以说是与科学不谋而合。孙中山深以为然[①]。

为规划城市和水陆交通的需要，孙中山阅读了不少城市规划和航道港口、水陆交通方面的著作。在上海孙中山故居藏书目录中，可见到《现代城市及其问题》和《发展中的城市》两部著作，其作者均为国际知名的城市研究专家。前者豪是美国纽约港移民专员、教授，着有《城市——民主的希望》《英国城市——民主的开端》等书。后者是英国学者，曾经考察过许多城市，为耶路撒冷扩建做过设计。另外，他还藏有 1912 年至 1916 年间新出版的凯斯特《现代城市规划和保养》、努莱因《小城市的重新规划》、朱利安《城镇规划入门》、昂温《城镇规划的实践》、舒尔特莱夫《实现城市规划》、普莱《城市规划》等著作。关于水陆交通方面的著作不下六十种，其中有运输问题专家、美国学者约翰逊所着的《运输学》《海洋与内河运输》，普腊特《英国国内交通运输史》、韦伯《铁路建设经济学》、邓思《铁路的国家所有制》、斯蒂文斯《英国铁路》、夏夫曼《美国的铁路问题》、克拉普《波士顿港》，以及有关铁路建设、修理、车辆制造、运输管理、铁路工场、机电设备、账

---

① 吴相湘：《孙逸仙先生传》，第 1339—1340 页。

务和财务等方面的著作①。早在 1894 年上书李鸿章时，孙中山就对铁路问题提出了自己的建议。1912 年，孙中山辞去临时大总统之后，拟专心从事铁路建设，声称他对于铁路建筑工程的复杂情形及在经济方面的影响工作做过一番研究，并提出了修筑铁路的几种办法，即利用外资，集中外的资本，创设铁路公司，让外国资本家修筑，以四十年后将该路归还中国为条件。他认为，修筑铁路不仅对发达国家经济、改善人民生活意义重大，而且对增强国内各地区各民族之间的交往和团结具有促进作用，有益于国家的统一②。孙中山在《实业计划》中，对铁路建设的必要性、可能性和重要性等的论述，以及对铁路网线的规划设计和资金、技术、人才等方面的设想，都不是单纯的一腔热血的行为，而是建立在最新科学理论和技术条件基础之上的理性思考和科学规划。

写作《实业计划》、《孙文学说》和编著《民权初步》，没有广博的政治、经济、哲学、科学、卫生、物理、化学、生理、医药、技术、工程、管理、金融、文化、历史、地理等方面的理论和知识，几乎是不可想象的。在《孙文学说》的第一章，孙中山就说："当革命破坏告成之际，建设发端之始，予乃不禁兴高采烈，欲以予生平之抱负与积年研究之所得，定为建国计画举而行之，以冀一跃而登中国于富强隆盛之地焉。"③ 而且以饮食、用钱、作文、建屋、造船、筑城、开河、电学、化学、进化等十件事情，论证"知难行易"的合理性和"能知必能行""不知亦能行"的必然性，内容涉及自然科学和社会科学以及人文学科方面的知识和理论。在《实业计划》里，我们不仅看到孙中山对西方自然科学、社会科学和人文学科方面的动向非常关注，而且对中国传统文化中的美好事物同样怀有崇高的敬意，甚至对中国民间文化有着深厚的感情，如对中国人的饮食习惯和饮食之道的评述，既透彻又亲切，既平实自然又充满科学理性。这也充分说明，孙中山不仅博闻强记，而且好学深思，能小中见大，曲径通幽。

看戏的人常言"台上几分钟，台下十年功"西谚也说，"罗马不是一天建成的"，说的都是积沙成塔、集腋成裘，冰冻三尺非一日之寒，不积跬步无以至千里的道理。从动笔写作《孙文学说》到出版《建国方略》，前后不到三年时间，而且在这三年时间内，孙中山既要处理党内令人揪心的事务，又要接待社会各界人士的来访，根本不可能像他自己所说的"闭户著书"、聊以自娱那样轻松。但是，孙中

---

① 姜义华：《大道之行——孙中山思想发微》，第 279—283 页。
② 张笃勤：《孙中山读书生涯》，第 136 页。
③ 黄彦编注：《建国方略》，第 4 页。

山确实在并不安定的环境条件下完成了《建国方略》的写作，而且展现给人们的是一部影响深远、思想价值日益凸显、文化意义不断增强的著作。这不仅与孙中山长期不懈地对真理真知的追求和对国家人民的真情热爱有关，而且也与孙中山志存高远、脚踏实地，从大处着眼，从小事做起的求实精神分不开。可以肯定地说，《建国方略》是孙中山长期学习、研究和思考的结晶，是集中西古今文化之大成的一部著作。

四、研究与写作：伟人智慧与助手作用

著书立说，对于专家学者来说是分内之事，对于革命家孙中山来说，则并不是他的职责。但是，在缺乏著书立说、安静思考的环境条件下的孙中山，却不仅为人们奉献了他的著作，而且也贡献了他的智慧。在不到三年的时间内，他先后完成了《民权初步》、《孙文学说》和《实业计划》的译著和写作，出版了最重要的思想成果—《建国方略》，其只争朝夕的奋斗精神，实在令人佩服。

1919 年 6 月 18 日，孙中山在答复四川同志蔡冰若来信询问他著述《孙文学说》的要旨时表示："文著书之意，本在纠正国民思想上之谬误，使之有所觉悟，急起直追，共匡国难，所注目之处，至在现在而不在将来也。试观此数月来全国学生之奋起，何莫非新思想鼓荡陶镕之功？故文以为灌输学识，表示吾党根本之主张于全国，使国民有普遍之觉悟，异日时机既熟，一致奋起，除旧布新，此即吾党主义之大成功也。"[①] 在《孙中山年谱长编》中，我们不难发现寓居上海期间，孙中山与外界一直保持着密切的联系，不仅与海内外关心和支持革命事业的华侨、友人有不少书信往来，而且也常与国内知名人士、爱国学生代表等交流互动，如与来华讲学的美国实用主义哲学家和教育家杜威的交流，和胡适、蒋梦麟等的亲切交谈等，都无不表明孙中山既关心国事党务，又热衷于与社会贤达、学界名人相互交流。外部环境和国际国内形势都不能令孙中山心情平静下来。一方面，作为革命家，他必须有所担当，有所作为，敢于面对问题、迎难而上，真正成为革命党人的精神支柱；另一方面，作为领导者，他必须有所思考，有所鼓吹，在组织和思想上、战略和策略上均有所创造有所创新。所以在读书写作之余，还必须关注现实社会，发出自己的声音，表示自己的姿态。其读书、学习、著书立说的目的，不是为了藏之名山，流芳百世，而是"祛其谬误""立其信仰"，着眼于现在而非将来。可

① 《复蔡冰若函》，《孙中山全集》第 5 卷，第 66 页。

以说，孙中山是带着强烈的使命感去读书写作的。

值得注意的是，孙中山是一位受过较为系统而又严格的西方近代教育训练的人，一旦有了读书写作的欲望，就会理所当然地理性抑制情绪，知识丰富思想，著述成为一种思想和心灵的自我革命。在紧张而又愉悦的读书写作过程中，孙中山在助手尤其是夫人宋庆龄的帮助下，很快进入研究和写作的状态。首先是搜集中外各种与研究的方向和讨论的问题有关的参考书及资料。写作《孙文学说》和《实业计划》，涉及的问题多而复杂，需要自然科学和哲学社会科学，乃至人文学科方面的知识。孙中山一直就注意涉猎世界各国政治、经济、文化、社会和自然科学方面的新知识新思想新方法。据段云章教授统计，在已刊行的孙中山著作中，提到了七十余个国家、地区近两千个地名，古今中外的人物一万多名，重要事件一百余件，提及各种主义、思想学说约一百五十多种①。为了撰写《实业计划》，孙中山在夫人兼助手宋庆龄的帮助下，搜集参考了很多有关的图书资料，仅英文书籍，经济方面的就有二百四十多种②。他在写作过程中，还研读了大量深奥枯燥的经济、工业、财政、银行、信贷、货币等方面的著作。上海孙中山故居藏书中，有上述内容的英文著作六十种，绝大多数出版于1910至1914年，内容涉及英、美、法、德、意、比、加、瑞士、瑞典、阿根廷、巴西、智利、秘鲁、埃及等国的银行、货币、财政、信贷制度。其中，美国学者杜威《美国第一第二银行》、《南北战争前的美国银行业》，康南特《比利时国家银行》，华伯《美国银行改革论文集》，霍兰德《银行贷款与股票交易投机》，德国学者谢尔《德国大银行及其由于德国经济普遍发展而产生的集中》，奥地利经济学家菲利普斯贝尔格《英格兰银行史及其为国家财政管理服务》等，都是当时的名人名作。在经济学方面，仅上海孙中山故居仍藏有亨利·乔治的《政治经济学》，累威《垄断与竞争》，伊利《垄断集团与托拉斯》，休斯《战后的国家资本主义》，霍布森《分配经济学》、《致富学》，哈德利《经济学——私有财产与公共福利的关系》，斯马特《收入的分配》，伊利《财产与契约及其对财富分配的关系》，雷因《分配的公理》，韦伯夫妇所著的《防止贫困》，等等。可见孙中山对剑桥学派、奥地利学派和美国新经济学派的论著和学术观点极为重视，并有所研究，而且对马克思的《政治经济学批判》也有持久的关注③。

在《实业计划》和《孙文学说》里，我们也能看到孙中山对机器工业有着特别

---

① 段云章：《放眼世界的孙中山》，第3页。
② 张笃勤：《孙中山的读书生涯》，第135页。
③ 姜义华：《大道之行——孙中山思想发微》，第280—283页。

的兴趣，甚至有自己独到的见解①。他不仅研读过伦敦大学教授肯宁汉的《从经济角度看西方文明》、《英国资本主义的发展》，麦考莱《英格兰史》，美国学者切尼《英国社会与工业史》，美国经济学者博加特《美国经济史》，歇雷《以棉花造就的一个世界强国》，凡勃伦《德意志帝国与工业革命》，迪鲍莱《德国的经济地位》，克罗齐《美国对工业垄断政策》等欧美国家的工业发展史，而且还认真阅读了《工业联合的趋势》、《十九世纪的基础》、《国家繁荣的基础》、《工业社会发展之研究》、《工业发展史概说》、《工业发展的必备条件》、《工业经济基础》、《工业的重建》、《工业的发展》等论著，以及工业发展本身的基础和条件方面的著作，认真总结各国在工业发展过程中的经验教训，以为中国实业发展之借鉴。

研究和写作，除了阅读相关参考书和论著外，还必须亲自查阅相关资料，甚至实地进行考察研究，以获得第一手资料和更具体可靠的信息。孙中山在撰写《实业计划》的过程中，虽然条件所限，不能亲自考察中国各地山川地理，了解沿江沿海的水文情况，但他还是尽可能地通过助手、朋友、同志等的帮助，收集了大量有用的关于河流航道及港口方面的图表和文献，如杰姆桑的《淮河治理》，1918年《黄浦江水道测量报告》，1919年《芜湖以下长江流域的地质》等，就是十分难得的资料。孙中山在写作中，还多次援引黄浦江浚渫局技师长方希典斯坦的研究结果。《实业计划》出版后，孙中山还在继续收集这类资料，在上海孙中山故居藏书目录中，就有1912年《上海港调查报告》和《关于杭州湾与钱塘江的水文报告》仍保存下来。

孙中山虽然再三强调其著述重目前而不在将来，其实他在写作《实业计划》时，始终保持科学、严肃、认真、细致的态度，丝毫没有应景之作的心态。如孙中山在撰写《建国方略》时，特别喜欢查阅地图，甚至自己亲自绘制地图。夫人宋庆龄曾几次陪孙中山到北四川路购买书籍、地图及文具。有次蒋梦麟由北平南下上海，知道孙中山正在写作《实业计划》，特意设法从北平导淮委员会弄到一张导淮规划地图，作为礼物带交孙中山。孙中山一见到地图，就将地图摊在地板上，席地而坐，逐一研究起来。后来，该图就挂在孙中山的书房里。在涉及河道港口规划时，对图籍缺载或记载不清的，孙中山还会进行调查核实。如在规划东方大港时，为了选定地址，孙中山写信给秘书邵元冲："请查下首塘即澉浦、海盐、乍浦间之海塘是石塘，抑是土塘？如无书可查，则查该处之土人，当可得其概要也。"② 邵

---

① 张汉静：《孙中山的科学技术思想》，科学出版社2005年版。
② 《致邵元冲函》《孙中山全集》第5卷，第198页。

元冲遵嘱查到《浙江水陆道里记》等书，其中绘图及说明都很详细，将结果告诉了孙中山。孙中山便以此作为规划东方大港的依据。他在《实业计划》里就写道："计划港当位于乍浦岬与澉浦岬之间，此两点相距约十五英里。应自此岬至彼岬建一海堤，而于乍浦一端离山数百尺之外，开一缺口，以为港之正门。"① 同时，还附有详细的示意图。

细读孙中山的《孙文学说》、《实业计划》，甚至《民权初步》，再对照上海孙中山故居的藏书目录，以及同时代人的回忆录，就会发现孙中山不仅读书学习态度认真，而且调查研究在细节上也毫不含糊，其严谨的治学风格一如他平实谦虚的态度，令人钦佩。尽管《实业计划》所制定的方案都是孙中山长期认真研究的心得，但是在《实业计划》的序言里，他仍声明说："吾之计画种种，材料单薄，仅就鄙见所及，乃作粗疏之大略而已。故必待专门家加以科学之调查，巨细靡遗之实测，变更之改良之，始可遽臻实用也。譬如吾所计画之北方大港拟设于青河、滦河两河口之间，鄙见以为其港口当位于东边，然经工程师实测之后，则其港口应处西边。是所冀望于众专门家也。"②

其实，孙中山在撰写《建国方略》时，也得到了师友、同志、亲人等的帮助。《实业计划》最初用英文写成，后来是由朱执信、廖仲恺、林云陔、马君武译成中文出版的。孙中山在《实业计划》（物质建设）中文版序中表示："此书原稿为英文，其篇首及第二、第三计画及第四之大部分为朱执信所译，其第一计画为廖仲恺所译，其第四之一部分及第六计画及结论为林云陔所译，其第五计画为马君武所译。"③ 另外，夫人宋庆龄不仅照顾他的日常生活，而且还帮助他购买书籍、查找外文资料、处理文稿和来往信函，有时甚至与孙中山一起讨论。每天清晨起床后，孙中山常和夫人在花园打网球，早餐后开始办公。孙中山白天常和朱执信、廖仲恺、陈少白等人聚谈，有时还与章太炎等人研究学术，晚上多是读书、看报、写作，每每到深夜 12 点钟才就寝④。为了学习和写作的需要，孙中山经常偕夫人宋庆龄外出购书，在上海孙中山故居藏书目录中，有一千多种是他逝世前出版的书籍，其中大部分是 1918 年 6 月到 1923 年 2 月之间收集起来的。孙中山在 1918 年10 月 17 日写给康德黎夫人的信中就很满足地说："我现在过着一种前所未有的新

---

① 《建国方略》，《孙中山全集》第 6 卷，第 268 页。
② 黄彦编注：《建国方略》，第 113 页。
③ 黄彦编注：《建国方略》，第 112 页。
④ 张笃勤：《孙中山读书生涯》，第 123—124 页。

生活：一种真正的家庭生活，拥有一位伴侣兼助手。"①

一位前往莫里爱路孙中山寓所访问的苏联人，记述了他对孙中山的办公室兼书房的观感："强烈的阳光从宽敞的窗子里射进来。这里的摆设一点也不奢华，整个办公室显得非常朴素和严肃。一切都服从于主人的合理的需要。一张大写字台和上面摆着的东西，说明一个真正的学者应该具有怎样的思想方法。在几乎顶到天花板的玻璃书橱里摆着许多书。书背上的字使主人知道全部书籍的名字。大概，他闭着眼睛也可以找到这里的任何一本书。"② 有时，心情和环境会直接影响写作的效率，尤其是家庭生活、办公室的条件和氛围，很容易使人迅速进入研究和写作的状态。

孙中山写作时并不是孤独的，在他周围始终有不少热情的支持者和帮助者。蒋梦麟在追忆孙中山先生时就坦言："先生时时不忘学术，经常手不释卷，所以他知识广博。自1909年迄1911年期间与先生见面时，所讨论的多属学问方面的问题。民六至民八期间在沪与先生复经常见面。几乎每晚往马利南路孙公馆看先生及夫人。此时，先生正着手草英文《实业计划》，并要大家帮他忙写。我邀同余日章先生帮先生撰写。每草一章，即由夫人用打字机打出。我与胡展堂、朱执信、廖仲恺、陈少白、戴季陶、张溥泉、居觉生、林子超、邹海滨诸先生，即于此时认识。"③ 在英文版序中，孙中山就非常诚恳地表示："吾之计画著成后，蒙蒋梦麟博士、余日章先生、朱友渔博士、顾子仁先生及李耀邦博士鼎力相助，校阅稿本，例应于此致谢。"④ 尤其是在写作时，常常遇到疑难问题，孙中山便向身边工作人员或朋友咨询，并请他们代为查找相关资料。有一次，孙中山与邵元冲乘车纳凉，中途忽然问："神农氏日中为市，出于何书？"邵元冲回答："此事除载于司马迁的《史记》等书外，大概以《易经·系传》所载为早。"孙中山立即要求邵元冲把所述史籍找来供他查证。在写作《孙文学说》第四章时，孙中山又请邵元冲帮助查找中国古代发明创造方面的资料⑤。1917年4月出版的《民权初步》，也曾要求由蒋梦麟和刘成禺将罗伯特的《议会法则》翻译出版，但由于他们二人事务繁忙，未能完成孙中山交给的任务，多年后，蒋梦麟还记得这件事："先生动身经欧返国。临行时把一本 *Robert's parliamentary law* 交给我，要我与麻哥（刘成禺）把它译出

---

① 上海孙中山故居纪念馆编著：《近代名人与上海孙中山故居》，中国中福会出版社2017年版，第5页。

② 尚明轩、王学庄等编：《孙中山生平事业追忆录》，人民出版社1986年版，第305—306页。

③ 蒋梦麟：《激荡的中国》，九州出版社2015年版，第321—322页。

④ 黄彦编注：《建国方略》，第113页。

⑤ 张笃勤：《孙中山读书生涯》，第127—128页。

来，并说中国人开会发言，无秩序，无方法。这本书将来会有用的。我和刘没有能译，后来还是先生自己译出来的。这就是《民权初步》。"① 其实，《民权初步》不是直译罗伯特《议会法则》一书而成的，而是孙中山在广泛浏览西文有关著作的基础上，选择以沙德的著作，参考其他的著作，结合自己的看法，最终编译而成的。在该书序言中，孙中山坦率地说："西国议学之书不知其几千百家也，而其流行常见者亦不下百数十种，然皆陈陈相因，大同小异。此书所取材者不过数种，而尤以沙德氏之书为最多，以其显浅易明，便于初学，而适于吾国人也。此书条分缕析，应有尽有，已全括议学之妙用矣。自合议制度始于英国，而流布于美欧各国，至于今，数百以年来之经验习惯可于此书一朝而得之矣。"② 在写作《孙文学说》时，孙中山同样不断地抓住一切机会与人交流，希望得到他人的意见和建议，如杜威到上海后，孙中山便邀请杜威、胡适、蒋梦麟等一起到寓所晚餐，并共同讨论"知难行易"的问题。胡适回到北京后，仍然与孙中山及其同志一起讨论《孙文学说》《实业计划》和《建国方略》③。

可见，孙中山在读书写作上，既认真细致，又谦虚好学，善于向身边工作的人员请教。从他与身边工作人员之间的交谈，和与朋友、同志等的交往中，不难发现，孙中山的《建国方略》，既是博采众长、集思广益、有所创造的新作，也是孙中山与其助手、同志和亲友互相切磋、共同努力的结果。

五、出版与接受：遭遇尴尬与中外反响

《建国方略》是孙中山积几十年学识和经验撰写出来的呕心沥血之作，体现了他在政治、经济、哲学、社会、文化、思想等方面的独到见解。从 1917 年《会议通则》初版由上海中华书局发行，到 1919 年 6 月《孙文学说》（卷一"行易知难"）由上海华强印书局出版，再到 1920 年夏由上海商务印书馆英文出版发行和 1921 年 10 月上海民智书局出版中文全译本，最后到 1922 年春夏之际将《会议通则》易名《民权初步》，与《孙文学说——行易知难》、《实业计划》汇编成《建国方略》一书，由上海民智书局出版。孙中山的这部《建国方略》才以心理建设、物质建设、社会建设为主体内容整体地呈现出来，并在以后的岁月里被各地辗转翻

---

① 蒋梦麟：《激荡的中国》，九州出版社 2015 年版，第 321 页。
② 黄彦编注：《建国方略》本书说明，第 316 页。
③ 吴相湘：《中山先生敬重胡适教授——胡适与中国国民党之一》，台北《传记文学》第 25 卷第 5 期，1988 年 5 月，第 64—66 页。

印，版本多达数十种①。

对于这部耗费了几乎毕生精力写成的《建国方略》，孙中山不仅充满自信，而且期待甚高。据胡汉民回忆，孙中山写完《孙文学说》后，曾将书稿交给他和朱执信看，并说："你看我这本书在文章上有什么特点呢？"胡汉民回答："先生这本书的文章是一气呵成的啊！"孙中山听后也肯定地说："不错，我这本书文章的特点就在这个地方，从第一句到最后一句，一气读下去，实在是一篇文章。"② 《实业计划》的篇首部分曾以《国际共同发展中国实业计划》为题，于 1918 年单独发表，全文于 1919 年在《远东时报》6 月刊出，1921 年又先后单独出版了英文本和中文本。在《孙文学说》尚未完成之时，孙中山就考虑到它的出版发行问题。1919 年 1 月，孙中山在给蔡元培、张相文的信中，请他们帮助了解北京是否有印刷精良的书局，希望在上海和北京两地同时印行《孙文学说》，以扩大影响。

《孙文学说》完成后，孙中山本想交由当时在上海声誉高印刷好的商务印书馆承印，不料遭到商务印书馆的婉拒，理由是担心出版这种政治性强的著作，会招惹北洋政府的干涉，引来意外灾祸。孙中山对此非常气愤，指责该馆为保皇党余孽所把持，"压抑新出版物，凡属吾党印刷之件，及外界与新思想有关之著作，彼皆拒不代印"③。无奈之下，孙中山只好将书籍转交上海华强书局印刷。6 月，《孙文学说》出版，上海《民国日报》在显著位置以《破天之学说，救时之良药》为题，对该书的出版作了热情报道。

《孙文学说》在出版时遭遇挫折，固然为孙中山所未料，但对《孙文学说》本身阐述的道理和所提倡的学说，他还是充满信心。首先，孙中山对当时名满学林的胡适寄予希望，希望借他之名达到宣传的目的。胡适因其老师杜威与孙中山有过交往，他本人也与孙中山有过交谈，故收到廖仲恺写来的信和书后，应约写了《〈孙文学说〉之内容及评论》一文，发表在 1919 年 7 月 20 日出版的《每周评论》第 31 期，其中称："这部书的根本观念，简括说来只有一句话：'知之则必能行之，知之则更易行之。'他这一部书所举许多行易知难的证据，有几种是不知而行的，如饮食用钱之类。有几种是行而后知的，如古时没有化学，先有瓷器、豆腐等化学品。有几种是知之则更易行的，如现代化学、工程与电学之类。全书最注重的，是'知之则更易行'一句话。"④ 可以看出，胡适除对孙文学说"大旨的赞成"外，还

---

① 黄彦编注：《建国方略》本书说明，第 3 页。
② 张笃勤：《孙中山读书生涯》，第 131 页。
③ 张笃勤：《孙中山读书生涯》，第 132 页。
④ 张笃勤：《孙中山读书生涯》，第 133 页。

特别指出，孙中山先生的《孙文学说》是"有正当作用的书，不可把它看作仅仅有政党作用的书，"是"实行家破除阻力的正当手续"，"无论那一种正当的团体，都该有根据于正确知识的远大计划，都应该希望大家承认那种计划是'能行'的，即无论是何种有理由有根据的计划，必须大家有'知之则必能行之，知之则更易行之'的信仰心，方才有实行的希望"①。在起草《实业计划》的同时，孙中山还撰写了《孙文学说》，目的正如胡适所言"中山先生又做了一种建国方略，所说是一种很远大的计画，他又怕全国的人仍旧把这种计画看作不能实行的空谈，所以他先做这本学说。要人抛弃古来'知易行难'的迷信；要人知道这种计画的筹算虽是不容易的事，但是实行起来并不困难，这是他著书的本意。这是实行家破除阻力的正当手续。所以我说这书是有正当作用的"②。

　　孙中山看到胡适的书评后，让廖仲恺致信胡适，表示谢意，称"在北京地方得这种精神上的响应，将来这书在中国若有影响，就是先生的力量"。同时，希望胡适对书中不完善的地方予以指正，以便再版时修正完善。在此期间，孙中山还将《孙文学说》广泛赠给革命同志及各方要人，其中包括北洋政府首脑段祺瑞。由此可见，孙中山对《孙文学说》的社会接受和反响有着较高的期望。其实，对《孙文学说》的接受，往往因人因时而异。胡适等人的评论自然增强了孙中山的理论自信，但时人的批评也同样会深化孙中山的自我认识。在众多评说中，贺麟的解读与接受似乎更加到位，只是其文其言出来之时，孙中山早已作古。在《孙文学说》的哲学意义一文中，贺麟对社会上流行的几种对《孙文学说》的批评进行了分析，指出"他们所以会有此种误解的原因，大约有二：一是，他们对于中山先生所谓知行的意义没有弄清楚；二是，他们看见中山先生只列举许多科学常识来作证明，便以为用常识作例证的理论，必仍是一种常识，没有普遍必然的效准"③。他认为："中山先生虽未曾给知行二字予以严密的定义，但在他讨论饮食等十事的证明中，已将他所了解的知与行的意义解释得异常清楚明确，多少已可算得我们所谓'据界说以思想'的方法了。至于他列举常识的事例作证，乃是援切问近思的方法，取其易于理解，而他的根本论证并不建筑在常识上，乃建筑在分析浅近事实而求出知行的根本关系，以决定其难易所在的逻辑方法上。"④"中山先生所谓知难，是指知事物所以然及其所当然之理难，求真知难，获得学说的知难，主义学说的创造、学术的发

---

① 季羡林主编：《胡适全集》第21卷，安徽教育出版社2003年版，第187—190页。
② 胡适：《孙文学说之内容及评论》，《每周评论》1919年7月20日。
③ 贺麟：《五十年来的中国哲学》，上海人民出版社2012年版，第176页。
④ 贺麟：《五十年来的中国哲学》，第176页。

明、事业的设计难。所谓行易，是指不知而行易，知而后行亦易。就知行比较起来说，则获得真知难于不知而行。"因此，他以为"这个学说乃纯全基于分析考察客观事实而成立的理论，不仅是有宣传作用、有实用价值主观的一时的说法"①。

同样，孙中山对《实业计划》的反响，有着更多的期待。《实业计划》出版后，孙中山曾收到国内外重要人物的来信，如美国驻北京公使芮恩施，美国商务部长刘飞尔，意大利陆军大臣嘉域利亚，外国铁路专家碧格、城市规划专家安德生等人的来信，得到他们的肯定和赞赏②。但是，国内则有不少人对孙中山的《实业计划》表示怀疑，尤其是对他的引进外资的主张提出责难，有的认为他的《实业计划》根本就不可能实现，只能是一种脱离实际的纸上谈兵式的空想，希望国际共同发展中国实业的计划是一种不切实际的理想主义。一位名叫李村农的人多次上书孙中山，反对在《国际共同发展实业计划》中引进外资以发展中国实业的做法。孙中山在复信中则明确指出欧美及日本等国家利用外资而至强国，认为"中国今日所缺之资本，非金银也，乃生产之机器也。欲兴中国之实业，非致数十万万匹马力之机器不可，然置此机器，非一时所能也"，强调"今日欲谋富国足民，舍外资无他道也"③。《民权初步》出版时，有章炳麟、邓家彦、杨庶堪、朱执信四人所作的序文，都认为此书简易读习，不是一般人所说的"理想大言"的书。章太炎认为孙中山"采撷成说，断以新意，为会议通则，以训国人，"强调指出"独以世人之议公者，皆云好持高论，而不剀切近事，今公之为是书，盖仪注之流耳。不烦审究，而期于操习；其道至常，乃为造次酬对所不能离。御于家邦，则议官循轨，而政事得以不扰，斯岂所谓不切近事者哉?! 公之为此，所谓有忧患而作者欤?! 有言责者，欲以匹士任天下之重，必自习公之言始矣"。邓家彦也说"中山先生念民权萌蘖，植教育阶梯，出其绪余，蔚成斯帙，凡书五卷二十章，百有五十七节。大抵于讨论之会綦详，析辞此事，批却导窾，虽乡愚村妪，苟识之无，不难迎刃而解。由是身体力行，触类旁通，庶几哉民治之盛，指日俟之矣。"④ 杨庶堪在序文中则认为："此乃当所谓理想大言者之所为也……中山独汇为是书，欧美合议之良规，略备于是矣，则而效之，犹反手也。然且有大言之诟耶?! 诟与不诟，非中山之所容心也；而余言此，以为名在天下，天下真知中山者谁阿? 中山亦曰：凡吾所诵远西文化，皆行之彼邦数年或数十年已故而效者，而后乃今敢以贡于国人，而国人顾遽怵以新

---

① 贺麟：《五十年来的中国哲学》，第 179 页。
② 吴相湘：《孙逸仙先生传》下册，第 1343—1352 页。
③ 陈锡祺主编：《孙中山年谱长编》下册，第 1207 页。
④ 吴相湘：《孙逸仙先生传》下册，第 1336 页。

异，浸且谓为理想大言而忽之。甚矣。其自封也……然则中山之卑勿高论，中山之志滋益苦矣……夫集会为人民自由，尚矣。议者诚来取法，则所为雠固共和者，将不于其名于其实，不于其文于其质也，是真革命所讬终，而建国之所讬始也。"朱执信也说："先生顾亦以事革命久，……自去岁来居上海，始以余力纂此册，中更事故，迄今岁始成。盖笔削前典，勒为世法。期妇孺皆可晓，非如向者之论，理深而几微也。"①《民权初步》刊行后得到胡适、蒋梦麟等的注意，五四运动时期，蒋梦麟和胡适等召集北京大学学生讲话时，就指出学生会组织欠健全，会议更无规范，要学生注意②。孙中山在《民权初步》的序言中所希望的"凡欲负国民之责任者，不可不习此书。凡欲团结吾国之人心，纠合吾国之民力者，不可不熟习此书。而遍传之于国人，使成为一普通之常识。家族也、社会也、学堂也、农团也、工党也、商会也、公司也、国会也、省会也、县会也、国务会议也、军事会议也，皆当以此为法则"③，实际上孙中山所希望的被广泛接受的现象，并没有如期出现。直至现在，仍然有学者根据《建国方略》的庞大，以及未能完全实现而认为它只是一个美丽的空想或浪漫者的神话。

从《建国方略》在出版时的遭遇和出版后在社会各界的反响中，我们不难发现，《建国方略》的出版及传播，一直受到时代条件的限制和人们认识局限的制约。《建国方略》不被重视或不被接受，不是因其缺乏科学的依据，而是当时没有实现的条件。诚如学者所言：孙中山的《实业计划》之所以未能付诸实施，"是当时缺乏实施这一伟大计划的国内外政治社会环境，而不是计划本身缺乏科学依据。新中国成立以来，尤其是改革开放以来，中国现代化建设的发展，在不少方面已印证了孙中山当年的计划是一份具有超前性的中国经济现代化建设蓝图"④。《建国方略》被误读和孙中山思想主张被误解，不是孙中山本身思想的错误所致，而是大众的科学知识和科学思维，以及人们对中国自身能力和世界发展大势估计不足所导致的结果。

六、结语：有科学依据的方略与日益凸显的价值

孙中山的《建国方略》，从酝酿、准备、写作，到出版、发行，经历了曲折艰

---

① 吴相湘：《孙逸仙先生传》下册，第1337页。
② 吴相湘：《孙逸仙先生传》下册，第1338页。
③ 黄彦编注：《建国方略》，第316—317页。
④ 张笃勤：《孙中山读书生涯》，第140页。

难的过程。虽然人们对孙中山的《建国方略》缺乏深入的研究和了解，甚至产生了许多误会和批评，但是，孙中山毕竟生活在科学的时代，也受过较为系统的西方近代教育的科学训练，养成了读书学习、系统思维和调查研究的习惯，善于博采众长、审时度势、融会贯通，在因袭、规抚中实现创造性继承和创新性发展。其《建国方略》就是他长期读书学习、观察了解、调查研究，以及思考探索的结果。它既有丰富的科学知识和实践经验作基础，又有过硬的理论支撑和事实依据。其《孙文学说》、《实业计划》、《民权初步》，既各自独立成篇，又三位融合一体。诚如有的学者所言："作为心理建设方略的孙文学说，是求完成民族主义的建设的；作为社会建设方略的《民权初步》，是求完成民权主义的建设的；作为物质建设方略的《实业计划》，是求完成民生主义的建设的"[①]。《建国方略》，既是三民主义建设的顶层设计，又是实践三民主义的行动指南。

尽管《建国方略》没有在孙中山生活的时代完全实现，但是我们不能因此否定它的价值与意义。事实上，《建国方略》的科学价值和现实意义远远没有被发掘和利用。可以说，《建国方略》既是一部新奇的深入浅出的哲学著作，又是一个完整而系统的有科学依据的顶层设计。它的被传播和被接受，折射了社会的现实，也反映了大众的心态。随着科学技术的不断进步和经济社会的稳步发展，《建国方略》的思想价值和现实意义也日益彰显。因此，可以说孙中山不仅是一位有思想的革命家，而且还是一位有学问的思想家，更是一位有预见的实干家。

（作者单位：广东省中山市社会科学界联合会）

---

① 马璧：《国父学术思想新评价》，第17页。

孙中山及其《实业计划》

李金强

孙中山于清季倡导革命，建立民国，并揭橥《建国方略》（1917—1919）及《三民主义》（1924）的建国蓝图，为 20 世纪革命后中国的发展与建设，提供指引与方案。对当代中国的现代化起了启迪作用，尤其《实业计划》（*The International Development of China*），所展示的经济建设及发展策略，开台湾经济起飞，以及中国大陆成为世界第二大经济体的契机[①]。孙中山《实业计划》所揭橥之开放中国，利用外资，进行全国工业化之构思，无疑为其中之关键，深值研究。而孙中山遗教，历经世纪变幻，最终以其经济建设思想，最见成效，促成当代中国经济民生之起飞，尤具意义，是为本文研究之所由起。

（一）孙中山及其《实业计划》的研究

就孙中山的生平及其事功之研究而言，随着其逝世后的时间推移，中外学者对孙氏的研究及评价，不断出现变化。自国民党于 1928 年北伐统一中国后，建都南京，依照"中山先生遗教"之《三民主义》及《建国大纲》，创建国民政府，继于 1940 年更明令尊崇孙氏为国父[②]。故其时有关孙中山及辛亥革命的研究，莫不以尊崇其革命领导地位而目之为正统。至 1949 年后，史学界所描述的孙中

[①] Sidney H. Chang, Leonard H. D. Gordon，卜大中译：《孙中山未完成的革命》，时报文化出版社 1993 年版，第 272—276 页；郑竹园：《孙中山思想与当代潮流》，邵宗海：《孙中山与中国大陆现代化》，《中山先生建国宏规与实践》，中山学术文化基金会 2011 年版，第 115—116、121—123、551—558 页；习近平：《纪念孙中山诞辰 150 周年的讲话》（www. xinhuanet. com）指《实业计划》蓝图，已见完成于现时中国。

[②] 南京国民政府乃依中山遗教，以党建国，以党治国之精神及三民主义、五权宪法组建中央与地方政府，参王正华：《国民政府初创时之组织及党政关系》，《中国近代现代史论集》第 25 编，台北商务印书馆 1986 年版，第 65—112 页；国民政府于 1940 年 4 月 1 日，通令全国，尊称孙氏为"中华民国国父"，见《国父年谱》（增订本）下册，中国国民党党史委员会 1993 年版，第 1619 页。

山，皆依循此一立场而撰著，其间国民党政权迁台，推动党化教育，孙氏生平与遗教进而备受重视，渐见"神化"，[①] 而中国大陆亦以"革命先行者"目之，孙氏地位深受肯定。及至 60 年代，中国大陆由于"文革"，极左思想流播，史学界起而贬斥孙氏，地位一落千丈[②]。与此同时，海外则由美籍华裔学者薛君度出版《黄兴与中国革命》一书，首先提出辛亥革命的领导，乃"孙黄并举"，此即"双元领袖"（dual leadership）论，认为黄兴亦具首功，孙氏难以独尊。从而开启西方史学界对孙中山生平之评价，提出修正观点。此后欧美史家如史扶邻（Harold Z. Schiffrin）、Marius B. Jansen、韦慕庭（C. Martin Wilbur）、白吉尔（Marrie-Claire Bergère）等笔下的孙中山传记，其独一无二的领袖地位及英雄的历史形象，渐见褪色。然而晚近十余年，西方史学家如 John Fitzgerald，Michael Tsim 及 Michael G. Murdock 等，均透过对 20 年代国民党兴起之研究，重塑孙中山的正面领导地位[③]。

及至 1979 年中国在邓小平（1904—1997）领导下，推行改革与开放政策，实行农、工、国防、科技四个现代化，促成中国大陆的经济改革，使国内经济与社会得以活化及获得长足发展，并提出中国和平统一的政策，除以"一国两制"促成港澳先后回归外，而台海两岸，前此兵戎相见的对立关系，亦渐见"解冻"，增加互动[④]。与此同时，孙中山的生平及其遗教，亦再次引起大陆史家的关注，研究日多，并促成两岸及海外中国近代史专家学者的交流及互访。其间大陆、香港、台湾及海外学者的研究，皆对孙氏倡导革命及其建国思想，渐采肯定立场。其中大陆学

① 潘光哲：《华盛顿在中国——制作"国父"》，三民书局 2006 年版，第 137—172 页；孙中山的"神化"，自 1925 年去世后国人悼念，至 1929 年由北京移灵南京中山陵"总理奉安"大典，遂达高潮，而"国父"尊称，亦于此时形成。又早期孙氏及其革命伙伴组成之"四大寇"，亦被"英雄化"，见李金强：《论四大寇：孙中山、尤列、陈少白、杨鹤龄》，《中山先生与港澳》，中山文化基金会丛书 2012 年版，第 70—76 页。

② 台湾与大陆史家研究孙中山的正统观点及著述，参 Winston Hsieh, *Chinese Historiography on The Revolution of* 1911: *A Critical Survey and a Selected Bibliography* (Stanford: Hoover Institution Press, 1975), pp. 5—11，68—71；李金强：《新正统学派——中共"建国"以来辛亥革命研究之发展及其变化》，《中华民国建国文献：革命开国文献》第 2 辑，国史馆 1995 年版，第 9—15 页。

③ Joseph Esherick, "1911: A Review," *Modern China*, vol. 2, no. 2 (1976), p. 150；David B. Gordon, *Sun Yatsen: Seeking a Newer China* (New Jersey: prentice Hall, 2010), pp. xiii—xv. Gordon 视研究民国史之西方史家 John Fitzgerald, Michael Tsim, Michael G. Murdock 等为近日孙中山研究的"修正学者"（Western revisionist），有异于前此如史扶邻等的孙中山传记撰写者；又参 John Fitzgerald, 李恭忠、李里峰等译：《唤醒中国：国民革命中的政治、文化与阶级》，三联书店 2004 年版，第 35—46 页，作者指出孙中山在促成中国民族觉醒，扮演关键角色。

④ 李学明：《海峡两岸交流史稿》，四川人民出版社 1991 年版，第 18—22、31—33、74—76 页。王家英：《两岸关系与港台关系——回顾与展望》，王耀宗主编：《神州五十年——香港的视野》，牛津大学出版社 2000 年版，第 17—25 页。

者对孙氏的经济建设思想，最为重视①。尤有进者，海外著名学者如郑竹园、颜清湟、白吉尔等亦先后指出 1949 年后台湾经济及政治之现代化，以至邓小平提出四个现代化及"一国两制"的统一理念，均与孙氏的建国思想，具有密不可分的关系②。然探究孙中山之建国思想，首要在于其主张利用外资、工业化与均富之理念，此亦海峡两岸建设发展过程中，首建其功者。此即孙氏素所主张"建设之首要在民生"之谓也③。而其中《实业计划》一书，即为孙氏以经济建设国家之核心思想与方案，研究者众④。

就《实业计划》受到重视及进行研究而言，始于抗战（1937—1945）前后。时因日本侵华，国府迁都重庆，号召抗战建国，而高等教育、学术与实业于战火中相继内迁，促成内陆地区之发展⑤。而由全国工程师于 1931 年所组成的中国工程师学会，对《实业计划》所论农工商交通及民生发展的远见，深表钦服，遂于翌年成立"总理实业计划实施委员会"。至 1940 年抗战期间，起而研究《实业计划》一书，作为战后国家重建的指南。故先行筹划，并创设"国父实业计划研究会"，由陈立夫（1900—2001）出任会长，组织专家队伍，对居屋、商船、铁路、公路、自动车、电讯、水利、电力、民用航空、日用器皿、制药、食品、衣服、文化用品等

① 高华：《海峡两岸孙中山研究的趋向》，《大同道路——孙中山研究》，南京出版社 2010 年版，第469—472 页；段云章、周兴樑：《孙中山研究述评》，《中国近代史专题研究述评》，人民出版社 1986 年版，第 366—368、377—378 页；王杰：《孙中山研究》，曾业英主编：《五十年来的中国近代史研究》，世纪出版集团 2000 年版，第 511—515、519—523 页；又参王杰、张金超：《跨世纪的孙中山研究》，《纪念孙中山诞辰140 周年国际学术研究会论文集》上卷，社会科学文献出版社 2009 年版，第 18—24、36—37 页，指研究者多以经济思想、近代化及《实业计划》原著解读三项，进行探究；又参王义娜、黄立新：《孙中山民生经济思想研究的百年回顾与展望》，《青岛行政学院学报》2011 年第 5 期，第 80—82 页，指 1981 年后至 2011 年相关研究日多，尤重孙中山的振兴实业、商业金融、对外开放、三农经济、区域经济等课题研究。
② 颜清湟：《孙中山与廿一世纪中国》，林启彦、李金强、鲍绍霖主编：《有志竟成——孙中山辛亥革命与近代中国》上册，香港中国近代史学会 2005 年版，第 17—19 页；Marie-Claire Bergère, *Sun Yat-sen*（Stanford：Stanford University Press, 1998），pp. 285—286.
③ 《国民政府建国大纲》，《孙中山全集》第 9 卷，中华书局 1986 年版，第 126 页。
④ 廖大伟：《一个历久弥新的学术话题——孙中山的〈建国方略〉国际学术研讨会综述》，《民国研究》2008 年第 13—14 期，第 134—137 页。以此一研讨会为例，其中发表的 59 篇论文中，与《实业计划》相关者共 30 篇，超过一半以上。
⑤ 李金强：《抗战时期高等教育发展述论》，《纪念抗日战争胜利五十周年学术讨论会论文集》，香港珠海书院 1996 年版，第 359—372 页；吕芳上：《抗战时期的迁徙运动——以人口、文教事业及工厂内迁为例的探讨》，《纪念抗日战争胜利五十周年学术讨论会论文集》，香港珠海书院 1996 年版，第 21—43 页。吕氏一文讨论文教及工厂内迁，促成内陆文化及工业之发展。

十四种，由政府补助，进行研究，撰写以《实业计划》为本之研究报告[①]。而中外学者亦相继投身对《实业计划》之研究，较著者如蒋静一、徐高阮（1911—1969）、王尔敏、张伟保、白吉尔等[②]。本文即以上述之研究为据，进而探析孙氏研究及撰写该书的由来、经过、出版及其时之反应，借以了解孙氏如何完成此一对当代中国现代化发展，具有重要影响的专著，从而对孙中山的历史地位获得更客观的认知。

（二）《实业计划》之由来

孙中山倡导革命，从而推翻清皇朝，建立民国，论者皆以其为革命领袖而具革命形象视之。然观其一生从学，就业与革命之历程，可知其初乃具改革思想，谋求改良国家经济。此即因其出生于农家子弟，"于树艺牧畜诸端，耳濡目染，洞悉奥窔"，深悉故乡香山及广东农村经济危机。故于香港西医书院习医时期（1887—1892），于习识植物学、动物学及化学知识后，遂得以了悟现代西方农学新知，故自谓"泰西理法亦颇有心得"。并受师友如何启（1859—1914）、郑观应（1842—1922）、王煜初（1843—1903）及区凤墀（1847—1914）等改革言论之影响，刺激其对农业问题的关注与思考，由是提出吸取西方农耕技术、推广经济作物栽植及讲求农学新知的农业改良思想，从而成为近代农业改良先驱者之一。此其早期革命思想萌生之同时，兼具经济建设理念的诞生。由是下开其实业思想之衍生。而其1894年谋求国家富强之《上李鸿章书》，倡言"人尽其才，地尽其利，物尽其用，货畅其流"，务求学习西方之专才教育、农业科技、机器工业及用轮船铁路以通商，即为明证[③]。

及至1895年乙未广州首次起义失败，离港避难，然却于翌年伦敦蒙难，幸获

[①] 吴承洛：《三十年来之中国工程师学会》，《三十年来之中国工程：中国工程师学会三十周年纪念刊》，南京1946年版，第1081—1082页；并参钟少华：《三十至四十年代对"孙中山实业计划"的专题研究》，《北京社会科学》1986年第4期，第107—109页。及至1949年后，该会移至台湾，继续从事《实业计划》之研究，并就此拟定对台经建设施及重建大陆的计划方案。见《国父实业计划研究学会年刊》编辑例言，台北1967年版，第1—2页。

[②] 蒋静一：《总理实业计划之研究》，国民图书出版社1943年版；徐高阮：《中山先生的全面利用外资政策》，商务印书馆1963年版；王尔敏：《思想创造时代——孙中山与中华民国》，秀威信息科技2011年版，第137—196页；张伟保：《实业计划与国民政府》，天工书局2001年版；白吉尔：《孙逸仙和"实业计划"》，《孙中山研究》第1辑，广东人民出版社1986年版，第195—209页。作者指出西方学者如韦慕庭（C. Martin Wilbur）指此计划有如"梦想"，然本文作者则持肯定态度。

[③] 《上李鸿章书》，《孙中山全集》第1卷，中华书局1981年版，第8—18页；李金强：《孙中山之早期思想——改良言论探》，《书生报国——中国近代变革思想之源起》，福建教育出版社2001年版，第145—161页；《一生难忘——孙中山在香港的求学与革命》，香港孙中山纪念馆2008年版，第78—89页；陈立新：《孙中山撰述〈实业计划〉的历史考察》，《中国国家博物馆馆刊》2016年第11期，第9—12页。

西医书院老师康德黎（James Cantlie，1851—1926）及孟逊（Patrick Manson，1844—1922）两人援手，获救脱险，不独建立其革命英雄之形象①。并于留英九月期间（1896年9月30日至1897年7月1日），"所见所闻，殊多心得"，并谓"三民主义之主张所由完成也"②。据黄宇和的《孙逸仙旅英日志》所示，可见孙氏在伦敦九个月期间及于蒙难被释后的日常活动中，除访师（康德黎）、结交朋友（如南方熊楠谈话，公开演讲于牛津大学）、从事著述（如《中国法制改革》）及参观外，并用心于大英博物馆及康德黎书房，博览群书，就大英博物馆而言，孙氏从1896年12月5日起至1897年6月24日，共去大英博物馆71次，平均每次读书约4小时，合约279小时。于离开大英博物馆后，则多至康德黎家中逗留，计共32次，共享时数77小时。其间除阅读政治、外交、法律、陆海军等书籍外，更对矿山及采矿、农业、畜牧、工程、政治、经济学等，也广泛阅读，孙氏对于欧美资本主义社会的政治、经济，日渐了然于胸。故黄氏断言"后来孙中山所撰写的《实业计划》，其基础知识，相信是在这个时候打下的"③。而其三民主义的理论，亦由是孕育。

及至辛亥建国，孙氏继而卸任临时大总统一职，并在其时实业救国促进国家富强之思想流播下④，以其目睹美国借外资，修建铁路"连贯国疆极端"而臻富强之事实，起而主张利用外资修建全国铁路，计划于十年内修建20万里，以此作为先导⑤，借以振兴实业。1912年，孙氏发表其修建全国铁路计划之言论，说明革命后国家之统一及兴盛，有赖于经济的发展。而经济发展在于铁路交通的兴建，因有铁路可使"人民交接日密，祛除省见"，且铁路所经地区，将促成贸易及物产的开发，故"铁路常为国家兴盛之先驱，人民幸福之源泉也。"继而指出修路宜仿效美国及各国，均利用外资进行兴建而有所成。并指出论者或谓外资乃"破坏国家之主权，

---

① J. Y. Wong（黄宇和），*The Origins of An Heroic Image：Sun Yatsen in London* 1896—1897（New York：Oxford University Press，1986），pp. 21—63.

② 孙中山：《建国方略》，《孙中山全集》第6卷，中华书局1985年版，第232页。

③ James Cantlie，*Sun Yat Sen and the Awakening of China*（London：Jarrold and Sons，1912），pp. 248—249；黄宇和：《孙逸仙旅英日志》，《孙逸仙在伦敦 1896—1897：三民主义思想探源》，联经出版事业2007年版，第53—199、386—388页。黄氏藉跟踪孙氏的侦探报告和康德黎夫人日记的记录，得出孙氏在两处的活动次数及时数。并参《中山先生与英国》，学生书局2005年版，第247—283页，则列孙中山到大英博物馆及康德黎家中看书，分别为292小时及80小时，与前书有别，引文则见页247。

④ 王尔敏：《中华民国开国初期之实业建国思想》，《中国近代现代史论集》第18编，台北商务印书馆1986年版，第1057—1093页。指实业观念乃发展工商业，由郑观应最早提出，而中华民国建国之初，由清季状元张謇（1853—1926）提出"棉铁救国论"，康有为（1858—1927）则提出"物质救国论"及"理财救国论"，以至孙中山则主张利用外资发展实业，形成清季民初实业救国之风气。

⑤《中国之铁路计划与民生主义》，《孙中山全集》第2卷，中华书局1982年版，第487—493页。

妨害吾人之自由"，此乃绝对错误之见解。最后则强调若铁路修建有成，将促成"实业之行于吾国"。由此可见，孙氏此际利用外资，修建全国铁路之提出，无疑为日后其《实业计划》以至民生主义均富理念之所本①。然而孙氏此一营建铁路的主张，却掀起全国发展实业的热潮。其时革命党人，亦相继组织及参与实业团体，估计自 1911 年至 1915 年间，全国共出现 103 个实业团体，包括实业协会、工业建设会、铁道协会、垦殖协会、农业促进会等，谋求藉振兴实业，增加国富，再进而实现民生主义之全国均富。而兴办实业及建设国家，遂见逐渐成为孙中山及国人的共同愿望②。是为二十世纪上半叶之"中国梦"。

民初孙中山倡导全国修建铁路，发展实业，促成国家统一与兴盛的愿望，最终以二次革命，反袁而告结束，而国势则日见败乱。此后孙氏于 1914 年重组中华革命党，再次投身革命。至 1917 年因段祺瑞（1865—1936）等北洋政府废止民元约法，遂联同部分国会议员，起而护法，南下至广州，成立军政府。并获反段之滇、桂两系军人之支持，实行护法北伐。然终因滇、桂二系与北洋妥协，未竟其业，遂于 1918 年离粤至沪，入住法租界莫利爱路 29 号（今香山路 7 号）。此即上海孙中山之故居，转而关注国家建设，从事"笔墨之力"，埋头著述③。以其博识及对中西文化的了解④，探研建国理论，为国家未来建设而撰著，以达成民族独立、民权自由及民生幸福的理想，终于完成《建国方略》一书，包括《心理建设》（1918）、《物质建设》（1918—1920）及《社会建设》（1917）。《物质建设——实业计划》即为其一⑤。以下论述《实业计划》一书之撰译及出版。

---

① 陈晓东：《孙中山铁路建设规划特点试析》，李振武：《试论民初各界对孙中山铁路建设计划的反应》，林家有主编：《孙中山研究》第 2 辑，中山大学出版社 2009 年版，第 130—150 页。李振武一文，指孙中山铁路建设计划，并未获外人及国人普遍支持，最终以二次革命反袁而结束。

② 虞和平：《民国初年的实业团体活动——孙中山实行民生主义的一个重要途径》，《孙中山和他的时代——孙中山研究国际学术讨论会文集》中册，中华书局 1989 年版，第 1549—1573 页。

③ 《在上海中国国民党本部会议的演说》，《孙中山全集》第 5 卷，中华书局 1985 年版，第 393—394 页；徐涛：《孙中山与上海关系新论》，《社会科学》2012 年第 3 期，第 154、159、163、165 页，谓 1918 年 6 月 26 日孙中山乘日本"近江丸"号抵达上海，与宋庆龄入住法租界莫利爱路 29 号，以此处为家，并在宋庆龄照顾下，生活规律，除与党人朱执信、廖仲恺等研讨革命理论外，埋头读书，看报及写作。《实业计划》即在上海成书、出版及送交外国友人，从而引致中外人士的关注。

④ 蒋梦麟：《西潮》，香港磨剑堂 1959 年版，第 84 页。蒋氏谓中山先生："……发现他对各种书都有浓厚的兴趣，不论是中文书，或者英文书……他读书不快，但是记忆力却非常惊人。孙先生博览群书，所以对中西文化的发展有清晰的了解。"

⑤ 沈潜、刘明：《试析孙中山〈建国方略〉的写作背景》，《吴中学刊》第 12 卷第 3 期，1998 年，第 55—60 页。

（三）《实业计划》的撰译及出版（上）

孙中山于 1918 年 5 月乘大阪商船"苏州丸"离粤，经汕头、台北赴日，继自神户乘"近江丸"，启程赴上海，于 6 月 26 日抵达后，与其爱妻宋庆龄寓居上海法租界莫利爱路 29 号，埋首著述，为国家构思建设蓝图①。孙氏遂谋"据年来经验"，"从著述方面，启发国民"，并谓"文迩来杜门养晦，聊以著述自娱"②。其中《实业计划》一书，即完成于此时此地。其研究与写作的情景，据宋庆龄说："我的丈夫有许多书，他的室内四壁挂满了各种地图，每晚他最爱的事，是铺开巨幅中国山水、运河图、弯腰勾出渠道、港口、铁路等等。而我给他读马克思、恩格斯，还有著名科学家如汉道科埃利斯（Handock Euis）、危普顿辛克莱（Upton Sinclair）等写的书……"③

《实业计划》一书，据孙氏所说于 1918 年 11 月第一次世界大战宣告结束后，起而探研及撰写，"欧战甫完之夕，作者始从事于研究国际共同发展中国实业，而成此六种计划"④。而撰写原因，乃见中国民生凋敝，国事每况愈下，且"欧战结束，经济竞争将群趋于远东，吾国若不于此时亟自为谋，则他人将有起而代我谋者，思之至可悚惧"⑤。此乃忧心战后列强返华，瓜分故态复萌，遂计划开放中国，谋求借助大战后欧美军工企业之机器输华，利用中国之资源，共同开发，使中国发展实业。透过对全国水陆交通，港口、工矿、农林及移民边疆等六项计划的规划及兴建，目的在于完成我国"工业革命之第一步"，为世界创造新市场。不但促使战后世界各国经济得以发展，恢复战前经济原状，并期盼助长中国工业化。孙氏并谓若国际协助开发中国，不但"可使人类博爱之情益加巩固"，进而使中国成一工商业国，无疑"新辟一世界"，参与者将获"超越寻常之利益"，并建议参与投资之各国组成一国际团，与中国政府签订互利合约，利用其战时组织、人材、物资来华投

---

① 孙、宋的爱情故事及婚姻生活，参吕芳上：《民初孙中山、宋庆龄的革命情谊》，《民国史论》中册，台北商务印书馆 2013 年版，第 647—672 页；又 1919 至 1920 年间，孙氏在上海完成《建国方略》，宋庆龄协助搜集资料，外文翻译，给予极大之助力，见该书第 663—664 页。

② 陈锡祺主编：《孙中山年谱长编》上册，中华书局 1991 年版，第 1123—1127、1134 页；《复凌钺萧实中函》《孙中山全集》第 4 卷，中华书局 1985 年版，第 515 页。

③ 陈锡祺主编：《孙中山年谱长编》下册，中华书局 1991 年版，第 1160—1163 页。张珏：《在宋庆龄像前的回忆》《宋庆龄谈孙中山》，《往事不是一片云》，中国福利会出版社 2011 年版，第 6、44 页。张珏毕业于上海沪江大学，新中国成立后历任宋庆龄秘书达 15 年之久，关系密切。该文所记孙中山研究情景谓在东京，恐误，疑于上海。

④ 《建国方略之二：实业计划》，《孙中山全集》第 6 卷，第 248 页。

⑤ 《复唐继尧函》，《孙中山全集》第 5 卷，第 43 页。

资，完成壮举，借此避免由贸易战带来世界大战之祸患，为人类谋和平之幸福①。孙氏由是于 1918 年至 1920 年间，陆续以中、英文撰译《实业计划》一书，初以英文发表于孙氏之前顾问李布朗臣（George Bronson Rea, 1869—1936）创编之 *Far Eastern Review*（《远东时报》，简称 FER）②。继以中文翻译刊于《建设》杂志，最后结集成书，出版中英文本。全书除序文外，包括篇首绪论、第一至第六计划（建北方大港于直隶湾，建东方大港于杭州湾，建南方大港于广州，修筑全国铁路网——中央、东南、东北、西北及高原铁路；发展本部工业——衣、食、住、行、印刷；开放铁、煤、油、铜等矿业）、结论及六项附录。

孙氏撰写的过程中，据其所说，蒋梦麟（ChiangMonlin, 1886—1964）、余日章（David Yui, 1882—1936）、朱友渔（Y. Y. Tsu, 1885—1986）、顾子仁（T. Z. Koo, 1887—1971）及李耀邦（John Y. Lee, 1884—1939）五人参与"校阅稿本"，帮助尤大③。五人中对于此事的参与，首见于蒋梦麟的回忆，他指出孙中山为了此书，"亲自绘制地图和表格，并收集资料，详加核对，实业计划中所包括的河床和港湾的深度和层次等细节，他无不了如指掌"。又说："在他仔细研究工业建设的有关问题的和解决办法以后，他就用英文写下来，打字工作全部归孙夫人（宋庆龄）负责。校阅原稿的工作则由余日章和我负责，一切资料数字都详予核对，如果有什么建议，孙先生无不乐予考虑。"④ 并谓邀余日章帮助撰写⑤。而朱友渔的回忆则进一步说明，除蒋梦麟及他本人外，尚有余日章及他两位青年会同工顾子仁、李耀邦，合成一组人，协助孙中山。"有几个月我们每星期在他上海的家里聚会一次，逐章检讨他的原稿"。并谓完工后，同享一顿丰美的晚餐⑥。而为顾子仁写传的谢扶

① 《建国方略之二：实业计划》，《孙中山全集》第 6 卷，第 248、249—253 页；引文，见第 250、252 页。

② 出生美国之李布朗臣，至古巴任工程师，目睹古巴独立战争及美西战争（1898），并转任 Herald（国际先驱论坛报）的战地特派员，于美西战后至菲律宾马尼拉，创办 FER，其生平简历，见 Michael P. Ruth, James Stuart Olson, *Historical Dictionary of War Journalism* (London: Greenward, 1997), pp. 248—249；关于 FER 创刊之宗旨在于推介菲律宾及远东各国之工业及未开发之资源，为商家提供来此发展工商业及谋利机会。见 FER, vol. 1 (1904), p. 6；又李布朗臣于 1912—13 为孙中山兴办铁路顾问之一；武上真理子、宋玉梅译：《全球史中的"实业计划"——孙中山的中国经济发展计划与工程学》，《近代中国》第 24 期，2014 年，第 89—90 页。

③ Sun Yat-sen, "Preface," *The International Development of China* (New York: G. P. Putnam's Sons, 1922), p. vi；孙中山：《建国方略之二：实业计划》序，第 248 页。

④ 蒋梦麟：《西潮》，第 116—117 页。

⑤ 蒋梦麟：《追忆孙中山先生》，《新潮》，台北传记文学出版社 1967 年版，第 69 页。又说自 1917 至 1919 年间在上海，"几乎每晚往马里南路孙公馆……此时，先生正着手草英文《实业计划》，并要大家帮他忙写。我邀同余日章先生帮先生撰写。"

⑥ 朱友渔：《朱友渔自传》，香港基督教文艺出版社 1972 年版，第 44—45 页。

雅（1892—1991）亦指出顾子仁与余日章，常到孙宅斟酌其英文稿[1]。由此可见
《实业计划》英文稿能够完成，得力于此五人。

何以孙氏能获此五人相助？蒋梦麟早于1909年在加州伯克利大学（University
of California, Berkeley）读书时，透过其同学及负责革命党报《大同日报》的刘成
禺（1816—1953），得识孙中山，建立关系。及至1917年，于哥伦比亚大学
（University of Columbia）取得博士学位后，随即回国出任商务印书馆编辑及《新
教育》月刊的主编，且兼任江苏省教育会的理事，余日章亦为理事，即于期间邀余
日章合作校阅孙氏之原稿，并谓孙氏对其"建议和批评都乐于接受"[2]。而余日章，
出身教会家庭，父文卿为汉口圣公会牧师，及长，入学文华书院（Boone School），
1905年毕业于上海圣约翰大学，继而回武汉文华书院任教职，参加"日知会"活
动，由是与革命党人胡兰亭（1865—1936）、黄吉亭（1868—1954）二圣公会牧师
及刘静庵（1875—1911）等结交，几受清廷罗织，遂远走赴美，至哈佛大学进修二
年，撰"The School of Old China"论文，于1910年取得教育硕士回国。适逢武昌
起义，参与革命，组织红十字会，救助伤兵，又出任黎元洪临时幕僚，专责外交交
涉，并亲向临江围城的大清舰队司令萨镇冰（1859—1952）交涉调停，避免开战，
使武汉光复成事。踏入民国，于1913年投身中国基督青年会，负责讲演部，藉科
学演讲，启迪民众，并主张学习耶稣基督，倡"人格救国"，继而出任中华基督教
全国协进会会长。余氏早年于圣约翰大学就读时，已撰写《中国的铁路》一文，对
铁路建设，主张尤力。堪称孙中山之知音，1918年于上海出任青年会总干事，因
与蒋梦麟同属江苏省教育会，故即于其时参与孙中山《实业计划》一书的撰写及校
稿工作[3]。

朱友渔与顾子仁，均为出身圣公会而具有世交、同学与亲姻的关系。二人之父
亲朱玉棠牧师及顾春林牧师同为上海圣公会神学院同窗，毕业后均为沪区圣公会同
工。友渔与子仁二人，又同为圣约翰大学之同班，至为亲昵。1904年毕业，二人

---

① 谢扶雅：《顾子仁与学运》，香港基督教文艺出版社1973年版，第11页。

② 蒋梦麟：《西潮》，第115—117页。关于蒋梦麟在上海的就业及活动，参马勇：《蒋梦麟传》，河南文
艺出版社1999年版，第37—57、80—81页；并参"Chiang Meng-lin," in Howard L. Boorman, *Biographical
Dictionary of Republican China* (New York: Columbia University Press, 1967—1979), vol. 1, pp. 347—348.

③ 余氏之生平与事功，可参查时杰：《余日章——献身基督教青年会事工的拓荒者》，《中国基督教人物
小传》，台北中华福音神学院1983年版，第135—140页。余氏之家世、在圣约翰大学就读时曾撰《中国的铁
路》一文，及参加武昌起义一事，可参袁访赉：《余日章传》，香港基督教文艺出版社1970年版，第1—79
页；"Yui Jih-chang," in Howard L. Boorman, op. cit., vol. 4, pp. 64—66. 又余氏主理讲演部，以科学演讲，
推广全国，又提倡平民教育救国及"人格救国"之说，参王成勉：《余日章与青年会——一个基督教领袖的
爱国之道》，《近代中国历史人物论集》，"中研院"近代史研究所1993年版，第793—805页。

同获文学士，继于神学班肄业，而具牧职资格。其后子仁娶友渔之妹朱琪贞，由是亲上加亲①。友渔于圣约翰大学毕业后，至无锡圣安得烈差会任会吏，1909 年赴美至哥伦比亚大学留学，取得总神学院的道学士及哲学博士，随即回国至母校圣约翰大学任教九年（1912—1921）②。

而顾子仁毕业后却远赴成都执教中学，翌年改至川汉及津浦铁路总局任职。由于顾子仁以英文见长，至 1917 年，被其圣约翰大学校友余日章邀请，出任青年会董事部书记，掌管英文函牍，渐成青年会重要干部，并提倡青年基督徒救国运动③。

至于李耀邦，父为浸会名牧李济良（1858—1951）。11 岁时，随其双亲赴美，其父在旧金山及芝加哥牧养华人教会。在美成长，入学芝加哥大学，大学期间，以其科学成绩优异，被选加入美国大学优等生荣誉会（Phi Beta Kappa）及科学研究荣誉协会（Sigma Xi）的会员。师从获诺贝尔物理学奖之密立根（R. A. Millikan, 1868—1953），并于芝大任教，至 1914 年取得博士学位。据吴大猷（1907—2000）所说，为民国时期第二位取得物理学博士学位者。在美期间，于中国学生会及基督徒团体，已见活跃，1916 年加入美国青年会工作。至 1917 年回国，一度任教东南大学物理系。随即转任青年会全国协会副总干事。兼任沪江大学的工业顾问，且出任中华浸信会书局总经理④。

而正在此时，孙中山"作了有关中国舆地及地缘政治之广泛研究，邀请若干友人评阅其全稿"⑤。而五人适在上海，彼此或曾参加革命，或具基督教信仰，或曾留

① 朱、顾二人之生平，见罗元旭：《东成西就：七个华人基督教家族与中西交流百年》，香港三联书店 2012 年版，第 410—416 页。

② 朱友渔：《朱友渔自传》，香港基督教文艺出版社 1972 年版，第 19—32、37—45 页。朱氏日后加入国际青年会工作，又任职北京协和医学院院牧，适值 1925 年孙中山逝世，应孙夫人之邀，主持孙中山之追思礼拜。抗日战争时，得获祝圣为云贵主教；参谢颂羔：《孙总理与基督教》，广学会 1937 年版，第 7—11 页，详述丧礼经过。

③ 谢扶雅编著：《顾子仁与学运》，香港基督教文艺出版社 1973 年版，第 4—54 页。子仁日后离开青年会，转任世界基督教学生同盟的干事，足迹遍布世界各地，晚年于美国爱荷华州立大学任教。青年会的余日章及顾子仁关心国家与社会，参赵君影：《漫谈五十年来中国的教会与政治》，台北中华归主协会 1981 年版，第 6—7 页。

④ "In Remembrance: Dr. John Y. Lee," *Chinese Recorder*, June, 1939: 332; "Obituaries: Dr. John Y. Lee," *North China Herald*, 26 April 1939: 153；李氏于 20 年代后从商致富，资助上海沪江大学，而出任该校董事会主席；又参吴大猷：《早期中国物理发展的回忆》，台北联经出版事业 2001 年版，第 69、149 页；并参 John Burder Hipps, *History of the University of Shanghai* (Raleigh: Edwards & Broughton Co., 1964), pp. 95, 106；王立诚：《美国文化渗透与近代中国教育：沪江大学的历史》，复旦大学出版社 2001 年版，第 166 页。

⑤ 朱友渔：《忆妹夫子仁》，谢扶雅编著：《顾子仁与学运》，第 75 页。

美，且为同学、校友、亲姻、共事关系。对现代科学、铁路知识俱备，无疑为协助孙氏之最佳人选。故能群集于孙中山夫妇之府邸，共同为《实业计划》之英文本，付出心力。此《实业计划》一书，日后得以影响中国之现代化之其来有自。书成之后，继出中文译本。据孙氏说："原稿为英文，其篇首及第二、第三计划及第四之大部分为朱执信所译，其第一计划为廖仲恺所译，其第四之一部分及第六计划及结论为林云陔所译，其第五计划为马君武所译。"①

（四）《实业计划》的撰译及出版（下）

《建设》杂志为孙中山因应五四运动，国内鼓吹新文化思想之风起云涌而兴办的。其时孙氏命随其赴沪之胡汉民（1879—1936）、汪精卫（1883—1944）、戴季陶（1891—1949）、廖仲恺（1818—1925）、朱执信（1885—1920）等组织"建设社"，于1919年8月1日创刊《建设》。孙氏于《发刊词》中说明目的在于"鼓吹建设之思潮，阐明建设之原理，冀广传吾党建设之主义，同为国民之常识……而建设一世界最富强最快乐之国家。为民所有、为民所治、为民所享者……"②，并于《章程》中指明"经营译著出版事业"。该刊由胡汉民、朱执信、廖仲恺、戴季陶出任编辑，时建设社社员汪精卫正在欧洲，而同志林云陔（1881—1948）刚自美国学成归国，加入该刊之翻译工作，此外，邵元冲（1890—1936）及马君武（1886—1940）亦加入编辑。自1918年创刊，至1920年12月停刊，共出版13期。其内容不论著作、翻译，均见掷地有声，使发行数字由3,000份升至13,000份。然最终停刊，乃因1920年陈炯明（1878—1933）率领粤军，攻下广州，驱逐桂系，孙氏得以回粤，建立正式政府，党人需离沪回粤，参加新政府之建设工作，因而告停③。而《实业计划》即于其时译刊于《建设》。

就四位译者而言，被孙中山誉为"革命中的圣人"朱执信，出生游幕世家，其父棣垞，为广东名儒，故旧学深厚，具有强烈民族意识，与汪精卫有舅甥关系。1904年以官费赴日留学，入法政大学，旧学新知由是积淀。于日文、英文尤其精到，为党人中最具学问者。1905年加入中国同盟会，为《民报》主要撰稿人。于1907年任教广州法政学堂，从事革命宣传，邹鲁（1885—1954）、陈炯明均为其学

---

① 孙中山：《建国方略之二：实业计划》自序，第249页。

② 孙中山：《建设杂志发刊会》，《国父全集》4册（下），中国国民党党史委员会1981年版，第1423页。

③ 吕芳上：《革命之再起——中国国民党改组前对新思潮的响应（1914—1924）》，"中研院"近代史研究所1989年版，第41—47、60—63页；李金强：《孙中山军事思想——黄埔建军由来之探析》，《传承与创新——纪念国父中山150岁诞辰》，台北孙中山纪念馆2016年版，第236页。

生，又以一介书生，联络民军，策动新军，促成 1910 年新军起义，并为 1911 年广州"三·二九"之役及广州光复之重要策动者。及至民国建立，由于反袁，流亡日本，支持孙中山，加入中华革命党，参与讨袁护国、护法之役。于"五四"后，深信除以武力革命，破坏专制政权外，宜从思想上谋改革，言建设，与其时孙中山之理念吻合。朱氏遂于《上海晨报》、《民国日报》、《星期评论》及《建设》等，相继发表建设国家的言论，为时人所注目。而《实业计划》之篇首，及第二、三计划与第四计划之大部分，均由其手译①。

廖仲恺，其父任职香港汇丰银行，被派赴美国旧金山分行任职，故于美国旧金山出生及长大。十六岁回港，就读香港官立英文中学——皇仁书院（Queen's College），故英文娴熟。1902 年赴日留学，入学早稻田大学，认识孙中山，遂加入同盟会，投身革命。并在《民报》发表文章，曾翻译亨利乔治（Henry George，1839—1897）的 *Progress and Poverty*（《进步与贫乏》）一书之文章，1907 年回国参加留学生考试，考取举人名衔，被派至吉林任官，暗中进行革命。辛亥革命后，任职广东革命政府，负责财政。二次革命后，随孙中山至日本，加入中华革命党，参与讨袁护国、护法运动，1917 年于广州军政府亦主理财政，1918 年随孙氏至上海，参与《建设》创刊，宣传建设国家，并于该刊鼓吹社会革命，注意民权主义，翻译威尔确斯（D. F. Wilcox）之《全民政治》（*Government of All the People*）一书，帮助孙中山宣扬民权主义。即于其时翻译《实业计划》的第一计划②。

至于林云陔早年入学广州两广方言学堂，习英语及格致之学，于其时加入同盟会，参加广州"三·二九"之役，至辛亥革命时，参加广东高州光复，出任高雷都督。其后为孙中山派赴美国深造，至纽约圣理乔斯大学研习法律、政治，又于哥伦比亚大学攻读硕士学位，于 1918 年学成归国，被孙中山招赴上海，参加《建设》，任编辑，凭其中英文学养，翻译《实业计划》第四计划部分、第六计划及结论③。

马君武，广西桂林人，家贫而能苦学成名。于庚子拳变时，参与唐才常自立军

① 吴相湘：《朱执信知行合一》，《民国政治人物》第 2 册，台北文星书店 1967 年版，第 55—67 页；又参吕芳上：《朱执信与中国革命》，台北中国学术著作奖助委员会 1978 年版，第 1—5、229—239 页。
② （美）陈福霖：《孙中山、廖仲恺与中国革命》，中山大学出版社 1990 年版，第 157—166、169—179 页。
③ 《林云陔（1881—1948）》，《民国人物小传》第 2 册，台北传记文学 1981 年版，第 78 页；又参李穗梅：《1918—1925 年间的林云陔》，中国评论学术出版社，hk.crntt.com，2018 年 7 月 23 日撷取。林氏日后出任广州市市长，对广州城市建设贡献良多。参邵骏：《试述孙科、林云陔与民国广州公园建设》，《岭南文史》2013 年第 3 期，第 12—14 页。

起义，失败后入学上海震旦学院，习法文。1902 年赴日留学，入京都帝国大学工科，得识孙中山，于 1905 年加入同盟会，任执行部书记。并为同盟会会章起草者之一，又于《民报》发表文章，鼓吹民主。1906 年归国，于上海中国公学任该校总教习兼讲授理化。因宣传革命，为两江总督端方（1861—1911）缉捕，遂离国至德柏林工艺大学，习冶金。辛亥革命后回国，参与《临时政组织大纲》起草，及至袁世凯就任临时大总统，随孙中山推动全国铁路建设，出任铁路公司秘书长。二次革命失败后，再次赴德深造，获工学博士，随即回国。于 1917 年孙中山领导护法运动，追随孙氏，任大元帅府秘书。据马氏所说，孙中山勤于求知，学问渊博，记忆力很强，对"本国的沿海岸线……每一个较大的地名，他都清楚……地方水深多少，他也能源源本本说出来"。至 1918 年又随孙氏至上海，于其时为孙中山翻译《实业计划》之第五计划[①]。

上述四人，皆自同盟会时期，起而追随孙中山革命。为孙中山重要之支持者与跟随者。且四人皆学有专精，深识现代社会科学及科学工艺知识，且娴熟外语，多长于著述及译述。于五四前后，对孙中山于革命破坏后，尤须重视国家建设之理念，深有同感，无异为《实业计划》一书之最佳译者。《实业计划》一书得以行世而受中外关注，不言而喻。

至于全书之出版过程及对其评价，直至近日始受史家关注，进行研究[②]。就其成书及出版之过程而言，根据前述，可知孙氏早具经济改革之构思与蓝图，此即由清季主张农业改良而至民国倡议修建铁路交通发展实业。随着民国建立后，反袁、反军阀及策动北伐，进行武力破坏反动势力的同时，于五四运动前后，孙氏默察时势，因应国民的觉醒，已见筹谋建国之蓝图——《建国方略》[③]。其中《实业计划》之撰写与出版，即为孙氏对国家现代化发展之重要方案。1918 年 11 月一次大战结束后，孙中山以其前此博览群书所获取的科学知识，配以其对中国国土的实际调查及认知[④]。遂见其于 1919 年 2 月先以英文撰写《实业计划》的绪论部分，首先邮寄给予美国驻华公使芮恩施（Paul Samuel Reinsch，1869—1923）及都市计划家安特

---

① 《马君武（1880—1940）》，《民国人物小传》第 1 册，第 121—122 页；曾诚：《马君武》，李新等编：《民国人物传》第 7 卷，中华书局 1978 年版，第 13—16 页；引文见马君武：《孙总理》，章开沅主编：《马君武集（1900—1919）》，华中师范大学出版社 1991 年版，第 477 页。

② C. Martin Wilbur, Sun Yat—sen, *Frustrated Patriot* (New York: Columbia University Press, 1976), pp. 96—100；武上真理子著，宋玉梅译，同前注，第 89—92 页。

③ 吕芳上：《革命之再起——中国国民党改组前对新思潮的响应（1914—1924）》，"中研院"近代史研究所 1999 年版，第 98—215 页。

④ 武上真理子：《近代科学思想与孙中山》，《壹读》，https://read01.com，2018 年 7 月 14 日撷取。

生（Hendrik Christian Andersen，1872—1940）。继于 3 月，将此一绪论英文稿，交由李布朗臣所创办及由其编辑的 *Far Eastern Review*，发表题为 "The International Development of China：A Project Designed to Assist the Readjustment of Post-Bellum Industries"[1]，而中文绪论则同月于《民国日报》发表[2]。此后英文稿相继由 1919 年 6 月起至 1920 年 12 月间，在 FER 断续发表。与此同时，中文稿则由前述朱执信、廖仲恺、林云陔及马君武合译后，相继于孙氏主导创办的《建设》发表[3]。然中、英文稿，均只发表了绪论及第一至第四计划之前四节而已，并非全部（见附录一），稍后才续写及翻译完成。而首先以英文稿成书，题为 *The International Development of China*，于 1920 年 7 月在上海商务印书馆出版，至 1921 年 10 月则由上海民智书局出版中文本。而其海外英文本迟至 1922 年再由英国 Knickerbocker Press 及美国 G. D. Putnam's Sons 两出版社，印刊出售，并于 1929 年重版[4]至此孙氏之中英文本《实业计划》一书，由是引起海内外相关人士对其关注与评价。

（五）结论

孙中山于清季起而革命，谋求推翻清廷，与此同时，深悉革命必经破坏，而建国则有赖建设。故早已关注经济与社会的重建，在其革命倡导时期，已有农业改良的言论。及至辛亥建国，让位袁世凯，起于主张及推动全国修建铁路 20 万里，谋求振兴实业，致国家于富强。及至欧战结束，进而撰写 International Development of China，中译《实业计划》一书，即为其《建国方略》中之《物质建设》，主张开放中国，利用外资，发展实业，促成中国工业化，此即呼吁欧美列强，将其战时工业设施投放中国，利用本国丰富自然资源，共同发展经济，藉此恢复战前世界经济元气，造福世界和平。孙中山以其中西博识，全国实地调查的观察，完成此一未来中国经济现代化的方案[5]，由撰文至成书，前后几近三年。其间英文本之校阅及修订，得力于蒋梦麟、余日章、朱友渔、顾子仁、李耀邦五人，打字则由任其秘书

---

① *FER*，vol. 15（1919），pp. 2—3.

② 《孙中山先生国际共同发展中国实业计划书》，上海《民国日报》1919 年 3 月 7 日。

③ 陈锡祺主编：《孙中山年谱长编》下册，第 1160—1162 页。

④ Sun Yat-sen，*The International Development of China*（New York and London：G. D. Putnam's Sons，Knickerbocker Press，1922），孙氏并于书首，将此书献给其香港西医书院老师康德黎（Sir James Cantlie）夫妇。

⑤ 王尔敏：《"实业计划"之时代背景及建国功能》，《思想创造时代——孙中山与中华民国》，第 153—196 页。

及"研究助理"之孙夫人宋庆龄负责。此皆具有基督教信仰、青年会成员、教会大学及留美背景而精通英语者。随即由孙氏之革命伙伴，朱执信、廖仲恺、林云陔及马君武四位精通中英语文者，分别代译，中英文发表于《远东时报》及五四时期国民党创刊，宣传国家建设的《建设》杂志，由是为中外有识者所注目。而本文即就《实业计划》之研究、由来、撰译及出版四方面着墨，此皆《实业计划》研究向未深究者。期盼为此一影响 20 世纪中国现代化的"宝书"，提供更为明确的"文字身世"，从而增加对孙中山遗教贡献的认知。

附表：《实业计划》中、英文期刊发表情况

年　月	*Far Eastern Review* （FER，《远东时报》）	《建　设》
1919 年 3 月（vol. XV, no.：3）	The International Development of China：A Project Designed to Assist the Readjustment of Post-Bellum Industries【注 1】	
6 月	Program Ⅰ - Part I-V：The Great Northern Port	
8 月	Program Ⅱ - Part I, II：The Great Northern Port（Part II 后半部和 Part III-V 没有刊载）	《建国方略之一：发展实业计划》：绪论，第一计划第一到第五节（1 卷 1 期）
9 月		第二计划第一节到第二节（未完）（1 卷 2 期）
10 月		第二计划第二节（承前）（1 卷 3 期）
11 月		第二计划第三节（1 卷 4 期）
12 月		第二计划第四节（1 卷 5 期）
1920 年 1 月		第三计划第一节（1 卷 6 期）
2 月		第三计划第二节（2 卷 1 期）
3 月		第三计划第三节（2 卷 2 期）
4 月	ProgramⅢ - Part I, II：Great Southern Port	第三计划第四节（未完）（2 卷 3 期）
5 月		第三计划第四节（承前）到第五节（2 卷 4 期）
6 月	ProgramⅢ - Part III-V	第四计划第一节（2 卷 5 期）

（续）

年　月	Far Eastern Review （FER，《远东时报》）	《建　设》
8 月		第四计划第二节（2 卷 6 期）

续表

年　月	Far Eastern Review （FER，《远东时报》）	《建　设》
10 月	Program IV-Part I-II：Railway System	
11 月	Program IV-PartIII-VI	
12 月		第四计划第三到第四节（3 卷 1 期）

据武上真理子：《孙中山与"科学的时代"》，页 123—126，并对照《建设》月刊之 1 卷 1 期（1919）至 3 卷 1 期（1920）篇目修改而成。

【注1】此文之中译，3 月 7 日于上海《民国日报》刊登，题目为《孙中山先生国际共同发展中国实业计划书》（本文即成书后之绪论）。

（作者单位：香港浸会大学历史学系）